NE능률 영어교과서

대한민국 고등학생 **10**명 중 **4.7** 명이 보는 교과서

영어 고등 교과서 점유율 1위
[7차, 2007 개정, 2009 개정, 2015 개정]

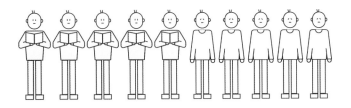

능률보카

그동안 판매된
능률VOCA 1,100만 부

대한민국 박스오피스
천만명을 넘은 영화
단 28개

VO CA

리딩튜터

그동안 판매된
리딩튜터 1,900만 부
차곡차곡 쌓으면 19만 미터

에베레스트
21 배 높이

190,000m

에베레스트 8,848m

그래머존

그동안 판매된 450만 부의 그래머존을 바닥에 쭉 ~ 깔면

1000km 서울-부산 왕복가능

서울

부산

특급 빈칸추론

지은이	NE능률 영어교육연구소
선임 연구원	김지연
연구원	전성호, 박한나, 김주연
영문 교열	Keeran Murphy, Paul Nicholas Scherf
표지 디자인	오솔길
내지 디자인	디자인샐러드
맥편집	김종희

Let's grow together

NE능률이
미래를
창조합니다.

건강한 배움의 고객가치를 제공하겠다는 꿈을 실현하기 위해
40년이 넘는 시간 동안 열심히 달려왔습니다.

앞으로도 끊임없는 연구와 노력을 통해
당연한 것을 멈추지 않고

고객, 기업, 직원 모두가 함께 성장하는 NE능률이 되겠습니다.

NE 능률

특급

빈칸추론

수능 1등급 만드는 고난도 유형서

Structure

기출로 분석하는 빈칸 Solution

기출 예제 분석 실제 기출 문제를 통해 글의 구조를 분석하는 법을 익히고, 글의 전개 방식에 따라 어떤 해결 전략을 취해야 하는지를 학습할 수 있습니다.

STEP BY STEP 정답을 도출하는 과정을 단계적으로 제시함으로써 논리적인 사고력과 추론 능력을 기를 수 있도록 하였습니다.

오답 선택지 분석 정답을 제외한 다른 선택지들이 오답인 근거를 설명하고, 매력적인 오답에 현혹되지 않는 법을 익히도록 하였습니다.

단계적으로 키우는 빈칸 Thinking Skills

Practice A 앞에서 배웠던 내용과 관련된 기본 문제들을 통해 추론 전략에 대한 감각을 익히도록 하였습니다.

Practice B 지문을 통해 글의 구조를 분석하고 추론 전략을 단계적으로 사용하여 문제를 해결하는 능력을 기르도록 하였습니다.

1등급에 도전하는 빈칸 Actual Test

실제 수능 난이도에 맞는 다양한 주제의 실전 문제들을 통해 앞에서 학습한 내용을 직접 적용해 볼 수 있게 하였습니다.

Synonym Dictionary 빈칸추론 유형에서 빈번히 활용되는 '재진술' 능력을 기를 수 있도록 필수 동의어들을 정리하여 제시하였습니다.

Secret Note

빈칸추론 유형 문제들을 해결하는 데 도움이 되는 비법 네 가지를 제시하였습니다.

Background Knowledge

앞에서 다루었던 지문과 관련된 배경 지식을 통해 지문에 대한 이해도를 높이고 다양한 정보를 습득하도록 하였습니다.

Special Section

Special Section I에서는 빈칸추론 유형 문제들을 해결하는 데 도움이 되는 패러프레이즈 방식에 대한 친절하고 자세한 해설과 연습 문제를 제공하였고 Special Section II에서는 기출 문제와 실전 문제들을 통해 두 개의 빈칸이 제시되는 어휘 빈칸추론 유형에 대비할 수 있도록 하였습니다.

실전 모의고사

총 10회의 실전 모의고사를 통해 앞에서 배운 해법들을 적용하고 문제를 해결할 수 있습니다.

휴대용 어휘 암기장

본문에 나온 중요 어휘들을 부록으로 별도 제공하여, 간편하게 휴대하면서 틈틈이 어휘를 학습할 수 있도록 하였습니다.

Contents

PART 1

Unit 01 | 일반화 09
　　Secret Note 오답 선택지의 법칙 16

Unit 02 | 구체화 17
　　Secret Note 문단의 구조와 빈칸의 위치 24

Unit 03 | 재진술 25
　　Secret Note 대립어의 법칙 32

Unit 04 | 심화 추론 33
　　Secret Note 연결사의 법칙 40

Special Section I Paraphrasing 41

PART 2

Unit 01 | 주장과 근거 47
　　Background Knowledge 쿠인틸리아누스의 수사학/맬서스의 인구론 ... 54

Unit 02 | 원인과 결과 55
　　Background Knowledge 제 1차 세계 대전/뉴욕의 공중권 62

Unit 03 | 환언과 상술 63
　　Background Knowledge 고통지수/규제과학 70

Unit 04 | 비교와 대조 71
　　Background Knowledge 전환사채/신화의 영웅 vs. 판타지의 영웅 ... 78

Unit 05 │ 비유 ··· 79
      Background Knowledge 버트런드 러셀의 생애와 철학/게임이론 ··············· 86

Unit 06 │ 예시 ··· 87
      Background Knowledge 호메로스와 「일리아드」/플라톤의 상기설과 「파이드로스」 ··· 94

Unit 07 │ 통념과 반박 ·· 95
      Background Knowledge NGO와 NPO/찰스 슐츠와 그의 작품세계 ············· 102

Unit 08 │ 실험·연구 ··· 103
      Background Knowledge 좌뇌와 우뇌/페이스북과 마크 주커버그 ··············· 110

Special Section II Two Blanks ··· 111

P A R T 3
↓

실전 모의고사 01 ·· 116
실전 모의고사 02 ·· 120
실전 모의고사 03 ·· 124
실전 모의고사 04 ·· 128
실전 모의고사 05 ·· 132
실전 모의고사 06 ·· 136
실전 모의고사 07 ·· 140
실전 모의고사 08 ·· 144
실전 모의고사 09 ·· 148
실전 모의고사 10 ·· 152

Study Planner

20일 동안 본 교재를 혼자서 Master할 수 있는 Plan입니다.
학습한 날짜를 적고 스케줄에 맞춰 학습하세요.
20일 후에는 달라진 자신감을 느낄 수 있을 것입니다.
선생님들께서는 강의용으로 활용하셔도 좋습니다.

1주 PART1

1일차 (/)	2일차 (/)	3일차 (/)	4일차 (/)	5일차 (/)
UNIT01	UNIT02	UNIT03	UNIT04	SPECIAL SECTION I

2주 PART2

6일차 (/)	7일차 (/)	8일차 (/)	9일차 (/)	10일차 (/)
UNIT01	UNIT02	UNIT03	UNIT04	UNIT05

3주 PART2

11일차 (/)	12일차 (/)	13일차 (/)	14일차 (/)	15일차 (/)
UNIT06	UNIT07	UNIT08	SPECIAL SECTION II	PART 1,2 복습

4주 PART3

16일차 (/)	17일차 (/)	18일차 (/)	19일차 (/)	20일차 (/)
실전 모의고사 1,2회	실전 모의고사 3,4회	실전 모의고사 5,6회	실전 모의고사 7,8회	실전 모의고사 9,10회

PART 1

↓

Unit 01	일반화	⋯⋯⋯⋯⋯⋯⋯⋯⋯	009
Unit 02	구체화	⋯⋯⋯⋯⋯⋯⋯⋯⋯	017
Unit 03	재진술	⋯⋯⋯⋯⋯⋯⋯⋯⋯	025
Unit 04	심화 추론	⋯⋯⋯⋯⋯⋯⋯⋯⋯	033

→

→

Strength doesn't come from what you can do.
It comes from overcoming the things
you once thought you couldn't.

→

Unit 01
일반화

'일반화'란?
비슷한 요소를 가진 여러 대상에서 공통적인 특징을 찾아 그것을 포괄할 수 있는 상위 개념을 찾아내는 것을 뜻한다. 예를 들어, '조류, 포유류, 어류, 양서류'는 이를 모두 포함할 수 있는 상위 개념인 '동물'로 일반화할 수 있다.

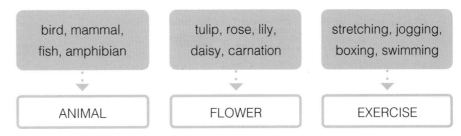

글에서의 '일반화'란?
구체적이고 상세한 세부내용들을 포괄하는 추상적이고 일반적인 진술로 바꾸는 것을 의미한다. 이를 통해 중심내용인 주제를 찾아낼 수 있다.

다음 중 다른 문장들을 포괄할 수 있는 문장을 골라보자.

> ① Replace light bulbs with new energy-efficient models.
> ② Instead of doing small loads of laundry, wait until the washer is full.
> ③ Turn off lights and other electrical appliances when leaving the room.
> ④ There are several ways to conserve energy at home.

① 전구를 에너지 효율이 좋은 모델로 바꾸고, ② 세탁기가 가득 차고 난 후에야 빨래를 하고, ③ 방을 나갈 때 전등과 전자 제품을 끄는 것은 가정에서 에너지를 절약할 수 있는 여러 가지 방법들에 해당하는 세부내용이므로 ①, ②, ③을 포괄하는 문장은 ④이다.

빈칸추론에서 '일반화'는 왜 중요한가?
하나의 유기적인 글은 대개 하나의 중심내용과 이를 뒷받침하는 구체적인 진술로 구성되어 있다. 빈칸 추론 유형에서는 글에서 가장 정보 가치가 높은 것이 빈칸으로 출제된다. 즉, 주제나 주제와 논리적으로 밀접한 연관성이 있는 문장이 빈칸으로 제시된다. 따라서 글의 주제와 이를 뒷받침하는 세부내용들을 구분하는 능력이 필수적이다. 특히, 주제 부분이 빈칸으로 제시되면, 주제를 뒷받침하는 세부내용들의 공통 요소를 찾아, 이를 일반화한 개념을 빈칸에 채워 넣으면 된다.

↓

기출 예제 분석

다음 빈칸에 들어갈 말로 가장 적절한 것을 고르시오. 평가원 (정답률 34%)

글의 흐름

주제 ❶When confronted by a seemingly simple pointing task, where their desires are put in conflict with outcomes, chimpanzees find it impossible to exhibit subtle self-serving cognitive strategies in the immediate presence of a desired reward. ❷However, such tasks are mastered
역접의 연결사
_____. 실험 내용1 ❸In one study,
실험·연구를 나타내는 어구
chimps were confronted by a simple choice; two plates holding tasty food items were presented, each with a different number of treats. ❹If the chimp pointed to the plate having more treats, it would immediately be given to a fellow chimp in an adjacent cage, and the frustrated subject would receive the smaller amount. 실험 결과1 ❺After hundreds and hundreds of trials, these chimps could not learn to withhold pointing to the larger reward. ❻However,
역접의 연결사
these same chimps had already been taught the symbolic concept of simple numbers. 실험 내용2 ❼When those numbers were placed on the plates as a substitute for the actual rewards, 실험 결과2 the chimps promptly learned to point to the smaller numbers first, thereby obtaining the larger rewards for themselves.

주제 침팬지들은 욕망이 결과와 상충되는 과업에서 원하는 보상이 바로 앞에 있으면 인지 전략을 사용하는 것이 불가능. 하지만(However) 그러한 과업은 _____ 경우에 숙달됨

⭘

실험 내용1 침팬지가 두 개의 접시 중 음식이 더 많이 담긴 접시를 가리키면 보상은 더 적어짐

⭘

실험 결과1 수백 번의 시도에도 불구하고 더 많은 음식을 얻는 법을 학습하지 못함

⭘

실험 내용2 실제 보상을 대체하는 것(=숫자)이 접시에 놓임

⭘

실험 결과2 침팬지들은 적은 숫자를 가리키면 더 큰 보상을 받는다는 것을 학습함

---

① as immediate rewards replace delayed ones

② when an alternative symbol system is employed

③ if their desires for the larger rewards are satisfied

④ when material rewards alternate with symbolic ones

⑤ if the value of the number is proportional to the amount of the reward

step 1 중심내용을 파악하라
글을 전반적으로 읽고 글의 중심내용을 파악한다.

적용 〉〉 욕망과 결과가 상충되는 과업에 직면했을 때, 어떤 방식을 통해 침팬지들로 하여금 자신에게 이득이 되는 인지 전략을 사용하게 할 수 있는지에 관한 내용이다.

step 2 빈칸의 속성을 파악하라
빈칸에 일반적인 내용이 들어가야 하는지 또는 세부적인 내용이 들어가야 하는지를 파악한다.

적용 〉〉 빈칸이 있는 문장은 However로 시작하고 있다. 빈칸 앞의 문장에서는 원하는 보상이 눈 앞에 있을 때 침팬지들이 인지 전략을 사용하는 것이 불가능하다고 했으므로, 빈칸에는 이와 반대되는 내용인 침팬지들이 인지 전략을 사용할 수 있게 하는 방법에 관한 내용이 들어가야 한다. 빈칸 이후부터 실험 내용이 이어지므로, 실험의 세부내용을 파악하여 이를 일반화한 진술을 빈칸에 넣어야 한다.

step 3 세부내용의 요지를 파악하라
주제 및 중심내용을 뒷받침하는 세부내용의 요지를 파악한다.

적용 〉〉 구체적인 음식을 이용하여 실험하였을 경우, 침팬지는 수백 번의 시도에도 불구하고 인지 전략을 사용하지 못했지만, 실제 보상을 대체하는 숫자를 이용하여 실험하자 침팬지들은 인지 전략을 사용하는 방법을 즉시 터득했다.

step 4 구체적인 내용을 일반화하여 빈칸을 채워라
세부내용들의 공통점을 바탕으로 이를 일반화한 선택지를 고른다.

적용 〉〉 숫자라는 구체적인 개념을 일반화하면 '상징 체계'라고 할 수 있으므로, '대체되는 상징 체계가 사용되면' 침팬지가 자신에게 이득이 되는 인지 전략을 사용할 수 있다고 추론할 수 있다.

 오답 선택지 분석

① 무관한 내용 즉각적인 보상과 지연된 보상을 비교한 실험이 아니므로 '즉각적인 보상이 지연된 보상을 대체할 때'라는 내용은 본문과 무관하다. (오답률 8%)
③ 반대 개념 '더 큰 보상에 대한 그들의 욕망이 충족된다'는 것은 과업이 숙달될 때 얻는 결과에 해당한다. (오답률 13%)
④ 부분 일치 상징적 보상이 물질적 보상을 대체했을 때에는 과업이 숙달되었으나, 그 반대의 경우에는 침팬지들이 과업을 수행할 수 없었으므로 '물질적 보상과 상징적 보상이 번갈아 나올 때' 과업이 숙달된 것이 아니다. (오답률 28%)
⑤ 반대 개념 적은 수를 가리키면 많은 먹이를 주는 실험이었으므로, '수치가 보상의 양과 비례한다'는 것은 글의 내용과 반대된다. (오답률 15%)

↓

Practice A

[1~2] 다음 중 다른 문장들을 포괄할 수 있는 문장을 고르시오.

1
① Gossip plays an important role in maintaining the cohesiveness of a community.
② Gossip comes in various forms and serves many different purposes, a few of which are useful.
③ In the world of business, gossip can provide insights in a way that official facts and figures cannot.
④ Oftentimes, political gossip is leaked to the media in order to gauge public reaction to a particular policy.

2
① If a company loses a lawsuit, it usually just passes the cost along to its customers.
② The number of lawsuits has been increasing every year, and this has had several negative consequences.
③ The huge cost of litigation causes many small businesses to go bankrupt, even when they have won the lawsuit.
④ Patent lawsuits have become an increasingly large distraction for companies, because they force the companies to divert their financial resources away from research and development and towards litigation.

3 다음 글의 내용을 가장 잘 일반화한 문장을 고르시오.

From the dawn of the agricultural era, around 8000 B.C., to the American Revolution in 1776 A.D., people barely grew any richer at all. Not only that, but the ancient Romans could travel just as far in a day as the Americans of 200 years ago. But during the past 200 years, the global population has increased sixfold, the world's yearly output has increased to 80 times its previous level, and a person can travel about 1,000 times farther in a day.

① A booming economy greatly improved the standard of living for many people in the United States.
② Recent scientific developments in Rome have brought about higher production rates and have led to growth in the economy.
③ Over the last 200 years, people's living conditions have improved more dramatically than in the thousands of years that came before.
④ The period known as the Industrial Revolution was a time in which agriculture, manufacture, transportation, and even human social structures all fundamentally changed.

Practice B

❶The other day, while riding in an airplane flying at 30,000 feet, I had a sudden realization. ❷I knew nothing about the pilot, beyond the sound of his voice. ❸I couldn't even remember his name because I had not been paying close attention when he made his welcoming announcement. ❹Yet I was there, feeling comfortable and safe. ❺I realized that I was lacking a lot of other important information about the situation I was in. ❻Who were the mechanics that checked the plane before it took off? ❼Who had put in the fuel? ❽Who had performed the routine maintenance? ❾Who were the air traffic controllers that were watching the little spot on their tracking screens, the little spot that contained my life and the lives of my fellow passengers? ❿The awareness of _____ really came home to me.

1 위 글의 중심내용으로 가장 적절한 것을 고르시오.

① 여행을 통해 영감을 얻는 방법

② 사람들 사이에 만연한 안전불감증

③ 상황에 대한 정보가 부족한 현대인

④ 기술의 진보로 인한 여행 수단의 다양화

2 위 글의 ❺~❾ 중 다른 문장들을 포괄할 수 있는 문장을 고르시오.

Q 위 글의 빈칸에 들어갈 말로 가장 적절한 것을 고르시오. 교육청 (정답률 64%)

① what impact air travel could have on us

② how many people overcame the fear of flying

③ how much trust we put in complete strangers

④ what great new ideas we got from traveling

⑤ how fast technology changed our lives

1 다음 빈칸에 들어갈 말로 가장 적절한 것은?　　　　　　　　　　　　　　Time Limit 1'30"

❶Probably no work of art more famously comments on 20th century technology than Charlie Chaplin's 1936 film *Modern Times*. ❷In one of the film's most iconic scenes, Chaplin, who is working on an assembly line, tries hopelessly to keep his movements up to speed with a rapidly-moving conveyor belt. ❸In another famous scene, an automatic feeding machine is brought to the assembly line to be tested. ❹The idea behind the machine is that the workers will not need to interrupt their labor in order to eat. ❺Poor Chaplin is chosen as the test subject. ❻The machine malfunctions and begins launching food at his face, but because he is strapped in, he cannot escape. ❼*Modern Times* remains the best film to portray the role of technology within modern society. ❽Although the film does not offer any radical social message, it certainly reflects the feelings of those who _____.

① have suffered hardships for a long time
② wish that they could work more efficiently
③ think they don't belong in modern society
④ believe in the positive power of technology
⑤ are victimized by an overly mechanized world

2 다음 빈칸에 들어갈 말로 가장 적절한 것은? 고난도　　　　　　　　　　　Time Limit 1'50"

❶Myxococcusxanthus is a bacterium which usually lives in damp soil. ❷It is known for the complex, multi-cellular spatial formations it makes when organizing together. ❸These three-dimensional structures are created from innumerable bacteria and fixed together with a glue-like cellular substance. ❹When there is enough food, these bacteria move in coordinated swarms, which contain thousands of cells. ❺On the exterior part of the structure, other microbes are killed and dissolved by enzymes that are secreted from these cells. ❻The nutrients that result from this process are then consumed. ❼At times when resources are scarce, these bacteria transform into a mass of spores called a fruiting body. ❽Inside this fruiting body, the rod-shaped cells transform themselves into spherical, thick-walled spores. ❾They undergo alterations in order to synthesize new proteins, as well as changes in their cell walls. ❿In short, the Myxococcusxanthus uses _____ to feed itself and live through meager circumstances.

*fruiting body: (균류의) 자실체

① self-division　　　　　　　　　　　② its social connections
③ moisture from the soil　　　　　　　④ a special hunting method
⑤ energy from other microbes

3 다음 빈칸에 들어갈 말로 가장 적절한 것은? 평가원 (정답률 65%)

❶Aristotle learned a lesson in wisdom in fourth century B.C. Athens, watching the carpenters, shoemakers, blacksmiths, and boat pilots. ❷Their work was not governed by systematically applying rules or following rigid procedures. ❸The materials they worked with were too irregular, and each task posed new problems. ❹Aristotle thought the choices craftsmen made in acting on the material world provided clues to the kind of knowhow citizens needed to make moral choices in the social world. ❺Aristotle was particularly fascinated with how the masons on the Isle of Lesbos used rulers. ❻A normal, straight-edged ruler was of little use to the masons who were carving round columns from slabs of stone and needed to measure the circumference of the columns. ❼Unless you bent the ruler. ❽Which is exactly what the masons did. ❾They fashioned a flexible ruler out of lead, a forerunner of today's tape measure. ❿For Aristotle, knowing _____ was exactly what practical wisdom was all about.

*circumference: 원의 둘레

① how to bend the rule to fit the circumstance

② what to do to relieve stress from work

③ when to stop and when to begin

④ where to apply rigid procedures

⑤ whom to help with one's skills

↓

| Synonym Dictionary | |

| --- | --- |
1. radical (급진적인, 과격한)	revolutionary extreme drastic subversive
2. victimize (희생시키다)	exploit persecute prey on deceive pick on
3. coordinate (조직화하다)	cooperate integrate organize accommodate combine
4. meager (메마른, 풍부하지 못한)	insufficient miserable barren scant deficient
5. rigid (엄격한)	strict inflexible rigorous stern stringent

오답 선택지의 법칙

빈칸추론 유형의 오답 선택지를 만드는 데에는 몇 가지 법칙들이 있다. 다음 법칙들을 잘 익혀 두어 오답의 함정에 빠지지 않도록 하자.

1 반대 개념
지문에 나온 어휘나 반의어를 이용하여 정답과 반대되는 내용을 제시하는 경우이다. 특히 빈칸 앞뒤에 부정어가 있는 경우 정답과 혼동하기 쉬우므로 주의한다.

2 부분 일치
지문의 내용과 부분적으로는 일치하지만 나머지 내용은 일치하지 않는 경우이다.

3 무관한 내용
대개 지문에 나온 어휘를 이용하여 지문의 내용과 무관한 것을 제시하는 경우로서 논리의 비약이 일어나는 경우가 많다.

예제 2013년 6월 평가원 28번

　　Essentially the same structural forms of politics can nevertheless take on very different "flavors." For example, a dictatorship can, in theory, be brutal or benevolent; anarchy can, in theory, consist of "mutual aid" or a "war of all against all" that proceeds in the absence of any rule of law whatsoever; democracies can and typically are distinguished in terms of the extent to which they are socially oriented as opposed to individualistically oriented. Thus, whatever our answer to the "what is the best structural form of politics?" question, we still want to know what "flavor" this structural form of politics ought to have since ＿＿＿＿＿＿＿＿＿＿＿. Indeed, this is precisely why we vote *within* a democratic *structure*: to determine the "flavor" we want that democratic structure to have.

① voters ultimately determine a political structure (유권자들이 궁극적으로 정치 구조를 결정한다)

② political structures, in fact, outweigh political "flavors" (정치 구조는 사실상 정치적 '특징'보다 더 중대하다)

③ the best structural form of politics is not easy to determine (가장 좋은 구조의 정치 형태는 결정하기 쉽지 않다)

④ political structure, by itself, does not determine political content (정치 구조는 그 자체로서 정치적인 내용을 결정하지 않는다)

⑤ each structural form of politics must be valued independently (각 구조의 정치 형태는 반드시 독립적으로 가치 평가되어야 한다)

① [반대 개념] 유권자들은 정치 구조가 아니라 정치적인 '특징'을 결정하기 위해 투표를 하는 것이므로 본문과 반대되는 내용이다.

② [반대 개념] 동일한 정치 구조라도 전혀 다른 특징을 가질 수 있다고 하였으므로, 정치 구조가 정치적 '특징'보다 더 중대한 것은 아니며 따라서 이는 본문의 내용과 반대되는 진술이다.

③ [부분 일치] 가장 좋은 구조의 정치 형태를 결정하기가 쉽지 않은 것은 사실이지만, 중요한 것은 정치 구조가 아닌 그 구조가 담고 있는 정치적 특징이다.

✔ [정답] 동일한 구조의 정치 형태도 서로 다른 정치적 특징을 가질 수 있다는 것은 정치 구조가 정치적인 내용을 결정하지 않는다는 의미이다.

⑤ [무관한 내용] 'structural'이나 'politics'와 같은 단어가 본문에서 언급이 되었지만 정치의 구조를 가치 평가한다는 내용은 다뤄지지 않았으므로 이는 본문과 무관한 내용이다.

Unit 02
구체화

'구체화'란?

일반적인 개념으로부터 그 개념을 상세히 설명할 수 있는 하위 개념들을 도출하는 것이다. 예를 들어, '영어를 배우는 방법'이라는 개념은 '영어책 읽기, 영어로 된 영화보기, 영어로 일기 쓰기' 등의 세부적인 하위 개념들로 구체화할 수 있다.

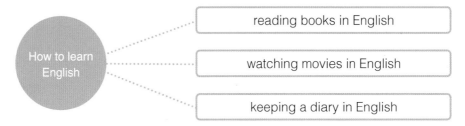

글에서의 '구체화'란?

글에서의 구체화는 단순히 일반적인 개념의 하위 개념을 찾는 것이 아니라 글의 중심내용과 유기적인 관계가 있는 적절한 세부내용을 파악하는 것이다.

다음 중 주어진 문장을 가장 잘 구체화한 문장을 골라보자.

> When faced with a disagreement, the parties involved have several ways to proceed.

① Disagreement occurs when two parties cannot come to a consensus on a certain subject.

② Negotiation, or reaching a mutually-acceptable solution, is one means of dealing with conflict.

③ Disagreement has a positive effect on group process such as knowledge sharing and team learning.

주어진 문장은 의견 충돌이 있을 때 관련된 당사자들이 일을 진행하는 여러 가지 방법들을 가지고 있다는 내용이다. 따라서 의견 충돌을 해소하는 구체적인 방법을 서술하는 ②가 주어진 문장을 가장 잘 구체화한 문장이라고 할 수 있다. ①은 의견 충돌이 생기는 이유에 관한 내용이고, ③은 의견 충돌의 긍정적인 영향에 대한 내용이므로 주어진 문장의 하위 개념에 속하지 않는다.

빈칸추론에서 구체화는 왜 중요한가?

빈칸이 항상 주제에서 출제되는 것은 아니다. 빈칸추론 유형 중 일부 문제는 세부내용에서 빈칸이 출제된다. 이 경우, 글의 중심내용과 세부내용과의 관계를 바탕으로 중심내용을 구체화하여 정답을 추론해야 하며, 고난이도의 문제가 출제되는 경우가 많다.

기출 예제 분석

다음 빈칸에 들어갈 말로 가장 적절한 것을 고르시오. 수능 (정답률 26%)

> **주제** ❶Like many errors and biases that seem irrational on the surface, auditory looming turns out, on closer examination, to be pretty smart. **예시1** ❷Animals like rhesus monkeys have evolved the same bias. ❸This intentional error functions as an advance warning system, manned by the self-protection subself, providing individuals with a margin of safety when they are confronted with potentially dangerous approaching objects. **예시2** ❹If you spot a rhinoceros or hear an avalanche speeding toward you, auditory looming will motivate you to jump out of the way now rather than wait until the last second. ❺The evolutionary benefits of immediately getting out of the way of approaching dangers were so strong that natural selection endowed us — and other mammals — with brains that _____. **주제 반복** ❻Although 양보의 접속사 this kind of bias might inhibit economically rational judgment in laboratory tasks, it leads us to behave in a deeply rational manner in the real world. ❼Being accurate is not always smart.
>
> *avalanche: 눈사태

글의 흐름

주제 표면상 비합리적으로 보이는 오류와 편향처럼 청각적으로 어렴풋하게 들리는 소리는 아주 현명한 것으로 입증됨

예시1 붉은털원숭이 같은 동물들이 그러한 편향을 발달시켜 왔고, 그것은 사전 경보 체제와 같은 역할을 함

예시2 코뿔소가 다가오거나 눈사태가 일어났을 때 청각적으로 어렴풋하게 들리는 소리는 즉시 뛰쳐나오도록 동기를 부여함

다가오는 위험을 즉시 피하는 것의 진화론적인 이점이 매우 강해서 자연 선택이 포유류에게 _____ 두뇌를 부여함

주제 반복 이러한 편향은 실제 세상에서 대단히 합리적인 방식으로 행동하게 함

① intentionally see and hear the world inaccurately

② are geared to evaluate aural information precisely

③ deliberately make rational yet ineffective decisions

④ prompt us to overlook dangers without thinking rationally

⑤ accurately detect, but irrationally ignore, approaching dangers

STEP BY STEP

step 1 중심내용을 파악하라
글을 전반적으로 읽고 글의 중심내용을 파악한다.

적용 >> 표면상 비합리적으로 보이는 auditory looming이 사실은 아주 현명한 것일 수 있다는 것이 글의 중심내용이다.

step 2 빈칸의 속성을 파악하라
빈칸에 일반적인 내용이 들어가야 하는지 또는 세부적인 내용이 들어가야 하는지를 파악한다.

적용 >> 빈칸이 글의 후반부에 제시되었고, brains라는 명사를 설명하는 내용이 들어가야 하므로 세부적인 내용을 파악해야 한다는 것을 알 수 있다. 빈칸에는 자연 선택이 우리와 포유류에게 '어떠한' 두뇌를 부여했는지에 관한 구체적인 내용이 들어가야 한다.

step 3 중심내용과 세부내용의 관계를 파악하라
빈칸 전후 문장의 논리적 관계에 주목하며 중심내용과 세부내용 간의 관계를 파악한다. 이 때 빈칸 전후의 연결사 및 대명사가 결정적인 단서가 될 수 있다.

적용 >> 빈칸 앞에는 청각적으로 어렴풋하게 들리는 소리가 위험을 피하도록 도움을 주는 예시들이 설명되었다. 빈칸 뒤의 문장에서 this kind of bias라는 어구가 나오므로 앞 문장에서 편향(bias)에 관한 내용이 언급되어야 함을 알 수 있다. 또한 Although라는 양보의 접속사로 연결된 빈칸 뒤의 문장에서 이러한 종류의 편향이 실험실 과업에서는 합리적인 판단을 저해할 수도 있지만, 실제 세상에서는 우리로 하여금 합리적인 방식으로 행동하게 한다는 점에 주목한다.

step 4 중심내용을 구체화하여 빈칸을 채워라
중심내용을 문맥에 맞게 가장 잘 구체화한 세부내용을 고른다.

적용 >> auditory looming이 현명한 것이라는 중심내용을 구체화하면 우리의 두뇌가 '세상을 의도적으로 부정확하게 보고 듣는' 편향을 발달시키는 것을 통해 다가올 위험으로부터 우리를 벗어나게 한다고 추론할 수 있다.

오답 선택지 분석

② 반대 개념 auditory looming은 표면상 비합리적으로 보인다고 했으므로, 청각적 정보를 정확하게 평가하는 것이 아니다. 따라서 '청각적 정보를 정확하게 평가하도록 설계된' 두뇌를 부여한다는 것은 글의 내용과 반대되는 개념이다. (오답률 21%)

③ 반대 개념 의도적으로 겉보기에 비합리적인 오류를 범하는 것에 진화론적인 이점이 있다고 했으므로, '의도적으로 합리적이지만 효과가 없는 결정을 하는' 두뇌를 부여한다는 것은 글의 내용과 반대된다. (오답률 12%)

④ 부분 일치 auditory looming을 통해 우리가 비합리적으로 생각하는 것은 맞지만 위험을 간과하는 것은 아니므로, '우리가 합리적으로 생각하지 않고서 위험을 간과하도록 촉구하는' 것은 글의 내용과 부분적으로만 일치한다. (오답률 17%)

⑤ 반대 개념 auditory looming은 다가오는 위험을 부정확하게 감지하지만 이에 즉각적으로 반응하는 현상이므로 '다가오는 위험을 정확하게 감지하지만, 비이성적으로 무시하는' 것은 글의 내용과 반대되는 개념이다. (오답률 22%)

↓

Practice A

[1~3] 다음 중 주어진 문장을 가장 잘 구체화한 문장을 고르시오.

1

> A series of established deadlines helps one to maximize productivity.

① If you break down what you need to accomplish into smaller goals that should be completed daily, you can work much more efficiently.

② Since projects often fail because of objectives that are too ambitious, it is best to focus on realistic goals and how you can achieve them.

③ Procrastination often results from people finding the work that they have to do unpleasant or boring. Therefore, it is important for one to finish this work quickly in order to focus on aspects of one's job that are more enjoyable.

2

> Scientists have discovered that it is not always the strongest species that survives.

① Species unable to adapt to new environment will go extinct. And when different species compete with one another, only the fittest survives.

② In many experiments, the two species that are perceived to be stronger often eliminate one another, leaving the weakest as the sole survivor.

③ Every ecosystem is home to a large number of different species, and all of these species compete with each other in order to survive. And the greater the number of species in a given ecosystem, the lower each one's chance of survival is.

3

> We inherit not only our features from our parents but also their facial expressions.

① Not even two identical twins that live in the same home with the same parents have the exact same experiences. Therefore, it is likely that different genes become activated in each individual twin.

② If you have a good sense of humor and you laugh a lot, it is likely that both you and your partner will have laugh lines around your mouths. As people who live in close contact with one another tend to copy each other's facial expressions, older couples tend to look more alike.

③ Scientists observed blind individuals performing various tasks that made them angry, sad, and happy, and they compared their reactions with those of their sighted family members. They found the blind individuals and their family members used remarkably similar facial expressions in their reactions.

↓
Practice B

❶It has been observed that people tend to suppress or deny <u>knowledge that gives rise to distressing emotions</u>, such as anxiety, terror, or deep sadness. ❷This tendency was clearly shown in a study done to measure the attitudes of people living in towns downriver of a high dam. ❸If the dam were to burst, all of the homes in the towns would be destroyed by a massive flood, and many of the people living there could potentially drown. ❹It seems natural that fear of this happening would be lowest among the people living the farthest downstream and would gradually increase the closer you got to the dam. ❺Surprisingly, though, the people living just under the dam did not show any concern at all! ❻That is because, for the people living in what would potentially be the most dangerous area, the only way of living a normal daily life is _____.

↓

1 위 글의 ❶~❻ 중 주제에 해당하는 것을 고르시오.

2 위 글의 ❷~❻ 중 밑줄 친 knowledge that gives rise to distressing emotions에 해당하는 것을 고르시오.

↓

Q 위 글의 빈칸에 들어갈 말로 가장 적절한 것을 고르시오.
① to shift responsibility onto someone else
② to consciously reinforce their fears and anxieties
③ to relocate as far away from the dam as possible
④ not to immerse themselves in past emotional trauma
⑤ not to accept the finite possibility that the dam could burst

1

다음 빈칸에 들어갈 말로 가장 적절한 것은? 평가원 (정답률 43%)   Time Limit 1'30"

❶ Appearance creates the first impression customers have of food, and first impressions are important. ❷ No matter how appealing the taste, an unattractive appearance is hard to overlook. ❸ As humans, we do "eat with our eyes" because our sense of sight is more highly developed than the other senses. ❹ The sense of sight is so highly developed in humans that messages received from other senses are often ignored if they conflict with what is seen. ❺ Yellow candy is expected to be lemon-flavored, and if it is grape-flavored, many people _____. ❻ Strawberry ice cream tinted with red food coloring seems to have a stronger strawberry flavor than one that has no added food coloring, even when there is no real difference.

① cannot correctly identify the flavor
② will not favor the grape-flavored candy
③ can clearly sense the difference in flavor
④ will be instantly attracted to the grape flavor
⑤ will enjoy the subtle difference between them

2

다음 빈칸에 들어갈 말로 가장 적절한 것은?   Time Limit 1'30"

❶ The uniquely evolved species of the Galapagos Islands helped Charles Darwin form his Theory of Evolution. ❷ He argued that various forms of adaption endowed animals with a better chance to meet their needs in distinct environments. ❸ Flipping this logic, however, these creatures were given a disadvantage for surviving in the larger world. ❹ Considering this irony, the term Galapagos syndrome was first used to describe the Japanese cell phone industry. ❺ After being the earliest to launch the first-generation mobile phone service, Japan enhanced the industry with numerous innovations including e-mail access, camera phones, 3G networks, mobile payment systems, and digital televisions. ❻ Japanese manufacturers believed that they would eventually lead the digital era. ❼ Yet the technologies they developed were incompatible with systems in other countries, so the industry continuously turned inward. ❽ The domestic market was large enough to allow the survival of these companies, yet only at the cost of _____.

① further isolating the country from markets worldwide
② making inferior products compared to the world standard
③ further stimulating multinational companies to invest in research
④ making the world envious of Japanese technological advancements
⑤ ensuring promising, innovative technologies would not be developed

3 다음 빈칸에 들어갈 말로 가장 적절한 것은? [고난도]   Time Limit 1'50"

❶Symbolic interactionism refers to a particular theoretical approach which focuses on subjective interpretations people make about various matters in social settings. ❷As people interact with one another, they produce, modify, and assign certain symbolic meanings. ❸Primacy is given to these meanings, on the premise that individuals act upon personal beliefs and not simply upon the objective truth. ❹Thus, society is viewed as a social construction of human interpretation. ❺The case of why teenagers smoke, despite the objective fact that smoking is harmful to their health, may be taken as an example of this. ❻Even though students are fully educated on the dangers of cigarette smoking, a prevailing belief exists among teens that smoking produces a good peer impression and they themselves will be unharmed by the bad effects of smoking. ❼Thus, _____.

① placing meaning on subjective interpretations is improper

② the scientific evidence that smoking is bad for health is given primacy

③ the positive interpretation of smoking nullifies the truth of smoking as a risk

④ the reality of the situation is accepted by teenagers who change their behavior

⑤ peers have the most important influence on teens' behavior during adolescence

↓

Synonym Dictionary	
1. appealing (매력적인)	attractive engaging charming tempting entrancing
2. incompatible (양립[호환]할 수 없는)	inconsistent conflicting inappropriate contradictory
3. promising (유망한, 촉망되는)	auspicious bright encouraging gifted talented
4. prevailing (우세한, 지배적인)	predominant prevalent rampant ruling universal
5. nullify (무효화하다)	abolish annul invalidate negate offset

문단의 구조와 빈칸의 위치

빈칸이 출제될 수 있는 위치는 문단의 구조에 따라 어느 정도 정형화되어 있다. 또한 빈칸의 위치는 빈칸 문장의 성격을 파악할 수 있는 힌트가 될 수도 있다.

문단의 구조	빈칸의 위치
두괄식 주제	글의 앞 부분에 주제가 있는 두괄식 문단에서는 빈칸이 도입부나 중반부에 있는 경우가 많다. 빈칸이 도입부에 있는 경우, 빈칸 뒤에 예시나 상술이 이어지며, 글의 내용을 끝까지 파악해야 정확한 답을 추론할 수 있다. 빈칸이 중반부에 있는 경우, 빈칸이 있는 문장이 세부내용을 담고 있을 가능성이 크다. 빈칸이 있는 문장 앞뒤의 연결사를 활용하고, 주제문과 해당 문장과의 관계를 파악하여 정답을 추론한다.
중괄식 주제	글의 중간 부분에 주제가 있는 중괄식 문단에서는 빈칸이 중반부에 위치하는 경우가 대부분이다. 대개 빈칸이 있는 문장의 앞부분은 주제를 이끌어내기 위한 도입부로서 필자의 주장과 반대되는 일반적인 통념에 해당하는 내용이 언급되는 경우가 많으며, 주제문 다음에 이어지는 구체적인 세부내용을 일반화한 개념이 정답이 되는 경우가 대부분이다.
미괄식 주제	글의 끝 부분에 주제가 있는 미괄식 문단에서는 빈칸이 글의 후반부에 있는 경우가 많다. 특히 빈칸이 있는 문장 뒤에 주제를 요약하거나 부연 설명하는 문장이 이어지면 이 문장이 정답에 대한 명백한 단서가 되는 경우가 많다.
양괄식 주제 주제	글의 앞 부분과 끝 부분에 주제가 반복하여 나타나는 양괄식 문단에서는 빈칸이 글의 후반부에 위치하는 경우가 대부분이다. 이 때, 빈칸이 있는 문장은 글의 앞부분에 제시된 주제문을 재진술하는 경우가 많다. 글의 앞 부분에서 언급된 중심내용과 내용상 일치하는 것을 토대로 정답을 추론한다.

Unit 03
재진술

'재진술'이란?

이미 언급된 내용이나 문장을 다른 어휘나 표현을 사용하여 같은 의미로 다시 말하는 것을 뜻한다. 다음 두 친구의 대화를 통해 재진술의 예를 살펴보자.

> **명수:** 나는 열심히 공부를 했는데도 중간고사 성적이 잘 나오지 않았어. 내 노력이 모두 수포로 돌아간 것 같아.

> **봉선:** 너는 열심히 노력을 했는데도 시험 성적이 안 좋게 나와서 많이 실망했구나.

위 상황에서 명수의 말을 봉선이가 다른 표현으로 바꾸어 다시 말하고 있지만, 말의 중심내용은 달라지지 않았다.

글에서 '재진술'을 하는 이유는?

필자의 주장이 강하게 드러나는 글에서는 필자의 주장을 반복하여 강조하는 경우가 많다. 이때, 같은 표현을 계속해서 사용하는 것보다 다양한 표현을 활용하여 필자의 주장을 재진술하면 이를 보다 효과적으로 전달할 수 있다.

다음 중 주어진 문장과 동일한 의미를 나타내는 문장을 골라보자.

Genuine beauty comes from a blend of physical and mental characteristics.

① Real beauty is a combination of internal and external qualities.

② Merge your appearance and your intellect, and you will understand true beauty.

③ Your beauty arises from your physical nature, not your mental capacity.

주어진 문장은 '진정한 아름다움은 육체적인 특징들과 정신적인 특징들의 조합에서 나온다'는 의미이다. 주어진 문장의 blend, physical, mental과 같은 어휘들이 ①에서 combination, external, internal 등의 표현을 통해 재진술되고 있다. ②는 merge, appearance, intellect 등의 어휘로 인해 주어진 문장과 같은 의미처럼 보일 수도 있지만 '진정한 아름다움을 이해한다'는 내용은 주어진 문장에 없는 내용이며, ③은 아름다움을 구성하는 요소에서 정신적 능력을 배제했으므로 주어진 문장과 다른 의미를 나타낸다.

빈칸추론에서 '재진술'은 왜 중요한가?

하나의 글 안에서 필자의 주장이나 글의 주제 등이 반복되면 이를 재진술한 문장이 빈칸으로 출제되는 경우가 많다. 재진술 문장은 지문에서 한 번만 나올 수도 있지만 표현을 달리하여 여러 번 제시되기도 한다. 주제문과 재진술 문장 사이의 공통 요소를 발견하고 주제문의 중심내용이 재진술 문장에서 어떤 식으로 달리 표현되었는지를 찾아내면 빈칸을 채우기 어렵지 않다.

기출 예제 분석

다음 빈칸에 들어갈 말로 가장 적절한 것을 고르시오. 수능 (정답률 59%)

도입 ❶The success of human beings depends crucially on numbers and connections. 주제 ❷A few hundred people cannot sustain a sophisticated technology. ❸Recall that Australia was colonized 45,000 years ago by pioneers spreading east from Africa along the shore of Asia. 원인 ❹The vanguard of such a migration must have been small in number and must have traveled comparatively light. ❺The chances are they had only a sample of the technology available to their relatives back at the Red Sea crossing. 결과 ❻This may explain why Australian aboriginal technology, although it developed and elaborated steadily over the ensuing millennia, was lacking in so many features of the Old World — elastic weapons, for example, such as bows and catapults, were unknown, as were ovens. ❼It was not that they were 'primitive' or that they had mentally regressed; 주제 재진술 it was that they _____ and did not have a dense enough population and therefore
순접의 접속사
a large enough collective brain to develop them much further.

*catapult: 투석기

글의 흐름

도입 인류의 성공은 숫자와 관계에 좌우됨

⊙

주제 몇백 명의 사람들만으로는 정교한 기술을 유지할 수 없음

⊙

원인 호주로 갔던 이주 선발대들은 수가 적었고 호주에는 기술의 견본만 전수됨

⊙

결과 호주 원주민들의 기술은 구세계의 많은 특징들이 결여되어 있음

⊙

주제 재진술 그들이 _____ 했고, 그 기술을 발전시키기에 충분한 인구가 없었기 때문

① were too tightly connected to develop new technologies
② focused on developing and elaborating elastic weapons
③ had arrived with only a subset of technologies
④ inherited none of their relatives' technologies in Africa
⑤ failed to transfer their technical insights to the Old World

STEP BY STEP

step 1 중심내용을 파악하라

글을 전반적으로 읽고 중심내용을 파악한다.

적용 〉〉 몇백 명의 사람들만으로는 정교한 기술을 유지할 수 없다는 것이 이 글의 주제이다.

step 2 주제가 재진술되거나 반복되는 부분을 찾아라

반복어구를 중심으로 주제가 재진술되는 부분을 찾는다.

적용 〉〉 주제에서 언급되었던 몇백 명의 사람이 정교한 기술을 유지할 수 없다는 내용이 ❹~❺에서는 이주 선발대의 숫자가 적어서 기술의 견본만 전수되었고, 이로 인해 호주 원주민들의 기술은 구세계의 많은 특징들이 결여되었다는 말로 재진술되고 있다.

step 3 빈칸 앞 뒤의 관계를 살펴라

빈칸이 있는 문장 앞 뒤의 어구 및 표현을 통해 빈칸에 들어갈 내용의 성격을 파악한다.

적용 〉〉 빈칸 앞에서 호주 원주민들의 기술에 구세계의 여러 가지 특징들이 결여된 이유는 그들이 '원시적'이거나 정신적으로 퇴보해서가 아니라고 설명하였고, 빈칸에 그에 대한 진짜 이유가 들어가야 한다. 빈칸 뒤에는 순접의 접속사인 and를 통해 그들에게 기술을 발전시키기에 충분한 인구가 없었다는 내용이 이어지고 있다.

step 4 주제와 재진술 문장 사이의 공통 요소를 파악하라

주제문과 재진술 문장 사이의 공통 요소를 파악하고, 재진술 문장에서 부족한 부분을 주제문을 근거로 도출한다.

적용 〉〉 글 전체적으로 주제에 관한 내용인 인구수와 정교한 기술 유지의 상관관계가 설명되고 있는 반면, 빈칸이 포함된 문장에서는 인구에 대한 부분만 언급이 되고 있으므로 빈칸에는 그들이 '기술의 단지 일부만 가지고 도착했다'는 말이 들어가는 것이 가장 적절하다.

오답 선택지 분석

① 무관한 내용 본문에서 사용되었던 connection이라는 단어를 활용한 오답이며, '새로운 기술을 발전시키기에는 너무 긴밀하게 연결되었다'는 내용은 본문에서 다뤄지지 않았다. (오답률 12%)

② 반대 개념 호주에 탄성 무기는 알려지지 않았다고 했으므로 '탄성 무기들을 발전시키고 정교화하는 데 초점을 맞추었다'는 내용은 반대되는 개념이다. (오답률 9%)

④ 부분 일치 호주로 이주한 선발대들은 구세계의 기술의 견본을 가지고 갔으므로 '아프리카에 있는 그들의 동족들의 기술들 중 어느 것도 전수받지 못했다'는 것은 내용의 비약이다. (오답률 8%)

⑤ 반대 개념 글의 내용은 '기술적인 통찰력을 구세계로 전달하는 데 실패했다'는 것이 아니라, 이런 기술들을 구세계에서 호주로 전달하는 것을 실패했다는 것이므로 본문 내용과 반대된다. (오답률 10%)

↓
Practice A

[1~3] 다음 중 주어진 문장과 동일한 의미를 나타내는 문장을 고르시오.

1

The natural world can be recovered, but only with the help of both significant financial funding and a deep and complete conversion within the human consciousness.

① In order to save the environment, changing the human consciousness is more important than increasing funding to conservation efforts.

② Unless humans alter their basic attitudes about investing their wealth in conservation, saving the natural world will be impossible.

③ Not only substantial amounts of money, but also a fundamental change in the minds of humans will be necessary in order to restore the natural world.

④ Humanity has recognized that huge investments will be needed in order to sustain the natural world, and this recognition has brought about a profound shift in human thought.

2

With the selection of a new president just a few days away, the area is rife with anxiety and affected by outbursts of political violence.

① The region is overrun by violent individuals who wish to vote for a new president.

② The new president is facing opposition not only from the raging crowd but also from his own political party.

③ The place is full of anxiety and troubled by sporadic political violence just a few days from the selection of a new president.

④ Since the selection of the new president, there has been widespread anxiety, and several violent acts have been reported in the streets.

3

It has been nearly three years since the beginning of the economic crisis, yet the U.S. markets have hardly been opened to many foreign companies.

① After three years of financial chaos, many companies still view markets in the U.S. as being risky and unattractive.

② Although nearly three years have passed since the financial crisis began, many companies in the U.S. are still scarcely functioning.

③ Since the financial crisis began, almost three years have passed, but markets in the U.S. remain scarcely open to many companies abroad.

④ During the almost three years that the financial crisis has been raging in the U.S., American markets have provided opportunity to many foreign companies.

↓
Practice

❶What's interesting about animals being afraid is that _____.
❷A fearful prey animal like a deer ought to just ⓐ get out of there whenever it sees something strange and different that it doesn't understand. ❸But that's not what happens. ❹The more fearful the animal, the more likely he is to investigate. ❺Indians used this principle to hunt antelope. ❻They'd lie down on the ground holding a flag, and when the antelope ⓑ came up to investigate they'd kill it. ❼I've never heard of Indians lying down on the ground holding a flag to catch buffalo. ❽I don't think a buffalo is going to be as compelled to investigate a flag flying in the middle of the prairie. ❾He's a great big strong buffalo; what does he have to worry about? ❿But a delicate little antelope has a lot to worry about, and that's why he's ⓒ always looking into things.

↓

1 위 글의 ⓐ ~ ⓒ 중 성격이 <u>다른</u> 하나를 고르시오.

2 위 글에서 밑줄 친 **something strange and different**를 구체적으로 나타내는 단어를 찾아 쓰시오.

3 위 글의 ❷~❿ 중 글의 주제를 가장 잘 표현한 문장을 고르시오.

↓

Q 위 글의 빈칸에 들어갈 말로 가장 적절한 것을 고르시오. 교육청 (정답률 64%)

① fear seems to be related with intelligence

② prior experience helps avoid danger later in life

③ their fear is directly connected to their survival

④ fear is the strongest drive to make them migrate

⑤ the most fearful animals are also the most curious

1 다음 빈칸에 들어갈 말로 가장 적절한 것은?   Time Limit 1'30"

❶ The ultimate test of the viability of a modern-day government is whether or not it has the capacity to "deliver the goods." ❷ Today, it has become clear that state communism has failed to do this, and many former communist states have begun looking to the West for models of development. ❸ But if political stability in the long term depends on the ability of politico-economic systems to satisfy certain expectations held by their citizens, then it is not simply industrialization and economic growth that need to be pursued. ❹ Rather, it is the ability to create and sustain a consumer economy, in which individuals' spending is the driving force, that is essential for citizens to be appeased. ❺ In other words, it is only by _____ that modern nations can stabilize the social and the political.

① transforming the material world
② supporting economic minority groups
③ disregarding the ideology of communism
④ balancing between politics and economics
⑤ putting the social and the political before the economic

2 다음 빈칸에 들어갈 말로 가장 적절한 것은? 고난도   Time Limit 1'50"

❶ It is clear that every individual's actions have the potential to seriously affect other individuals, as well as society at large. ❷ And whenever a person violates an obligation to any other individual or group of people, the case is taken out of the self-regarding class and becomes open to general moral disapproval. ❸ For example, if a man becomes unable to pay his debts due to his own extravagance, or, if he is incapable of supporting his family for the same reason, he deserves to be criticized, and he may be punished. ❹ But it is not for his extravagance that he is punished; it is for the breach of duty to his family or creditors. ❺ Even if the resources that he diverted from them had been spent on the most prudent investment, the man would have been equally at fault. ❻ In short, in any case where there is damage, or a definite risk of damage, either to an individual or to the public, _____.

① self-gratification takes precedence over the needs of others
② it is too difficult to assign moral responsibility to any one individual
③ both the individual and the public should be held equally responsible
④ true freedom cannot be achieved without giving up one's self-interest
⑤ it becomes no longer a question of liberty, but one of morality or law

3 다음 빈칸에 들어갈 말로 가장 적절한 것은? 교육청 (정답률 73%) Time Limit 1'30"

❶Are you tired of always being told to "look on the bright side"? ❷Do you wish your optimistic friends would just leave you alone and let you be negative? ❸If you answered "yes" to either of these questions, you may be one of the millions of people who have learned to cope with the pressures of modern life by using what Dr. Norem calls Defensive Pessimism, a strategy of imagining the worst-case scenario of any situation to motivate and carry out effective actions. ❹What if the train is running late, and you won't make it to your job interview on time? ❺What if you don't know anyone at a party you'll be attending? ❻What if you don't know any of the questions on your final exam? ❼Dr. Norem believes _____ actually helps people go on to do their best by preparing for the worst. ❽In fact, she has found that many people perform more poorly when forced to think positive, since negative thinking is often an effective strategy for managing anxiety.

① depending on intuitions

② indulging in negative thoughts

③ reducing anxiety and depression

④ making accurate future predictions

⑤ repeating small errors and mistakes

↓

Synonym Dictionary

1. appease (달래다)	allay soothe mitigate satisfy pacify
2. disregard (무시[묵살]하다)	ignore discount overlook neglect scorn
3. violate (위반하다, 어기다)	breach defy disobey infringe transgress
4. obligation ((법적·도의적) 의무)	accountability duty liability responsibility
5. carry out (~을 수행하다)	perform conduct implement realize execute

대립어의 법칙

지문 안에 두 가지의 대립되는 대상이나 개념이 나타나면 '대립어의 법칙'을 활용해 보자. 글의 주제나 필자의 주장은 대개 '재진술'이나 '구체화'를 통해 강조되고 자세히 설명된다. 이때 언급되는 두 개의 대상을 A와 B로 나누고 여러 문장을 통해 드러나는 각 대상의 유사한 속성들을 묶어 구분해보면 빈칸에 들어갈 적절한 내용을 쉽게 파악할 수 있다.

 예제 2012년 수능 30번

> Often in social scientific practice, even where evidence is used, it is not used in the correct way for adequate scientific testing. In much of social science, evidence is used only to affirm a particular theory – to search for the positive instances that uphold it. But these are easy to find and lead to the familiar dilemma in the social sciences where we have two conflicting theories, each of which can claim positive empirical evidence in its support but which come to opposite conclusions. How should we decide between them? Here the scientific use of evidence may help. For what is distinctive about science is the search for negative instances – the search for ways to falsify a theory, rather than to confirm it. The real power of scientific testability is negative, not positive. Testing allows us not merely to confirm our theories but to _____.

개념**A** 긍정적 증거의 활용		개념**B** 부정적 증거의 활용
• 올바르게 활용되지 않음 • 특정 이론을 증명해 보이기 위해서만 사용됨 • 이론을 뒷받침하는 긍정적인 사례들을 찾기 위해서만 사용됨 • 찾기가 쉬우며 딜레마를 초래함		• 증거의 과학적 활용 • 부정적인 사례들을 찾음 • 해당 이론이 틀렸음을 입증하기 위함 • _____

빈칸이 있는 문장에서 앞 부분에는 개념 (A)에 해당하는 내용인 '검증은 이론이 옳다는 것을 증명한다'는 것이 언급되고 but이라는 역접의 접속사로 연결되었으므로, 빈칸에는 개념 (B)와 관련된 내용이 들어가는 것이 적절하다.

① ignore the evidence against them

② falsify them by using positive empirical evidence

③ intensify the argument between conflicting theories

④ weed out those that do not fit the evidence

⑤ reject those that lack negative instances

① 반대 개념 이론에 반대되는 증거들을 무시하는 것은 개념 (A)에 해당한다.

② 부분 일치 이론이 틀렸다는 것을 입증하는 것은 개념 (B)에 해당하지만 긍정적인 경험적 증거를 사용하는 것은 개념 (A)에 해당하는 내용이다.

③ 무관한 내용 본문에 언급된 'conflicting theories'라는 어구를 활용한 선택지로 '상충하는 이론들 사이의 논쟁을 심화시킨다'는 것은 글과 무관한 내용이다.

✔ 정답 '그 증거와 일치하지 않는 이론들을 제거한다'는 것은 부정적인 증거들로 해당 이론이 틀렸음을 입증하는 것이므로 개념 (B)에 해당하는 내용이다.

⑤ 반대 개념 검증은 부정적인 사례들이 있는 이론들을 거부하기 위한 목적으로 수행된다고 할 수 있다. 'lack'이라는 표현이 있으므로 이는 반대되는 개념이다.

Unit 04
심화 추론

↓

'심화 추론'이란?

지문에서 명시된 내용이나 사실을 통해 지문에서 언급되지 않은 새로운 사실이나 결과를 추론해 내는 것을 말한다. 대부분의 빈칸추론 문제는 앞에서 학습한 일반화, 구체화, 재진술 전략을 사용하면 해결 되지만 간혹 심화된 추론 능력을 요구하는 문제들이 출제되기도 한다.

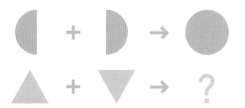

지문을 근거로 추론하라!

다음 빈칸에 들어갈 말로 가장 적절한 것을 추론해 보자.

If you can define the purpose of your career or feel passionate about the mission of your company, you can much more easily handle the occasional server maintenance that disrupts your in-box. The flip side is that if you're working in any area (or company) that doesn't align with your own values, all the little stuff _____.

① focuses on the why, belittling the what and the how
② liberates you from the prison of daily routines
③ snowballs into a big ball of daily disasters
④ paves your way to climb up the corporate ladder
⑤ illuminates the true value of what you have to do

직업의 목적을 규정하고 회사의 과업에 열정을 느끼면 (내면의) 서버 관리를 훨씬 더 용이하게 할 수 있다고 했으므로, 이와 반대로 자신의 가치관과 맞지 않는 분야에서 일을 하면 ③ '사소한 일들 이 눈덩이처럼 커져 일상적인 재앙이 될' 것임을 추론할 수 있다.

심화 추론 문제를 푸는 방법은?

심화 추론을 위해서는 지문에 드러난 근거들을 먼저 파악하는 것이 중요하다. 지문에 제시된 근거와 글의 흐름을 바탕으로 논리적인 추론을 하면 빈칸에 들어갈 내용을 쉽게 고를 수 있다. 이때 주의할 점은 지나치게 주관적인 사고를 토대로 근거 없는 추론을 하지 않도록 유의해야 한다는 것이다.

↓
기출 예제 분석

다음 빈칸에 들어갈 말로 가장 적절한 것을 고르시오. 수능 (정답률 36%)

> 글의 흐름

도입 ❶Mathematics will attract those it can attract, but it will do nothing to overcome resistance to science. **대조** ❷Science is universal in principle but in practice it speaks to very few. ❸Mathematics may be considered a communication skill of the highest type, frictionless so to speak; and at the opposite pole from mathematics, the fruits of science show the practical benefits of science without the use of words. ❹But those fruits are ambivalent. **주제** ❺Science as science does not speak; **단서1** ideally, all scientific concepts are mathematized when scientists communicate with one another, and when science displays its products to non-scientists it need not, and indeed is not able to, resort to salesmanship. **단서2** ❻ When science speaks to others, it is no longer science, and the scientist becomes or has to hire a publicist who dilutes the exactness of mathematics. **단서3** ❼In doing so, the scientist reverses his drive toward mathematical exactness in favor of rhetorical vagueness and metaphor, thus
_____.

도입 수학과 과학의 소통 방식의 차이
↓
주제 과학은 말로 전달되지 않음
↓
단서1 과학자들끼리 의사소통을 할 때 과학적 개념은 수학화됨
↓
단서2 과학이 다른 사람들에게 말로 전달되면 그것은 더 이상 과학이 아닌 것이 됨
↓
단서3 과학을 말로 전달하면 과학자들은 수학의 정확성을 추구하는 자신의 욕구를 뒤집게 됨
↓
그 결과 과학자는 _____ 하게 됨

① degrading his ability to use the scientific language needed for good salesmanship
② surmounting the barrier to science by associating science with mathematics
③ inevitably making others who are unskillful in mathematics hostile to science
④ neglecting his duty of bridging the gap between science and the public
⑤ violating the code of intellectual conduct that defines him as a scientist

STEP BY STEP

<table>
<tr><td>

step 1

글의 주제 및 중심내용을 파악하라

글을 전반적으로 읽고 글의 주제를 파악한다. 주제가 추상적이거나 모호한 글이라면 핵심소재 등을 통해 중심내용을 파악할 수 있다.

</td><td>

적용 〉〉 글의 전반부를 통해 수학과 과학의 소통 방식의 차이에 대해 다루고 있음을 알 수 있으며, 글의 중반부에서 과학은 말로 전달되지 않는다는 주제를 드러내고 있다.

</td></tr>
<tr><td>

step 2

추론의 단서를 수집하라

정답을 추론하기 위한 단서를 수집할 때는 반드시 지문에 근거한다. 수집한 추론의 단서들이 너무 부분적이거나 주제와 무관한 내용은 아닌지 확인한다.

</td><td>

적용 〉〉 과학은 말로 전달되지 않는다는 주제문 이후에 빈칸에 대한 추론의 근거들이 나온다.

단서1 과학자들이 서로 의사소통을 할 때 과학적 개념들은 수학화된다.
단서2 과학이 다른 사람들에게 말로 전달되면 더 이상 과학이 아니다.
단서3 과학을 말로 전달하면 과학자들은 수학의 정확성을 추구하는 자신의 욕구를 뒤집게 된다.

</td></tr>
<tr><td>

step 3

단서들을 근거로 빈칸을 추론하라

수집한 단서들을 근거로 논리적인 결론을 도출한다.

</td><td>

적용 〉〉 위의 단서들을 바탕으로, 과학자들이 과학을 대중에게 전달하고자 수사적인 모호함이나 은유적인 표현을 통해 말을 사용하게 되면 과학의 본질을 깨뜨리게 되고 이는 결국 '과학자라는 자격을 부여하는 지적인 행위의 규약을 스스로 어기게 되는 것'임을 추론할 수 있다.

</td></tr>
</table>

 오답 선택지 분석

① 무관한 내용 과학은 상술(商術)에 의지할 필요도 없고 의지할 수도 없다고 했으므로, '좋은 상술을 위해 필요한 과학적 언어를 사용할 수 있는 능력을 저하시킨다'는 것은 내용과 무관하다. (오답률 11%)

② 반대 개념 과학자가 수사적인 모호함이나 은유적 표현을 위해 수학적인 정확성을 추구하는 욕구를 뒤집는다는 것은 과학에서 수학적인 요소를 배제한다는 것이므로, '과학을 수학과 결합하여 과학에 대한 장벽을 극복하는' 것은 지문의 내용과 반대되는 개념이다. (오답률 29%)

③ 반대 개념 과학자들이 일반 언어로 과학을 설명하려고 시도하는 것은 수학에 서투른 대중에게 과학을 쉽게 설명하기 위한 것이므로 '수학에 서투른 사람들을 불가피하게 과학에 적대적으로 만든다'는 것은 지문의 내용과 반대된다. (오답률 7%)

④ 무관한 내용 과학과 대중 사이에 간극이 있는 것은 추론이 가능하지만, 과학과 대중의 간극을 메우는 것이 과학자의 의무라는 언급은 없다. (오답률 15%)

↓

Practice A

[1~3] 다음 빈칸에 들어갈 말로 가장 적절한 것을 고르시오.

1 According to ancient Greek legend, when human beings were first created, one bag hung in front of each person, and another bag hung behind. The bag that hung behind was full of the person's own faults, and the one that hung in front held the faults of others. This story was used to explain why _____.

① many people have to help each other
② some people blame themselves for everything
③ people have a tendency to be hostile to strangers
④ it is easy to see the faults of others but not oneself

2 One of the necessary steps in seed development is pollination, a process in which pollen is transferred from a plant's stamen to the pistil. Many plants, such as red clover, do not have the ability to pollinate themselves. Instead, they rely on insects to carry pollen from one plant to another. In the case of red clover, only the bumblebee can do this. So if farmers have a poor crop of red clover, they ought to check the

_____.

① quality of the soil in the area
② local population of bumblebees
③ number of nearby clover-eating insects
④ type of seeds that they have been using

3 One of the closest stars to the planet Earth is actually very similar to our own Sun. This star is called Alpha Centauri, and it is only 4.3 light-years away. However, the nearest star to the Earth (besides our own Sun) is a very small red star called Proxima Centauri that can't be seen without a telescope.

It can be inferred from this passage that _____.

① Alpha Centauri cannot be seen from the Earth
② the closest star to the Earth is Alpha Centauri
③ the Sun and Proxima Centautri share many similarities
④ Proxima Centauri and the Earth are less than 4.3 light-years away

Practice B

❶When Americans want to be alone, they tend to shut themselves inside isolated spaces, seeking peace and comfort within these physical boundaries. ❷For Americans, refusing to talk to someone else sharing the same space, called the "silent treatment," is a direct signal of extreme displeasure and denial. ❸On the contrary, often having been raised without their own rooms, the people of England are not accustomed to retreating into private spaces. ❹Instead, it is in their culture to defend themselves by means of internalized barriers. ❺These internal walls are expected to be noticed by others when set up. ❻Therefore, when an Englishman shuts himself off when he is with an American and the American wants to make sure everything is fine with the Englishman, he would probably _____.

Warm up

1 위 글의 중심내용으로 가장 적절한 것을 고르시오.

① the difference between American and English architecture

② different preferences for space between Americans and the English

③ different child-rearing methods between Americans and the English

④ different attitudes towards silence between Americans and the English

2 위 글의 내용을 바탕으로 미국인의 특징은 '미', 영국인의 특징은 '영'으로 표시하시오.

(1) They have been raised with their own rooms.

(2) When they want to be alone, they build internalized barriers.

(3) If they are angry at someone in the same space, they don't talk with that person.

Question

Q 위 글의 빈칸에 들어갈 말로 가장 적절한 것을 고르시오.

① go into his own private room

② make his own personalized barriers

③ share his space with the Englishman

④ give the Englishman the silent treatment

⑤ break through the Englishman's personal boundaries

1 다음 빈칸에 들어갈 말로 가장 적절한 것은? 교육청 (정답률 33%)　　　　Time Limit 1'30"

❶We naturally think in terms of cause and effect. ❷And this helps organize our experience of the world. ❸We think of ourselves as seeing some things cause other things to happen, but in terms of our raw sense experience, we just see certain things happen before other things, and remember having seen such before-and-after sequences at earlier times. ❹For example, a rock hits a window, and then the window breaks. ❺We don't see a third thing called *causation*. ❻But we believe it has happened. ❼The rock hitting the window caused it to break. ❽But this is not experienced like the flight of the rock or the shattering of the glass. ❾Experience does not seem to force the concept of causation on us. ❿We just use it to interpret what we experience. ⓫Cause and effect are categories that could never be read out of our experience and must therefore be _____
to attribute such a connection.

① learned from the accumulated knowledge of humankind
② made use of as compensation for our lack of imagination
③ clearly distinguished from each other as separate entities
④ brought to that experience by our prior mental disposition
⑤ considered as independent sensory experiences themselves

2 다음 빈칸에 들어갈 말로 가장 적절한 것은?　　　　Time Limit 1'30"

❶Individuals with borderline personality disorder often have a history of having their emotions invalidated by others; in other words, they are told that their feelings are wrong. ❷They are made to believe that they have to look outside themselves, to other people, in order to know whether or not their feelings have value. ❸This leads to chronic, internal tension, as the individuals feel that they must act according to other people's expectations and must not have any negative feelings. ❹Over time, this internal tension builds, eventually leading to an eruption of emotion. ❺In addition, individuals who had their emotions repeatedly invalidated as children tend to feel that unless they express their feelings through large displays, nobody will take their feelings seriously. ❻As a result, these individuals subconsciously overemphasize their emotions in order to
_____.

*borderline personality disorder: 경계선 성격 장애

① show that they accept other people's emotions
② resolve conflict triggered by the emotional eruption
③ avoid concealing negative feelings that others don't like
④ convince themselves that their emotions are appropriate
⑤ make sure that other people acknowledge their authenticity

3

다음 빈칸에 들어갈 말로 가장 적절한 것은? 고난도   **Time Limit 1'50"**

❶Regulations which previously forbade cable, Internet, and phone providers from putting additional charges on certain kinds of content were recently disallowed through a court of appeals decision in the United States. ❷Concerns arose after such restrictions of the Federal Communications Commission (F.C.C.) were claimed to be excessive. ❸As stated by Congress, Internet service should only be moderately regulated because the F.C.C. defined it as an "information" service. ❹This differs from the classification of traditional telephone companies as providers of a "telecommunications" service, which need to be strictly regulated to prevent any discrimination in the provision of that service. ❺However, some fear that the ruling could actually undermine the openness of the Internet. ❻If this ruling stands, broadband Internet providers will _____. ❼Then fees for content can be charged, which will make channels like YouTube more costly for people to access. ❽This will also hurt start-ups and smaller Internet content providers that cannot afford to pay for preferential treatment.

① have a hard time attracting new customers

② petition the government for the withdrawal of the ruling

③ undergo the same difficulty that content providers will undergo

④ sign exclusive deals with major content providers for their services

⑤ provide customers with a reduced level of content but charge more

↓

Synonym Dictionary	
1. disposition (기질, 성격)	inclination personality temper tendency character
2. invalidate (틀렸음을 입증하다)	annul discredit disqualify negate nullify
3. conceal (감추다, 숨기다)	hide bury disguise cover mask obscure
4. forbid (금(지)하다)	ban prohibit disallow restrain restrict
5. undermine (약화시키다)	weaken blunt erode impair sabotage

연결사의 법칙

연결사는 글의 구조와 논리적 흐름을 파악할 수 있는 중요한 근거가 된다. 자주 사용되는 연결사들을 정리해 두고 연결사를 바탕으로 빈칸에 들어갈 내용을 추론하는 방법을 숙지해두자.

1 비교의 연결사

likewise, similarly, in like manner, in the same way, equally, compared with, compared to 등

비교를 나타내는 연결사 전후에는 대상들의 공통적인 속성이 언급된다. 비교의 연결사 이후에 빈칸이 있다면, 비교되는 대상들의 공통점을 서술하는 선택지를 고른다.

2 역접·대조의 연결사

but, however, yet, nevertheless, nonetheless, while, on the contrary, whereas, conversely, in contrast, on the other hand, on the opposite 등

역접의 연결사 전후에는 서로 상반되는 내용이 언급된다. 역접의 연결사 이후에 빈칸이 있다면, 앞에서 언급된 내용과 반대되는 속성의 선택지를 고른다.

3 예시의 연결사

for example, for instance, for one thing, as an illustration 등

예시의 연결사 뒤에는 앞에서 언급된 일반적인 진술에 대한 구체적인 사례, 일화, 실험 등이 이어진다.

4 원인과 결과의 연결사

|원인| because, because of, thanks to, on account of, for this reason, owing to, due to 등

|결과| therefore, so, thus, hence, consequently, as a result, in conclusion 등

원인을 나타내는 연결사 뒤에는 어떠한 현상이 나타나는 이유가 이어진다. 결과를 나타내는 연결사 앞에는 보통 현상의 원인들이 서술되고 뒤에는 그로 인한 결과가 나온다.

5 환언과 첨가의 연결사

|환언| in other words, that is (to say), namely, to put it (in) another way 등

|첨가| in addition, additionally, besides, furthermore, moreover, what is more 등

환언을 나타내는 연결사 뒤에는 앞에서 언급된 내용이 재진술되며, 첨가의 연결사 뒤에는 앞 내용에 대한 부가적인 설명이 나온다. 환언과 첨가의 연결사 이후에 빈칸이 있다면, 앞에서 서술된 내용과 같은 맥락의 선택지를 고른다.

6 요약의 연결사

in brief, in short, in summary, to sum up, in a nutshell, in a word, to summarize 등

요약을 나타내는 연결사는 보통 마지막 부분에 나오며 앞 내용을 집약적으로 나타내는 문장을 이끈다. 요약의 연결사 이후에 빈칸이 있다면, 글의 주제를 담고 있는 선택지를 고른다.

■ Special Section I `Paraphrasing`

paraphrasing과 빈칸추론

패러프레이징이란 기존 문장을 다른 어휘 및 문장 구조를 사용하여, 의미는 동일하지만 형태는 다른 문장으로 변환하는 것을 의미한다. 빈칸추론에서는 글의 주제 및 세부내용을 패러프레이징한 선택지가 빈칸에 들어가는 경우가 많으므로, 이를 익히는 것이 빈칸추론 유형에서 고득점을 얻기 위해 필수적이다.

단어로 paraphrasing하기

2-1 유의어 활용하기

문장에 사용된 핵심어구들을 유의어로 바꾸어 패러프레이징한다.

> ■ The true beauty emanates from a combination of physical and mental qualities.
> → True beauty is a mix of what's on the inside and what's on the outside.
>
> '진정한 아름다움은 신체적인 것과 정신적인 것의 결합에서 나온다'라는 문장에서 핵심어구는 '신체적인 것과 정신적인 것의 결합'이다. '결합'이라는 의미의 combination은 비슷한 의미의 mix로 바꾸어 쓸 수 있으며 physical and mental qualities는 비유적 표현인 what's on the inside and what's on the outside로 바꾸어 쓸 수 있다.

2-2 [부정어 + 반의어] 활용하기

문장에 사용된 어휘를 [부정어 + 해당 어휘의 반의어]로 패러프레이징한다. 반대로, 부정어와 함께 쓰인 어휘는 그 어휘의 반의어로 패러프레이징할 수 있다.

> ■ They misunderstood what the teacher was trying to explain.
> → They were not able to understand the explanation from the teacher.
>
> 문장의 동사인 misunderstood는 '오해하다'라는 의미로 부정어인 were not able to와 misunderstand의 반의어인 understand를 사용하여 were not able to understand로 바꾸어 쓸 수 있다.

↓

연습 문제 | 다음 문장을 패러프레이징할 때 빈칸에 들어갈 말로 가장 적절한 것을 고르시오.

2-1 Rembrandt is known for his exquisite portrayal of light in his art works.

→ Rembrandt gets his fame from his _____ use of the light in his art works.

① unique　　　　② inferior　　　　③ excessive　　　　④ sophisticated

2-2 My busy schedule didn't let me have a minute to rest.

→ My busy schedule _____ me from taking a short break.

① kept　　　　② noticed　　　　③ permitted　　　　④ abandoned

2-3 상위어와 하위어 활용하기

포괄적이며 넓은 범주의 개념을 가진 상위어와 이보다 좁고 구체적인 개념을 가진 하위어를 사용하여 패러프레이징할 수 있다.

> ■ The power of the media has become bigger than ever before.
> → The power of TV and the Internet has become larger than ever before.
>
> **the media**를 구성하는 하위 범주인 **TV**와 인터넷이라는 하위어를 사용하여 같은 의미의 문장으로 바꾸어 쓸 수 있다.

2-4 단어의 정의 활용하기

풀어서 설명되어있는 개념을 한 단어로 바꾸거나, 한 단어를 풀어서 설명하여 패러프레이징할 수 있다.

> ■ He took a detour on his way back to his hometown.
> → He took the long way around on his way back to his hometown.
>
> **detour**는 '우회로'라는 뜻이므로 '멀리 돌아가는 길'이라고 풀어 쓸 수 있다.

↓

연습 문제 | 다음 문장을 패러프레이징할 때 빈칸에 들어갈 말로 가장 적절한 것을 고르시오.

2-3 Some people cannot digest food with milk or cheese due to an inability to produce a special chemical.

→ Some people are not able to digest _____ due to an inability to produce a special chemical.

① protein   ② junk food   ③ dairy food   ④ farm products

2-4 When you get influenza, the main symptoms are lassitude and fever.

→ When you get influenza, the main symptoms are _____ and getting a high fever.

① having a cough   ② feeling exhausted   ③ having a sore throat

3 문장 구조로 paraphrasing하기

3-1 구와 절의 변환

두 개 이상의 단어로 이루어진 의미 단위 안에, 주어와 동사가 있으면 절, 없으면 구라고 한다. 구와 절의 전환을 활용하여 패러프레이징할 수 있다.

> ■ 접속사절 ↔ 전치사구
> · Because the smartphone is convenient, the popularity of it spread across the whole world.
> → Because of the smartphone's convenience, the popularity of it mushroomed all over the world.

관계사절 ↔ 분사구/to부정사구

· The robot which explores Mars is called Curiosity.
  → The robot exploring Mars is called Curiosity.
  → The robot to explore Mars is called Curiosity.

부사절 ↔ 분사구

· As soon as the elevator arrived, they jumped into it.
  → The elevator arriving, they jumped into it.

that절 ↔ to부정사구

· It seems that she is so happy to leave the classroom.
  → She seems to be happy to leave the classroom.
· The problem was so severe that it couldn't be ignored by residents.
  → The problem was too severe to be ignored by residents.
· The singer is so inspiring that she made me feel like singing.
  → The singer is inspiring enough to make me feel like singing.

3-2 절의 형태 변환

하나의 절을 다른 형태의 구조를 가진 절로 바꾸어서 패러프레이징할 수 있다.

능동문 ↔ 수동문

· The government sterilized farms to prevent AI.
  → Farms were sterilized by the government to prevent AI.

문장 형식 변환

· The teacher gave Jey an A⁺ on the math exam.
  → The teacher gave an A⁺ on the math exam to Jey.

비교급 구문 변환

· Nothing is as important as honesty.
  → Honesty is more important than any other thing.
  → Honesty is the most important thing.

↓

연습 문제 | 괄호 안의 표현을 이용하여 주어진 문장을 패러프레이징하시오.

3-1 The energy he put into his work was so great that it impressed even the CEO.
  → The energy he put into his work was _____ even the CEO. (enough to)

3-2 Being able to sympathize with others is more precious than any other thing.
  → _____ being able to sympathize with others. (as ~ as)

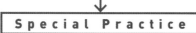

[1~6] 다음 문장을 패러프레이징할 때 빈칸에 들어갈 말로 가장 적절한 것을 고르시오.

1   The designer is known for the sophisticated decoration she uses in her dresses.
   → The designer is famous for her ability to make use of fancy _____ in her work.

   ① props   ② fabric   ③ garment   ④ ornamentation

2   When the war ended, the army didn't stop him from going back to his family.
   → The war finally finished, so the army _____ him to his family.

   ① compelled   ② discharged   ③ distributed   ④ commended

3   The company's wages and benefits are continuing to improve year by year.
   → Slowly but steadily, the company's _____ are getting better.

   ① financial state   ② product quality
   ③ working conditions   ④ management ethics

4   Sensible and practical judgment is essential if people are to work together as a team.
   → It is necessary to use _____ when working in a group.

   ① empathy   ② endurance   ③ conscience   ④ common sense

5   In spite of criticism from those who predicted that his ideas would make no change in the world, Edison kept on inventing and ended up making a huge impact.
   → Edison persevered and startled the world with his inventions, _____ he had been faced with criticism from those who predicted that his ideas would make no change in the world.

   ① until   ② except   ③ unless   ④ even though

6   Last year, my company canceled our year-end party to cut costs and to show that we weren't wasting money.
   → Last year, my company's year-end party _____ to cut down on expenses and to show that it was not being extravagant.

   ① canceled   ② was canceling   ③ was canceled   ④ has canceled

PART 2

Unit 01	주장과 근거	047
Unit 02	원인과 결과	055
Unit 03	환언과 상술	063
Unit 04	비교와 대조	071
Unit 05	비유	079
Unit 06	예시	087
Unit 07	통념과 반박	095
Unit 08	실험 · 연구	103

→

If one advances confidently in the direction of his dreams,
and endeavors to live the life which he has imagined,
he will meet with a success unexpected in common hours.

→

Unit 01
주장과 근거

'주장과 근거'란? 필자가 글을 통해 전달하고자 하는 의견인 '주장'을 이를 뒷받침하는 증거인 '근거'를 통해 입증하는 전개 방식이다. 필자의 주관적인 의견인 '주장'이 설득력을 가지기 위해서는 객관적인 사실이나 정보 등을 '근거'로 제시해야 한다.

글에서 '주장과 근거'는 어떻게 제시되는가? 주장과 근거의 전개 방식을 사용한 글은 대개 도입부, 필자의 주장, 근거의 순서로 구성되어 있다. 도입부에서는 주장과 관련된 내용이 간단히 제시되거나 문제 제기가 이루어지는데, 도입부는 종종 생략되기도 한다. 이어서 필자의 주장이 나오는데 이것이 곧 글의 중심내용이다. 필자의 주장을 뒷받침하는 근거는 글의 중·후반에 나오는 경우가 많다.

> **도입부** In recent years, questions are being raised over whether the threat of global warming is real.
>
> ↓
>
> **필자의 주장** Roy W. Spencer, the writer of *Climate Confusion*, argues that the dangerousness of global warming is exaggerated.
> 주장을 나타내는 어구
>
> ↓
>
> **근거** 근거1 The current model, which predicts soaring temperatures and environmental changes in the future, can't deal with every atmospheric phenomenon. Therefore, we cannot fully believe it.
>
> 근거2 Also, the total number of carbon dioxide molecules in the air is only 35 for every 100,000 total molecules. This small amount of molecules can hardly have any influence.

위 글의 도입부에서는 최근에 지구 온난화의 위협이 사실인지에 대한 의문이 제기되고 있다는 내용이 제시되어 있다. 이어서 지구 온난화의 위험성이 과장되었다는 Roy W. Spencer의 주장이 이어진다. 주장에 대한 근거로는 현재의 기후 예측 모델의 신뢰도가 떨어진다는 점과 대기 중 이산화탄소의 분자 수가 너무 적어서 큰 영향을 미치지 못한다는 점을 들고 있다.

빈칸 접근법 익히기 빈칸은 대개 필자의 주장 부분에서 출제된다. 이 경우 필자의 주장을 뒷받침하는 근거들의 핵심내용을 파악하고 각 근거들이 나타내는 공통적인 내용을 일반화하여 빈칸에 들어갈 적절한 내용을 추론할 수 있다.

↓

기출 예제 분석

다음 빈칸에 들어갈 말로 가장 적절한 것을 고르시오. 교육청 (정답률 70%)

[도입] ❶If I could give you only a single piece of advice from my life-long experience in the movie industry, **[주장]** it would be to _____.
[근거] ❷The process of learning how to make a movie is cyclical, meaning you have to go through the entire process at least once just to begin to understand the craft. **[예시]** ❸For example, much of directing stems from understanding the editing process and the way shots work together to make a scene. ❹Understanding just this one aspect will have a huge impact on your choices for camera placement and pacing when directing on set. ❺Don't turn your star idea into your first film; you will regret it for your entire career. **[주장 재진술]** ❻Start small and learn the process with a short film; then with the second and third films, develop your craft of directing, working with actors and directing the camera. ❼You will know when you are ready to take on a feature film.

→ 글의 흐름

[도입] 영화 산업에 종사했던 경험을 바탕으로 영화 제작에 대해 조언

⬇

[주장] _____

⬇

[근거] 영화를 만드는 방법을 배우는 과정은 순환적임

⬇

[예시] 연출은 편집 과정과 한 장면을 만들기 위해 여러 샷이 함께 작용하는 방법을 이해하는 것에서 비롯됨

⬇

[주장 재진술] 작은 것부터 시작하고 단편 영화로 과정을 배워야 함

① abandon the ideas that cannot guarantee your success
② make use of as much special equipment as possible
③ produce short films before making a feature film
④ understand the psychology shown in the films
⑤ give an effort to write your own scenario

↓
STEP BY STEP

step 1 중심내용을 파악하라
글의 도입부를 통해서 글에서 다루고 있는 중심내용이 무엇인지 파악한다.

적용 ≫ 글의 도입부를 통해 영화 산업에서 오랫동안 종사했던 필자의 경험을 바탕으로 영화 제작에 대한 조언을 하는 내용임을 알 수 있다.

step 2 필자의 주장을 포함하는 문장을 찾아라
필자의 주장을 담은 문장을 찾아 도입부와 어떤 논리적 연관성을 가지는지 파악한다.

적용 ≫ 도입부에 이어 필자의 주장이 바로 이어지며 필자가 하려는 조언이 무엇인지에 관한 내용이 빈칸으로 제시되어 있다.

step 3 근거의 핵심내용을 파악하라
주장을 뒷받침하는 근거의 핵심어구를 바탕으로 내용을 파악한다.

적용 ≫ 주장에 대한 근거로, 영화를 만드는 방법을 배우는 과정은 순환적이기 때문에 그 기술을 이해하기 위해서는 적어도 한 번은 전체 과정을 경험해 봐야 한다는 점을 들고 있다. 이러한 근거를 부연 설명하기 위해 연출을 위해 알아야 할 내용에 대한 구체적인 예시를 들고 있다. 또한 작은 것부터 시작하고 단편 영화로 과정을 배우라고 글의 후반부에서 주장을 재진술하고 있다.

step 4 근거가 나타내는 공통적인 내용을 일반화하라
근거의 공통점을 일반화하여 필자의 주장과 일맥상통하는 선택지를 고른다.

적용 ≫ 근거와 이를 보충하는 예시의 내용을 일반화하면 '장편 영화를 만들기 전에 단편 영화를 제작하라'는 말이 빈칸에 가장 적절하다는 것을 추론할 수 있다.

오답 선택지 분석

① 무관한 내용 우수한 아이디어를 가지고 첫 영화를 만들지 마라는 내용은 있지만 '성공을 보장할 수 없는 아이디어를 버리라'는 내용은 지문에서 제시되지 않았다. (오답률 7%)

② 무관한 내용 '특수 장비를 가능한 한 많이 사용하라'는 내용은 지문에서 제시되지 않았다. (오답률 6%)

④ 무관한 내용 '영화에서 보여지는 심리를 이해하라'는 내용은 지문에서 제시되지 않았다. (오답률 9%)

⑤ 무관한 내용 영화 제작의 전 과정을 경험해 보는 것이 필요하다고는 했지만 '자기 자신만의 시나리오를 쓰려는 노력을 하라'는 내용은 지문에서 제시되지 않았다. (오답률 6%)

↓
Practice A

❶ The so-called Mozart effect — listening to Mozart will make your child smarter — is a good example of _____ by the media through hype not warranted by the research. ❷ It all started when researchers reported that after exposure to a selection of Mozart's music, college students showed an increase in spatial reasoning for about 10 minutes on tasks like putting together pieces of a jigsaw puzzle. ❸ Note first that the research was done on college students, not infants, and that the effect was very brief. ❹ In addition, no one's been able to replicate the research. ❺ The increase in spatial reasoning, it turns out, can be generated by any auditory stimulation (e.g., listening to a short story or other types of music) that keeps people alert while being tested. ❻ However, none of this has stopped eager parents — spurred on by fantastic claims from unethical companies — from purchasing Mozart CDs for their babies.

*hype: 과대 광고(선전)

↓
Warm up

1 위 글의 중심내용으로 가장 적절한 것을 고르시오.

① 영재 교육에 대한 부모들의 맹신
② 영유아 시기의 음악 교육의 중요성
③ 매체에 의한 모차르트 효과의 왜곡
④ 모차르트 음악의 집중력 상승 효과

2 위 글의 내용과 일치하면 T, 일치하지 않으면 F를 쓰시오.

(1) Listening to Mozart CDs, infants showed a brief increase in spatial reasoning. (　)
(2) The increase in spatial reasoning can be generated by listening to any music. (　)
(3) Some corporations encourage parents to buy Mozart CDs for their children. (　)

↓
Question

Q 위 글의 빈칸에 들어갈 말로 가장 적절한 것을 고르시오. 평가원 (정답률 63%)

① the bond between parents and children exaggerated
② a genuine scientific innovation being discarded
③ a scientific finding being distorted
④ the correlation between reasoning and music being rejected
⑤ the convergence of music and physiology made possible

↓
Practice B

❶Climate change is often the cause of environmental catastrophes. ❷It can lead to all kinds of disasters, including intense heat waves, severe droughts, and periods of intense rainfall and flooding. ❸Nevertheless, some companies seek to profit from this environmental instability. ❹One example is a major pharmaceutical company that has recently manufactured and started selling a new type of mosquito net. ❺Demand for mosquito nets is expected to increase, because, in Africa alone, warmer temperatures could put 40 to 60 million people in danger of mosquito-borne diseases such as malaria. ❻There is no fault in selling mosquito nets. ❼However, it would not be right for _____. ❽We need to realize that wealthy countries, whose high levels of CO_2 emissions are most responsible for climate change, continue to prosper, while developing countries, which are least responsible for today's historic levels of emissions, suffer the most from the environmental impact.

1 위 글의 중심내용으로 가장 적절한 것을 고르시오.
   ① 비윤리적인 기업 활동 규제의 필요성
   ② 지구 온난화로 인한 자연 재해의 증가
   ③ 환경 변화와 그에 따른 사업 영역의 변화
   ④ 기후 변화에 대한 윤리적인 책임 의식의 필요성

2 위 글의 내용과 일치하면 T, 일치하지 않으면 F를 쓰시오.
   (1) It is wrong for some companies to profit from global warming. (   )
   (2) The poor countries suffer the most from the negative impacts of climate change. (   )
   (3) Total CO_2 emissions from developed countries are higher than those from developing countries. (   )

Q 위 글의 빈칸에 들어갈 말로 가장 적절한 것을 고르시오.
   ① government subsidies to be given to these companies
   ② such companies not to consider medical aid for the poor
   ③ people to share the burden of environmental catastrophe
   ④ people to impose emission taxes on developing countries
   ⑤ us to ignore the ethical problems inherent in this situation

1 다음 빈칸에 들어갈 말로 가장 적절한 것은? 평가원 (정답률 67%) Time Limit 1'30"

❶Wood is a material that is widely acknowledged to be environmentally friendly. ❷It has been welcome as an alternative material for a long time in building houses instead of cement or bricks. ❸However, it is not always easy to _____ of one particular material such as wood over another. ❹Many species of tree are now endangered, including mahogany and teak, and deforestation, particularly in tropical rainforests, has had severe impact both on local communities and on native plants and wildlife. ❺Where wood is harvested and then transported halfway across the globe, the associated energy costs are high, causing a negative impact on the environment. ❻What is more, where wood is treated with chemicals to improve fire- and pest-resistance, its healthful properties are compromised.

*mahogany: 마호가니(적갈색 열대산 목재)

① increase the inherent resistance

② favor the chemical properties

③ dominate the natural habitats

④ evaluate the relative merits

⑤ deny the cost advantage

2 다음 빈칸에 들어갈 말로 가장 적절한 것은? Time Limit 1'30"

❶During the Roman era, the scholar Quintilianus made a self-assertive claim that a speaker must _____. ❷He believed that content and character are inseparable, as the arguments the speaker presents and the impression the speaker gives equally influence listeners. ❸Even with trained speech skills, a devious and untrustworthy person cannot be thought of as a powerful speaker. ❹His actions will discredit himself and his words. ❺For example, a request for open-mindedness in others made by a bigoted person will be easily unheeded. ❻The speaker's words and arguments may inform against his character because he may often be seen as appealing to popularity instead of being righteous or truthful. ❼A speaker of poor character may succeed for a while, but in the long run his appeals will be discounted.

① listen to other people sincerely

② be neither biased nor prejudiced

③ not fail to live up to his or her words

④ learn to deliver his or her words effectively

⑤ make a good first impression on the audience

3

다음 빈칸에 들어갈 말로 가장 적절한 것은? 고난도　　　　　　　　　　**Time Limit 1'50"**

❶ Near the end of the 18th-century, Thomas Malthus claimed that there was a serious disparity between accelerating rates of population growth and insufficient food production. **❷** He believed that a shortage of food could lead to severe social maladies such as epidemic diseases, starvation, and murder. **❸** Following the socio-economic dynamics of Europe, he continued to revise his theory over time, yet his determination in _____ never wavered. **❹** Malthus strongly disagreed with progressive ideas based on socialism, which generally sought to establish communal property systems. **❺** Also, he lived in a time when landlords and tenants were constantly struggling against each other. **❻** In the agrarian system, great changes were feared by the wealthy. **❼** He tried to show that society's faults were not a consequence of landlords' greed but the lower classes' biological urges to procreate. **❽** Land reforms and assistance for the poor would only increase their fertility, which, he argued, was the problem to begin with.

① opposing property inheritance
② criticizing capitalist economic systems
③ attempting to legitimize private property
④ encouraging the government's intervention
⑤ claiming an urgent need for population control

↓
Synonym Dictionary

1. property (속성, 특성)	trait quality feature characteristic repetitive
2. inseparable (불가분한)	indivisible integral undetachable indissoluble
3. unheeded (무시된)	discarded ignored neglected overlooked
4. communal (공동의)	common public collective general shared
5. legitimize (정당화하다)	legalize justify warrant rationalize sanctify

쿠인틸리아누스의 수사학

아테네 민주정과 로마 공화정 시기에는 '설득'이 정치의 가장 중요한 수단으로 여겨졌다. 정치가를 꿈꾸던 젊은이들에게는 다른 사람들을 설득하기 위한 언어기법을 연구하는 학문인 수사학이 필수적인 교양이었다. 그러나 설득이 국민들을 선동하는 수단으로 전락하여 아테네 민주정이 혼란에 빠지자 철학자들은 수사적 기교만이 가득한 설득에 환멸을 느꼈다. 또한 로마 공화정 시대가 막을 내리고 제정 시대로 접어들자 웅변과 연설은 점점 쇠퇴하게 되었다.

쿠인틸리아누스(Marcus Fabius Quintilianus)가 살던 1세기는 황제에 대한 반역이 곧 죽음을 의미하던 제정 시대였다. 정적(政敵)을 반역자로 몰아 제거하려던 권력가들과 결탁하여 이익을 챙기는 '고발인'이 넘쳐 났고, 이들은 황제와 권력자의 구미에 맞는 말로 엄청난 부와 권력을 누렸다.

이러한 시대 상황에서 쿠인틸리아누스는 공화정 시대에 번영했던 수사학을 회복시키기 위해 노력했다. 그는 '진정한 웅변가'를 양성하는 것을 교육의 목적으로 삼고 수사 학교를 세워 후학 양성에 힘썼다. 그는 당시에 만연된 기교 중심의 수사 교육을 대체하고, 도덕성을 갖춘 연설가를 양성할 수 있는 자기만의 대안을 제시하였다. 그의 사상은 이후 중세 및 르네상스 교육에 지대한 영향을 끼쳤다.

맬서스의 인구론

"인구는 기하급수적으로 증가하고, 식량은 산술급수적으로 증가한다." 맬서스(Thomas Robert Malthus, 1766~1834)의 대표작인 「인구론」에 나오는 이 유명한 구절은 그의 사상을 한 마디로 요약한다. 그는 식량 생산이 인구 증가 속도를 따라잡지 못하여 발생할 파국을 피하기 위해서는 빈민들의 결혼을 늦추거나 출산을 자제하도록 계몽하는 예방적 인구 억제를 실시해야 한다고 주장했다.

「인구론」의 파급 효과는 예상보다 더 강력했는데, 그가 제시한 대책보다는 오히려 파국에 대한 예언 쪽이 더 주목을 받았다. 맬서스의 경고는 빈민 구제나 사회 복지가 오히려 파국을 초래할 수 있으므로 이를 지양해야 한다는 뜻으로 해석될 소지가 있었고, 이는 기득권 세력에 의해 악용되기에 이르렀다. 결국 인구 증가와 빈민 구제를 지지했던 정치인들도 입장을 바꿨고, 생활 보조금 관련 법안도 철회되었다. 결과만 놓고 보면 그의 이론이 사회 불평등을 옹호한 셈이 되었지만, 그의 주장에 어떤 숨은 의도가 있었다고 보기는 어렵다. 그는 단지 빈곤보다는 인구 증가가 더 큰 해악이 될 수 있으므로 더 작은 해악을 감내하는 편이 낫다고 생각했을 뿐이었다.

결론적으로 산업혁명을 비롯한 미래의 발전상을 예측하지 못한 그의 예언은 빗나갔고, 오늘날의 세계는 그의 예측과 다른 방향으로 흘러왔다.

54 | Part 2

Unit 02
원인과 결과

'원인과 결과'란?   '원인'이란 어떠한 사건이나 현상이 일어나게 만든 근본적인 이유이며, '결과'란 원인의 영향으로 발생한 문제나 현상을 가리킨다.

글에서 '원인과 결과'는 어떻게 제시되는가?   원인과 결과의 전개 방식을 사용한 글은 어떠한 현상에 대한 원인을 먼저 서술한 후 그로 인한 결과를 제시하거나, 반대로 결과를 먼저 제시하고 그 원인이 무엇인지를 설명하는 구성을 취할 수 있다. 한 가지 원인이 연쇄적인 여러 결과들을 초래하기도 하고, 하나의 결과가 여러 원인들로 인해 발생되기도 하므로 문장들 사이의 논리적 관계에 유의해서 지문을 읽어야 한다.

원인A   After the industrial revolution, people started to exploit natural resources recklessly for economic gain. Also, rapid development and enormous population growth took place.

결과A/ 원인B   The fossil fuels used to run the factories and vehicles not only polluted the air but destroyed the ozone layer. Furthermore, the population boom resulted in severe water pollution.
결과를 나타내는 어구

↓

결과B   As the pollution became severe, many species of animals found themselves on the brink of extinction. Meanwhile, people faced new diseases created by the polluted environment.

위 글은 산업화의 대표적인 특징인 자원의 무분별한 개발과 급속한 경제 발전, 그리고 인구 증가라는 원인이 초래한 결과에 대한 글이다. 산업화로 인해 일차적으로는 대기 오염과 오존층의 파괴, 그리고 수질 오염과 같은 환경 오염이 일어났으며, 이러한 환경 오염이 다시 원인이 되어 많은 종의 동물들이 멸종 위기에 처하게 되고 새로운 질병이 발생하게 되었다는 연쇄적인 결과가 서술되고 있다.

빈칸 접근법 익히기   빈칸은 원인에 위치할 수도 있고 결과에 위치할 수도 있다. 빈칸이 원인 부분에 출제되는 경우, 원인을 부연 설명하는 세부내용들을 일반화하거나 제시된 결과를 통해 원인을 추론하여 빈칸을 채울 수 있다. 빈칸이 결과 부분에 출제되는 경우, 원인의 내용을 종합하여 이로 인해 발생할 현상을 논리적으로 추론하여 빈칸을 채울 수 있다.

기출 예제 분석

다음 빈칸에 들어갈 말로 가장 적절한 것을 고르시오. 평가원 (정답률 64%)

도입 ❶The Rust Belt is notorious for its poor air quality. ❷For decades, coal plants, steel production, and auto emissions have pumped particulates like sulfate into the atmosphere over the eastern U.S. ❸Especially before air quality laws began appearing in the 1970s, particulate pollution was behind acid rain, respiratory disease, and ozone depletion. **연구** ❹But a new study from Harvard University 연구를 나타내는 어구 suggests that the Rust Belt's thick particulate fog may have helped slow down the effects of climate change, particularly when it was thickest. **현상** ❺Throughout the 20th century, global temperatures have gone up by just under one degree Celsius. ❻But in the U.S., eastern and central states haven't seen the same rise. ❼In fact, temperatures there actually decreased over the same period. **원인** ❽The reason seems 원인을 나타내는 어구 to be particulate pollution. ❾Instead of trapping warm air in the atmosphere like carbon dioxide, fine particles like sulfate reflect the sun's light and heat. ❿They may even group with watery cloud droplets, which do the same thing. **결과** ⓫The effect is _____. 결과를 나타내는 어구

*particulate: 분진, 미립물질

> 글의 흐름
>
> **도입** Rust Belt는 나쁜 공기 질로 악명이 높음
>
> ⊙
>
> **연구** Rust Belt의 분진들이 기후 변화를 늦추는 데 도움이 되었을지도 모름
>
> ⊙
>
> **현상** 20세기에 지구의 온도는 거의 섭씨 1도 가까이 상승했지만 미국 동부와 중부는 기온이 오르지 않았으며 실제로는 기온이 하강했음
>
> ⊙
>
> **원인** 그 이유는(The reason) 분진으로 된 오염 물질이 태양의 빛과 열을 반사시키고, 구름의 작은 물방울과 모여 동일한 역할을 함
>
> ⊙
>
> **결과** 그 결과(The effect)는 _____ 이다.

① an accumulation of carbon dioxide

② a net cooling across entire regions

③ a steep acceleration of global warming

④ a significant improvement in air quality

⑤ a slow but steady increase in temperatures

step 1 중심내용을 파악하라
글을 전반적으로 읽고 글의 중심내용을 파악한다.

적용 〉〉 particulate, atmosphere, pollution, temperature와 같은 어휘들이 글 전체에서 반복적으로 나오고 있다. 이를 통해 이 글의 중심내용이 분진 오염과 기온과의 관계임을 알 수 있다.

step 2 현상의 원인과 결과를 살펴라
인과 관계를 나타내는 어구나 글의 흐름을 통해 원인과 결과에 해당하는 부분을 찾아 정리한다.

적용 〉〉 문장 ❺〜❼에서는 20세기에 지구의 온도가 거의 섭씨 1도 가량 상승한 반면 미국의 동부와 중부 지역의 기온은 오히려 하락했다는 현상이 언급되었다. 이후 문장 ❽의 The reason이라는 표현을 통해 그 원인이 서술된다는 것을 알 수 있다. 원인으로는 분진이 태양의 빛과 열을 반사시키고, 물기가 많은 구름의 물방울들과 결합해 동일한 효과를 내기 때문이라는 내용이 제시되었다.

step 3 빈칸의 속성을 파악하고 적절한 전략을 통해 빈칸을 채워라
빈칸이 원인에 해당하는지 혹은 결과에 해당하는지를 살펴보고 앞서 정리한 인과 관계를 통해 추론 가능한 내용의 선택지를 고른다.

적용 〉〉 빈칸 문장에 있는 The effect라는 어구를 통해 빈칸 부분이 앞에서 언급된 원인들이 초래한 결과를 묻고 있음을 알 수 있다. 분진이 태양의 빛과 열을 반사시키고 물기가 많은 구름의 물방울들과 결합한다면 이로 인해 '전체 지역에 걸친 냉각 현상'이 일어날 것임을 추론할 수 있다.

오답 선택지 분석

① 무관한 내용 이산화탄소가 따뜻한 공기를 대기에 가두는 역할을 한다는 내용은 언급되었지만 분진 오염의 결과로 Rust Belt 지역에 '이산화탄소의 축적'이 이루어지고 있다는 내용은 나오지 않았다. **(오답률 5%)**

③ 반대 개념 Rust Belt에 있는 분진들은 태양의 빛과 열을 반사시켜 기온을 낮추는 역할을 하므로 '지구 온난화의 급격한 가속화'를 초래한다는 것은 반대 개념이다. **(오답률 8%)**

④ 반대 개념 Rust Belt는 분진 오염 물질로 인해 나쁜 공기 질로 악명이 높은 곳이라고 했으므로 분진 오염이 '공기 질의 현저한 개선'을 초래한다는 것은 반대 개념이다. **(오답률 9%)**

⑤ 반대 개념 Rust Belt는 분진으로 인해 기온이 하락하는 결과가 발생했으므로, '느리지만 꾸준한 기온 상승'을 초래한다는 것은 지문과 반대되는 내용이다. **(오답률 11%)**

↓

Practice A

❶In the tundra, summer is extremely short. ❷During this time, only the topmost layer of the soil thaws; below this is permafrost — a layer of earth that remains frozen year-round. ❸Unfortunately, tundra habitats are highly vulnerable to the effects of climate change. ❹In fact, in the future they may play a major role in _____. ❺Tundra habitats will play this role because during the tundra's brief summer growing season, the plants growing there absorb carbon dioxide from the atmosphere. ❻This carbon dioxide becomes trapped because the summer is so short that the plants freeze before they have a chance to release the carbon dioxide back into the environment. ❼But as global temperatures rise and the permafrost in the tundra thaws as a result of the longer summer, carbon dioxide that has been stored for thousands of years will be released back into the atmosphere.

↓

Warm up

1 위 글의 중심내용으로 가장 적절한 것을 고르시오.

① 툰드라 서식지 보존의 필요성
② 지구 온난화로 인한 툰드라의 감소
③ 툰드라의 동토층이 녹지 않는 이유
④ 툰드라의 기온 변화와 이산화탄소량의 관계

2 위 글의 내용과 일치하도록 다음 빈칸에 알맞을 말을 본문에서 찾아 쓰시오.

Q. Why is carbon dioxide being stored in the plants in the tundra?

A. Because the _____ in the tundra is not long enough for the _____
to _____ the carbon dioxide back into the atmosphere.

↓

Question

Q 위 글의 빈칸에 들어갈 말로 가장 적절한 것을 고르시오.

① changing carbon dioxide into oxygen
② helping to clean up our polluted environment
③ trapping water and carbon dioxide in the topsoil
④ increasing the amount of carbon dioxide in the atmosphere
⑤ storing huge amounts of carbon dioxide when temperatures rise

Practice

❶The sun is slowly getting brighter as its core contracts and heats up. ❷In a billion years it will be about 10 percent brighter than today, heating the planet to an uncomfortable degree. ❸Water evaporating from the oceans may set off a runaway greenhouse effect that turns Earth into a damp version of Venus, wrapped permanently in a thick, white blanket of cloud. ❹Or the transformation may take some time and be more gentle, with an increasingly hot and cloudy atmosphere able to shelter microbial life for some time. ❺Either way, water will escape into the stratosphere and be broken down by UV light into oxygen and hydrogen. ❻Oxygen will be left in the stratosphere — perhaps misleading aliens into thinking the planet is still inhabited — while the hydrogen is light enough to escape into space. ❼So our water will gradually _____.

*microbial: 미생물의   **stratosphere: 성층권

Warm up

1 위 글의 중심내용으로 가장 적절한 것을 고르시오.

① 태양의 확장과 소멸 과정   ② 지구 온난화의 심각성
③ 지구와 금성의 공통점과 차이점   ④ 탈주 온실 효과가 지구에 미칠 영향

2 위 글의 내용을 바탕으로 태양이 지구를 가열하면 생길 결과가 <u>아닌</u> 것을 고르시오.

① The Earth will turn into a damp version of Venus.
② UV light will separate water into oxygen and hydrogen.
③ Oxygen will evaporate into space.
④ Hydrogen will escape from the stratosphere into space.

Question

Q 위 글의 빈칸에 들어갈 말로 가장 적절한 것을 고르시오. 평가원 (정답률 66%)

① leak away
② be frozen
③ flow over
④ get polluted
⑤ accumulate

1 다음 빈칸에 들어갈 말로 가장 적절한 것은?   **Time Limit 1'30"**

❶ In the aftermath of World War I, there was a serious loss of confidence in _____. ❷ Before the war broke out, most of the value being created in Europe had shifted away from manufacturing towards retail and international trade. ❸ Britain had been most eagerly devoted to free trade, but after the war, it faced recession in its retail and financial markets and decided to change its policies. ❹ In order to assist domestic industries, the British government took measures to protect its economy from foreign competition. ❺ Soon, this strategy was adopted by other European countries as well. ❻ This weakening of free trade, which had previously encouraged the expansion of the European economy, involved taxes and regulations that restricted material movement between countries. ❼ A great amount of time would be needed to once again reach previous levels of international exchange. ❽ Furthermore, it would be impossible for Europe to revive the zealous optimism that it indulged in during its first period of modern materialism.

① protection of domestic markets
② the power of politics to influence economics
③ the superiority of capitalism over other systems
④ the economic benefits of free flowing of materials
⑤ the ability of world leaders to avoid military conflict

2 다음 빈칸에 들어갈 말로 가장 적절한 것은?   **Time Limit 1'30"**

❶ In the post-World War II era, housing prices in New York City began to rise dramatically because of increased demand. ❷ To protect renters, the government introduced rent control regulations. ❸ These were intended to help lower- and middle-class renters. ❹ However, the affluent upper class also benefited from the regulations. ❺ For example, the actress Mia Farrow had her rent reduced by over $5,000 a month by living in a rent-controlled apartment. ❻ But that was not the only unintended consequence of rent control regulations. ❼ Renters who pay rents below the market value tend to stay where they are, because it is so hard to find another affordable apartment to rent. ❽ In addition, landlords who own rent-controlled apartments make less profit, so they neither keep their apartments in good condition nor build new ones. ❾ In conclusion, a housing policy based on rent controls certainly _____.

① forced celebrities to pay more rent
② increased the frequency of intra-city moves
③ hasn't created a surplus of affordable housing
④ reduced the gap between the rich and the poor
⑤ made it possible for tenants to extend their leases

3

다음 빈칸에 들어갈 말로 가장 적절한 것은? 고난도　　　　　　　　　　　**Time Limit 1'50"**

❶A majority of Asian countries are increasing investments in their armed forces. ❷Particularly, there has been an upsurge in demand for submarines among countries in Southeast Asia. ❸Thailand is preparing to purchase submarines and have officers trained in Germany and South Korea. ❹Vietnam has signed a deal for six Russian submarines, while Myanmar is planning to establish its own submarine force. ❺Malaysia, Indonesia, and Singapore are also seeking to enlarge their fleets through acquiring more submarines. ❻The fortification of these countries' forces is not because they fear they will have to fight each other. ❼Instead, it is _____. ❽This has been mainly caused by Chinese naval forces expanding towards the South. ❾But, there is little chance that the naval expansion of China will be held back by the purchases of other nations, as China's anti-submarine capabilities will likely be augmented to counter these purchases. ❿Therefore, China and Southeast Asian countries should realize that the tension and distrust heightened by this situation can threaten not only their own security but also the stability that sustains their economies.

① a way to reduce their military dependence on China

② an effort to stabilize the chaotic state of domestic politics

③ a preventive measure against piracy attacks in international waters

④ a response to rising turmoil in the distribution of power in the region

⑤ an attempt to move people's eyes from domestic issues to foreign ones

↓

Synonym Dictionary

1. **zealous** (열성적인)	avid ardent enthusiastic fanatical passionate
2. **affordable** ((가격이) 알맞은)	inexpensive economical fair modest reasonable
3. **surplus** (과잉)	excess surfeit leftover spare extra
4. **upsurge** (급증)	boom proliferation upswing upturn rise
5. **augment** (늘리다, 증가시키다)	amplify enhance inflate intensify reinforce

제1차 세계대전

19세기 말부터 산업화가 진행되고, 자본주의 경제가 자리를 잡기 시작하자 세계의 열강들은 내수 시장이 포화됨을 느끼기 시작했다. 그 결과, 이러한 국가들은 해외에 식민지 국가를 만들어 자신들의 시장을 확장하게 되었다. 그러나 전통적인 식민지 지배 국가였던 영국, 프랑스, 러시아에 이어 독일, 오스트리아, 이탈리아와 같은 국가들이 새로운 제국주의 국가로 비상함에 따라 각국은 식민지 국가들을 차지하기 위한 분쟁에 휘말리게 된다. 특히, 범슬라브주의를 표방했던 러시아와 범게르만주의를 주창했던 오스트리아가 각각 진출해 있었던 발칸반도는 제1차 세계대전의 무대가 된다.

제1차 세계대전 발발의 직접적인 원인은 1914년 6월 28일에 오스트리아 제국의 황태자 부부가 보스니아의 수도 사라예보에서 암살당한 사건이라고 할 수 있다. 이에 오스트리아는 세르비아에 즉시 선전포고를 하고 독일군의 지원을 부탁한다. 세르비아 역시 러시아에게 도움을 청하게 되고, 러시아와 3국 협상을 맺고 있던 영국과 프랑스도 참전하게 된다. 처음에는 단기전의 형태를 띠었던 전쟁은 이후 교착상태에 빠지게 되며 장기화되었고 이탈리아와 미국 등이 참전하면서 세계 전쟁으로 확대되기에 이른다.

결과적으로 제1차 세계대전은 1918년 11월에 종전될 때까지 900만 명이 넘는 사망자와 2천 2백만 명이 넘는 부상자를 발생시켰다. 또한 제1차 세계대전의 패전으로 인해 베르사유 조약을 맺게 된 독일은 아프리카의 식민지를 포함한 상당한 양의 영토를 잃었을 뿐 아니라 천문학적인 액수의 배상금을 지불할 의무를 지게 되었고, 이는 이후 제2차 세계대전을 일으키는 배경으로 작용하였다.

뉴욕의 공중권

제2차 세계대전 이후 뉴욕의 땅값이 천정부지로 치솟자 사람들은 급기야 하늘을 사고 팔기 시작했다. 뉴욕은 1961년부터 땅이나 건물 위의 하늘을 개발할 수 있는 권리인 공중권(air rights)의 거래를 합법화하였다.

예를 들어, 뉴욕의 어느 지역에서는 건물을 30층까지만 지을 수 있도록 제한하고 있다고 가정하자. 이때 어떤 사람이 40층짜리 건물을 짓고 싶다면, 해당 지역에 20층 이하의 건물을 소유하고 있는 사람으로부터 추가로 10층 높이를 건설할 수 있는 권리를 매입하여 40층 건물을 지을 수 있다.

땅값이 비싸고 더 이상 건물을 지을 빈 공간이 없는 뉴욕에서 이러한 공중권 거래는 이제 새로운 부동산 수익원이 되고 있다. 인근 건물의 공중권을 구입하면 더 높은 건물을 지을 수 있을 뿐 아니라, 경쟁자들이 주위에 더 높은 건물을 지을 수 있는 가능성까지 봉쇄할 수 있기 때문이다. 이로 인해 뉴욕에서는 공중권만을 전문적으로 사고 파는 브로커들도 있다고 한다.

최근에는 한 부동산 개발 업자가 3천 7백만 달러(약 382억원)에 뉴욕의 파크 애비뉴와 이스트 60번가에 있는 두 건물의 공중권을 구입하기도 했다. 현재 뉴욕의 공중권은 1m²당 4,500달러 이상에 거래되고 있는 것으로 알려져 있다.

Unit 03
환언과 상술

**'환언과
상술'이란?**

환언이란 앞에서 한 말을 표현을 바꾸어 다시 말하는 것을 뜻하며, 상술은 앞 내용을 자세히 설명하는 것을 일컫는다. 이 두 가지 서술 방식은 앞에서 언급된 주제를 강조하거나 구체적으로 설명하기 위해 사용된다.

**글에서 '환언과
상술'은 어떻게
제시되는가?**

환언의 전개 방식을 사용한 글에서는 주제가 진술된 후, 그 주제를 강조하거나 쉽고 명확하게 설명하기 위해 주제의 내용을 다른 표현으로 바꾸어 재진술한다. 이 때 in other words, that is (to say), this means 등의 환언을 나타내는 어구가 주로 사용된다. 상술의 전개 방식을 사용하는 경우 추가적인 설명이나 구체적인 예시 등을 통해 주제를 더욱 자세히 설명한다.

> The latest styles are adopted first by the wealthy, and inexpensive copies are made available to people of lower means. 주제 Sometimes, however, a reverse process takes place. 환언 In other words, innovations in fashion
> 핵심어구   환언을 나타내는 어구
> can be created by the lower classes first and then imitated by the public. 상술 Some clothes, such as blue jeans, were for many years the traditional clothes of the working class. Today they have become popular with the middle and upper classes, too.

위 글에서는 주제의 핵심어구인 a reverse process가 나타내는 내용이 In other words 뒤에 재진술되며 패션에서의 혁신이 항상 부유층에서 시작되어 서민층으로 이동하는 것이 아니라 그 반대 현상이 일어나기도 한다는 주제를 환언하고 있다. 또한 환언된 내용은 청바지의 유행이라는 구체적인 예시를 통해 상술되고 있다.

**빈칸 접근법
익히기**

빈칸은 주제나 주제가 환언된 문장에 위치할 수도 있고 상술되는 내용 부분에 위치할 수도 있다. 빈칸이 주제에 있는 경우에는 환언된 내용을 재진술하거나 상술된 내용을 일반화하여 빈칸을 추론할 수 있다. 빈칸이 환언된 부분에 있는 경우에도 역시 주제를 재진술하여 빈칸을 채운다. 빈칸이 상술되는 부분에 있는 경우, 주제와 환언의 내용을 구체화하는 전략을 통해 빈칸을 추론할 수 있다.

기출 예제 분석

다음 빈칸에 들어갈 말로 가장 적절한 것을 고르시오. 수능 (정답률 61%)

❶The introduction of unique products alone does not guarantee market success. 주제 ❷Another vital factor is increasing one's responsiveness to the markets by providing products suited for the local communities that make up the market. 환언1 ❸This means understanding that each country, community and individual has unique characteristics and needs; it requires _____.

환언2 ❹In other words, one of the challenges is to avoid a one-size-fits-all strategy that places too much emphasis on the "global" aspect alone. 상술 ❺Even categorizing countries as "developed" or "emerging" is dangerous. ❻Upon closer analysis, "emerging" countries are not only vastly different from one another, they are also composed of numerous unique individuals and communities.

> 글의 흐름

주제 시장을 구성하는 지역 사회에 적합한 상품을 제공해야 시장에서 성공할 수 있음

환언1 이 말은 즉(This means), 각 국가, 공동체, 개인이 독특한 특성과 요구를 가지고 있다는 것을 이해하는 것을 의미하며, 그것은 _____을 필요로 함

환언2 다시 말하자면(In other words), '세계적인' 측면만 너무 강조하는 일률적인 전략을 피해야 함

상술 심지어는 국가들을 '선진화된' 국가나 '신흥' 국가로 분류하는 것도 위험함

① global markets that expand rapidly
② employment of a one-size-fits-all strategy
③ sensitivity to regional and individual differences
④ resources that make the challenges meaningful
⑤ individual competition to raise productivity

STEP BY STEP

step 1 주제문을 찾아라
글을 전반적으로 읽고 글의 중심내용 및 주제문을 찾는다.

적용 >> 시장에서 성공하기 위해서는 단지 독특한 상품을 소개하는 것뿐 아니라, 시장을 구성하는 지역 사회에 적합한 상품을 제공해야 한다는 내용의 문장 ❷가 이 글의 주제문이다.

step 2 주제문이 환언되는 부분을 확인하라
주제문 뒤에 나오는 환언을 나타내는 어구를 확인하고 환언된 내용을 파악한다.

적용 >> 주제문 뒤의 This means와 In other words라는 어구를 통해, 주제에 대한 환언이 이루어지고 있다는 것을 알 수 있다. 주제문의 '지역 사회에 적합한 상품을 제공하는 것'은 환언된 문장에서 '각 국가, 공동체, 개인이 독특한 특성과 요구를 가지고 있다는 것을 이해하는 것'과 '일률적인 전략을 피하는 것'으로 재진술되었다.

step 3 주제문이 상술되는 부분을 확인하라
반복되거나 강조되는 어구를 중심으로 주제문과 어떤 논리적 관계를 가진 내용이 상술되고 있는지 파악한다.

적용 >> 주제문의 내용이 '선진화된'이나 '신흥의'와 같이 국가들을 범주화하는 것이 위험하다는 내용을 통해 상술되고 있다. 이러한 행동이 위험한 이유는 그러한 국가들 또한 서로 아주 다를 뿐 아니라 수많은 독특한 개인들과 공동체로 구성되어 있기 때문이라고 보충 설명하였다.

step 4 빈칸의 성격에 따라 알맞은 전략을 사용하라
주제, 환언, 상술 중 어느 부분에 빈칸이 있는지 확인한 후, 빈칸의 성격에 맞는 전략을 사용하여 빈칸에 알맞은 내용을 선택한다.

적용 >> 주제를 환언한 내용이 빈칸과 세미 콜론(;)으로 이어지므로 빈칸에는 앞의 내용과 같은 맥락의 내용이 들어간다는 것을 알 수 있다. 주제의 내용을 재진술하고 상술된 내용을 일반화하면, 시장에서 성공하기 위해서는 개별적인 시장 특성에 맞춘 전략이 필요하다는 것을 추론할 수 있다. 따라서 '지역적이고 개인적인 차이점들에 대한 민감성'이 필요하다는 말이 빈칸에 가장 적절하다.

오답 선택지 분석

① 반대 개념 상품을 제공할 때 세계적인 측면만을 강조하는 것을 피해야 한다고 했으므로, '빠르게 팽창하는 국제 시장'이 성공의 요소라는 내용은 본문의 내용과 반대된다. (오답률 13%)

② 반대 개념 본문에서 일률적인 전략을 피해야 한다고 했으므로, '일률적인 전략의 사용'이 필요하다는 것은 본문과 반대되는 개념이다. (오답률 7%)

④ 무관한 내용 빈칸 앞 문장의 means와 뒷 문장의 challenges라는 어휘를 활용하여 만든 오답이며, '난제들을 의미 있게 만드는 자원들'이라는 것은 본문에서 전혀 언급되지 않은 개념이다. (오답률 7%)

⑤ 무관한 내용 생산성이나 개인적인 경쟁에 관련한 내용은 언급되지 않았으므로 '생산성을 올리기 위한 개인적인 경쟁'은 글과 무관한 내용이다. (오답률 12%)

↓

Practice

❶A clean sheet of paper is lying in front of you, and you have to fill it up. ❷Suddenly, your mind may seem as blank as the paper. ❸What can you do to set your pen in motion? ❹The answer is simple: ❺Don't be caught in the _____ trap. ❻That is, if you can convince yourself that the first draft isn't your best writing and can be made more effective with additional thought and some revision, then it will be easier to get started. ❼When starting, don't worry about what the reader will think about what you have written. ❽Make writing as easy for you as you can by not being concerned with how good the first draft is. ❾There will be time for revising and polishing any ideas you want to pursue later.

↓

Warm up

1 위 글의 중심내용으로 가장 적절한 것을 고르시오.

① 좋은 글감을 찾는 방법

② 초고를 작성할 때 유의할 점

③ 독자를 고려한 글쓰기의 필요성

④ 글쓰기에 있어서 첨삭을 받는 것의 중요성

2 위 글에서 환언이 시작되는 문장의 번호를 쓰시오.

↓

Question

Q 위 글의 빈칸에 들어갈 말로 가장 적절한 것을 고르시오. 수능 (정답률 78%)

① perfection

② copyright

③ relativism

④ destruction

⑤ imitation

Practice B

❶In recent times, there has been heightened interest in the origins of morality and virtue. ❷Nonetheless, it seems impossible for people when dealing with issues of ethics, values, and responsibility to transcend the limits of their social or personal preferences. ❸Admirably applying the scientific method to such issues has provided only descriptive, informative results that altogether fail to establish a clear standard. ❹In other words, although we have gained a vast amount of knowledge on human nature and social systems, we have become unsure to a greater extent about _____. ❺This explains why people of the modern age constantly waver between depending on their own moral sense, which may be suspected as narrow or indiscreet, and following social norms, which might only have been contrived by chance.

Warm up

1 위 글의 중심내용으로 가장 적절한 것을 고르시오.

① 현대인들이 편협하고 분별력이 없는 이유

② 도덕적 문제에서 과학적 방법 적용의 필요성

③ 도덕적 문제에서 사회적 규범을 따르는 것의 효용

④ 도덕적 기준을 설정하는 데 있어서 현대 지식의 무력함

2 위 글에서 환언이 시작되는 문장의 번호를 쓰시오.

3 위 글의 내용과 일치하면 T, 일치하지 않으면 F를 쓰시오.

(1) Scientific knowledge helps human beings establish a clear moral standard. (   )

(2) People have accumulated knowledge concerning social norms and human beings. (   )

Question

Q 위 글의 빈칸에 들어갈 말로 가장 적절한 것을 고르시오.

① whether science can help us understand morality

② how we can establish social connections with others

③ how we ought to behave and what makes a good society

④ how we can make use of knowledge to become wealthier

⑤ whether or not we can believe the scientific information we find

1 다음 빈칸에 들어갈 말로 가장 적절한 것은?　　　　　　　　　　　　Time Limit 1'30"

❶Since the 1980s, many modern scientists have performed experiments to investigate the question of free will. ❷In an experiment conducted by Benjamin Libet, subjects are asked to press a button whenever they choose. ❸They are also asked to note the time when they actually decide to press the button. ❹While all of this is going on, the subject's brain activity is monitored, specifically the activity in the part of the brain that controls physical movement. ❺Amazingly, this experiment has repeatedly shown that the subject's brain activity changes before the moment that they claim they decided to push the button. ❻In other words, the brain commands the body to act before the conscious mind makes any decision to move. ❼It doesn't even take one second for all of these processes to happen, but many scientists have interpreted these results to mean that _____.

① the conscious mind has complete control over all brain activity
② the human brain tends to react faster when we are unconscious
③ free will is an illusion caused by blind faith in our consciousness
④ there's no correlation between brain activity and the conscious mind
⑤ the brain's instant reactions are the equivalent of what is called free will

2 다음 빈칸에 들어갈 말로 가장 적절한 것은? 고난도　　　　　　　　　　Time Limit 1'50"

❶According to scientists, one of the fundamental features of their field is objectivity. ❷That is, science deals not with values, but with facts. ❸In the public sphere, too, scientists tend to be seen as authorities, and scientific evidence is usually highly regarded because of its apparent objectivity. ❹Recently, though, sociologists have questioned the notion that science is value-free, in effect challenging the authority of science and scientific methods. ❺They insist that it is misleading to say that science is value-free, because science does express epistemic values and inevitably incorporates cultural values into its practice. ❻However, these values do not need to be seen as a threat. ❼That is, we should not think that we need to _____. ❽By helping us to balance other external values, some scientific values actually assist in the production of reliable knowledge.

① trust scientists more than sociologists
② regard these values as important ones
③ abandon objectivity or embrace relativism
④ stick to the old methods of doing research
⑤ integrate scientific values with other social values

3 다음 빈칸에 들어갈 말로 가장 적절한 것은?

Time Limit 1'30"

❶British researchers have discovered that, in the U.S. and Britain, there is a strong correlation between the "literary misery index" – the frequency with which words expressing unhappiness appear in books – and the "economic misery index" – an indicator combining inflation and unemployment rates. ❷The researchers graphed the literary misery index of English-language books over the course of the 20th century and noticed that its peaks and valleys closely corresponded to unemployment rates in the U.S. and Britain ten years prior. ❸In other words, _____. ❹One possible reason for this pattern is that it takes many years for most authors to write a book. ❺Also, childhood experiences can affect an author's writings. ❻Authors who grew up during the economic downturn of the 1970s, for example, would have written about their experiences in the 1980s, a period during which literary misery index rose dramatically.

① economic cycles have strongly affected the publishing industry
② the correlation between literary and economic misery was a coincidence
③ it looked like a graph of Western economic history shifted forward by a decade
④ the literary misery index rises and falls simultaneously with the economic misery index
⑤ the two countries suffered a decade-long downturn due to the slowing of the publishing

↓

Synonym Dictionary	
1. command (명령하다, 지시하다)	order demand require direct compel
2. illusion (오해, 착각)	myth fantasy fallacy delusion misconception
3. fundamental (근본적인)	basic essential underlying rudimentary elementary
4. correspond (일치하다, 부합하다)	match accord fit conform coincide
5. downturn ((경기의) 하강, 침체)	depression recession slump decline plunge

고통지수

고통지수(misery index)는 미국의 경제학자 아서 오쿤(Arthur Okun)이 고안한 개념으로 국민들이 느끼는 경제적 삶의 질을 수치화한 것이다. 이는 기상용어인 불쾌지수를 차용해 만든 것으로, 불쾌지수가 온도나 습도 등의 기상요소들을 바탕으로 사람들이 느끼는 불쾌감을 수치화한 것이라면, 고통지수는 물가상승률과 실업률 등을 바탕으로 국민들이 느끼는 경제적 체감도를 나타낸 것이다.

고통지수는 특정 기간 동안의 물가상승률과 실업률을 합한 다음 소득증가율을 빼서 수치로 나타내는데, 수치가 높을수록 국민들이 체감하는 삶의 고통이 크다는 것을 의미하며, 반대로 수치가 낮을수록 국민들이 느끼는 삶의 고통이 줄어드는 것을 의미한다. 고통지수는 여타 지표들을 단순히 가감한 임의적인 지표라는 점과 나라마다 실업률과 물가상승률을 계산하는 기준이 다르다는 점, 그리고 물가상승률보다는 실업률이 사람들의 고통에 미치는 영향이 훨씬 크다는 점 때문에 절대적 비교 수치로 사용하기 어렵다는 비판을 받고 있다. 이에 각 연구 기관은 저마다 산출법을 별도로 마련해 고통지수를 측정하기도 한다. 예를 들면 하버드 대학교의 로버트 바로(Robert Barro) 교수는 국내총생산(GDP)과 은행 금리를 더한 바로 고통지수(Barro Misery Index, BMI)를 만들었으며, 존스홉킨스 대학교의 스티브 행크(Steve Hanke) 교수는 정책적인 요소를 적용시킨 고통지수를 선보이기도 했다.

그러나 국민들이 느끼는 삶의 고통을 계량화할 수 있고, 나라 간의 고통 지수를 비교하기가 쉽다는 장점 때문에 전통적인 고통지수는 아직도 국제적으로 자주 활용된다. 특히 각종 경제지표에 의해 측정된 삶의 질보다는 실제로 사람들이 체감하는 삶의 질이 중시되면서 그 사용이 증가하는 추세이다.

규제과학

'과학'이라는 용어를 들으면 우리는 일반적으로 자연 세계에 대한 이해와 지식의 확장을 목적으로 하는 연구 활동인 학술과학을 떠올린다. 이러한 학술과학은 대개 가치중립적이고 객관적 사실에 바탕을 두며 정치나 사회로부터 자율적인 영역으로 여겨진다. 그러나 과학에는 이러한 학술적인 목적의 과학만 있는 것이 아니다. 학술과학과는 달리 규제의 수립 및 시행을 위해 필요한 정보를 정책 결정자에게 제공하기 위한 목적으로 연구를 수행하는 규제과학(regulatory science)도 있다.

예를 들면 기업들이 만든 제품에 포함된 화학 물질이 유해 기준을 초과하지 않는지 확인하거나 이와 관련된 기준을 마련하기 위해 연구를 수행하는 것 등이 규제과학의 영역에 해당한다. 시간 제약이 없는 학술과학과는 달리 규제과학 연구는 보통 행정상의 요구에 따라 연구 시간의 제약이 주어진다. 또한 규제과학 연구는 명확한 정책적 목표를 의식해야 하고, 법원에 의해 연구를 감독 받으며, 예산 책정과 연구원 임명 등에서도 정부의 지시를 받는다는 점에서 학술과학보다 정치의 영향을 훨씬 더 크게 받는다고 할 수 있다.

Unit 04
비교와 대조

| '비교와 대조'란? | '비교'란 둘 이상의 대상을 견주어 공통점을 서술하는 글의 전개 방식이며, '대조'란 두 대상들 사이의 차이점을 서술하는 글의 전개 방식이다. |

공통점 → 비교
차이점 → 대조

| 글에서 '비교와 대조'는 어떻게 제시되는가? | 비교와 대조의 전개 방식을 사용한 글은 일정한 기준에 따라 비슷한 속성을 가진 대상들의 공통점 및 차이점을 서술한다. 이때 필자가 대상의 공통점 및 차이점을 통해 궁극적으로 전달하고자 하는 내용이 바로 주제가 된다. |

> 주제 One reason most dogs are much happier than most people is that
> 　　　　　　 대상A　　　　　　　　　　　　　　　　　　 대상B
> dogs aren't affected by external circumstances the way we are. The fact
> that the ground is wet and there are mud puddles dotting the landscape
> means nothing to dogs. 대조 While I'm carefully picking my way around
> 　　　　　　　　　　　　　　　 대조의 접속사
> the wet spots, the dogs are joyfully splashing right through them. They
> aren't afraid to get their paws dirty.

위 글은 '외부 환경에 대한 반응'이라는 기준에 따라 '개'와 '사람'이라는 두 대상을 대조하고 있는 글이다. 개는 땅이 젖어 있거나 땅에 진흙 구덩이가 있더라도 즐거워하지만, 사람은 젖은 곳을 피하느라 조심스러워한다는 내용이다. 이러한 대조를 통해 필자는 '개들은 외부 환경에 영향을 받지 않기 때문에 사람보다 더 행복하다'는 주제를 드러내고 있다.

| 빈칸 접근법 익히기 | 빈칸은 대상의 속성 부분이나 글의 주제에 위치할 수 있다. 빈칸이 대상의 속성 부분에 위치할 경우, 비교에서는 대상들의 공통점을, 대조에서는 대상들의 차이점을 파악하여 이를 일반화하거나 구체화시킨 내용을 빈칸에 채워 넣으면 된다. 또는, 대상들의 속성을 통해 알 수 있는 바를 심화 추론해 빈칸을 채워야 하는 문제가 출제되기도 한다. 빈칸이 글의 주제 부분에 위치하는 경우, 글에 드러난 중심내용을 재진술하거나 비교 및 대조되는 내용을 일반화하여 빈칸을 채울 수 있다. |

기출 예제 분석

다음 빈칸에 들어갈 말로 가장 적절한 것을 고르시오. 수능 (정답률 33%)

> 주제 ❶By likening the eye to a camera, elementary biology textbooks help to produce a misleading impression of what perception entails. ❷Only in terms of the physics of image formation do the eye and camera have anything in common. 비교의 기준
> 비교1 ❸Both eye and camera have a lens that focuses light rays from the outside world into an image, and 비교2 both have a means of adjusting the focus and brightness of that image. 비교3 ❹Both eye and camera have a light-sensitive layer onto which the image is cast (the retina and film, respectively). ❺However, image formation is only the first step towards seeing. 역접의 연결사 주제 재진술 ❻ 비교의 기준 _____ obscure the much more fundamental difference between the two, which is that 대조 the camera merely records an image, whereas the visual system interprets it.
> 대조의 접속사

글의 흐름

주제 눈을 카메라에 비유하는 것은 오해를 불러일으킴

⬇

두 대상은 상의 형성에서만 공통점을 가짐

⬇

비교1 빛 광선을 상에 집중시키는 렌즈를 가지고 있음

⬇

비교2 상의 초점과 명도를 조절할 수 있는 수단을 가지고 있음

⬇

비교3 상이 맺히는 빛에 민감한 막을 가지고 있음

⬇

그러나(However) 상을 형성하는 것은 보는 것의 첫 번째 단계에 불과함

⬇

주제 재진술 _____는 두 대상의 근본적인 차이점을 인식하기 어렵게 함

대조 카메라는 상을 단순히 기록하지만 시각 체계는 이를 해석함

① Apparent differences in the focusing power of a lens
② Superficial analogies between the eye and a camera
③ Contrasts in light adaptation between the retina and film
④ Misunderstandings of image formation in the eye and a camera
⑤ Close relationships between image formation and interpretation

step 1	비교 및 대조되는 대상을 찾아라 글에서 비교 및 대조되는 대상이 무엇인지를 파악한다.

적용 〉〉 문장 ❶의 **likening the eye to a camera**를 통해 눈과 카메라가 서로 비교 및 대조되고 있음을 알 수 있다.

step 2	비교 및 대조되는 대상의 속성을 파악하라 글의 내용을 통해 비교 및 대조되고 있는 대상들의 속성을 파악한다.

적용 〉〉 문장 ❷에서 눈과 카메라가 '상을 형성(image formation)'한다는 기준에서 공통점을 가진다고 한 뒤, 문장 ❸과 ❹에서 눈과 카메라를 비교하며 두 대상의 공통점에 대해 서술하고 있다. 문장 ❺에서 역접의 연결사 However가 나오고 이후 문장 ❻에서 대조를 통해 카메라는 단순히 상을 기록하지만 시각 체계는 상을 해석한다는 두 대상의 근본적인 차이를 진술하고 있다.

step 3	적절한 전략을 통해 빈칸을 채워라 빈칸의 위치를 확인한 후 글의 주제, 대상들의 공통점, 차이점 등을 고려하여 빈칸에 적절한 내용을 추론한다.

적용 〉〉 빈칸은 주제를 재진술하는 문장에서 출제되었다. 눈과 카메라는 '상을 형성(image formation)'한다는 기준에서는 공통점을 가지고 있으나, 상을 형성하고 난 다음 단계에서 차이점이 있으므로, 둘 사이의 근본적인 차이점을 인식하게 어렵게 만드는 것은 '눈을 카메라에 피상적으로 비유'하는 것임을 추론할 수 있다.

오답 선택지 분석

① 무관한 내용 눈과 카메라 모두 광선을 상에 집중시키는 렌즈를 가지고 있다고는 했으나, '렌즈의 초점력에 명백한 차이'가 있다는 내용은 언급되지 않았다. **(오답률 6%)**
③ 무관한 내용 '망막과 필름의 명순응(明順應)의 차이'는 언급되지 않았으므로 무관한 내용이다. **(오답률 19%)**
④ 반대 개념 사람들은 눈과 카메라가 상을 형성한다는 공통점에만 집중하기 때문에 보다 근본적인 차이를 깨닫지 못하는 것일 뿐, '눈과 카메라의 상 형성에 대한 오해'가 있는 것은 아니다. **(오답률 21%)**
⑤ 무관한 내용 '상 형성과 해석 사이의 밀접한 관계'에 관한 내용은 언급되지 않았다. **(오답률 21%)**

↓

Practice A

---

❶I do have a problem with each social network being _____, and while there is some cross-functionality, they are not playing with one another as seamlessly as many of us would like. ❷Think about that in comparison with email: ❸You can email anyone else with an email address. ❹It does not matter that you are on Gmail and the other person is on Hotmail. ❺Because email was developed as an open system that was not market driven, standards were developed to ensure that different systems could talk to one another. ❻That is not the case with social networks. ❼If I am only on MySpace, and you are only on Facebook, we cannot interact. ❽Additionally, if one of those services goes down or goes away, we are kind of stuck – we have to move on to another service and start all over.

↓

1 위 글에서 비교 및 대조되고 있는 대상 **두 가지**를 고르시오.

① social network   ② cross-functionality

③ email   ④ open system

2 위 글의 내용을 바탕으로 소셜 네트워크의 속성을 가장 잘 나타내는 단어를 고르시오.

① interactivity   ② mobility

③ openness   ④ freshness

⑤ exclusiveness

↓

Q 위 글의 빈칸에 들어갈 말로 가장 적절한 것을 고르시오. 교육청 (정답률 61%)

① security concerns

② its own little world

③ open to everybody

④ controlled by the authorities

⑤ overlooked by the elderly

Practice B

❶One way for companies to raise capital is by issuing bonds. ❷When a company sells a bond, it is agreeing to pay regular interest payments to the bondholder in exchange for a certain amount of loaned money until the bond has been paid in full. ❸These interest payments must be made to the bondholder on time, regardless of whether or not the company has been making a profit, so bonds are usually thought of as safe long-term investments. ❹Companies can also raise capital by selling stocks. ❺Although stocks often yield higher interest rates than bonds, they are a riskier investment, because, unlike bonds, they are influenced by the state of the economy and the company's profitability. ❻Stockholders share in both the company's profits and its losses, and they cannot receive any payments until the money owed to the bondholders has been paid off. ❼In other words, when the financial success of a company seems uncertain,

_____.

Warm up

1 위 글에서 비교 및 대조되고 있는 대상 <u>두 가지</u>를 고르시오.

① capital   ② bond

③ interest   ④ stock

2 위 글의 내용을 바탕으로 밑줄 친 <u>It</u>이 가리키는 대상이 <u>다른</u> 것을 고르시오.

① It gives you regular interest payments.

② It is a safe investment for the long term.

③ It is not much affected by recessions.

④ It shares company's gains and losses.

Question

Q 위 글의 빈칸에 들어갈 말로 가장 적절한 것을 고르시오.

① bonds are a better investment than stocks

② the company will issue more bonds and stocks

③ people have to invest in stocks more aggressively

④ the government will lower the interest rate on loans

⑤ the company compensates for losses from stocks with profits from bonds

1 다음 빈칸에 들어갈 말로 가장 적절한 것은? 평가원 (정답률 67%)   Time Limit 1'30"

❶Table manners help us to see that politeness is not, after all, a disadvantage. ❷Although the ill-mannered person can grab more of the food, he will receive less of the affection; and fellowship is the real meaning of the meal. ❸Next time, he will not be invited. ❹Politeness makes you a part of things and so gives you an enduring edge over those who never acquired it. ❺And this gives us a clue to the real nature of rudeness: to be rude is not just to be selfish, in the way that children (until taught otherwise) and animals are instinctively selfish; it is to be _____. ❻Even in the friendliest gathering, the rude person will reveal, by some word or gesture, that he is not really part of it. ❼Of course he is there, a living organism, with wants and needs. ❽But he does not belong in the conversation.

① clever

② alone

③ talkative

④ impatient

⑤ curious

2 다음 빈칸에 들어갈 말로 가장 적절한 것은?   Time Limit 1'30"

❶Traditionally, heroes have been characters who have fought for truth and justice and sacrificed themselves in order to protect a society and its people. ❷In the past, they were usually male figures who performed incredible acts of bravery. ❸They would embark on amazing adventures, fight in great battles, and slay dragons and other monsters. ❹Nowadays, though, heroes take on a different form. ❺For one thing, modern heroes are often female. ❻In addition, the modern hero's courage tends to be moral rather than physical. ❼In spite of these differences, though, the role that heroes assume in our lives has not changed. ❽Heroes show us the potential for goodness that lies within each of us. ❾Thus, they encourage us to help others instead of just looking after ourselves. ❿They also influence our goals and beliefs, shaping us into better people. ⓫Ultimately, heroes _____.

① are no more than illusions that people create

② inspire each individual to reach his or her fullest potential

③ help equalize the roles of male and female individuals in society

④ don't have to perform remarkable feats of bravery to be admired

⑤ remind us that we have to take care of ourselves before taking care of others

3

다음 빈칸에 들어갈 말로 가장 적절한 것은? 고난도   **Time Limit 1'50"**

❶Studies which talk about the dangers of video games often mention their similarity to gambling. ❷Gambling is a game of odds. ❸People win occasionally during the short term but invariably lose in the long run. ❹Many studies reveal how people tend to show addictive behavior when their brains are dominated by the irregularity and unpredictability of such rewards. ❺However, video games are essentially different from gambling, as they are games of skill. ❻Rewards in video games _____.
❼The way video games are played resembles that of games like chess. ❽To win these games, it requires qualities such as intelligence, perseverance, and practice, not luck. ❾It takes effort to develop the necessary techniques and to progress. ❿Moreover, the rewards are usually granted within the game and thus stand for nothing other than mastery. ⓫Actual profit is not considered to be the goal of playing.

① are more addictive than those of gambling

② are earned and come from inside the player

③ are offered to the players in a cumulative form

④ are helpful for developing personal capabilities

⑤ are effective at producing temporary contentment

↓

Synonym Dictionary

1. edge (우위)	advantage dominance superiority head start
2. inspire (고무[격려]하다)	motivate stimulate encourage affect impress
3. feat (위업, 공적)	accomplishment exploit performance achievement deed
4. stand for (나타내다, 의미하다)	signify mean exemplify imply represent
5. capability (능력, 역량)	ability capacity competence proficiency potential

전환사채

기업은 자금을 모으기 위해 일반적으로 주식이나 채권을 발행한다. 그런데 주식과 채권의 특징을 모두 가진 상품이 있다. 전환사채 (convertible bond, CB)가 바로 그것이다.

기업이 처음 전환사채를 발행할 때는 보통의 채권과 같지만, 일정 기간이 지나면 투자자는 본인이 원할 때 채권 형태의 전환사채를 주식으로 바꿀 수 있다. 투자자가 일단 주식전환권을 행사하면 채권이 주식으로 변한다는 점에서 전환사채는 주식과 채권의 중간지대에 있다고 말할 수 있다.

전환사채는 기업이나 투자자 모두가 선호하기 때문에 폭넓게 이용되는 상품이다. 전환사채는 투자자에게 주식전환권을 주기 때문에 일반 채권에 비해 이자율이 낮다. 따라서 자금을 조달할 때 이자 비용을 줄이고자 하는 신생 기업이나 현재 재무 상태가 취약하지만 연구 개발을 통해 발전을 도모하는 기업들이 이를 선호하는 경향이 있다. 반면 투자자의 경우 전환사채는 채권의 안정성과 주식 투자의 수익성을 동시에 얻을 수 있는 기회가 된다. 일반 채권보다는 이자율이 낮지만 일정 이자 소득이 보장될 뿐 아니라 기업의 성장 잠재력이 큰 경우 주식으로 전환해 수익을 올릴 수도 있기 때문이다.

신화의 영웅 vs. 판타지의 영웅

고대 신화 속에 등장하는 영웅들은 태생부터가 남다르다. 그리스 신화에서 가장 유명하고 강한 영웅 중 한 명인 헤라클레스는 제우스와 인간 사이에서 태어난 아들이며 갓난아기 때부터 엄청난 힘을 가지고 있었다. 이러한 신화 속의 영웅들은 동료들이 많지 않은데, 그들 모두가 대단한 능력을 지닌 초인들이어서 누군가의 도움이 필요하지 않기 때문이다. 또한 신화 속 영웅들의 최후는 대개 비극으로 끝난다. 그 이유는 영웅들이 겪는 고통을 통해 오히려 그들이 가진 정신의 진정한 가치와 크기를 보여줄 수 있다고 생각한 고대 그리스의 사상이 신화에 반영되었기 때문이다.

이에 반해 판타지 속 많은 영웅들은 선천적인 태생보다는 후천적인 경험과 노력을 통해 영웅이 되는 경우가 많다. 예를 들어, 판타지 작품 〈호빗〉과 〈반지의 제왕〉의 주인공인 빌보와 프로도는 인간의 절반 정도밖에 되지 않는 작은 키와 왜소한 체격을 가진 호빗이었을 뿐이다. 겁 많고 소심했던 그들은 여행을 통해 영웅으로 성장해 나가고 행복한 결말을 맞게 된다. 이렇듯 판타지 속 영웅들은 스스로 노력해서 실력을 쌓을 뿐 아니라, 동료 및 주변 인물들의 도움을 받아 영웅으로 성장하고 결국 행복을 찾는다. 이는 평범한 누구라도 열심히 노력하고 주위의 도움을 받으면 영웅이 될 수 있음을 시사한다.

Unit 05
비유

↓

'비유'란?

어떤 현상이나 사물을 직접적으로 설명하지 않고 비슷한 속성을 지닌 다른 현상이나 사물에 빗대어서 설명하는 것을 말한다. 이때 원래 표현하려는 대상을 원관념, 그것과 비슷한 속성을 지니며 원관념이 잘 드러나도록 돕는 다른 현상이나 사물을 보조관념이라고 한다.

글에서 '비유'는 어떻게 제시 되는가?

비유가 사용된 글은 대개 원관념을 보조관념에 빗대는 부분과 그 비유를 원관념에 다시 적용하는 부분으로 구성되어 있다.

> A book is like a house. In particular, a good book is a house with rooms of
> 원관념 비유의 표현 보조관념
> different shapes and sizes. 보조관념 Each room in a house is independent,
> with its own structure and interior design. However, they are all connected
> by stairways and corridors, so they can function together as parts of a
> whole. 원관념 Similarly, good books rely on the orderly arrangement of their
> 비유의 표현
> different parts. Each chapter may deal with a different topic. But if the
> different chapters are not well connected to the whole, then the book
> becomes unintelligible.

○ 위 글에서는 원관념인 '책'이라는 대상을 보조관념인 '집'에 비유하여 그 속성을 설명하고 있다. 이 때 'like', 'similarly'와 같은 표현들을 통해 비유의 전개방식이 사용되는 것을 알 수 있다. 이외에 도 비유를 나타내는 표현에는 다음과 같은 것들이 있다.

- likewise, equally, alike, in the same way[manner], just as, similar to, this is same[true] of~ 등

하지만 이러한 표현들을 사용하지 않고 'A는 B이다'라는 식의 은유를 사용하는 경우도 빈번하므로 글에서 직접적으로 드러나지 않는 비유를 찾는 것도 중요하다.

빈칸 접근법 익히기

빈칸은 보조관념의 속성을 설명하는 부분에 위치할 수도 있고 이를 다시 원관념에 적용시킨 부분에 위치할 수도 있다. 따라서 빈칸이 어디에 위치해 있는지 확인한 후 원관념과 보조관념 중 하나의 속성을 파악하고, 파악된 대상의 속성을 다른 대상에 적용시키면 빈칸에 들어갈 적절한 내용을 추론할 수 있다.

기출 예제 분석

다음 빈칸에 들어갈 말로 가장 적절한 것을 고르시오. 평가원 (정답률 67%)

> 글의 흐름

보조관념 ❶Imagine a child playing on the beach below a cliff. ❷He finds a cave, and full of excitement, goes in. ❸Suddenly fear seizes him. ❹In the deep dark of the cave, he cannot see the way ahead. ❺What is frightening him is the sense of the unknown stretching into the black distance. 원관념 ❻Worries can be like this. ❼Our anxiety is not about 비유의 표현 something specific, but more of a sense that unknown and uncertain possibilities may be out of sight far ahead. ❽We can stop these worries from growing. 보조관념 ❾A powerful torch or flashlight could have shown the child the limits of 보조관념(A) 보조관념(B) the cave. 원관념 ❿We can _____ by 원관념(B) asking: "What is the worst that can happen?" 주제 ⓫More 원관념(A) often than not, the worst that we fear is much less terrible than our vague, unarticulated fear. ⓬Once we know the worst, we can face it directly and work out more sensibly what to do.

보조관념 동굴에 들어간 아이는 앞이 보이지 않는 암흑 속에서 공포를 느낌

↓

원관념 우리의 불안감도 구체적인 것이 아니라 보이지 않는 것에 대한 공포감임

↓

보조관념 강한 횃불이나 손전등이 아이에게 동굴의 범위를 보여줄 수 있었을 것임

↓

원관념 "일어날 수 있는 최악의 일이 무엇인가?"라고 질문함으로써 _____할 수 있음

↓

주제 우리가 두려워하는 최악의 일은 대개 우리의 불분명한 두려움보다는 덜 끔찍하며, 최악의 것을 알게 되면 그것에 직접 맞서해야 할 일을 더 현명하게 해낼 수 있음

① hide our fears

② increase our uncertainties

③ place limits on our worries

④ share specific worries with others

⑤ differentiate reality from the ideal

step 1	원관념과 보조관념을 파악하라

표현하고자 하는 대상인 원관념이 어떤 보조관념에 비유되고 있는지를 파악한다.

적용 ≫ 동굴에 들어간 한 아이가 앞이 보이지 않는 어둠 속에서 공포감을 느낀다는 내용이 먼저 제시되었다. 문장 ❻에서 like라는 비유의 표현을 사용하여 걱정이라는 원관념을 동굴 속의 암흑을 무서워하는 아이라는 보조관념을 통해 서술하고 있다는 것을 알 수 있다.

step 2	원관념 및 보조관념의 속성을 파악하라

빈칸이 원관념에 제시되었다면, 글에서 제시된 보조관념의 속성을 먼저 파악한다. 빈칸이 보조관념에 제시되었다면, 원관념의 속성을 먼저 파악한다.

적용 ≫ 원관념 부분에 빈칸이 제시되었으므로, 보조관념의 속성을 먼저 파악한다. 보조관념에서 언급된 동굴 속의 아이는 암흑 속에서 공포감을 느끼지만, 강한 햇불이나 손전등으로 동굴을 비추었다면 동굴의 범위를 알 수 있었을 것이다.

step 3	비유된 내용을 적용하여 빈칸을 추론하라

파악한 한 관념의 속성을 다른 관념에 적용하여 빈칸을 추론한다.

적용 ≫ 보조관념에서 말한 강한 햇불이나 손전등으로 동굴을 비추는 행위는 원관념에서는 "우리에게 일어날 수 있는 최악의 일이 무엇인가?"라고 질문하는 것에 해당한다. 따라서 보조관념(B)에서 말한 동굴의 범위를 알 수 있었을 것이다라는 의미를 원관념에 적용시키면 우리는 '우리의 걱정들에 대한 범위를 설정할' 수 있다는 것을 추론할 수 있다.

오답 선택지 분석

① 반대 개념 일어날 수 있는 최악의 일을 생각하는 것을 통해 두려움에 직접적으로 맞설 수 있게 된다고 했으므로 '우리의 두려움을 숨기는' 것은 본문의 내용과 반대된다. (오답률 11%)

② 반대 개념 일어날 수 있는 최악의 일을 생각하는 것은 강한 햇불이나 손전등을 들고 동굴에 들어가는 것과 마찬가지이므로 이는 '우리의 불확실성을 증가시키는' 것이 아니라 감소시킬 것이다. (오답률 9%)

④ 무관한 내용 본문에 나온 어휘인 specific을 활용한 오답이며 '구체적인 걱정거리들을 다른 사람들과 공유할' 수 있다는 내용은 다뤄지지 않았다. (오답률 7%)

⑤ 무관한 내용 현실과 이상에 대한 내용은 본문에서 언급되지 않았으므로, '현실을 이상과 구분할' 수 있다는 말은 본문의 내용과 무관하다. (오답률 4%)

↓

Practice A

❶Contemporary society's prohibition against capital punishment can be viewed as a fatal demonstration of ethical disorientation rather than a nonviolent gesture of respect for life. ❷By withholding the death penalty, we tell the murderer that no matter what crimes he may carry out on people who are innocent and in need of care, such as children, women, and the elderly, his own life will never be put in jeopardy. ❸The consequences are overtly predictable. ❹Just as a country which makes the claim that _____ may one day discover itself occupied by a hostile regime, a society that fails to execute its most dangerous criminals may soon notice itself lacking defense against those who have no reluctance to taking the lives of innocent citizens.

↓

1 위 글의 내용과 일치하면 T, 일치하지 않으면 F를 쓰시오.

(1) Prohibition against the death penalty can be considered respect for life. (   )

(2) When we outlaw the death penalty, it is the same as guaranteeing the murderer's life. (   )

(3) A society that bans the death penalty could lack defense against its criminals. (   )

2 위 글에서 보조관념이 등장하는 문장의 번호를 쓰시오.

↓

Q 위 글의 빈칸에 들어갈 말로 가장 적절한 것을 고르시오.

① war is a necessary evil

② war may be justified for greater purposes

③ it won't wage a war unless it is attacked first

④ sentencing prisoners to death should be prohibited

⑤ it will never get involved in a war under any circumstances

↓
Practice B

❶All people are oppressed by the fear of death. The young have a rational reason to fear death, because they haven't yet received the best of what life has to offer them. ❷Even the elderly who have already experienced life's joys and sorrows feel bitter on the verge of death. ❸The best way to overcome this fear is _____, until your ego disappears and your personal life merges with universal life. ❹An individual's existence should be like a river. ❺At its source, it is small and bound by its narrow banks. ❻But over time, it grows wider and wider, the banks recede, its waters gently flow, and finally it empties into the sea. ❼If you can view your life in this way, you will no longer be burdened with the fear of death, because you will know that the things you care about will continue long after you are gone.

Warm up

1 위 글에서 보조관념이 등장하는 문장의 번호를 쓰시오.

2 위 글의 중심내용으로 가장 적절한 것을 고르시오.
① 죽음의 공포를 극복하는 법
② 삶이 주는 최상의 것을 누리는 법
③ 연령에 따른 죽음에 대한 인식의 차이
④ 보편적인 삶을 개인화하는 것의 중요성

Question

Q 위 글의 빈칸에 들어갈 말로 가장 적절한 것을 고르시오.
① to enjoy the pleasure of the moment
② to live every day like you are still young
③ to act with honor and great dignity at all times
④ to make your interests as wide and impersonal as you can
⑤ to think about everything that you have already accomplished

1 다음 빈칸에 들어갈 말로 가장 적절한 것은? 평가원 (정답률 21%)   **Time Limit 1'30"**

❶Guys lost on unfamiliar streets often avoid asking for directions from locals. ❷We try to tough it out with map and compass. ❸Admitting being lost feels like admitting stupidity. ❹This is a stereotype, but it has a large grain of truth. ❺It's also a good metaphor for a big overlooked problem in the human sciences. ❻We're trying to find our way around the dark continent of human nature. ❼We scientists are being paid to be the bus-driving tour guides for the rest of humanity. ❽They expect us to know our way around the human mind, but we don't. ❾So we try to fake it, without asking the locals for directions. ❿We try to find our way from first principles of geography ('theory'), and from maps of our own making ('empirical research'). ⓫The roadside is crowded with locals, and their brains are crowded with local knowledge, but we are too arrogant and embarrassed to ask the way. ⓬So we drive around in circles, _____ about where to find the scenic vistas that would entertain and enlighten the tourists.

① waiting for the local brains to inquire

② accumulating and examining the locals' knowledge

③ going against the findings of our empirical research

④ relying on passengers' knowledge and experience

⑤ inventing and rejecting successive hypotheses

2 다음 빈칸에 들어갈 말로 가장 적절한 것은?   **Time Limit 1'30"**

❶In game theory, "perfect information" refers to a situation in which all of the moves that have been made in a given game or situation can be clearly seen. ❷Chess is one example of a game with perfect information, because every move is visible to both players. ❸On the other hand, most card games have imperfect information, because each player can see only his or her own cards. ❹This concept can also be applied to the field of business. ❺Like politics and even everyday social interactions, business is like a game that must be played _____. ❻In fact, many business decisions involve odds that a professional poker player wouldn't like, because sometimes it's impossible to calculate how many unknowable factors are involved. ❼In spite of this, few companies would admit that their business practices essentially amount to gambling. ❽They would much rather believe that they are playing a clear game of chess than betting on a risky poker hand.

*poker hand: 포커 게임에서 쥐고 있는 다섯 장의 카드

① with finite information   ② with logical reasoning

③ based on objective data   ④ without any hidden secrets

⑤ according to strict regulations

3 다음 빈칸에 들어갈 말로 가장 적절한 것은? 교육청 (정답률 53%)　　　　Time Limit 1'30"

❶ In the command-and-control management model, plans were considered destiny. ❷ Top management formulated exacting plans for every aspect of operations and then kept everything under tight control to "meet the plan." ❸ All too often, however, plans were derailed by unanticipated events. ❹ Planning is no longer the exclusive domain of top management; it now typically involves those who carry out the plans because they are closer to the customer. ❺ Planning experts, who recommend strategic agility, say managers need to _____ to take advantage of opportunities. ❻ A good analogy of this would be an improvisational comedy act. ❼ The stand-up comic has a plan for the introduction, structure of the act, some tried-and-true jokes, and closing remarks. ❽ Within this planned framework, the comic will play off the audience's input and improvise as necessary.

① analyze the latest market trends
② share their plans with coworkers
③ make the workplace more enjoyable
④ develop a detailed manual in advance
⑤ balance planned action with flexibility

↓

Synonym Dictionary	
1. metaphor (은유, 비유)	symbol image analogy allegory trope
2. arrogant (오만한)	haughty proud scornful cocky overconfident
3. successive (연속적인, 연이은, 잇따른)	consecutive following subsequent ensuing next
4. finite (한정된, 유한한)	definite fixed limited restricted specific
5. unanticipated (기대[예상]하지 않은)	unexpected unforeseen sudden precipitous

버트런드 러셀의 생애와 철학

영국의 철학자, 논리학자, 수학자였던 버트런드 러셀(Bertrand Russell, 1872~1970)은 20세기의 가장 영향력 있는 지식인 중 한 사람으로 여겨진다. 1890년에 케임브리지 대학교의 트리니티 칼리지에 장학생으로 입학한 그는 알프레드 화이트헤드(Alfred Whitehead)와 함께 연역적 증명체계를 바탕으로 수학을 탐구한 대작인 「수학 원리(The Principles of Mathematics)」를 집필하며 기호논리학과 분석철학의 기반을 다졌다. 또한 철학 분야에서는 당시 유행하던 관념론에 반대하여 신실재론(neo realism)을 내세우고 진리, 의미, 가치와 같은 것들도 과학적이고 체계적인 방법으로 연구할 수 있다고 주장했다.

버트런드 러셀은 단순히 학문에만 빠져있던 사람이 아니었다. 그는 제1차 세계대전이 발발했을 때에는 반전 운동가이자 평화주의자로서 활약했으며 여성 해방운동, 핵무기와 베트남 전쟁 반대 운동 등을 통해 자신의 생각을 드러내고 실천했던 사회운동가이기도 했다.

그의 대표적인 저서로는 「철학이란 무엇인가」, 「서양철학사」 등이 있으며, 1950년에 「권위와 개인」으로 노벨 문학상을 수상하는 등 문학 분야에서도 뛰어난 재능을 발휘했다. 특히, 1956년에 발행된 「기억으로부터의 초상 및 다른 에세이들」이라는 저서에 수록된 에세이 중 하나인 「How to Grow Old」에는 노인이 된 러셀이 노년의 삶과 죽음을 어떤 태도로 바라보는지가 잘 드러나 있다.

게임이론

게임이론이란, 자신의 결정뿐 아니라 타인의 결정도 자신의 이득에 영향을 미치는 상황에서 각자의 선택이 서로에게 어떤 영향을 미칠 수 있는지를 수학적으로 분석하는 이론이다. 이 용어는 1944년 수학자인 폰 노이만(Johann von Neumann)과 경제학자인 모르겐슈테른(Oskar Morgenstern)이 공동으로 저술한 「게임이론과 경제행동(Theory of games and economic behavior)」에서 처음으로 사용되었다.

게임이론은 참여자의 수와 형태에 따라 다양하게 분류되는데, 이 중 가장 유명한 것은 '제로섬 게임(zero-sum game)'이다. 이 게임에서는 각 참여자들이 본 손해와 이득의 합이 0이 된다. 즉, 누군가가 이득을 본다면 상대방은 동일한 양의 손해를 보게 되는 것이다. 대표적인 '제로섬 게임'의 예로는 포커, 동전 던지기, 홀짝 게임 등이 있으며 스포츠나 전쟁도 일종의 제로섬 게임이라고 할 수 있다.

또한 1950년 미국의 군사연구소인 랜드(RAND)에서 고안한 '죄수의 딜레마' 역시 유명한 게임이론 중 하나이다. 두 명의 용의자가 경찰에 잡혔다고 가정해보자. 만약 둘 다 범행을 자백하지 않으면 6개월씩을 복역하고, 둘 다 자백을 하면 5년씩을 복역한다. 하지만 한 명만 자백하면 자백한 사람은 즉시 풀려나는 반면 그렇지 않은 사람은 10년을 복역하게 된다. 이 상황에서 각 용의자에게 가장 유리한 선택은 무엇일까? '죄수의 딜레마'는 정부의 존재 이유를 정당화하는 이론적 근거로 사용되고 있다. 즉, 각 행위자들이 자신의 이익을 극대화하기 위해 행동하는 경우 모든 사람들에게 최악의 결과가 발생할 수 있으므로 이에 개입하여 각 행위자의 행동을 강제할 누군가가 필요하다는 주장이다. 이러한 게임이론은 군사학, 경제학, 정치학, 심리학 등 다양한 분야에 적용되어 문제 해결의 방법으로 활용되고 있다.

Unit 06
예시

'예시'란?   주제가 내포하는 일반적이고 포괄적인 개념을 이해하기 쉽게 설명하기 위해 구체적인 사례를 보여주는 것을 '예시'라고 한다. 따라서 예시는 주제보다 구체적이고 세부적인 내용을 다룬다.

글에서 '예시'는 어떻게 제시 되는가?   예시는 어려운 개념이나 이론 등을 구체적인 실례를 통해 설명하는 전개 방식이므로, 글의 내용 파악이 어려울 경우에는 예시를 살펴보는 것이 글을 이해하는 데 도움이 된다.

> **주제**   Impressionists tried to reflect their subjective interpretation of objects in their art.
>
> **예시1**   They drew things differently as the light slightly changed the impression of the objects.
>
> **예시2**   Some artists focused on how they felt about things rather than how it really looks like.
>
> **예시3**   Paul Cezanne tried to escape from the fixed shape of the material and attain his own vision about the world.

위 글에서는 인상파 화가들이 빛의 변화에 따라 사물들을 조금씩 다르게 그리고(예시1), 사물에 대한 자신들의 느낌을 중요시했으며(예시2), 폴 세잔은 물질의 고정된 형태에서 벗어나 세계에 대한 고유의 시각을 얻고자 노력했다(예시3)는 사례들을 통해 '인상파 화가들이 자신들의 예술 작품에 주관적인 해석을 반영하려고 노력했다'는 주제를 보다 쉽고 구체적으로 설명하고 있다.

빈칸 접근법 익히기   예시의 전개 방식을 사용한 글에서 빈칸은 대개 주제 부분에 위치한다. 예시는 주제를 구체화하여 보여주는 것이므로 예시의 내용을 잘 파악하여 이를 일반화하면 빈칸에 들어갈 내용을 추론할 수 있다.

기출 예제 분석

다음 빈칸에 들어갈 말로 가장 적절한 것을 고르시오. 수능 (정답률 64%)

주제 ❶Sometimes all the outcomes customers are trying to achieve in one area have a negative effect on other outcomes. ❷This is very common when companies are busy listening to the 'voice of the customer.' 예시1 ❸Traveling 특정 인물 salespeople, for example, may say they want a smaller cell phone, but 예시의 연결사 they may not have thought about how hard that tiny phone will be to use. 예시2 ❹Carpenters may request a 특정 인물 lightweight circular saw without thinking about the fact that it will no longer have the power to get through some of the more difficult jobs. 주제 재진술 ❺When customers make requests for new product features, they are usually focused on solving just one problem and are not thinking of how their requested solution will _____.
상술 ❻In this situation, customers request new features but reject the resulting product when they realize the ramifications of their suggestions – the added feature turns out to be worthless because of the problems it causes.

*ramification: 파생된 문제

> 글의 흐름
>
> 주제 고객들이 한 부분에서 성취하려는 결과가 다른 결과들에 부정적인 영향을 끼침
>
> ⬇
>
> 예시1 작은 휴대전화를 원하는 외판원들
>
> ⬇
>
> 예시2 가벼운 원형 톱을 원하는 목수들
>
> ⬇
>
> 주제 재진술 고객들은 한 가지 문제에만 집중해서 자신들의 해결책이 _____할 것을 생각하지 않음
>
> ⬇
>
> 상술 고객들은 결국 추가된 특징 때문에 문제가 생긴 상품을 거부

① impact other product or service functions
② delay the introduction of innovative products
③ induce other customers to make additional requests
④ bring about excessive competition among companies
⑤ discourage companies from listening to customers' voices

step 1 중심내용을 파악하라
글의 중심내용을 파악해 글의 주제를 예측한다.

적용 〉〉 고객들이 한 부분에서 성취하려는 결과가 다른 결과들에 부정적인 영향을 끼칠 수 있다는 것이 이 글의 중심내용이다.

step 2 예시를 나타내는 부분을 찾아라
예시를 나타내는 어구나 표현들을 통해 예시 부분을 확인한다.

적용 〉〉 문장 ❸에서 for example이라는 예시의 연결사가 사용되었고, 문장 ❸과 ❹에서 Traveling salespeople과 Carpenters라는 특정 인물들이 언급되었으므로 예시를 들어 글의 내용을 서술하고 있다는 것을 알 수 있다.

step 3 예시의 내용을 파악하라
예시의 내용을 이해하고 이를 통해 글에서 말하고자 하는 바를 파악한다.

적용 〉〉 예시1 은 외판원들이 작은 휴대전화를 원하지만 그것을 사용하는 것이 얼마나 어려울지를 생각하지 못하는 경우를, 예시2 는 목수들이 가벼운 원형 톱을 원하지만 그것이 더 어려운 작업을 해낼 힘이 없을 수도 있다는 것을 생각하지 못하는 경우를 설명하고 있다.

step 4 예시의 내용을 일반화하여 빈칸을 채워라
파악한 예시의 내용을 일반화하여 빈칸을 채운다.

적용 〉〉 위의 예시들은 한가지 문제를 해결하는 데 집중하느라 이로 인해 발생하는 다른 문제에 대해 미처 생각하지 못하는 경우들에 관한 내용이므로, 이를 일반화하면 그들이 요구한 해결책이 어떻게 '다른 상품이나 서비스의 기능에 영향을 미칠지'를 고려하지 못했다는 내용이 빈칸에 들어가는 것이 적절하다.

오답 선택지 분석

② 반대 개념 이 글에서는 기업들이 고객의 의견을 적극적으로 반영한 제품들을 출시할 때 발생하는 문제를 다루고 있으므로 '혁신적인 제품들의 도입을 늦춘다'는 것은 글의 전반적인 내용과 반대된다. (오답률 6%)
③ 무관한 내용 '다른 고객들이 추가적인 요구를 하도록 유도한다'는 내용은 지문에서 언급되지 않았다. (오답률 19%)
④ 무관한 내용 '기업들 사이의 과도한 경쟁을 초래한다'는 내용은 지문에서 언급되지 않았다. (오답률 2%)
⑤ 무관한 내용 기업들이 고객들의 요구사항에 지나치게 민감하게 반응하는 것으로 인해 발생하는 문제를 다루기는 했지만 이로 인해 고객들의 요구가 '기업들로 하여금 고객들의 목소리에 귀를 기울이지 않게 한다'는 것을 추론할 근거는 없다. (오답률 7%)

↓
Practice A

①To understand the difficulty of predicting the next 100 years, we have to appreciate the difficulty that the people of 1900 had in predicting the world of 2000. ②In 1893, as part of the World's Columbian Exposition in Chicago, seventy-four well-known individuals were asked to predict what life would be like in the next 100 years. ③The one problem was that they _____.
④For example, many correctly predicted that we would one day have commercial transatlantic airships, but they thought that they would be balloons. ⑤Senator John J. Ingalls said, "It will be as common for the citizen to call for his dirigible balloon as it now is for his buggy." ⑥They also consistently missed the coming of the automobile. ⑦Postmaster General John Wanamaker stated that the U.S. mail would be delivered by stagecoach and horseback, even 100 years into the future.

*buggy: (말 한 필이 끄는) 마차

↓

1 위 글의 중심내용으로 가장 적절한 것을 고르시오.

① 미래 예측의 어려움
② 상업적 비행선의 역사
③ 교통수단의 발달 과정
④ 시카고 만국 박람회의 유래

2 위 글의 내용을 바탕으로 다음 중 성격이 <u>다른</u> 하나를 고르시오.

① dirigible balloon　　　② horse
③ automobile　　　④ stagecoach

↓

Q 위 글의 빈칸에 들어갈 말로 가장 적절한 것을 고르시오. 교육청 (정답률 52%)

① underestimated the rate of progress of science
② overly depended on high-technology machines
③ tended to indulge in dreams ahead of their time
④ preferred air transportation to land transportation
⑤ put emphasis on the commercial aspect of science

↓
Practice

❶According to Arnold Toynbee, a famous British economic historian, history grew out of mythology – traditional stories that incorporated supernatural aspects to explain how people and the world came to be. ❷This means _____. ❸The *Iliad*, Homer's epic poem set during the Trojan War, is a great example of this concept. ❹Anyone who tries to read it as history will find that it is full of fiction, while anyone who tries to read it as fiction will find that it is full of history. ❺To some extent, all historical texts have this quality – they can never entirely free themselves from fiction. ❻That's because the process of selecting, arranging, and presenting facts is itself a technique belonging to the field of fiction. ❼That's why some people say that there can be no "great" historian who is not also a great artist.

1 위 글의 내용과 일치하지 <u>않는</u> 것을 고르시오.

① Arnold Toynbee는 역사가 신화로부터 발생한다고 하였다.
② 「일리아드」는 역사로 볼 수도 있고, 허구로 볼 수도 있다.
③ 사실을 선별, 정리, 제시하는 과정은 역사의 영역에 속한다.

2 위 글의 중심내용으로 가장 적절한 것을 고르시오.

① Historical texts are based on fact.
② History and fiction are inseparable.
③ A great artist is also a great historian.
④ Mythology contains supernatural aspects.

Q 위 글의 빈칸에 들어갈 말로 가장 적절한 것을 고르시오.

① the line between fact and fiction in history is ambiguous
② historical facts are seen as completely irrelevant in mythology
③ the success of a work is judged by the audience's reaction to it
④ historical accuracy takes precedence over personal interpretation
⑤ people are more interested in fictional adventures than factual events

1

다음 빈칸에 들어갈 말로 가장 적절한 것은? 평가원 (정답률 72%) Time Limit 1'30"

❶ People knowingly or unknowingly will take too much, even though it is not for anyone's collective or long-term good. ❷ As Hardin put it, "Freedom in a commons brings ruin to all." ❸ Consider a traffic jam on a main road going into any big city. ❹ Each person picks that particular road for the logical reason that it's the fastest route. ❺ In the beginning, each additional car does not slow the traffic down, as there is enough room on the road for the additional drivers. ❻ At some point, however, each car reduces the average speed, and eventually there are so many drivers that the traffic slows to a crawl. ❼ All the people seeking to minimize their own driving time add up to a longer commute for everyone. ❽ Doing what's rational _____, including you. ❾ On a global scale, the same thing can befall environmental issues such as overfished seas and rivers, air pollution, and water scarcity.

① leads to logical consequences for all drivers

② is compatible with the maximum benefit of each driver

③ enhances unselfish interests of each and every commuter

④ is not well executed by the unexpected behaviors of some drivers

⑤ results in a negative outcome to the collective interest of all drivers

2

다음 빈칸에 들어갈 말로 가장 적절한 것은? Time Limit 1'30"

❶ There is overwhelming evidence that presenting one purchasing option as a default — what you get unless you actively make a different choice — increases its chances of being selected. ❷ This works in part by _____ prior to any purchase taking place, because the pleasure we get from gaining something is less intense than the pain we get from an equivalent loss. ❸ Smart marketers know how to use this principle to their advantage. ❹ For example, one Italian telecom company used the power of the default option to decrease the rate at which customers cancelled their service. ❺ Originally, customers who called to cancel were told that they would receive 100 free calls on the condition that they kept their service. ❻ Later, marketers reworded the script to tell the customers that their account had already been credited with 100 free calls but they would lose them if they cancelled their service. ❼ Many of the customers were reluctant to forfeit free talk time they felt like they already owned.

① instilling a sense of ownership
② offering special benefits to customers
③ attempting to mislead customers
④ eliminating the need to make a decision
⑤ providing customers with additional options

3

다음 빈칸에 들어갈 말로 가장 적절한 것은? 고난도   **Time Limit 1'50"**

❶A philosopher is responsible for delivering his convictions to others. ❷Yet not all of a philosopher's claims may be accepted, which is why Plato used various methods that would help him accomplish his task. ❸Myths may be effective tools for teaching, like images and metaphors, as they can present abstract philosophical doctrines in their narrative. ❹One example is the myth Plato used in his dialogue *Phaedrus* to describe the human soul. ❺It tells how the winged soul proceeds along the path of the heavens and looks upon absolute truth before falling into reincarnation. ❻According to Plato's claim, the truth we knew before we were born is forgotten and thus left to be recollected through learning. ❼In the *Phaedrus* myth, there is no proof to justify Plato's theory of recollection. ❽Rather, taking the mythical elements literally can be misleading. ❾However, the myth's fantastical narrative _____.

① should be carefully dealt with so that it is not regarded as truth
② prevents the public from grasping the actual philosophical ideas
③ provides some interesting and enjoyable entertainment for the public
④ does guide those disinclined to philosophy toward the essence of the theory
⑤ is similar to philosophy in that it deals with a certain theme in a concrete way

↓

Synonym Dictionary	
1. rational (이성적인, 합리적인)	sensible reasonable logical intelligent realistic
2. execute (실행하다)	perform carry out accomplish fulfill implement
3. equivalent (동등한)	equal identical corresponding comparable
4. eliminate (없애다, 제거하다)	withdraw eradicate get rid of cut out remove
5. concrete (구체적인)	specific explicit definite clear-cut precise

호메로스와 「일리아드」

　호메로스는 현존하는 고대 그리스 문학 작품 중 가장 오래된 서사시인 「일리아드」와 「오디세이」의 작가로 알려져 있다. 하지만 그의 높은 명성과는 달리 호메로스에 대해서는 명확히 밝혀진 바가 거의 없다. 일부 사람들은 그가 기원전 8세기경의 시인으로 시각 장애를 가지고 있었을 것이라고 추측하는데, 이는 「오디세이」에 등장하는 시각장애인 음유시인 데모도코스가 호메로스의 모습을 반영하고 있다고 생각하기 때문이다. 또한 일각에서는 작품상의 여러 부분이 불일치한다는 점을 근거로 호메로스가 한 사람이 아닌 여러 사람이며 그의 작품으로 불리는 두 서사시 역시 여러 사람에 의해 만들어졌다고 주장하기도 한다. 그러나 호메로스의 작품들은 구전으로만 전해져 내려오던 다른 서사시인들의 작품들을 하나로 이어 붙여 기술한 것이며, 이 과정에서 이러한 불일치가 생겼을 가능성이 큰 것으로 논란은 일단락되었다.

　「일리아드」는 1만 5693행으로 이루어진 24권 분량의 서사시로 트로이와 그리스의 약 10년간의 전쟁이 끝나갈 무렵의 약 50일간의 이야기를 다룬다. 서사시는 포로 반환 문제로 불화가 생긴 그리스의 총사령관 아가멤논과 그의 장수 아킬레우스에 대한 이야기로 시작한다. 아킬레우스는 이 불화로 인해 전쟁에 참여하지 않겠다는 의사를 밝힌다. 그리스 군은 헥토르가 이끄는 트로이 군에 의해 처참하게 패하고 아킬레우스의 오랜 친구인 파트로클로스는 아킬레우스의 갑옷을 입고 참전했다가 헥토르에게 목숨을 잃고 만다. 친구의 죽음을 목격하고 분노한 아킬레우스는 그제야 전쟁에 나서고 결국 헥토르를 죽임으로써 서사시는 끝을 맺는다. 이 작품은 그리스와 트로이 간의 전쟁을 통해 인간의 삶과 죽음, 운명에 대한 통찰을 휴머니즘적인 관점에서 최초로 다루었다는 데 의의가 있으며 이후 라틴 문학을 거쳐 유럽 문학과 유럽 문화 전반에 큰 영향을 미쳤다.

플라톤의 상기설과 「파이드로스」

　플라톤의 철학의 정수는 바로 '이데아론'이다. 이데아란, '현상'이라고 불리는 현실 세계 밖에 있는 영원 불멸의 진리의 세계를 의미한다. 이러한 이데아론을 가장 극명하게 설명해 주는 것이 바로 플라톤이 「국가론」에서 언급한 '동굴의 비유(Allegory of the Cave)'이다. 플라톤은 동굴에 갇혀 움직일 수 없는 사람들이 동굴의 벽에 비친 그림자를 진리라고 착각하듯이, 진정한 진리의 세계를 경험하지 못한 사람들 역시 현실 세계의 현상들을 보고 이를 진리라고 착각한다고 설명한다. 따라서 모든 사람들은 허상인 현상 세계가 아닌 이데아를 추구해야 한다는 것이 플라톤의 주장이다.

　그렇다면 플라톤은 현상 세계의 외부에 진리의 세계가 있다는 것을 어떻게 깨달았을까? 그는 이것을 '상기설'을 통해 설명한다. 플라톤에 따르면 인간의 영혼은 원래 이데아의 세계에서 진리를 성찰하던 존재였으나 이내 지상으로 떨어져 육체라는 감옥에 갇히게 되었고 이 과정에서 이전에 깨우쳤던 진리에 대한 지식을 잃어버리게 되었다. 따라서, 지상에 떨어진 인간의 영혼은 이데아를 망각하고 있으나, 이데아에 대한 인식이 내재되어 있기 때문에 이를 인간적 경험을 통해 다시 상기할 수 있다는 것이다. 이러한 그의 철학은 자신의 저작인 「파이드로스」에서 영혼들이 윤회를 위해 지상으로 내려오게 되면, 이데아의 세계에서 보고 들었던 진리를 잊어버리고 환생하게 된다는 신화의 형태로 잘 드러나 있다.

Unit 07
통념과 반박

'통념과 반박'이란?

'통념'이란 일반적으로 널리 알려져 있는 개념을 말한다. 필자는 자신의 주장을 좀 더 설득력 있게 전달하고자 할 때 이러한 통념을 먼저 제시하고 이를 반박하는 전개방식을 사용할 수 있다.

글에서 '통념과 반박'은 어떻게 제시되는가?

필자가 반박하고자 하는 통념은 주로 글의 도입부에서 제시된다. 이어서 역접을 나타내는 표현과 함께 통념에 반대되는 필자의 주장이 제시되고, 이후 이에 대한 근거들이 이어진다. 간혹 통념에 대한 반박의 근거가 먼저 제시되고 필자의 주장이 마지막에 제시되는 경우도 있으므로 이에 유의한다.

통념 People usually talk about the films made before 1927 as being "silent."

↓

필자의 주장 However, to say that these films were completely silent would be misleading.
_{역접의 연결사}

↓

반박의 근거 Even in the earliest films, musical accompaniment was considered indispensable. As far back as February 1896, when the Lumiere films were shown at the first public film exhibition in the U.S., they were accompanied by piano improvisations of popular songs.

위 글의 도입부에서는 사람들이 1927년 이전에 만들어진 영화를 '무성 영화'라고 생각한다는 통념이 제시된다. 이어서 However라는 역접의 연결사 이후, 이러한 영화들이 완전히 '무성'이었다고 말하는 것에는 오해의 소지가 있다는 필자의 주장이 이어지고 통념에 대한 반박의 근거로 1896년에 상영된 최초의 영화에 피아노 즉흥 연주가 동반되었다는 사실을 제시하고 있다.

빈칸 접근법 익히기

통념과 반박의 전개 방식을 사용하는 글에서는 통념 이후에 나오는 필자의 주장에 빈칸이 위치하는 경우가 많다. 이때 통념을 반박하는 근거들을 일반화하면 빈칸에 들어갈 적절한 내용을 찾을 수 있다. 만약 통념에 빈칸이 위치할 경우, 필자의 주장과 근거를 바탕으로 이와 대비되는 통념을 추론하여 빈칸을 채우면 된다.

기출 예제 분석

다음 빈칸에 들어갈 말로 가장 적절한 것을 고르시오. 평가원 (정답률 50%)

> 통념 ❶It is a common misconception among many musicians and non-musicians alike that _____.
> 통념을 나타내는 어구
> 통념 상술 ❷This is not surprising as it is natural to associate music with the sounds that create the melody, rather than with the quiet spaces between the notes. ❸Because rests are silent, people often misinterpret these empty spaces as unimportant. 통념 반박 ❹But, imagine what would happen if a
> 역접의 접속사
> song was made up of only notes, and no rests. 근거1 ❺Aside from the fact that the "rests would be history" (pun intended), there would be a wall of sound with no reference point or discernible backbone to the music. 근거2 ❻This is because the spaces between the sounds provide a baseline and contrast for the piece, and give music structure and texture. 주제 ❼In fact, it is a common saying among experienced musicians that a full measure of rest can hold more music than a full measure of blistering notes.

▶ 글의 흐름

통념 _____는 많은 음악가들과 비(非) 음악가들이 공통적으로 갖는 흔한 오해임

⬇

통념 상술 음악을 음표들 사이의 조용한 순간보다는 선율을 만들어 내는 소리와 관련된 것으로 생각하는 것이 자연스럽기 때문

⬇

통념 반박 그러나(But) 노래에 쉬는 부분이 없이 음표로만 노래가 이루어져 있다면 발생할 일은?

⬇

근거1 쉬는 부분이 없다면 음악에 기준점이나 식별할 수 있는 중추가 없는 소리의 벽이 발생

⬇

근거2 쉬는 부분은 곡에 기준선과 대조를 제공하고 음악에 구조와 조화를 줌

⬇

주제 쉼표가 음표보다 더 많은 것을 담을 수 있음

① notes are more important than rests

② rests provide a direct reference point to music

③ silence is no less meaningful than sound in music

④ melody is nothing more than a collection of sounds

⑤ structure and texture are the most crucial aspects of music

STEP BY STEP

step 1 통념을 찾아라
통념을 나타내는 어구나 표현 등을 통해 통념에 해당하는 부분을 찾고 그 내용을 파악한다.

적용 〉〉 a common misconception이라는 통념을 나타내는 어구를 통해 음악가들과 비(非) 음악가들이 공통적으로 가지고 있는 통념이 언급되며 이 부분에 빈칸이 출제되었다.

step 2 통념에 대한 반박이 시작되는 곳을 찾아라
역접을 나타내는 어구나 표현을 통해 통념에 대한 반박이 시작되는 곳을 찾는다.

적용 〉〉 역접의 접속사 But 이후부터 통념에 대한 반박이 시작되며 음악에 쉬는 부분이 없다면 벌어질 상황을 가정하고 있다.

step 3 필자의 주장과 반박의 근거를 파악하라
통념에 대한 반박이 시작된 이후 제시된 근거들을 바탕으로 필자가 주장하는 내용을 파악한다.

적용 〉〉 쉬는 부분이 없다면 음악에 기준점이나 식별할 수 있는 중추가 없는 소리의 벽이 있을 것이며, 소리 사이의 공백이 있는 것이 음악에 구조와 조화를 준다고 말하고 있다. 이러한 근거들을 바탕으로 문장 ❼에서 쉼표가 음표보다 더 많은 음악을 담을 수 있다는 주제를 드러내고 있다.

step 4 빈칸의 위치에 따라 적절한 전략을 사용해 빈칸을 추론하라
반박의 근거를 일반화해 필자의 주장을 추론하거나, 필자의 주장과 근거를 바탕으로 통념을 추론한다.

적용 〉〉 빈칸이 통념 부분에 위치하므로 필자의 주장과 근거에 반대되는 내용이 들어가야 한다. 따라서 '음표가 쉬는 부분보다 더 중요하다'는 말이 빈칸에 가장 적절하다.

오답 선택지 분석

② [반대 개념] 빈칸에는 통념이 무엇인지가 들어가야 하나, '쉬는 부분이 음악에 직접적인 기준점을 제공한다'는 것은 통념과 반대되는 필자의 주장이다. (오답률 12%)

③ [반대 개념] '음악에서 정적은 소리 못지 않게 중요하다'는 말은 필자의 주장에 해당하는 내용이므로 통념이 들어가야 하는 빈칸의 내용과는 반대된다. (오답률 25%)

④ [무관한 내용] 음악은 음표가 만들어 내는 소리의 집합체인 선율과 쉬는 부분이 결합되어 만들어지는 것이므로 '선율이 소리의 집합체에 불과하다'는 것은 음악가와 비(非) 음악가들이 갖는 오해와는 관련이 없는 선율의 객관적인 특성이라고 할 수 있다. (오답률 7%)

⑤ [무관한 내용] 쉬는 부분이 음악에 구조와 조화로움을 준다고 했지만 구조와 조화로움이 '음악에서 가장 중요한 측면이다'라는 내용은 추론할 수 없다. (오답률 4%)

↓

Practice A

---

❶To watch a play is to step into a world that seems far removed from electronic beeping and ringing. ❷Of course, this is assuming that theatergoers remember to turn off their cell phones. ❸At a theater in Goyang, however, stage managers have been begging the audience to leave their phones on. ❹During the performance, everybody is expected to take out their mobiles, call into a computer, and using their keypads, direct the movements of puzzle pieces on the screen behind the stage. ❺At some point, an ordinary housewife appears on the screen, connected from her kitchen via the Internet, and interacts with actors on the stage in real time. ❻The 50-minute production combines _____ with live actors, audiences, and the stage.

↓

1 위 글에서 통념에 대한 반박이 시작되는 문장의 번호를 쓰시오.

2 위 글에서 언급된 공연의 특징으로 가장 적절한 것을 고르시오.
① 인터넷을 통해 홍보를 한다.
② 정보통신 기기를 사용한다.
③ 관객이 배우로 공연에 참여한다.
④ 주부들의 일상에 관한 내용을 다룬다.

↓

Q 위 글의 빈칸에 들어갈 말로 가장 적절한 것을 고르시오. 평가원 (정답률 69%)
① the latest digital technology
② the best historical theory
③ the oldest theatrical history
④ the most ordinary housework
⑤ the most important information

↓
Practice B

❶Parents and educators often think playing video games can have negative effects, such as addiction, nervousness, and aggression. ❷However, one university professor believes that video games provide good mental exercise and help us strengthen a range of cognitive abilities, including problem solving, reasoning, and memory, by teaching us to follow patterns and understand complex systems. ❸This professor argues that video games are effective teaching tools because they follow a very important principle: learning is most effective when _____. ❹When learners succeed in doing something, they feel good about themselves, and they want to continue with the next task. ❺If it becomes too easy, though, they get bored. ❻Video games take this into account, and when players advance to a new level, the game becomes harder. ❼That way, the player is always facing a challenge, and that's when our brains work best.

↓

1 위 글에서 통념에 대한 반박이 시작되는 문장의 번호를 쓰시오.

2 위 글의 내용과 일치하면 T, 일치하지 않으면 F를 쓰시오.

(1) Video games have a bad impact on developing cognitive abilities. (   )

(2) Video games follow an important learning principle. (   )

(3) When learners experience success in meeting a task, they want more challenging tasks. (   )

↓

Q 위 글의 빈칸에 들어갈 말로 가장 적절한 것을 고르시오.

① the learner feels comfortable with the task

② the learner feels a sense of accomplishment

③ the learner's abilities are pushed to their limits

④ the learner is able to complete the task quickly

⑤ the task helps the learner develop adequate skills

1 다음 빈칸에 들어갈 말로 가장 적절한 것은? 교육청 (정답률 63%) Time Limit 1'30"

❶When we are children, our bodies grow automatically. ❷A year goes by, and we become taller, stronger, more capable of doing new things and facing new challenges. ❸I think many people carry into adulthood a subconscious belief that mental, spiritual, and emotional growth follows a similar pattern. ❹Time goes by, and we simply get better. ❺We're like Charlie Brown in Charles Schulz's *Peanuts* comic strip, who once said, "I think I've discovered the secret of life – you just hang around until you get used to it." ❻The problem is that we don't improve by simply living. ❼We have to be ＿＿＿＿＿＿＿ about it. ❽Musician Bruce Springsteen commented, "A time comes when you need to stop waiting for the man you want to become and start being the man you want to be." ❾No one improves by accident. ❿Personal growth doesn't just happen on its own.

① content
② defensive
③ intentional
④ thankful
⑤ self-confident

2 다음 빈칸에 들어갈 말로 가장 적절한 것은? Time Limit 1'30"

❶When people hear the term "not-for-profit," they tend to think of organizations whose good work relies on grants and donations. ❷As a consequence, it is often believed that a not-for-profit cannot be a self-sustaining business. ❸However, the legal definition of "not-for-profit" allows for much more than just charity. ❹In fact, a not-for-profit can make as much profit as it wants, as long as this profit goes towards achieving the organization's stated goals of fulfilling some social purpose. ❺Indeed, many not-for-profit organizations have made huge profits in recent years. ❻This is possible because ＿＿＿＿＿＿＿＿＿＿＿＿＿. ❼A not-for-profit's finances are run by a committee or board, and while people can receive financial compensation for the work they contribute, no individual can receive a share of the organization's assets if it is dissolved.

① not-for-profit really just means "not-for-private-profit"
② not-for-profit organizations receive government subsidies
③ the amount of donations have recently increased sharply
④ not-for-profit organizations themselves can be commercial companies
⑤ many not-for-profit organizations are merged into commercial companies

3

다음 빈칸에 들어갈 말로 가장 적절한 것은? **Time Limit 1'30"**

❶ We easily consider propaganda to be a malignant act and propagandists to be malicious beings. ❷ That's because when we think of propaganda, morally corrupt politicians, uncontrollable riots, blaring public speeches, and mechanical marches quickly come to our minds. ❸ These descriptions certainly reflect a type of propaganda, but they are only part of the whole picture. ❹ Propaganda, in its most general sense, is a form of communication that _____. ❺ The purpose of propaganda is to gain control of our thoughts and actions, often by changing our views or attitudes. ❻ The method is usually indirect and hidden and the master plan remains unseen. ❼ Clever propagandists tell us things that we want to hear in order to gain our trust before subtly starting the manipulation. ❽ However, the words of the propagandist usually lack sufficient grounds for his claims, as his explanation is usually incomplete or biased, and often made out of oversimplified or misrepresented claims.

① appeals to our emotions rather than to our reason
② spreads the collective ideas of a group by accident
③ tries to change our perspective in a compulsory way
④ stimulates our emotions in an outright and explicit way
⑤ provides precise and reliable information to the public

↓

Synonym Dictionary

1. intentional (의도적인)	intended deliberate willful voluntary calculated
2. grant (보조금)	donation endowment subsidy charity assistance
3. dissolve (해산하다)	wind up terminate dismantle disband disorganize
4. merge (합병[병합]하다, 합치다)	combine amalgamate unite absorb incorporate
5. malicious (악의에 찬)	malignant malevolent vicious vengeful spiteful

NGO와 NPO

NGO(Non-Governmental Organization)는 '비정부 기구'라고도 하며 정부 기관이나 정부와 관련된 어떤 단체로부터도 간섭 받지 않고 순수하게 시민이나 민간 단체에 의해 조직된 단체를 의미한다. 이 용어는 1945년 국제연합(UN)의 설립과 동시에 본격적으로 사용되기 시작했는데, 세계화로 인해 인권, 사회, 정치, 환경, 경제, 긴급 구호 등의 다양한 분야에서 한 국가 단위로 해결할 수 없는 일들이 발생함에 따라 이를 해결하기 위해 조작된 수많은 국제단체들을 지칭하기 위해 사용되었다. 현재 미국에서만 150만 개가 넘는 NGO가 활동하고 있으며 그린피스, 국제사면위원회 등이 그 대표적인 예라고 할 수 있다.

NPO(Non-Profit Organization)는 '비영리 단체'라고도 불리며 소유주나 주주의 이윤을 추구하는 대신 사회 각 분야에서 공익이나 특정 집단의 이익을 위해 자발적으로 활동하는 단체를 일컫는다. 대부분의 NGO는 비영리성을 띄고 있으므로 넓은 의미에서는 NGO도 NPO의 한 부분이라고 할 수 있다. NPO의 종류에는 사회 전체의 이익을 추구하는 사회복지법인, 학교법인, 종교법인 등과 해당 단체 구성원들의 공동의 이익을 목적으로 하는 동창회, 동호회, 의료법인 등이 있다.

찰스 슐츠와 그의 작품세계

찰스 슐츠(Charles Schulz, 1922~2000)는 우리에게 '스누피(Snoopy)'로 잘 알려진 연재만화 「피너츠(Peanuts)」의 작가이다. 독일에서 미국으로 이민 온 집안의 3세대로 미네소타 주에서 태어나고 자란 그는 어렸을 때 왜소하고 소심한 소년이었다고 한다. 만화가가 되는 것이 꿈이었던 그는 초등학교와 중학교 시절 문집에 넣을 만화를 그려 선생님께 드리곤 했지만 단 한번도 문집에 그의 만화가 실리는 일은 없었다고 한다. 또한 8학년 내내 거의 전과목에 낙제해 친구들로부터 따돌림을 당했다고 한다. 하지만 이발사였던 아버지는 아들이 그림에 소질이 있다는 것을 알고 어려운 형편에서도 그림 실기 실습 학교를 보내주는 등 많은 도움을 주었다. 성인이 되고 나서도 그의 작품은 한동안 인정받지 못했는데, 그가 만화를 들고 찾아갔던 출판사들은 그에게 이야기 구성 능력과 그림 실력이 모두 부족하다며 비난을 퍼부었다고 한다.

하지만 그는 결국 1950년 10월에 '세인트 폴 파이오니어 프레스' 신문사에서 「피너츠」를 연재하게 된다. 'peanuts'란 '별 볼일 없는 신세'라는 뜻인데 이는 늘 외롭고 소심하며 별 볼일 없었던 자신의 모습을 투영한 것이었다. 「피너츠」의 주인공인 찰리 브라운은 그의 소심하고 여렸던 어린 시절을 대변하는 인물이며, 이와 반대로 모험적이고 자유로운 성격의 강아지인 스누피는 소심했던 슐츠가 늘 바랐던 자신의 이상향이라고 할 수 있다. 작가의 모습을 솔직하게 담아낸 「피너츠」의 캐릭터들은 이후 많은 사람들에게 사랑을 받았다. 또한 50년이나 연재된 「피너츠」는 자신이 사망한 이후에도 만화가 연재되기를 바랐던 슐츠의 소망대로 그의 사망 하루 뒤인 2000년 2월 13일까지 연재가 되었다.

Unit 08
실험 · 연구

'실험 · 연구'란?

글의 주제나 중심내용, 필자의 주장 등에 대해 객관적이고 신뢰도가 높은 근거를 제시하기 위해 실험이나 연구를 인용할 수 있다.

글에서 '실험 · 연구'는 어떻게 제시되는가?

실험 · 연구를 인용한 글의 전반부에는 실험 · 연구의 배경이나 가설이 설명되는 경우가 많다. 하지만 이러한 배경이나 가설은 글의 중반부에 언급되거나 아예 언급되지 않기도 한다. 가설 뒤에는 실험 · 연구의 내용 및 과정이 서술되고, 글의 후반부에는 실험 · 연구의 결과와 이로부터 도출할 수 있는 결론 및 시사점이 제시된다.

실험 배경	Social support is one of the most powerful methods of coping with stress.
실험 내용	In one study, happily married women were given moderately painful shocks to their ankles. On various trials, they held the hand of their husband, a man they did not know, or no one.
실험 결과	Holding the husband's hand reduced the response in several brain areas. Holding the hand of an unknown man reduced the response a little, on the average, but not as much as holding the husband's hand.
결론	In short, as expected, brain responses correspond to people's self-reports that social support from a loved one helps reduce stress.

위 글에서는 '사회적인 지지가 스트레스를 다루는 효과적인 방법'이라는 명제가 실험의 배경으로 언급되고, 이어서 행복한 결혼 생활을 하는 기혼 여성들의 발목에 충격을 가하면서, 여러 사람의 손을 잡게 하는 실험의 내용이 이어진다. 실험 결과, 남편의 손을 잡은 사람의 고통이 가장 크게 감소했다는 내용이 언급되고, 이를 바탕으로 '사랑하는 사람으로부터의 사회적 지지가 스트레스를 감소시킨다'는 결론이 제시된다.

빈칸 접근법 익히기

실험 · 연구가 인용된 글에서 빈칸은 실험의 배경 및 가설에 위치하거나 결과 또는 결론 부분에 위치할 수 있다. 배경 및 가설 부분에 빈칸이 위치할 경우 실험의 내용과 결과를 일반화해 빈칸을 채울 수 있다. 실험의 결과나 결론 부분에 빈칸이 있는 경우에는 마찬가지로 실험 내용을 일반화하거나 글에 제시되어 있는 주제를 재진술하는 전략을 사용하여 빈칸을 추론할 수 있다.

기출 예제 분석

다음 빈칸에 들어갈 말로 가장 적절한 것을 고르시오. 평가원 (정답률 39%)

> **글의 흐름**

실험 내용 ❶ In one experiment researchers had people sit at computers and review two online articles describing opposing theories of learning. ❷ One article laid out an argument that "knowledge is objective"; the other made the case that "knowledge is relative." ❸ Each article was set up in the same way, with similar headings, and each had links to the other article, allowing a reader to jump quickly between the two to compare the theories. **실험 가설** ❹ The researchers hypothesized that people who used the links would gain a richer understanding of the two theories and their differences than would people who read the pages sequentially, completing one before going on to the other. **실험 결과** ❺ They were wrong. ❻ The test subjects who read the pages linearly actually scored considerably higher on a subsequent comprehension test than those who clicked back and forth between the pages. **결론** ❼ _____, the researchers concluded.

실험·연구를 나타내는 어구

실험·연구의 가설을 나타내는 표현

실험·연구의 결론을 나타내는 표현

실험 내용 실험 대상자들에게 학습에 대해 상반되는 주장을 하는 두 가지 기사를 읽게 했는데, 각각의 기사에는 반대편 기사로 연결된 링크가 있었음

실험 가설 글을 순차적으로 읽은 사람보다 링크를 이용해 두 개의 글을 비교하며 읽은 사람이 내용에 대한 이해도가 높을 것이라고 가정함

실험 결과 글을 순차적으로 읽은 실험 대상자들의 이해도 평가 결과가 링크를 이용한 사람들의 결과보다 높았음

결론 _____라고 연구자들이 결론을 내림

① The links helped to organize information
② Using the links got in the way of learning
③ Attitude is more important than knowledge
④ The more links, the higher level of popularity
⑤ The Web motivates people to read more articles

<table>
<tr><td>step
1</td><td>**빈칸의 위치를 파악하라**
빈칸이 실험의 배경 및 가설, 내용, 결과, 결론 및 시사점 중 어디에 있는지 파악한다.</td><td>**적용** 〉〉 빈칸이 글의 후반부에 있고 실험·연구의 결론을 나타내는 표현인 concluded 앞에 있으므로, 빈칸에는 실험의 결과를 통해 도출한 결론이나 시사점이 들어가야 한다.</td></tr>
<tr><td>step
2</td><td>**실험의 가설 및 내용을 파악하라**
실험에 설정된 가설이 있다면 이를 확인하고, 실험이 어떠한 과정으로 이루어지는지 세부적인 내용을 파악한다.</td><td>**적용** 〉〉 실험의 가설을 나타내는 표현인 hypothesized 이후에 링크를 이용해 기사를 읽은 사람이 순차적으로 기사를 읽은 사람보다 이론에 대한 더 높은 이해도를 보일 것이라는 가설의 내용이 제시되었다. 또한, 글의 전반부에 실험을 어떤 식으로 수행했는지에 관한 구체적인 정보가 제시되어 있다.</td></tr>
<tr><td>step
3</td><td>**실험의 결과를 이해하라**
실험의 결과를 나타내는 표현들을 찾아 실험의 결과가 무엇인지 파악한다.</td><td>**적용** 〉〉 문장 ❺를 통해 실험의 가설과 결과가 일치하지 않았다는 것을 알 수 있다. 문장 ❻에서는 글을 순차적으로 읽었던 사람들이 링크를 사용해서 글을 읽었던 사람들보다 이해도 평가에서 더 높은 점수를 얻었다는 실험의 결과가 서술되었다.</td></tr>
<tr><td>step
4</td><td>**적절한 전략을 사용하여 빈칸을 채워라**
빈칸의 위치에 따라 일반화나 재진술 등의 적절한 전략을 사용하여 도출한 내용으로 빈칸을 채운다.</td><td>**적용** 〉〉 실험 내용과 결과를 일반화하면 '링크를 사용한 것이 학습을 방해했다'는 것이 이 실험의 결론임을 알 수 있다.</td></tr>
</table>

오답 선택지 분석

① 반대 개념 링크를 사용하는 것이 내용 이해도를 떨어뜨렸다고 했으므로 '링크가 정보를 체계화하는 것을 도왔다'는 것은 반대되는 개념이다. (오답률 21%)
③ 무관한 내용 태도와 지식의 중요성을 비교한 글이 아니며, 사람들의 태도에 대해서는 언급되어 있지 않다. 따라서 '지식보다 태도가 중요하다'는 것은 무관한 내용이다. (오답률 22%)
④ 무관한 내용 링크의 개수와 인기의 상관관계에 대해 언급되지 않았으므로 '링크가 많을수록 인기가 더 많다'는 것은 글과 무관한 내용이다. (오답률 9%)
⑤ 무관한 내용 글에 제시된 online과 article이라는 단어를 활용한 오답으로 '웹이 사람들로 하여금 더 많은 기사를 읽도록 동기 부여한다'는 내용은 제시되지 않았다. (오답률 7%)

Practice A

❶Using a cast after injuring an arm may cause your brain to _____, according to a new study. ❷For the study, researchers examined 10 right-handed people with an injury of the upper right arm that required a cast for at least 14 days. ❸The entire right arm and hand were restricted to little or no movement during the study period. ❹As a result, participants used their non-dominant left hand for daily activities such as washing, using a toothbrush, eating or writing. ❺The group underwent two MRI brain scans, the first within two days of the injury and the second within 16 days of wearing the cast. ❻The scans measured the amount of gray and white matter in the brain. ❼The study found that the amount of gray and white matter in the left side of the brain decreased up to ten percent, while the amount of gray and white matter in the right side of the brain increased in size. ❽"These swift structural changes in the brain are associated with skill transfer from the right hand to the left hand," said the head researcher.

Warm up

1 위 글의 실험 내용과 일치하지 <u>않는</u> 것을 고르시오.

① 실험 참여자들의 오른팔과 오른손 전체의 움직임이 제한되었다.

② 실험 참여자들은 깁스를 한 후 16일이 지나고 첫 MRI 스캔을 받았다.

③ 연구자들은 MRI 스캔으로 실험 참여자들의 뇌의 회백질과 백질의 양을 검사했다.

2 위 글의 실험 결과를 한 문장으로 요약하고자 할 때 빈칸에 들어갈 적절한 말을 본문에서 찾아 쓰시오.

→ When we set the _____ arm and hand in a cast, the amount of gray and white matter in the left side of the brain _____.

Question

Q 위 글의 빈칸에 들어갈 말로 가장 적절한 것을 고르시오. 교육청 (정답률 66%)

① shift quickly to adjust

② be dull to external stimuli

③ transmit false information

④ retain memories inefficiently

⑤ slow its information processing

Practice B

❶The rise of social media has taught us to carefully pick and choose the information we make public in the digital world. ❷High school students and job applicants make sure there are no embarrassing pictures on their Facebook pages, because college admissions officers and potential employers could easily find them online. ❸But it is not just on the Internet that we try to present the best versions of ourselves. ❹At the University of Newcastle in the U.K., researchers conducted an interesting study. ❺They used the university's crime database to identify three spots on campus with high rates of bike theft. ❻Next, they installed signs at each location featuring a pair of male eyes and the words, "Cycle Thieves: We Are Watching You." ❼In each of these three locations, there was an impressive 62% decrease in thefts, while other areas without such signs saw an increase in thefts. ❽It is clear that _____.

Warm up

1 위 글에서 실험 및 연구의 내용이 시작되는 문장의 번호를 쓰시오.

2 위 글의 실험 내용과 일치하면 T, 일치하지 않으면 F를 쓰시오.
  (1) Researchers used the university's crime database to find places with high rates of bike theft. ( )
  (2) At each location, signs containing warning phrases and a pair of male eyes were installed. ( )
  (3) A considerable decrease in thefts took place all across the campus, even in places where there was no sign. ( )

Question

Q 위 글의 빈칸에 들어갈 말로 가장 적절한 것을 고르시오.
  ① these warning signs did not work at all
  ② the feeling of being monitored influences our behavior
  ③ being anonymous makes people more reckless and daring
  ④ bike theft is becoming a big problem on campuses in the U.K.
  ⑤ we have to be careful about posting private information online

1 다음 빈칸에 들어갈 말로 가장 적절한 것은?　　　　　　　　　　　Time Limit 1'30"

❶An experiment that involved 120 students was carried out in a computer lab. ❷Participants took their places at computer terminals, and the computers randomly sorted them into groups of four. ❸Each person received a different amount of money, as well as information on how much the other members of the group had received. ❹Also, each member was given a chance to spend some of his or her own money in order to increase or decrease other members' amounts. ❺There was no way for an individual to act for his or her own benefit. ❻Then the groups were randomly sorted again, and the experiment was repeated. ❼To prevent participants from recognizing anyone from a previous group and acting out of revenge, no two people were put into the same group twice. ❽The results of the study showed that around 70% of the participants acted in order to influence the others' amounts of money. ❾And this was most often done by taking from the wealthy and giving to the poor. ❿This suggests that _____.

① there may be a natural desire for equality in humans
② people instinctively act in their own group's best interest
③ compulsive redistribution of wealth helps nobody in the end
④ monetary incentives decrease the motivation to do favors for others
⑤ people try to build a good reputation even in an anonymous environment

2 다음 빈칸에 들어갈 말로 가장 적절한 것은? 교육청 (정답률 67%)　　　　　Time Limit 1'30"

❶If you have ever had a sip of the "bitters," you would probably frown just thinking about it. ❷According to a study from researchers at Brooklyn College, the horrible taste does more than that. ❸Researchers had fifty-seven students rate their moral distaste for several morally dubious acts, such as politicians taking bribes, students cheating on tests, and the like. ❹Before they started rating the acts, the students drank shots of one of three drinks: bitter tasting liquid, sweet beverage, or water. ❺On a 100-point scale, with 100 being the worst rating for a morally reprehensible act, the students who drank the bitter liquid gave the acts an average rating of 78; those who drank the sweet beverage gave an average of 60; and the water group gave an average of 62. ❻The ratings of the sweet beverage and water groups were statistically the same, but the bitter liquid group rating was significantly higher. ❼This study suggests that the bad taste _____.

① reminds the eaters of awful memories
② increases people's moral disapproval
③ stimulates people's thirst for drinks
④ helps people produce creative ideas
⑤ makes someone learn to be patient

3 다음 빈칸에 들어갈 말로 가장 적절한 것은? 고난도

❶The "want circuit" is located beneath the cerebral cortex, and this section becomes active when something is desired. ❷One study experimented on rats by cutting off this part. ❸Researchers thought that the "wants" of the specimens would be totally absent as a result of this particular procedure, leaving the animals uninfluenced by the appearance of food, which was in this case a piece of cheese. ❹Surprisingly, the results were not as expected. ❺The rats still approached the food as if they were eager to eat it. ❻However, once the cheese was in front of them, they simply lingered. ❼The cheese was moved a number of times, and in all cases the rats moved along with it. ❽But they never ate any of the cheese. ❾Thoroughly confused, the scientists examined the brain circuits of the specimens through a device. ❿They found out that even with the "want circuit" severed, a different circuit which ends at the same area of the brain would brighten up when a desired object was placed in front of a rat. ⓫The scientists concluded that _____.

*cerebral cortex: 대뇌 피질

① taking out the "want circuit" reduces the animal's chances of survival
② removing the "want circuit" from the brain obscures judgment
③ "liking" and "wanting" are derived from separate cerebral circuits
④ the functions of the "want circuit" can be replaced by other brain areas
⑤ the feelings of "wanting" and "liking" trigger the same reaction in the brain

↓

Synonym Dictionary	
1. sort (분류하다, 구분하다)	divide categorize classify rank group
2. distaste (불쾌감, 혐오감)	antipathy aversion disgust loathing repulsion
3. reprehensible (비난받을 만한, 부끄러운)	sinful blamable culpable shameful disgraceful
4. sever (자르다, 절단하다)	detach disconnect separate split cut
5. trigger (촉발시키다)	bring about generate provoke produce spark

좌뇌와 우뇌

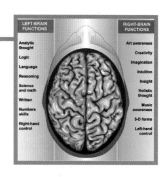

인간의 뇌는 크게 두 개의 반구로 나뉘어 있는데 각각의 반구는 서로 다른 기능을 담당한다고 알려져 있다. 좌뇌는 논리적이고 분석적이며, 이성적인 사고와 언어적 사고를 담당한다. 또한 오른쪽 신체의 움직임 역시 좌뇌의 지배를 받는다. 반면 우뇌는 감성적이고 직관적이며, 비(非) 언어적 사고를 담당할 뿐 아니라 왼쪽 신체의 움직임을 담당한다. 여기서 비(非) 언어적 사고란 언어 이외의 몸짓이나 손짓, 표정, 시선, 자세 등으로 상황에 대한 판단이나 생각을 하는 것을 말한다. 이렇듯 좌뇌와 우뇌는 서로 담당하는 기능이 확연히 구별되는 것처럼 보인다. 하지만 좌뇌와 우뇌가 완전히 서로 독립적인 기관이라고 생각하는 것은 위험하다. 두 개의 뇌는 항상 소통하고 있으며, 외부로부터 들어온 정보는 좌뇌와 우뇌 모두에 의해 분석되는 경우가 많기 때문이다. 예를 들어, 우리가 어떤 사람과 이야기를 나누고 있다면, 우리는 그 사람과 나누고 있는 대화의 의미를 분석하기 위해 좌뇌를 사용하는 동시에 상대의 표정과 몸짓, 태도를 파악하기 위해 우뇌를 활용한다. 따라서 우리의 뇌는 서로 나뉘어 다른 영역을 관장하고 있는 한편, 끊임없이 협력을 통해 외부의 정보를 받아들이고 분석하고 있다.

페이스북과 마크 주커버그

"좋아하는 것을 만들고 나니 돈이 따라왔을 뿐입니다." 이것은 페이스북의 창시자이자 20대에 억만장자가 된 마크 주커버그(Mark Zuckerberg)가 남긴 말이다. 그의 말처럼 페이스북은 처음에는 장난처럼 시작되었다. 2003년 10월, 하버드 대학교에 재학 중이던 19세의 마크 주커버그는 페이스매시(facemash)라는 사이트를 만들어서 하버드 여학생들의 사진을 올려 놓고 하버드 학생들을 대상으로 누가 더 매력적인지를 투표하게 했다. 이 사이트는 폭발적인 반응을 일으켰고, 주커버그는 2004년 2월 이 사이트의 이름을 페이스북으로 바꾸었다. 그 후 약 1년여 만에 페이스북 상에는 미국, 캐나다와 영국 등 7개국의 2,000개 이상의 대학교와 25,000개 이상의 고등학교에 네트워크가 형성되었다. 이러한 사이트의 급성장에 관심을 가진 야후가 2006년에 10억 달러의 금액으로 인수를 제안하지만, 주커버그는 이를 거절하며 세간의 주목을 받는다.

이후 페이스북은 끊임없이 성장해 현재 전 세계 약 9억 5천만 명 이상의 가입자가 활동 중이며 기업 가치가 1,570억 달러에 달한다고 알려져 있다. 또한 엄청난 가입자 수와 실시간으로 정보를 전달할 수 있는 SNS의 특성으로 인해 튀니지의 재스민 혁명이 발발하는 데 큰 역할을 하는 등 사회적으로나 정치적으로 매우 영향력 있는 매체가 되었다. 주커버그는 「타임」지에 의해 2010년 올해의 인물로 선정되기도 하였으며 2014년 현재 약 270억 달러(28조 7천억 원)의 자산을 보유한 세계 22위의 부자이다.

■ Special Section Ⅱ   Two Blanks

빈칸이 두 개인 유형도 빈칸이 하나인 유형과 풀이 전략이 크게 다르지 않다. 이와 같은 유형에서도 빈칸은 주제문이나 주제문을 보충하는 문장, 즉 주제문과 논리적으로 관련된 문장에서 출제된다. 따라서 주제문을 찾고 이것이 빈칸이 있는 문장과 어떤 관계를 맺고 있는지 파악하면 빈칸이 두 개인 유형도 쉽게 해결할 수 있다.

기출 예제 분석

다음 글의 빈칸 (A)와 (B)에 들어갈 말로 가장 적절한 것을 고르시오. 수능 (정답률 38%)

	글의 흐름
도입 ❶F. Scott Fitzgerald thought that the test of first-rate intelligence was the ability to hold two opposed ideas in mind at the same time and still function. 주제 ❷The eons shaped our brains in the _____(A)_____ direction. 주제 상술 ❸Confirmation bias is a term for the way the mind systematically avoids confronting contradiction. ❹It does this by overvaluing evidence that confirms what we already think or feel and undervaluing or simply disregarding evidence that refutes it. 예시 ❺Testimony from members of the Crow tribe about the destruction of their culture provides an extreme and tragic example of this. ❻A man named Plenty Coups reported that "when the buffalo went away, the hearts of my people fell to the ground and they could not lift them up again. After this *nothing happened*." ❼He was not alone in describing the depth of despair as the end of history. ❽"Nothing happened after that," another Crow warrior said. "We just lived." 적용 ❾The emotion was so strong that the brain _____(B)_____ evidence of the continued existence of normal, everyday life that might have eased it. *eon: 무한히 긴 시대, 영겁	도입 F. Scott Fitzgerald 는 최고의 지능의 평가 기준은 두 가지 상반된 생각을 동시에 머릿속에 담고 있으면서 제대로 사고하는 능력이라고 정의함 ⬇ 주제 오랜 세월 동안 인간의 뇌 는 이와 ___(A)___ 방향으로 발전 ⬇ 주제 상술 확증 편향은 정신이 모 순에 직면하는 것을 고의적으로 피하는 것이며, 이는 이미 생각 한 것이나 느끼는 것을 과대평가 하고 이를 반박하는 증거는 과소 평가하거나 무시하면서 일어남 ⬇ 예시 Crow 부족 구성원의 문 화 파괴에 대한 증언 ⬇ 적용 절망감이 너무 강하여 정 상적인 일상생활의 존속에 대한 증거를 뇌가 ___(B)___ 함

	(A)		(B)
①	opposite	······	retained
②	opposite	······	rejected
③	wrong	······	validated
④	same	······	falsified
⑤	same	······	overlooked

전략 1. 빈칸 문장과 그 앞뒤 문장의 관계를 파악하라.

해결 포인트 빈칸 (A)의 앞 문장인 ❶과 뒷 문장인 ❸은 어떤 관계를 맺고 있는가?

전략 적용 빈칸 (A)의 앞 문장인 ❶에서 F. Scott Fitzgerald가 지능의 평가 기준으로 제시한 '두 가지 상반된 생각들을 동시에 머릿속에 담고 사고하는 능력'은 빈칸 (A)의 뒷 문장인 ❸에서 언급된 '모순에 직면하는 것'과 같은 의미의 말이다. 그런데 문장 ❶에서와 달리 문장 ❸에서는 정신이 모순에 직면하는 것을 '피한다(avoid)'고 하였으므로 우리의 뇌가 F. Scott Fitzgerald가 생각한 것과는 반대 방향으로 적응했다는 것을 추론할 수 있다. 따라서 빈칸 (A)에는 'opposite'가 들어가는 것이 적절하다.

전략 2. 빈칸 문장과 주제문과의 관계를 파악하라

해결 포인트 빈칸 (B)가 포함된 문장 ❼와 주제문인 문장 ❷는 어떤 관계를 맺고 있는가?

전략 적용 주제문인 문장 ❷에 대한 상술로, 문장 ❸에서 확증 편향이라는 개념이 제시되었고, 문장 ❹에서는 확증 편향이 어떻게 작용하는지가 제시되고 있다. 이에 대한 예시로 Crow 부족들의 문화 파괴에 대한 증언이 이어지며 문장 ❾에서는 이러한 부족원들에게 확증 편향이 어떤 방식으로 일어난 것인지 구체적인 내용을 서술하는데, 이는 주제를 상술하는 문장 ❹를 재진술하고 있는 것이다. 문장 ❹에서 확증 편향은 이미 가지고 있던 생각이나 느낌은 과대평가하고 이를 반박하는 증거는 과소평가하거나 무시한다고 하였다. 빈칸 (B) 뒤의 '정상적인 일상생활이 존속했다는 증거'는 부족의 문화가 파괴되었다는 기존의 생각에 반대되는 증거이므로 이러한 증거는 무시되었을 것이다. 따라서 빈칸 (B)에는 'rejected'가 들어가는 것이 적절하다.

Special Practice

[1~5] 다음 글의 빈칸 (A)와 (B)에 들어갈 말로 가장 적절한 것을 고르시오.

❶As societies become wealthier, _____(A)_____ seems to be encouraged. ❷This is in contrast to how the poor are required to be self-sufficient. ❸When we live prosperously, it may be more reasonable for us to hire workers for undesirable or demanding jobs, such as repairing the house or tending the garden. ❹Economically, it makes more sense to let others do things for us if we have money to pay them. ❺We can purchase better clothes, eat better food and enjoy better holiday packages. ❻If we're not making clothes, cooking food or planning our holidays, we have more time for what we're good at. ❼Thus, we turn out to be more _____(B)_____ in particular areas when we rely on others for an array of services which replace our inadequacies.

	(A)	(B)		(A)	(B)
①	patience	...... indulged	②	equality	...... specialized
③	dependency	...... specialized	④	authority	...... unproductive
⑤	sustainability	...... unproductive			

2

❶In the town of Canton, Illinois, a whistle set up at a local plant would blow seven times a day. ❷Residents followed their daily schedule in accordance to the sound of this whistle. ❸One day, the Environmental Protection Agency measured the decibels of the sound that came from the plant. ❹The Agency discovered that it surpassed the permitted level of sound according to state regulations, which made it noise pollution. ❺Thus, the Agency warned the plant manager about the possibility of violating a state nuisance law. ❻The manager _____(A)_____ by ceasing the operation of the whistle at once. ❼However, the outcome proved to be chaotic, as people found it greatly difficult to manage their schedules. ❽Soon after, 7,000 locals protested against the whistle's _____(B)_____ by signing petitions. ❾Consequently, the sound of the whistle was regained because the Agency was convinced that it would not be a nuisance if a majority of the people were in favor of it.

*decibel: 데시벨 (음의 세기를 나타내는 단위)

(A)	(B)		(A)	(B)
① objected	...... silence		② hesitated	...... breakdown
③ resisted	...... noise		④ argued	...... noise
⑤ cooperated	...... silence			

3

❶When a company comes out with a new product, its competitors typically go on the defensive, doing whatever they can to _____(A)_____ the odds that the offering will eat into their sales. ❷Responses might include increasing marketing efforts, offering discounts to channel partners, and even lobbying for regulations that would hinder the rival's expansion. ❸In many cases, though, such actions are misguided. ❹Although the conventional wisdom that a rival's launch will hurt profits is often correct, my research shows that companies sometimes see profits increase after a rival's launch. ❺The underlying mechanism is pretty simple: ❻When a company comes out with a new product, it often raises the prices of its existing products. ❼This might be designed to make the new product look _____(B)_____ and thus more attractive by comparison. ❽As that company adjusts its pricing, its competitors can do the same without risking customer defections over price.

*defection: 이탈

(A)	(B)
① calculate	...... exceptional
② calculate	...... more striking
③ eliminate	...... more upgraded
④ reduce	...... up-to-date
⑤ reduce	...... cheaper

4

[1] We can best understand economic exchange as a form of social interaction. [2] So when early forms of barter are replaced by monetary transactions, social interaction also undergoes a significant change. [3] While there is something undeniably intimate about objects of barter, such as handicrafts or collected shells, money is entirely _____(A)_____. [4] It can be precisely divided to allow the exact measurement of equivalent goods. [5] It thereby advances the rationalization that is characteristic of modern society by encouraging careful calculation in daily human affairs. [6] Thus, as money becomes the prevalent social link between individuals, it replaces personal ties rooted in a variety of different feelings with a relationship that is limited to one specific purpose. [7] Consequently, abstract calculation _____(B)_____ other aspects of social life, such as familial ties and even aesthetic appreciation, which were previously subject to qualitative rather than quantitative assessment.

(A)	(B)	(A)	(B)
① impersonal ······ boosts		② irreplaceable ······· hinders	
③ impersonal ······ complicates		④ irreplaceable ······· enables	
⑤ impersonal ······· invades			

5

고난도

[1] Social scientists tend to receive less credit than other academics for the results of their studies. [2] This may be because the theories and conceptual constructs of the social sciences are quite _____(A)_____. [3] People can easily understand research on the human condition and new concepts are directly assimilated into common sense in a way in which the advancements in pure science are not. [4] This underappreciation of social science concepts is oddly contrasted with what is generally viewed as their _____(B)_____. [5] Pressured to constantly develop public procedures and protocols, policy makers consider it better to rely on the theories of social science than to have no foundation at all for their decisions. [6] Therefore these theories are put into practice in areas ranging from foreign relations to social welfare. [7] More evaluative research must now be done to demonstrate the success or failure of their application.

(A)	(B)
① simple ······ profoundness
② exclusive ······ practicality
③ progressive ······ profoundness
④ accessible ······ overutilization
⑤ complicated ······ overutilization

PART 3

실전 모의고사 01 ·········· 116

실전 모의고사 02 ·········· 120

실전 모의고사 03 ·········· 124

실전 모의고사 04 ·········· 128

실전 모의고사 05 ·········· 132

실전 모의고사 06 ·········· 136

실전 모의고사 07 ·········· 140

실전 모의고사 08 ·········· 144

실전 모의고사 09 ·········· 148

실전 모의고사 10 ·········· 152

1 다음 빈칸에 들어갈 말로 가장 적절한 것은?

Time Limit 1'30"

Located deep inside the brain are two small almond-shaped structures called the amygdalae that are crucial for eliciting fear. In one test, researchers studied a 44-year-old woman called S.M. with Urbach-Wiethe disease, a rare genetic condition in which the amygdalae are damaged. The researchers showed her horror films and terrifying things such as large spiders and snakes. Yet, she only showed minimal levels of fear. Another experiment, though, showed surprising results. Because a high concentration of carbon dioxide in the blood — a possible sign of suffocation — tends to trigger fear and panic attacks, the researchers asked S.M., two other patients with Urbach-Wiethe disease, and 12 healthy control patients to inhale a 35% carbon dioxide gas mixture through a mask to find out if the amygdalae are also responsible for eliciting this kind of fear. Surprisingly, the brain-damaged patients became even more afraid than the healthy subjects did. What these findings clearly show is that _____.

*amygdala: (소뇌의) 편도체

① the brain contains distinct mechanisms for creating fear
② the amygdalae are not associated with the fear response
③ there are differences in the individual amygdalae's activities
④ the amygdalae actually increase the intensity of fear responses
⑤ without the amygdalae, humans have difficulty processing carbon dioxide

---

Vocabulary self-test

□ elicit   □ genetic   □ condition   □ concentration   □ suffocation   □ trigger   □ panic attack   □ control
□ inhale

2 다음 빈칸에 들어갈 말로 가장 적절한 것은?   Time Limit 1'30"

State-organized capitalism can be defined as a system in which public political power is used to regulate economic markets. This is largely done in order to manage crises in the interest of capital. Meanwhile, the state derives its political legitimacy from its claims that it promotes equality and solidarity across social divisions. However, these ideals are interpreted economically, with these social divisions being viewed mainly through the perspective of class. Under state-organized capitalism, then, social questions are mostly framed in terms of distribution, as issues concerning _____.
Therefore, unfair economic distribution, expressed through class inequality, is seen as the quintessential social injustice. But as a result of this class-centric view, other forms and sites of injustice are marginalized, if not totally obscured.

① the assurance of steady economic growth
② the suppression of civil rights by the state
③ the fair allocation of goods, income, and jobs
④ the chronic problems of cultural displacement
⑤ the divergent political opinions of different social groups

Vocabulary self-test

□ regulate   □ in the interest of   □ legitimacy   □ solidarity   □ frame   □ distribution   □ quintessential
□ marginalize   □ obscure   □ assurance   □ suppression   □ allocation   □ chronic   □ displacement
□ divergent

7

다음 빈칸에 들어갈 말로 가장 적절한 것은? 고난도   **Time Limit** 1'50"

Among the greatest discoveries of ancient Greek civilization was nature itself, or rather the idea of nature as the universe without human beings and their culture. Although this distinction seems obvious to us today, no other civilization had imagined nature in such a way. One account of how the Greeks came up with this idea points to their division between the external, objective world and the internal, subjective one. Because of their tradition of debate, the Greeks had a clearer understanding of subjectivity than other civilizations. Debate does not make sense unless you believe that you understand some state of affairs better than your opponent does. And such a belief must then give rise to the acknowledgement of some objective reality against which each point of view can be measured. So, in effect, _____.

① it is impossible to define nature exactly

② it is from subjectivity that objectivity emerges

③ objectivity is independent of the superior perspective

④ it is meaningless to distinguish between objectivity and subjectivity

⑤ the Greeks were able to balance between objectivity and subjectivity

---

Vocabulary self-test

☐ rather ☐ come up with ☐ objective (*n.* objectivity) ☐ subjective (*n.* subjectivity) ☐ state of affairs
☐ opponent ☐ give rise to ☐ in effect ☐ emerge

4

다음 빈칸에 들어갈 말로 가장 적절한 것은?   **Time Limit** 1'30"

As law professor David Mellinkof once said, "The law is a profession of words." So, in the English legal system of the Middle Ages, which could draw upon a copious amount of words from Latin, French, and English, how would one choose between synonymous terms? In many cases, the solution was _____. This practice in the legal profession resulted in the creation of many unique phrases in Middle English. For example, "goods," which was derived from Old English, and "chattels," which was derived from Old French, were merged into the Middle English legalese term "goods and chattels." Such phrases were frequently used in order to avoid any ambiguity that might be caused by slightly distinct meanings. Some of the pairings, though, seem to have arisen from a simple desire for style and rhythmic appeal. But regardless of why they first appeared, these lexical doublets became a prominent feature of legal writing in Middle English, and many have survived into the present day.

*chattel: 《pl.》 동산(動産)

① to use both words together

② to choose the more dominant word

③ to use a more recently minted word

④ to combine two separate words into a single new one

⑤ to clearly define the differences between similar words

| Vocabulary self-test |

□ draw upon □ copious □ synonymous □ goods □ derive from □ merge □ legalese □ goods and chattels □ ambiguity □ pairing □ lexical □ doublet □ prominent □ dominant □ minted

1 다음 빈칸에 들어갈 말로 가장 적절한 것은?

Time Limit 1'30"

According to legend, the ancient Greek poet Simonides was once invited to a banquet to recite poetry. After he finished, a servant told Simonides that two young riders had come to see him. When he went outside, no one was there, but the roof of the banquet hall collapsed behind him, crushing everyone inside. Such stories are rather common in ancient Greek literature; what's more interesting is what happened next. The bodies of the dead were so mangled that even their families couldn't identify them. But Simonides could visualize the banquet hall in his mind exactly as it had been and remember the sequence in which each guest had been sitting. As he identified the dead, he realized that the key to the art of memory is _____. That's because concrete images are easier to recall than abstract ideas, and sequences can be remembered more accurately than random groups.

① imagining events in reverse chronological order
② the use of well-known metaphors from mythology
③ combining concrete and abstract images into one
④ the use of visual images in an ordered arrangement
⑤ to connect an irrelevant image to each word or object

| Vocabulary self-test |

□ banquet   □ recite   □ collapse   □ mangle   □ sequence   □ art   □ concrete   □ abstract
□ reverse   □ chronological   □ metaphor   □ irrelevant

120 | Part 3

2 다음 빈칸에 들어갈 말로 가장 적절한 것은?

Time Limit 1'30"

Imagine a cowboy shooting his pistol randomly at a barn. If he then paints a bull's-eye over the area with the most holes, it seems like he is a great shooter. This idea that there is a connection between the holes and the bull's-eye is known as the Texas-sharpshooter fallacy. It describes a situation in which _____.

A real life example of this is a Swedish study that tried to determine the effects of power lines on health. In this study, researchers looked for increases in the rates of over 800 different ailments in individuals living near power lines over a 25-year period, eventually finding that childhood leukemia rates were four times higher than the national average. It triggered Swedish government to take some actions. But the problem was that, with over 800 potential ailments in the study, there was a high probability that, simply by chance, at least one would appear at a higher rate. The researchers were thrusting a causal link upon simple chance.

*leukemia: 백혈병

① people fail to recognize meaningful events

② artificial order is placed upon random events

③ there is little practical use for a remarkable skill

④ a fatal outcome results from an unintentional act

⑤ the predicted results and the actual results are different

Vocabulary self-test

☐ pistol ☐ barn ☐ bull's-eye ☐ fallacy ☐ ailment ☐ trigger ☐ thrust ☐ causal ☐ artificial
☐ fatal

3 다음 빈칸에 들어갈 말로 가장 적절한 것은?

Time Limit 1'30"

Just about every productive member of society has some form of specialized employment. So in order for everyone to satisfy his or her needs, individuals have to be able to exchange the surpluses they produce, and it is money that facilitates these exchanges. As an example of this process, imagine a lawyer buying a package of tea. In exchange for her services, her company has paid her a certain salary. When she uses a portion of this salary to purchase the tea, it seems like a simple transaction. But in fact, _____. The tea was grown in Sri Lanka and transported on a British ship piloted by Indian sailors to the United States, where it was then auctioned in New York to a wholesaler who sold it to a retailer who finally sold it to the lawyer. The use of money hides the relationship between the lawyer and the hundreds of individuals in specialized occupations whose services were necessary to provide the tea.

① the money obscures what is really happening
② it can have a huge impact on the global economy
③ money laundering is one of the most complicated problems
④ there is a lot of exploitation that huge companies are responsible for
⑤ the market value of products changes depending on their availability

4 다음 빈칸에 들어갈 말로 가장 적절한 것은?

The emotions of man are stirred more quickly than his intelligence. So the majority of people try to remedy the evils of the world with their sympathy and sentiment. For example, most people would try to solve the problem of poverty by keeping the poor alive and sometimes amused. This, however, is not a solution to poverty; it in fact aggravates the problem. In order to properly tackle the problem of poverty, man's aim should be to reconstruct society in such a way that poverty would be an impossibility. Unfortunately, though, man's altruism has prevented this goal from being achieved. Just as the worst slave-owners were those who were kind to their slaves, and so prevented the horrible system from being overturned, so in our own time the people who _____ in fact do the most harm.

① try to do the most good
② have sympathy but do not act
③ ignore the misery of those in need
④ struggle to change the social system
⑤ think of poverty as a surmountable problem

Vocabulary self-test

□ stir   □ remedy   □ sympathy   □ sentiment   □ aggravate   □ tackle   □ reconstruct   □ altruism
□ overturn   □ surmountable

1 다음 빈칸에 들어갈 말로 가장 적절한 것은?

Time Limit 1'30"

Universal literacy was supposed to help cultivate democratic society; it was supposed to empower individuals to think for themselves, thus making them fit to rule themselves. In many cases, though, it has resulted in man becoming an easier subject to be ruled. Universal literacy has allowed people to be constantly exposed to advertising slogans, tabloid gossip, and the platitudes of history, but _____.

All the millions of individuals that make up a society are targets of this same information, which is all too often simply reproduced for others upon reception. When such information is disseminated in order to exert influence over the public, usually for political, religious or commercial reasons, it is known as propaganda. As a tool of manipulation, propaganda takes advantage of universal literacy to actually take away man's ability to think for himself.

① such information is usually false
② these fail to attract the general public
③ these do not have any educational value
④ these do not encourage original thought
⑤ there is not enough political information available

Vocabulary self-test

☐ literacy   ☐ cultivate   ☐ democratic   ☐ empower   ☐ platitude   ☐ reception   ☐ disseminate
☐ exert   ☐ propaganda   ☐ manipulation

2 다음 빈칸에 들어갈 말로 가장 적절한 것은?

While it is perfectly possible for an individual to be both a brilliant philosopher and a great writer, such a combination is not always easy to find. That is because writing is itself a craft that can only be developed through rigorous practice. Philosophers who can lucidly articulate their ideas in their writing don't just communicate with other philosophers and university students. They also convey their ideas to men of letters, politicians and eminent persons from various circles — those who directly influence the ideas of the public. These people are drawn to philosophy that is both compelling and easily assimilated. In other words, popular philosophies prevail not by being profound, but by being expressed in a vivid style and an effective form. If a philosopher doesn't bother to make himself clearly understood, it only shows that _____.

① he has the potential to be an influential man of letters

② he puts a greater emphasis on speaking than philosophy

③ he acknowledges the fact that he cannot be a great writer

④ he lacks the profound thinking skills essential for philosophy

⑤ he believes his thought to be of no more than academic value

---

Vocabulary self-test

☐ brilliant ☐ combination ☐ craft ☐ rigorous ☐ lucidly ☐ articulate ☐ man of letters ☐ eminent
☐ compelling ☐ assimilate ☐ prevail ☐ profound ☐ acknowledge

3 다음 빈칸에 들어갈 말로 가장 적절한 것은?

Time Limit 1'30"

Many people are uncertain about whether it is beneficial for individuals these days to develop feelings of empathy. This is mostly due to the assumption that empathy is not compatible with logic and rational behavior, which are regarded as more important elements for success in our rat race society. People wonder, then, how well they should treat others if they want to be successful. In truth, _____.

This is illustrated by the fact that doctors who are highly qualified can also be caring and considerate. As a matter of fact, it has been shown that actions of empathy, such as listening carefully, enable the doctor to identify and treat illnesses better. According to studies, patients actually recover from wounds quicker and require lower amounts of pain relief medication when doctors are empathetic.

① medical education can lead students to reject empathy

② individuals can benefit greatly from painful experiences

③ it is good for people to have a limited amount of empathy

④ empathy does not always result in increased moral behavior

⑤ there needs to be no tradeoff between intellectual rigor and kindness

---

Vocabulary self-test

□ empathy (*a.* empathetic)   □ assumption   □ compatible   □ rat race   □ tradeoff   □ rigor

4

다음 빈칸에 들어갈 말로 가장 적절한 것은? Time Limit 1'30"

Being considered an element of success, the concept of "emotional intelligence" has been gaining importance in recent years. According to surveys, a majority of leading businesses take into account some aspect of emotional intelligence in their practices of recruitment, promotion, and leadership development. Demand on Emotional Quotient(EQ) may rise as one seeks to come forth as a valuable member of the company. Skillfully managing oneself and relations with others will matter more when competitors are equally intellectual. As attention to emotional intelligence heightens, caution is necessary regarding groundless claims used to magnify the importance of EQ. One of these claims would be that 80% of business success depends on emotional intelligence. This is possibly a misinterpretation of studies. Most studies state that IQ can only explain about 20% of business success. Of course, there are numerous factors that can account for the remainder. However, many people seem to be misled into believing that _____.

① IQ only accounts for less than 10%
② the 80% gap is solely resolved by EQ
③ intelligence and emotion are opposing qualities
④ there are other essential factors for success as well
⑤ IQ is still one of the most important elements of success

Vocabulary self-test

□ recruitment   □ promotion   □ quotient   □ come forth   □ heighten   □ groundless   □ magnify
□ misinterpretation   □ remainder   □ resolve

1 다음 빈칸에 들어갈 말로 가장 적절한 것은?   **Time Limit 1'30"**

The phenomenon called "brain drain" refers to the emigration of individuals with knowledge or technical skills from one country to another. This exporting of human resources is common among developing nations, where more and more people with degrees in science and technology fields are looking to move to wealthier countries in order to seek higher wages and better working conditions. Of course, there are obvious consequences for the countries that lose some of their brightest young minds. It is important to note, though, that _____. The host country increases economic development by filling labor gaps with additional human capital. Meanwhile, in the country of origin, the emigration of skilled individuals increases people's desire for higher level of education. In addition, the remittances that those individuals who have emigrated often send back can be used to increase both economic development and the standard of living.

① the benefits are mutual for both of the countries involved
② this pattern can have bad effects for the host country as well
③ immigration is a personal choice that must be understood and respected
④ there are substantial funds available for research in developing countries
⑤ financial problems are not the main reason why educated people leave their homes

2. 다음 빈칸에 들어갈 말로 가장 적절한 것은?

Time Limit 1'30"

A revolutionary new type of business has been developing in which a company _____. They then collect data about your online history and your credit and debit card transactions. Any details that could lead to personal identification are erased, and the data is analyzed for trends, which the company will then sell to advertisers. You choose whom your data is sold to, as well as the amount of data you share. But the more accounts you give the company access to, the more you will be paid. This type of business shows us how valuable our personal information is to marketers. It might sound silly to trade in this data for a small profit. But even so, you are probably already giving the same information to social media sites for free.

① removes your digital footprint from the Internet after your death

② purchases access to your social media accounts and financial records

③ prevents social media sites such as Facebook from taking your private data

④ helps you create your own business model using your social media accounts

⑤ provides its customers with customized content based on their search history

---

Vocabulary self-test

□ revolutionary □ debit card □ transaction □ account □ footprint □ customized

3 다음 빈칸에 들어갈 말로 가장 적절한 것은?

Time Limit 1'30"

What are the motives behind your political stance? There are probably various reasons why any given person is liberal, moderate, or conservative. Of course, having strong ethical opinions certainly influences one's opinions toward politics. But what about the other causes? An examination of lottery winners over time revealed one answer to this question. This study has found that, when other influences are controlled, the more money people win, the more they tend to shift their political views from left to right. Additionally, it has shown that these people agree more with the idea that wealth is generally shared fairly among members of society. The results of this long-term study suggest that _____.

① gaining sudden wealth makes people liberals
② wealth could be one thing that determines political choices
③ people's political views are deeply motivated by their morals
④ the rich favor the middle, not the left- or right-wing, when voting
⑤ winning the lottery makes people more interested in political issues

---

Vocabulary self-test

☐ stance ☐ liberal ☐ moderate ☐ conservative ☐ ethical ☐ reveal ☐ left-wing ☐ right-wing

4 다음 빈칸에 들어갈 말로 가장 적절한 것은? 고난도

Time Limit 1'50"

"Social dumping" is a practice that involves the hiring of labor at lower wages than are usually available, either by hiring illegal migrant workers or by moving production to a foreign country. In cases where manufacturing moves overseas, many people in developed nations have argued that the developing country's exports have an unfair price advantage. They claim that, to counter this, either these goods should be subject to duties, or the countries in which they are produced should enforce higher labor standards. Some economists have argued that each country should specialize in what it can produce competitively. Developing countries usually specialize in manufacturing goods, a process which requires cheap and abundant labor. In other economic sectors, on the other hand, developed countries can benefit from their high productivity which is based on their advanced technology and highly skilled human resources. Therefore, each nation should

_____ .

① produce the goods that its own citizens need
② develop its technological capabilities to achieve growth
③ make sure all its economic sectors are globally competitive
④ pay laborers a fair wage allowing them to support themselves
⑤ focus on what it does best and trade for whatever it does not produce

---

Vocabulary self-test

□ migrant   □ manufacturing (*v.* manufacture)   □ export   □ counter   □ be subject to   □ duty   □ enforce
□ abundant   □ capability   □ fair   □ trade for

1 다음 빈칸에 들어갈 말로 가장 적절한 것은? 고난도

Time Limit 1'50"

Unlike natural history, which is based purely on observations, modern ecology is mostly based on the testing of hypotheses, either in the field or via computer models. These experiments often reveal general patterns that are then accepted as norms. It is important to note, though, that ecology is a historical discipline and that both regularities and irregularities drive history. In fact, in a world with only norms, there would be no history. Moreover, what we usually refer to as history is that which occurs when norms are disrupted. Unfortunately, _____ is making it more difficult for us to understand ecological history. We need to acknowledge norms, but we also need to note seemingly irrelevant things that, in a non-linear system like ecology, might in fact become catalysts for change and, thus, the true drivers of ecological history.

① the increasing difficulty of establishing norms
② today's over-emphasis of irregularity in nature
③ the rapid changes happening in natural systems
④ the subdivision of ecology into separate disciplines
⑤ the current neglect of contingent and anecdotal findings

2 다음 빈칸에 들어갈 말로 가장 적절한 것은?

Time Limit 1'30"

Hope provides human beings with a sense of vigor. The reason we work from day to day is because we believe that our willful effort is what brings us to meet our individual purposes. Nonetheless, we are often betrayed by our own hopes. The tragedy of the Trojans who disregarded Cassandra's prediction of Troy's downfall tells us a similar story. If her prophecy had been considered, the effort to carry out appropriate measures against the impending catastrophe would have been trivial compared to the destructive loss as a result of the euphoric and ignorant optimism. Nowadays, researchers in various fields related to environmental science continue to play Cassandra's role. Accumulated studies in this area _____. It will not be easy to withdraw from our "current ways" and proceed to "sustainability." Though it may be costly and indefinite, this certainly is a wiser choice than carrying on with the present course.

① warn us of the devastation we are to suffer from

② ignore the factors which are cause of the catastrophes

③ paint a rosy picture about what will happen in the future

④ emphasize the need for more investment in scientific research

⑤ point out the harm being created by anxiety over future calamities

---

Vocabulary self-test

☐ vigor   ☐ willful   ☐ disregard   ☐ downfall   ☐ prophecy   ☐ impending   ☐ catastrophe   ☐ trivial
☐ euphoric   ☐ ignorant (*v.* ignore)   ☐ optimism   ☐ sustainability   ☐ indefinite   ☐ devastation
☐ paint a rosy picture about   ☐ calamity

3 다음 빈칸에 들어갈 말로 가장 적절한 것은?   **Time Limit 1'30"**

We are constantly told of dwindling natural resources and how we ought to conserve them before they disappear. Is this fear really logical? To begin with, it is impossible to prove that something does not exist. We can never say we have run out of something without checking every centimeter of the planet. Apart from this unrealistic method, basic economic theory does not support the notion of the disappearance of a resource. When the supply of a resource is near exhaustion, the price of those last remnants is likely to go sky high, and manufacturers would not be able to turn a profit on any products made from them. Consequently, manufacturers would find or invent substitutes to replace the initial resource, even if they are not of the same quality. This means that _____.

① we should focus on using resources of which we have the greatest supply
② after a resource runs dry, the world will then search for cheaper alternatives
③ substitutions are usually less efficient, thereby reducing the quality of goods
④ you should consume as much of a resource as possible when prices are low
⑤ you can never consume everything because when the price gets high you stop using it

---

Vocabulary self-test

☐ dwindling   ☐ conserve   ☐ exhaustion   ☐ remnant   ☐ turn a profit   ☐ substitute   ☐ initial
☐ alternative   ☐ substitution

4

다음 빈칸에 들어갈 말로 가장 적절한 것은? 고난도   **Time Limit 1'50"**

The culture of any modern society is no longer a tool to be used to either reform or serve that society. Simply put, it is a part of "liquid" life, which constantly goes through self-denial and self-generation. The formation of the idea of culture was originally meant to educate people, to get them to change for the better by helping them learn about provoking and creative new ideas. But our modern liquid culture has lost its role of being a rod for enlightenment. These days, culture is more likely to seduce than enlighten people. It creates new desires that result in _____.
Modern culture is just like a department store of overflowing and constantly changing goods in that it no longer satisfies our thoughts and curiosities, but generates desires and wishes that can never be matched with reality.

① people being satisfied with what they have
② existing needs being permanently unfulfilled
③ a true enlightenment for any educated citizen
④ the constant comparison of consumer products
⑤ people getting motivated to change for the better

1

다음 빈칸에 들어갈 말로 가장 적절한 것은?   Time Limit 1'30"

Reasoning is said to be *non sequitur* when _____.
To understand this idea, think about the police chief who states that he will now consult a psychic to solve a difficult missing person's case because he has no leads whatsoever. He has already investigated with traditional methods: looking for evidence, questioning suspects, and thinking about motives. All of these, however, have turned up nothing. Yet the fact that these methods have been unsuccessful is not pertinent to whether or not a psychic should be consulted. Logically, in order to prove that the police department should consult a psychic, he must prove that psychic consultation in and of itself has some merit. Using non-traditional methods, such as a psychic, because nothing else has worked is like identifying a murder suspect by flipping through a phone book and taking out a name.

① the rationale for acting has clearly been shown to be effective
② a traditional method cannot be a perfect solution to a problem
③ people think new approaches are always better than traditional ones
④ we have no other options except the one we have finally decided to take
⑤ the given reason for taking an action is completely irrelevant to that action

---

Vocabulary self-test

□ reasoning   □ psychic   □ lead   □ whatsoever   □ suspect   □ pertinent   □ in and of itself
□ flip through   □ rationale   □ approach   □ irrelevant

2 다음 빈칸에 들어갈 말로 가장 적절한 것은? 고난도

Time Limit 1'50"

In 1687, Isaac Newton introduced his theories of gravitation in his epic work *Principia*. Five years later, Reverend Richard Bentley wrote a letter to Newton in which he pointed out a paradox inherent in these theories. If the universe was finite, Bentley wrote, then the attractive force of gravity would eventually cause all of the stars to collapse into themselves. But, on the other hand, if the universe were infinite, then the gravitational force acting on any object would also be infinite, and the stars would be ripped apart. It seemed as if Bentley's paradox had made Newton's theory of gravitation impossible. However, Newton wrote back, if an infinite number of stars draw a certain star in one direction, this force is negated by another infinite number of stars in the opposite direction. That puts all the forces in equilibrium and leads to a static universe. Thus, if gravity is always attractive, the only solution to Bentley's paradox is _____.

① to have a uniform, infinite universe

② to have a limited number of stars in the universe

③ to have a dynamic, constantly changing universe

④ to acknowledge that Newton's theory is contradictory

⑤ for different stars to have different gravitational forces

| Vocabulary self-test |

□ gravitation (*a.* gravitational)　□ epic　□ reverend　□ paradox　□ inherent　□ finite　□ attractive
□ collapse　□ infinite　□ rip ~ apart　□ negate　□ equilibrium　□ static　□ uniform　□ acknowledge
□ contradictory

3 다음 빈칸에 들어갈 말로 가장 적절한 것은?

Time Limit 1'30"

Statistical work can be considered similar to cartography, which is the practice of making maps. Cartographers provide descriptions of significant roadways, municipal areas, and distinguishing landscape figures. Detailed scenic elements that may appeal to one's interest are deliberately omitted. Lines represent streams of water, while dots stand for towns and cities. The characteristic details that actually inspired the traveler to visit the destination are lost. Yet in the same way that a map is an aid to find these particular destinations, accurately established statistics give scientific researchers a reliable source of reference to understand their field of study. In the writing of abstract summaries, average values, general tendencies, variable factors, and mutual relations are provided by the statistician and specific details are _____. This works because the reason one uses a statistical approach is to give a comprehensive overview rather than give a specific explanation of a phenomenon.

① carefully marked
② randomly obscured
③ properly emphasized
④ unintentionally erased
⑤ dispensed with on purpose

Vocabulary self-test

☐ cartography ☐ cartographer ☐ municipal ☐ distinguishing ☐ deliberately ☐ abstract
☐ comprehensive ☐ overview ☐ obscure ☐ dispense with

4 다음 빈칸에 들어갈 말로 가장 적절한 것은? Time Limit 1'30"

One reason why works of fiction such as novels and plays are generally found to be unrealistic is because _____. Authors and playwrights cannot afford to make the personalities of characters contradict themselves. This is to prevent the readers or the audience from being unable to understand the characters. However, self-contradiction is a common characteristic most human beings have. In fact, people are arbitrary assortments of inconstant traits. In this sense, it is hard to say that a person's first impression is equal to the person as a whole. Such equalization would either be based on short judgment or extreme arrogance. This might also explain why someone is puzzled by others, even after having known them for a considerable amount of time. You might think that you know a lot about your oldest friends and can easily predict their behavior, but in most cases you would be wrong.

① characters do not take the form of common stereotypes

② authors create ideal figures that satisfy the reader's desire

③ the characters have several self-contradictory personalities

④ authors unconsciously project their egos onto the characters

⑤ authors make the characters behave in too consistent a manner

---

Vocabulary self-test

□ playwright   □ contradict   □ arbitrary   □ assortment   □ inconstant   □ equalization   □ arrogance
□ puzzled   □ project   □ ego

1 다음 빈칸에 들어갈 말로 가장 적절한 것은?   **Time Limit** 1'30"

The term "adaptor" refers to a nonverbal behavior that is done to fulfill a certain need. At times, something may be psychologically required, as when we bite our lip when feeling anxious. On other occasions, something is physically required, like scratching an itch or pushing away some hair covering the eyes. There are many kinds of adaptors that depend on various circumstances. When open to the public eye, adaptors _____. For instance, the action of the scratching of one's head might not be as vigorous when it is done in full view of the eyes of other people, compared to when one is alone. Publicly emitted adaptors usually occur in such form, so it is not easy for an observer to figure out what was meant to be achieved by the fragmentary behavior.

① tend to appear in their entirety
② mostly occur in exaggerated forms
③ usually appear in incomplete forms
④ generally occur in unexpected ways
⑤ are used as an efficient communicative tool

2 다음 빈칸에 들어갈 말로 가장 적절한 것은?

In the early 1980s, cardiologists became aware of a link between irregular heartbeats in patients who had suffered a heart attack and death rates in the first few weeks following a heart attack and started prescribing anti-arrhythmic drugs to heart attack patients. As heart rhythms were smoothed out quickly by these drugs, for the next 15 years, this medication was prescribed for all heart attack patients. Then the results of large, long-term drug research trials started coming in and they showed a startling result about the cardiologists' treatment approach. The anti-arrhythmic drugs weren't saving lives. They actually increased a heart attack patient's risk of dying! The research showed that 40 thousand patients a year had died from the drugs. What mistakes had been made? It seems that cardiologists had _____. Long-term survival rates were what cardiologists had desired all along. But measuring survival takes long and complicated studies. So, being pressured to save lives, they were impatient and saw a link where there was none.

*anti-arrhythmic: 항(抗)부정맥의

① had blind faith in the scientific research conducted by experts

② only chosen evidence from research studies which supported their theory

③ conducted this experiment from a biased rather than a neutral point of view

④ taken a convenient approach when a time-consuming and complex one was needed

⑤ overlooked that the size of the sample group was too small to show meaningful results

---

Vocabulary self-test

□ cardiologist　□ prescribe　□ smooth out　□ startling　□ blind faith　□ biased　□ neutral

3 다음 빈칸에 들어갈 말로 가장 적절한 것은?

The idea of privatizing public companies is based on the belief that private companies manage a public asset more efficiently, thus helping governments save money. Not all social actors, however, will benefit from privatization. Because private operators seek ways to maximize their own profits, workers might confront reduced compensation, poor working conditions, and even unemployment. This can lead to poorer services for customers. Also, private operators may charge higher prices for their services. Thus, governments must conduct a complete analysis of the costs and benefits of any privatization or outsourcing of jobs before they choose outside contractors. Also, even after privatization has been completed, they should keep an eye on these private companies to see whether they implement the contract faithfully and properly. In short, if governments _____ _____, privatization can be a costly disaster for them.

① offer exclusive rights to one specific firm

② plan to only partially privatize a corporation

③ benefit too much from the process of privatization

④ do not conduct an open bidding process for contracts

⑤ choose ill-equipped contractors and fail to monitor progress

---

Vocabulary self-test

☐ privatize (*n.* privatization)   ☐ compensation   ☐ analysis   ☐ outsource   ☐ contractor   ☐ keep an eye on
☐ implement   ☐ exclusive   ☐ bidding   ☐ ill-equipped

4

다음 빈칸에 들어갈 말로 가장 적절한 것은? 고난도   **Time Limit 1'50"**

In the 1980s, a political scientist named James Flynn noticed that the average IQ test score had been consistently increasing over time. Named the "Flynn Effect," this phenomenon has since helped shed light on the relationship between age and intelligence. Actual IQ scores are determined in relation to the population's average score, which is set to 100. So, a person scoring 20% higher than the average receives an actual score of 120. Flynn showed that that person's score would increase to about 130 if set against the prior generation's average. It had previously been assumed that, because older people tend to score lower than younger people on IQ tests, intelligence must decrease as people age. But as the Flynn Effect shows, older people were raised when the average intelligence level was lower. As long as scores are calibrated to the time when the test taker grew up, _____.

① the scores will end up being decreased

② elderly test takers would get much lower scores

③ elderly test takers would be shown to be more intelligent

④ an elderly person can score as well as someone younger

⑤ there will be no correlation between raw scores and actual scores

Vocabulary self-test

☐ shed light on   ☐ in relation to   ☐ population   ☐ calibrate   ☐ raw score

1

다음 빈칸에 들어갈 말로 가장 적절한 것은? **Time Limit 1'30"**

Some people argue that international society must financially support projects aimed at providing communities deprived of informational service and communicational technologies with the necessary equipment to thrive in the information era. However, heated claims regarding the digital divide are based upon a myth that gaining access to the Internet will gradually lead the poor to become wealthy. In fact, most underprivileged people do not have computers and an Internet connection because of their poverty, illiteracy, or some other more urgent life-threatening issues. This means that even if a computer were to magically appear in every home, the computer would be of little use for people who do not have food, electricity, or the ability to read. Thus, the construction of local foundations for providing Internet service in impoverished areas would be a waste of money. Such efforts would _____.

① greatly help the poor to reduce the digital divide
② simply treat the symptoms not the underlying causes
③ motivate developed countries to aid the poor countries
④ allow the poor to recover from life-threatening problems
⑤ eventually widen the gap between the rich and the poor

---

2 다음 빈칸에 들어갈 말로 가장 적절한 것은? 고난도

Time Limit 1'50"

The terms used in scientific language are not strange by nature; _____ _____. Using everyday words from Latin and ancient Greek helped scientists to avoid confusion with contemporary terms. On the other hand, since ancient Greek scientists didn't have a more ancient language to draw from, they were forced to explain things in roundabout ways. For example, they referred to the submaxillary gland as "the acorn-like lumps under the jaw." Although the use of Latin and ancient Greek helped scientists discuss things more clearly and concisely, it also resulted in the development of scientific languages full of jargon, which effectively excluded the ordinary man from science. However, scientific language does frequently return to everyday use. "Cycle," for instance, which was derived from the ancient Greek "kuklos," was once an abstract scientific term for a recurring phenomenon. But it has returned to everyday language thanks to the invention of the bicycle.

*submaxillary gland: 턱밑샘

① they help scientists explain natural phenomena in a highly descriptive way
② they are derived from contemporary words that people use in their daily lives
③ they come from once commonly used words and often become common again
④ they are quite simple, although they rarely get used outside scientific discourse
⑤ they are just used in order to keep ordinary people away from careers in science

---

Vocabulary self-test

□ by nature □ contemporary □ roundabout □ acorn □ lump □ concisely □ jargon □ effectively
□ derive □ recurring □ descriptive □ discourse

3 다음 빈칸에 들어갈 말로 가장 적절한 것은?

_____. This can be seen as commonly acknowledged through the proverbial statement "It is the busiest man who has time to spare." Similar in meaning but quite opposite in manner, it is quite possible for an elderly woman with no other duties to spend a whole day writing and dispatching a postcard to a faraway family member. An hour would be used to search for the postcard. Another hour or so would be spent finding her spectacles. After taking half an hour to find the right address, an hour and a quarter would be put into writing down the message. Finally, it would take twenty minutes to decide whether or not to take an umbrella before walking down the street to the mailbox. While the elderly woman has spent an anxiety-filled, whole day writing a single postcard, the total time that a busy man would need to do this task would be a mere three minutes.

① Depending on our gender, the order of our priorities varies

② The older we get, the more carefully we tend to do our work

③ Work can be troublesome when it is done by unskilled people

④ Work expands in order to fill the time available for its completion

⑤ Work can be done most efficiently by planning your day in advance

4 다음 빈칸에 들어갈 말로 가장 적절한 것은?   **Time Limit 1'30"**

At first, researchers expected group discussions to have a moderating effect on the extremists and hotheads of the group. There was an underlying assumption that strong individual opinions would be mitigated through group discussions and people would be led towards holding more balanced opinions. However, several studies revealed that such discussions actually generate polarizing effects, as radical views or personal beliefs are strengthened in the process. Researchers discovered that there is one factor that makes group polarization more likely to occur: when members of a group already know what side of the issue they favor. Perspectives and feelings were reinforced by discussions when people holding the same views were put into the same group. After a group discussion took place, liberals conveyed more tolerance, while conservatives showed less. In this sense, group discussions _____.

① intensify a pre-existing individual preference

② reduce a social conflict between members of a society

③ establish the democratic process of sharing viewpoints

④ reveal the unequal socio-economic status of group members

⑤ represent the aspect of human nature which desires harmony above all

1 다음 빈칸에 들어갈 말로 가장 적절한 것은?

A group of conservationists boldly attempted to rescue the black robin from its endangered state by relocating the dwindling population to larger habitats and passing on some eggs to foster parents for incubation. While taking care of the birds, the team noticed that many females would repeatedly lay their eggs on the edge of the nest where they never hatched out because they were left uninsulated. As every egg was valuable for saving the species, these "rim eggs" were moved into the center of the nests by the team. However, by doing so the researchers allowed this behavior to become more common in the population because it was a behavior that would have been corrected by "natural selection." Left to nature, "rim eggs" would not have hatched and this trait would not have been passed onto the next generation. Thus, the robins were left with a troublesome legacy. Despite being a success, the project also shows us _____.

① why the quantity of eggs is more important than the quality

② how a species can face extinction through natural selection

③ how uninsulated eggs are best incubated to ensure hatching

④ how conservationists have ensured the diversity of species

⑤ how good motives can generate unanticipated results

Vocabulary self-test

☐ conservationist ☐ boldly ☐ endangered ☐ relocate ☐ dwindling ☐ foster parent ☐ incubation
(*v.* incubate) ☐ hatch out ☐ rim ☐ legacy ☐ unanticipated

2 다음 빈칸에 들어갈 말로 가장 적절한 것은?

On the one hand, as ideas tend to originate from fixed grounds, individuals and organizations are prone to sorting things out conventionally. On the other hand, thinking differently or "thinking outside the box" is often regarded as what makes leaders capable of achieving insight, competence, and innovation. Yet there is still great progress to be made in our understanding of this idea. This comment can be explained by imagining what "thinking outside the box" would mean to a thief. The thief would probably try to be better at stealing things and manipulating situations. Even though his efforts make him a better thief, his thoughts inevitably remain within the paradigm of thievery. When we "think outside the box," we merely step outside it, so _____.
Therefore, it is only by "dissolving the box" that a person may make a profound change. When the box has been completely removed, a thief can realize that he may not really be a thief and use his intelligence to redefine his identity.

① we tend to hesitate before doing what we have to do

② there are no limits that a creative person cannot overcome

③ the deeper boxes within us continue to govern our thoughts

④ transcending the limits of our thoughts is not always desirable

⑤ stepping outside the box totally changes the way people think

---

Vocabulary self-test

□ originate □ ground □ be prone to □ sort out □ conventionally □ competence □ comment
□ manipulate □ inevitably □ thievery □ dissolve □ redefine □ govern □ transcend □ desirable

3 다음 빈칸에 들어갈 말로 가장 적절한 것은? **Time Limit** 1'30"

When it comes to expectations in business or on the economy as a whole, positive thinkers seem to believe in the absurd myth of perpetual growth. Moreover, their way of thinking is often used as an excuse to cover the pernicious side of the market economy. Let us say that we were to pursue optimism, believing it to be a crucial part of financial success. Once optimistic outlooks are gained through training ourselves to think positively, external causes of possible failure may seem less daunting. However, we should also know that such positivity _____. Following the logic of positivity, if we lose our job or our business fails, it will be attributed to our lack of confidence or our uncertainty in our own success. Even though financial turmoil and unemployment among the middle class has been brought on by the economy, advocates of positive thinking consistently assert that our fate is entirely in our own hands.

① negates the dark side of society
② overemphasizes economic growth
③ is the major stumbling block to success
④ is helpful in cases of financial mismanagement
⑤ puts a harsh insistence on personal responsibility

Vocabulary self-test

☐ absurd   ☐ perpetual   ☐ pernicious   ☐ crucial   ☐ outlook   ☐ daunting   ☐ attribute   ☐ turmoil
☐ advocate   ☐ assert   ☐ negate   ☐ stumbling block   ☐ insistence

4 다음 빈칸에 들어갈 말로 가장 적절한 것은?

Time Limit 1'30"

According to Freud, science and play are two different approaches through which we can gain mastery of our circumstances. However, Freud failed to notice the similarities between science and play. It can be shown that the innovative features of science are actually forms of play. The acceptance of this makes it necessary to understand the distinction between technology and science. Science resembles play because it involves the formation of hypotheses that must then be tested, like when a new geometry is devised by assuming that parallel lines converge. This geometric rule was not created for practical purposes and apparently introduces matters that are separate from reality. This kind of arbitrariness is normally found in children's games. The technology, on the other hand, may be almost as inventive, yet _____ within its field of operation.

① his area of work is highly valued

② the role of science has not changed

③ features of play are likely to disappear

④ play is considered the most important value

⑤ people only care about more purposeful tasks

Vocabulary self-test

☐ hypothesis   ☐ geometry (a. geometric)   ☐ devise   ☐ parallel   ☐ converge   ☐ arbitrariness
☐ inventive   ☐ purposeful

1 다음 빈칸에 들어갈 말로 가장 적절한 것은?   **Time Limit 1'30"**

It is generally considered an unwavering truth that education is the key to financial success. Everyone acknowledges that the more highly educated one is, the more likely one will have career success in the future. This explains why President Obama asserted that a greater investment must be made in education for better employment outcomes. However, an article issued by *The Times*, a day after the President made this announcement, indicated that dependence on computer programs for legal research had been increasing. In fact, computers can go through thousands of documents in a moment of time, cutting back on costs for tasks that used to be performed by a multitude of attorneys and their assistants. Thus, it can be said that _____. The idea that modern technology will eliminate only menial jobs is no longer valid.

① modern technology cannot replace those tasks done by humans

② advanced technology weakens the demand for highly educated employees

③ well-educated employees are sure to succeed due to their higher education

④ computers aid intellectual workers, yet at the same time threaten manual laborers

⑤ technological progress opens job opportunities for those working with information

---

Vocabulary self-test

☐ unwavering   ☐ assert   ☐ indicate   ☐ dependence   ☐ attorney   ☐ eliminate   ☐ menial   ☐ valid
☐ manual

2 다음 빈칸에 들어갈 말로 가장 적절한 것은?

Draw a line across the middle of a blank sheet of paper. Then mark "Good Choice" on one side and "Bad Choice" on the other. On each side, make a list of the choices which bring you back to the most crucial and unforgettable moments of your life. Looking at the completed list, try to recall if there was anything good that came from the choices labeled as bad, and anything bad that resulted from the choices labeled as good. This activity may help you _____. Soon, you may be able to know that it is not one choice followed by a single course that destined you to where you are now, but various decisions that led you down diverse paths. Past decisions are not inherently good or bad, but affect us in a variety of ways. The important thing is that you are aware of every choice. With awareness, every choice becomes a step of growth.

① figure out what is truly valuable in life
② understand that reality is actually quite flexible
③ change your bad habits and make your life better
④ narrow down options whenever you make a decision
⑤ make a wise choice when a good opportunity approaches

□ bring back □ crucial □ label □ destine □ inherently □ flexible

3 다음 빈칸에 들어갈 말로 가장 적절한 것은? 고난도

The rate of speed with which scientific knowledge expanded during the last two centuries is likely to leave students and teachers alike with a kind of false impression. By carefully examining the history of science, however, the impression that foundational breakthroughs _____ may change. As seen in the present era, it took more than 50 years after the first nuclear explosion for us to identify signs of radioactivity. Although it has been a century since we gained a majority of the information necessary for treating various illnesses, we are still struggling with disease. Providing students with a limited understanding of scientific history, the teacher may easily overlook the periods of prolonged error, invalid assumptions, and general confusion, which in most cases precede the articulation of scientific discoveries.

① are eventually replaced by new findings

② need to be proved by scientific methods

③ tend to occur suddenly and dramatically

④ are the result of periods of trial and error

⑤ are the consequence of long-term studies

Vocabulary self-test

☐ foundational　☐ breakthrough　☐ radioactivity　☐ prolonged　☐ invalid　☐ assumption　☐ precede
☐ articulation　☐ trial and error

4 다음 빈칸에 들어갈 말로 가장 적절한 것은?

On seeing somebody make a remarkable performance, we may make the conclusion that his skills are inherent. Yet in reality, the only difference between him and the others is a longer and more intensive period of practice. An experiment with chess players may serve as a powerful lesson. The study involved two groups, one of experts and the other of novices. In cases where participants were asked to remember the formation of chess pieces when they were arranged in typical game formations, the chess experts were highly competent at remembering where each piece was placed. However, in cases where the arrangement of pieces was unconventional, the experts failed to exceed the novices in the performance of recalling chess piece locations. This shatters the illusion that chess masters _____.

① are naturally better at memorizing or keeping focused

② excel due to devoted training rather than innate abilities

③ are more skilled at identifying patterns on the chess board

④ do not possess innate abilities that surpasses most people

⑤ are prone to follow the given rules instead of making new ones

---

Vocabulary self-test

□ inherent □ novice □ formation □ competent □ unconventional □ exceed □ excel □ devoted
□ innate □ surpass □ be prone to

지은이

NE능률 영어교육연구소

NE능률 영어교육연구소는 혁신적이며 효율적인 영어 교재를 개발하고
영어 학습의 질을 한 단계 높이고자 노력하는 NE능률의 연구조직입니다.

특급 빈칸추론

펴 낸 이	주민홍
펴 낸 곳	서울특별시 마포구 월드컵북로 396(상암동) 누리꿈스퀘어 비즈니스타워 10층
	(주)NE능률 (우편번호 03925)
펴 낸 날	2020년 10월 30일 개정판 제1쇄 발행
	2024년 2월 15일 제5쇄
전 화	02 2014 7114
팩 스	02 3142 0356
홈페이지	www.neungyule.com
등록번호	제 1-68호
I S B N	979-11-253-3517-7 53740
정 가	13,000원

NE 능률

고객센터

교재 내용 문의 : contact.nebooks.co.kr (별도의 가입 절차 없이 작성 가능)
제품 구매, 교환, 불량, 반품 문의 : 02-2014-7114
☎ 전화문의는 본사 업무시간 중에만 가능합니다.

NE능률 교재 MAP

아래 교재 MAP을 참고하여 본인의 현재 혹은 목표 수준에 따라 교재를 선택하세요.
NE능률 교재들과 함께 영어실력을 쑥쑥~ 올려보세요!
MP3 등 교재 부가 학습 서비스 및 자세한 교재 정보는 www.nebooks.co.kr 에서 확인하세요.

초1-2	초3	초3-4	초4-5	초5-6

초6·예비중	중1	중1-2	중2-3	중3
			첫 번째 수능 영어 기초편	첫 번째 수능 영어 유형편
				첫 번째 수능 영어 실전편

예비고·고1	고1	고1-2	고2-3, 수능 실전	수능, 학평 기출
기강잡고 독해 잡는 필수 문법	빠바 기초세우기	빠바 구문독해	빠바 유형독해	다빈출코드 영어영역 고1독해
기강잡고 기초 잡는 유형 독해	능률기본영어	The 상승 어법어휘+유형편	빠바 총합실전편	다빈출코드 영어영역 고2독해
The 상승 직독직해편	The 상승 문법독해편	The 상승 구문편	The 상승 수능유형편	다빈출코드 영어영역 듣기
올클 수능 어법 start	수능만만 기본 영어듣기 20회	맞수 수능듣기 실전편	수능만만 어법어휘 228제	다빈출코드 영어영역 어법·어휘
얇고 빠른 미니 모의고사	수능만만 기본 영어듣기 35+5회	맞수 수능문법어법 실전편	수능만만 영어듣기 20회	
10+2회 입문	수능만만 기본 문법·어법·어휘 150제	맞수 구문독해 실전편	수능만만 영어듣기 35회	
	수능만만 기본 영어독해 10+1회	맞수 수능유형 실전편	수능만만 영어독해 20회	
	맞수 수능듣기 기본편	맞수 빈칸추론	특급 듣기 실전 모의고사	
	맞수 수능문법어법 기본편	특급 독해 유형별 모의고사	특급 빈칸추론	
	맞수 구문독해 기본편	수능유형 PICK 독해 실력	특급 어법	
	맞수 수능유형 기본편	수능 구문 빅데이터 수능빈출편	특급 수능·EBS 기출 VOCA	
	수능유형 PICK 독해 기본	얇고 빠른 미니 모의고사	올클 수능 어법 완성	
	수능유형 PICK 듣기 기본	10+2회 실전	능률 EBS 수능특강 변형 문제	
	수능 구문 빅데이터 기본편		영어(상), (하)	
	얇고 빠른 미니 모의고사		능률 EBS 수능특강 변형 문제	
	10+2회 기본		영어독해연습(상), (하)	

수능 이상/ 토플 80-89· 텝스 600-699점	수능 이상/ 토플 90-99· 텝스 700-799점	수능 이상/ 토플 100· 텝스 800점 이상		

특급
빈칸추론

수능 1등급 만드는 고난도 유형서

정답 및 해설

NE
능률

특급

빈칸추론

수능 1등급 만드는 고난도 유형서

정답 및 해설

PART1

기출로 분석하는 빈칸 **Solution**

| 기출 예제 분석 | 정답 ② |

본문 p.10 →

해석 ❶욕망이 결과와 상충되는, 외견상으로 단순한 가리키기 과업에 직면했을 때, 침팬지들은 원하는 보상이 즉각적으로 존재하는 상황에서 자신의 이익을 도모하는 예리한 인지 전략들을 보여주는 것이 불가능하다는 것을 알아차린다. ❷하지만, 대체되는 상징 체계가 사용될 때 그러한 과업들은 숙달된다. ❸한 연구에서, 침팬지들은 단순한 선택에 직면했다. 맛있는 음식이 담겨 있는 두 개의 접시가 주어졌는데, 각 접시에는 갖가지 다양한 맛있는 먹이가 담겨 있었다. ❹침팬지가 맛있는 먹이가 더 많이 들어 있는 접시를 가리키면, 그것은 인접한 우리에 있는 동료 침팬지에게 즉시 주어지며, 실망한 실험 대상(침팬지)은 더 적은 양을 받게 되었다. ❺수백 번의 시도 후에도, 이 침팬지들은 더 큰 보상을 가리키는 것을 억제하는 것을 배울 수 없었다. ❻하지만, 동일한 이 침팬지들은 간단한 숫자의 상징적 개념을 이미 학습한 상태였다. ❼실제 보상을 대체하는 것으로서 그러한 숫자들이 접시에 놓였을 때, 침팬지들은 처음부터 더 적은 숫자를 먼저 가리키는 것을 즉시 배웠으며, 그렇게 함으로써 자신들을 위한 더 큰 보상을 얻었다.

어휘 seemingly 외견상으로, 겉보기에는   exhibit 전시하다; *보이다, 드러내다   subtle 미묘한; *(판단력 등이) 예리한, 예민한   self-serving 자기의 이익을 도모하는   cognitive 인식[인지]의   adjacent 인접한, 가까운   withhold 억누르다, 억제하다   substitute 대신하는 사람[것]   promptly 지체 없이 |문제| alternative 대체 가능한, 대안이 되는 (v. alternate 번갈아 나오다)   proportional 비례하는

구문 해설 ❶[When confronted by a seemingly simple pointing task], [where their desires are put in conflict with outcomes], chimpanzees find **it** impossible **to exhibit** subtle self-serving cognitive strategies .... → 첫 번째 [ ]는 때를 나타내는 분사구문으로, 의미를 명확히 하기 위해 접속사 When을 생략하지 않은 형태이다. 두 번째 [ ]는 앞에서 언급된 상황을 부연 설명하는 관계부사절이다. it은 가목적어이고 to exhibit 이하가 진목적어이다.

단계적으로 키우는 빈칸 **Thinking Skills**

| Practice A | 정답 1 ② 2 ② 3 ③ |

본문 p.12 →

해석
① 소문은 공동체의 응집성을 유지하는 데 있어서 중요한 역할을 한다.
② 소문은 다양한 형태로 나타나며 많은 다양한 목적들에 도움이 되는데, 그 중 몇 가지는 유용하다.
③ 사업 세계에서, 소문은 공식적인 사실이나 수치가 할 수 없는 방식으로 통찰력을 줄 수 있다.
④ 종종, 정치적인 소문은 특정한 정책에 대한 대중의 반응을 판단하기 위해 매체에 유출된다.

어휘 gossip 소문   cohesiveness 응집성   serve 섬기다; *도움이 되다   leak (비밀을) 누설[유출]하다   gauge 판단하다

문제 해설 다른 문장들을 포괄할 수 있는 것은 ②이며, 나머지는 소문의 다양한 기능에 대한 세부내용들이다.

2 해석

① 만약 한 기업이 소송에서 진다면, 그 기업은 대개 그 비용을 고객들에게 전가한다.

② 소송의 건수는 매년 증가하고 있는데 이것은 몇몇 부정적인 결과들을 가져왔다.

③ 소송의 막대한 비용은 많은 소기업들을 파산하게 하는데 심지어 소송에 이겼을 경우에도 그러하다.

④ 특허 소송은 기업들에게 점점 더 집중을 방해하는 커다란 요인이 되고 있는데, 그것들이 기업들로 하여금 그들의 재원을 연구 및 개발에서 소송으로 돌리게 만들기 때문이다.

어휘 lawsuit 소송, 고소　pass along 부담시키다, 떠넘기다　litigation 소송, 고소　go bankrupt 파산하다 patent 특허　distraction 집중을 방해하는 것　divert 다른 데로 돌리다

문제 해설 다른 문장들을 포괄할 수 있는 것은 ②이며, 나머지는 소송의 부정적인 결과에 대한 세부내용들이다.

3 해석

기원전 8000년경인 농경 시대의 시초부터, 서기 1776년 미국 독립 혁명에 이르기까지, 사람들은 거의 조금도 더 부유해지지 않았다. 그뿐만 아니라, 고대 로마인들은 하루에 200년 전의 미국인들만큼 멀리 이동할 수 있었다. 하지만 지난 200년 동안, 세계의 인구는 여섯 배로 증가했고, 세계의 연간 생산량은 이전 수준에 비해 80배 증가했으며, 한 사람은 하루에 약 1,000배 더 멀리 이동할 수 있다.

① 급속히 발전하는 경제는 미국의 많은 사람들의 생활 수준을 크게 향상시켰다.

② 로마에서의 최근의 과학적인 발전은 더 높은 생산율을 초래했고 경제의 성장을 이끌어 왔다.

③ 지난 200년 동안, 사람들의 생활 여건은 그 전의 수천 년보다 더욱 극적으로 향상되어 왔다.

④ 산업 혁명이라고 알려진 시기는 농업, 제조업, 교통 수단, 그리고 심지어 인간의 사회 구조들까지 모든 것이 근본적으로 바뀐 시대이다.

어휘 dawn 새벽, 여명; *시초　agricultural 농업의 (n. agriculture 농업)　sixfold 여섯 배로　output 생산량 |문제| booming 급속히 발전하는　fundamentally 근본적으로, 완전히

문제 해설 주어진 글의 중심내용은 지난 200년간 생활 여건이 그 전의 수천 년의 기간보다 더 극적으로 향상되었다는 것이 므로, 주어진 글을 가장 잘 일반화한 문장은 ③이다.

| Practice B | 정답 Warm up| 1 ③　2 ❺　Question | Q ③ |

본문 p.13 →

해석 ❶ 며칠 전, 3만 피트의 상공을 비행하는 비행기를 타고 있는 동안 나는 갑작스러운 깨달음을 얻었다. ❷ 내가 조종사의 목소리 외에는 그에 대해 아무것도 몰랐다는 것이다. ❸ 그가 (탑승을) 환영하는 방송을 할 때 주의를 기울이지 않고 있었기 때문에 나는 심지어 그의 이름조차 기억할 수 없었다. ❹ 하지만 나는 편안 하고 안전하다고 느끼면서 그곳에 있었다. ❺ 나는 내가 처한 상황에 대해서 많은 다른 중요한 정보가 부족 하다는 것을 깨달았다. ❻ 이륙하기 전 비행기를 점검한 정비사들은 누구였을까? ❼ 누가 연료를 넣었을까? ❽ 누가 정기 정비를 수행했을까? ❾ 나와 다른 탑승자들의 생명을 담고 있는 항공 추적 화면의 작은 점을 지켜보고 있었던 항공 교통 관제사들은 누구였을까? ❿ 우리가 전혀 모르는 사람들을 얼마나 많이 신뢰하 고 있는지에 대한 자각이 나의 가슴에 뼈저리게 와 닿았다.

어휘 announcement 공고　maintenance 지속; *정비, 유지　air traffic controller 항공 교통 관제사 tracking 추적　come home to ~의 가슴에 뼈저리게 와 닿다

구문 해설 ❾ Who were the air traffic controllers [that were watching the little spot on their tracking screens, **the little spot** {that contained my life and the lives of my fellow passengers}]? → [ ]는 the air traffic controllers를 수식하는 주격 관계대명사절이다. the little spot 이하는 앞에서 언급된 the little spot on their tracking screens에 대해 부연 설명을 하고 있다. { }는 the little spot을 수식하는 주격 관계대명사절이다.

|Warm up|

1 필자는 항공 여행을 통해 자신이 조종사, 정비사, 항공 교통 관제사 등에 대한 정보가 부족하다는 것을 인식하고 있다.

2 다른 문장들을 포괄할 수 있는 것은 ❺이며, 나머지는 상황에 대한 중요한 정보가 부족한 것의 구체적인 예시라고 할 수 있다.

|Question|

필자가 언급한 비행기 조종사, 정비사, 항공 교통 관제사 등의 사람들을 일반화하면 전혀 모르는 사람들이라고 할 수 있다. 이들에 대한 정보가 부족함에도 불구하고 안전함을 느낀다고 했으므로 필자가 깨달은 것은 우리가 낯선 이들을 신뢰하고 있다는 것임을 알 수 있다.

|선택지 분석|

① 항공 여행이 우리에게 어떤 영향을 미칠 수 있는지 → 항공 여행을 통해 필자가 깨달은 바를 일반화한 내용이 빈칸에 들어가야 하며, 항공 여행이 우리에게 미치는 영향은 글의 내용과 무관하다. 무관한 내용

② 얼마나 많은 사람들이 비행에 대한 공포를 극복했는지 → 필자는 비행기에서 편안함과 안전함을 느꼈다고 했으며 비행에 대한 공포를 느낀 사람에 관련된 내용은 언급되지 않았다. 무관한 내용

④ 여행으로부터 우리가 어떤 대단하고 새로운 생각들을 얻는지 → 필자는 항공 여행을 통해 대단하고 새로운 생각들을 하게 된 것이 아니라 그 동안 자신도 모르게 타인을 얼마나 믿어 왔는지를 깨닫게 되었다. 무관한 내용

⑤ 기술이 우리들의 삶을 얼마나 빠르게 바꾸어 놓았는지 → 이와 같은 내용은 지문에서 다뤄지지 않았다. 무관한 내용

1등급에 도전하는 빈칸 Actual Test

본문 p.14 →

1

정답 ⑤

해석 ❶아마 Charlie Chaplin의 1936년 영화 〈*Modern Times*〉보다 20세기 기술에 대해서 더 유명하게 비평한 예술 작품은 없을 것이다. ❷이 영화의 가장 상징적인 장면들 중 하나에서 공장의 조립 라인에서 일을 하고 있던 Chaplin은 빠르게 움직이는 컨베이어 벨트의 속도에 맞춰 자신의 움직임을 유지하려고 절망적으로 애쓴다. ❸또 다른 유명한 장면에서는 자동 음식 공급기가 시험을 위해서 조립 라인에 투입된다. ❹이 기계의 배후에 담긴 생각은 노동자들이 식사를 하기 위해서 그들의 노동을 중단할 필요가 없을 것이라는 것이다. ❺가련한 Chaplin은 시험 대상자로 선택된다. ❻기계는 오작동을 하고 음식을 Chaplin의 얼굴 위로 쏟아내지만 그는 끈으로 묶여 있기 때문에 벗어날 수 없다. ❼〈*Modern Times*〉는 현대 사회 내에서의 기술의 역할을 묘사하는 최고의 작품으로 여전히 남아있다. ❽비록 이 영화는 어떤 급진적인 사회적 메시지를 나타내지는 않지만, <u>과도하게 기계화된 세계에 의해 희생당하는 사람들의 감정을 분명히 반영한다.</u>

어휘 comment 비평하다 iconic ~의 상징이 되는 assembly line (대량 생산의) 조립 라인 interrupt 방해하다, 중단하다 subject 주제; *연구[실험] 대상, 피험자 malfunction 기능 부전, 고장; *(장치·기계 등이) 제대로 작동하지 않다 launch 시작[개시]하다; *발사하다 radical 근본적인, 철저한; *급진적인, 과격한 |문제| victimize 희생시키다

구문 해설 ❶Probably **no work of art more famously** <u>comments</u> on 20th century technology **than**
S V
Charlie Chaplin's 1936 film *Modern Times*. → 「부정주어+비교급+than A」는 '어떤 ~도 A보다 …하지는 않다'의 의미로 최상급의 의미를 나타낸다.

문제 해설

|Step 1| 문장 ❶에서 20세기 기술에 대해 가장 유명한 비평을 한 영화로 〈*Modern Times*〉를 소개하고 있으며, 그 뒤에는 이에 대한 설명이 이어지므로 이 영화가 가진 의의가 글의 중심내용이라는 것을 알 수 있다.

|Step 2| 〈*Modern Times*〉라는 영화가 '어떠한' 이들의 감정을 반영한다는 부분이 빈칸으로 제시되었다. 빈칸에는 앞에서 언급되는 영화의 구체적인 세부내용을 일반화한 진술이 들어가야 한다.

|선택지 분석|

① 오랫동안 고난을 겪은 → 영화의 주인공이 고난을 겪기는 하지만, 오랫동안 어려움을 겪었다는 내용은 언급되지 않았다. 부분 일치

② 더 효율적으로 일할 수 있기를 바라는 → 영화 속에 등장하는 노동자들이 효율적으로 일하기를 원했다는 내용은 언급되지 않았다. 무관한 내용

|Step 3| 세부내용에는 공장의 빠르게 돌아가는 컨베이어 벨트의 속도에 맞춰 일하는 모습, 노동 시간을 늘리기 위해 도입된 자동 음식 공급기의 오작동으로 인해 곤욕을 치르는 모습 등이 나타난다.

|Step 4| 글에 제시된 세부내용들을 일반화하면, 영화가 과도하게 기계화된 세계에 의해 희생당하는 사람들의 모습을 반영한다는 것을 추론할 수 있다.

③ 자신들이 현대 사회에 속하지 못한다고 생각하는 → 영화 속 등장인물이 현대 사회에 속하지 못한다고 생각한다는 내용은 언급되지 않았다. 무관한 내용

④ 기술의 긍정적인 힘을 믿는 → 기술의 긍정적인 힘을 믿는다는 내용은 기술로 인해 곤욕을 치르는 영화 속 주인공의 모습과 반대된다. 반대 개념

본문 p.14 →

2 정답 ②

해석 ❶믹소코쿠스잔터스는 보통 습한 토양에서 서식하는 세균이다. ❷그것은 함께 모여 유기적인 형태가 될 때 만들어 내는 복잡한 다세포의 공간 형성물로 잘 알려져 있다. ❸이 3차원 구조물들은 무수한 세균들로부터 만들어지며 끈적끈적한 세포 물질에 의해서 함께 고정된다. ❹충분한 먹이가 있을 때, 이 세균들은 조직화된 무리로 움직이는데, 이것은 수천 개의 세포들을 가지고 있다. ❺이 구조물의 외부에서는 이 세포들로부터 분비된 효소들에 의해 다른 미생물들이 죽임을 당하고 용해된다. ❻이 과정에서 나온 영양소들이 그 후 소비된다. ❼때때로 자원이 부족할 경우, 이 세균들은 자실체(子實體)라고 불리는 포자 덩어리로 변형된다. ❽이 자실체 내부에서, 막대 모양의 세포들은 스스로를 구(球) 모양의 두꺼운 벽을 가진 포자들로 변형시킨다. ❾그것들은 세포 벽의 변화뿐만 아니라 새로운 단백질을 합성하기 위해서 (모습의) 변화를 겪는다. ❿간단히 말해서 믹소코쿠스잔터스는 스스로를 부양하고 열악한 환경을 헤치며 살아가기 위해서 <u>그것의 사회적인 관계</u>를 이용한다.

어휘 bacterium 박테리아, 세균 (*pl.* bacteria) damp 축축한, 눅눅한 spatial 공간의, 공간적인 organize 유기체로 되다 innumerable 셀 수 없이 많은 coordinate 조직화하다 swarm 떼, 무리 microbe 미생물 dissolve 녹이다, 용해되다 enzyme 효소 secrete 분비하다 spore 홀씨, 포자 rod 막대 spherical 구 모양의, 구체의 alteration 변화, 개조 synthesize 합성하다 meager 메마른, 풍부하지 못한

구문 해설 ❷It **is known for** the complex, multi-cellular spatial formation [(which/that) it makes {when organizing together}]. → 「be known for」는 '~로 알려져 있다'의 의미이다. [ ]는 선행사인 formation을 수식하는 목적격 관계대명사절로 목적격 관계대명사가 생략되었다. { }는 때를 나타내는 분사구문으로, 의미를 명확히 하기 위해 접속사 when을 생략하지 않은 형태이다.

문제 해설

|Step 1| 도입부에서 믹소코쿠스잔터스라는 균에 대한 소개를 하고 있으므로 글의 중심내용이 믹소코쿠스잔터스의 특징과 관계가 있다는 것을 알 수 있다.

|Step 2| 빈칸이 속한 문장이 글의 마지막 부분에 있으며 'In short'로 시작하므로, 앞 내용 전체를 요약하는 일반적인 내용이 빈칸에 들어간다.

|Step 3| 믹소코쿠스잔터스가 충분한 먹이가 있을 때에는 무리를 지어서 미생물을 사냥하고 그렇지 않을 때에는 포자 덩어리로 변형되어 새로운 단백질을 합성한다는 세부내용들이 서술되었다.

|Step 4| 세부내용들을 일반화하면 믹소코쿠스잔터스가 사회적 연대를 통해 열악한 환경에서 살아남는다는 것을 추론할 수 있다.

|선택지 분석|

① 자기분열 → 믹소코쿠스잔터스가 스스로 개체분할을 통해 외부 상황을 타개한다는 내용은 언급되지 않았다. 무관한 문장

③ 토양으로부터의 습기 → 믹소코쿠스잔터스가 서식하는 곳은 습한 토양이지만 이러한 서식지 환경이 믹소코쿠스잔터스가 열악한 외부 환경에서 생존하는 것을 직접적으로 돕는 것은 아니다. 무관한 문장

④ 특별한 사냥 방법 → 외부에 먹이가 풍부할 때에는 특별한 효소를 분비해 미생물을 분해하는 사냥법을 이용하지만 먹이가 풍부하지 않을 때에는 별도의 사냥법을 가지고 있지 않다. 부분 일치

⑤ 다른 미생물로부터의 에너지 → 믹소코쿠스잔터스는 외부에 먹이가 풍부하지 않을 때에는 다른 미생물을 분해해서 영양분을 얻을 수 없다. 부분 일치

05 | Unit 01 일반화

3 정답 ①

해석 ❶아리스토텔레스는 기원전 4세기 아테네에서 목수, 제화공, 대장장이, 도선사를 보면서 지혜의 교훈을 배웠다. ❷그들의 일은 체계적으로 규칙을 적용하거나 엄격한 절차들을 따르는 것에 의해 좌우되지 않았다. ❸그들이 가지고 일하는 재료들은 너무 고르지 못했고, 각각의 과업은 새로운 문제들을 제기했다. ❹아리스토텔레스는 장인들이 물질 세계에 입각하여 행동을 취할 때 하는 선택들이 시민들이 사회에서 도덕적인 선택들을 하기 위해 필요로 하는 요령의 종류에 대한 단서를 제공한다고 생각했다. ❺아리스토텔레스는 특히 Lesbos 섬의 석공들이 자를 사용했던 방법에 매료되었다. ❻석판으로부터 둥근 기둥을 깎아 내고 있어서 기둥의 둘레를 측정할 필요가 있었던 석공들에게 보통의 직선 자는 거의 쓸모가 없었다. ❼자를 구부리지 않는다면 말이다. ❽그리고 바로 그것이 그 석공들이 했던 것이다. ❾그들은 잘 구부러지는 자를 납으로 만들어 냈는데, 그것은 오늘날 줄자의 전신이다. ❿아리스토텔레스에게는 상황에 맞도록 규칙을 바꾸는 법을 아는 것이야 말로 실용적 지혜의 본질이었던 것이다.

어휘 govern 통치하다, 지배하다; *좌우하다, 결정하다   rigid 엄격한   irregular 고르지[가지런하지] 못한, 변칙적인   pose 제기하다   fascinated with ~에 매료된   mason 석공, 석수   isle 섬   slab 평판, 판   fashion 유행; *(특히 손으로) 만들다, 빚다   lead 납   forerunner 선구자, 전신 |문제| bend the rules 규칙을 변칙 적용하다

구문 해설 ❹Aristotle thought [(that) the choices {(which/that) craftsmen made in acting on the material world} provided clues to the kind of knowhow {(which/that) citizens needed to make moral choices in the social world}]. → [ ]는 thought의 목적어절이다. 첫 번째 { }는 the choices를 수식하는 목적격 관계대명사절이고 두 번째 { }는 the kind of knowhow를 수식하는 목적격 관계대명사절이다.

문제 해설

|Step 1| 문장 ❶에서 아리스토텔레스가 장인들로부터 지혜의 교훈을 배웠다는 내용이 언급되고, 빈칸이 있는 문장에서도 실용적 지혜라는 말이 다시 언급되는 것으로 보아 아리스토텔레스가 생각한 실용적 지혜가 무엇인지가 이 글의 중심내용임을 알 수 있다.

|Step 2| 빈칸에는 아리스토텔레스가 배웠던 실용적 지혜의 본질이 무엇이었는지에 대한 일반적인 개념이 들어간다.

|Step 3| 아테네의 장인들의 일은 체계적 규칙이나 엄격한 절차에 따라 좌우되지 않았다는 내용과, Lesbos 섬의 석공들이 잘 구부러지는 자를 만들어 냈다는 세부내용들이 언급되었다.

|Step 4| 앞의 세부내용들을 일반화하면 아리스토텔레스가 장인들에게서 배운 실용적 지혜의 본질은 상황에 맞도록 규칙을 바꾸는 것이었음을 추론할 수 있다.

|선택지 분석|

② 업무로 인한 스트레스를 감소시키기 위해 무엇을 할지 → 이와 관련된 내용은 글에서 언급되지 않았다. 무관한 내용

③ 언제 멈추고 언제 시작할지 → 일을 언제 시작하고 끝내야 하는지에 관한 내용은 다뤄지지 않았다. 무관한 내용

④ 엄격한 절차들을 어디에 적용할지 → 변칙성 때문에 장인들이 하는 일에는 엄격한 절차들을 적용할 수 없었는데, 이때 그들이 취했던 유연한 태도가 실용적 지혜의 본질과 관련이 있다고 하였다. 반대 개념

⑤ 자신의 기술들로 누구를 도와야 할지 → 이와 같은 내용은 지문에서 제시되지 않았다. 무관한 내용

| Secret Note | 정답 ④ |

해석 본질적으로 동일한 구조의 정치 형태는 그럼에도 불구하고 매우 다른 '특징'을 띨 수 있다. 예를 들어, 독재 정부는 이론적으로 잔혹하거나 자비로울 수가 있다. 무정부 상태는 이론적으로 어떤 법의 지배도 없이 진행되는 '상호 협력'이나 '만인의 만인에 대한 투쟁'으로 이루어질 수 있다. 민주주의 체제들은 그것이 개인주의적으로 지향되는 것과는 대조적으로 사회적으로 지향되어 있는 정도의 측면에서 구별될 수 있고 대개는 구별된다. 따라서, "가장 좋은 구조의 정치 형태는 무엇인가?"라는 질문에 대한 우리의 답변이 무엇이든지 간에, 정치 구조는 그 자체로서 정치적인 내용을 결정하지 않기 때문에 우리는 여전히 이러한 구조의 정치 형태가 어떤 '특징'을 가져야 하는지를 알고 싶어 한다. 사실, 이것이 우리가 민주적인 구조 내에서 투표를 하는 정확한 이유이다. 바로 그 민주주의 구조가 갖기를 원하는 '특징'을 결정하기 위해서.

어휘 flavor 풍미, 맛; *특징   dictatorship 독재 정부   brutal 잔혹한, 악랄한   benevolent 자애로운   anarchy 무정부 상태   proceed 진행되다 |문제| outweigh ~보다 무겁다; *~보다 중대하다

기출 예제 ①
Practice A 1 ① 2 ② 3 ③ Practice B Warm up | 1 ❶ 2 ❸ Question | Q ⑤
Actual Test 1 ① 2 ① 3 ③

기출로 분석하는 빈칸 Solution

기출 예제 분석   정답 ①

본문 p.18 →

해석 ❶ 표면상 비합리적으로 보이는 많은 오류들과 편향들처럼, 청각적으로 어렴풋하게 들리는 소리는 더 면밀히 관찰해보면 아주 현명한 것으로 입증된다. ❷ 붉은털원숭이와 같은 동물들은 똑같은 편향을 진화시켜왔다. ❸ 이러한 고의적인 오류는 사전 경보 체제로서 기능하는데, 자기보호를 하는 준자아(準自我)를 갖추고서 개체들이 잠재적으로 위험한 다가오는 대상에 직면하면 개체들에게 안전에 대한 여지를 제공한다. ❹ 만약 당신이 코뿔소를 발견하거나 당신 쪽으로 빠르게 다가오는 눈사태의 소리를 들으면, 청각적으로 어렴풋하게 들리는 소리는 당신으로 하여금 마지막 순간까지 기다리게 하기보다는 즉시 뛰쳐나오도록 동기를 부여할 것이다. ❺ 다가오는 위험을 즉시 피하는 것의 진화론적인 이점들은 아주 강력해서 자연 선택은 우리와 다른 포유류들에게 세상을 의도적으로 부정확하게 보고 듣는 두뇌를 부여했다. ❻ 이러한 종류의 편향은 실험실에서의 과업에서는 경제적으로 합리적인 판단을 저해할 수도 있지만, 실제 세상에서는 우리가 대단히 합리적인 방식으로 행동하도록 이끈다. ❼ 정확한 것이 항상 현명한 것은 아니다.

어휘 bias 편견, 편향 irrational 비이성[비논리]적인 (*adv.* irrationally 비이성적으로) auditory 청각의 loom (특히 무섭게) 어렴풋이 나타나다 rhesus monkey 붉은털원숭이 man 일하다; *~에 인원을 배치[제공]하다 rhinoceros 코뿔소 endow 기부하다; *~에게 주다, 부여하다 mammal 포유동물 inhibit 억제[저해]하다 |문제| gear 기어를 넣다; *맞게 하다, 조정하다 aural 청각의 deliberately 고의로 prompt 즉각적인; *촉발하다, 유도하다

구문 해설 ❺ The evolutionary benefits [of immediately getting out of the way of approaching dangers] were (S) (V) so strong that natural selection endowed us – and other mammals – with brains [that intentionally see and hear the world inaccurately]. → 첫 번째 [ ]는 The evolutionary benefits를 수식하는 형용사구이다. 「so ~ that ...」은 '너무 ~해서 …하다'의 의미이다. 두 번째 [ ]는 brains를 수식하는 주격 관계대명사절이다.

단계적으로 키우는 빈칸 Thinking Skills

Practice A   정답 1 ① 2 ② 3 ③

본문 p.20 →

1 **해석**
일련의 설정된 마감 시간은 생산성을 극대화하도록 돕는다.
  ① 만약 당신이 성취해야 할 일을 매일 완료되어야 할 더 작은 목표들로 나눈다면, 당신은 훨씬 더 효율적으로 일할 수 있다.
  ② 프로젝트는 종종 지나치게 의욕적인 목표들 때문에 실패하므로, 현실적인 목표들과 당신이 그것들을 달성할 수 있는 방법에 집중하는 것이 가장 좋다.
  ③ 미루는 버릇은 사람들이 해야 하는 일이 즐겁지 않거나 지겹다고 여기는 것이 종종 원인이 된다. 그러므로, 자신의 일의 더 즐거운 측면들에 집중하기 위해서 이러한 일을 빨리 끝내는 것이 중요하다.

어휘 maximize 극대화하다 productivity 생산성 |문제| break down ~을 나누다 objective 목적, 목표 ambitious (사람이) 야심 있는; *의욕적인, (일이) 야심적인 procrastination 미루는 버릇, 지연, 연기

문제 해설 일련의 마감 시간이 생산성을 극대화하도록 돕는다는 것에 대한 구체적인 내용으로는 성취해야 할 일을 매일 끝내야 할 작은 목표들로 나누면 더 효율적으로 일할 수 있다는 내용의 ①이 가장 적절하다.

2

과학자들은 생존하는 것이 항상 가장 강한 종(種)은 아니라는 것을 발견했다.

① 새로운 환경에 적응할 수 없는 종(種)은 멸종할 것이다. 그리고 서로 다른 종(種)들이 경쟁할 때, 가장 적합한 것만 살아남는다.

② 많은 실험에서, 더 강한 것으로 인식되는 두 종(種)은 종종 서로를 제거하여, 가장 약한 것을 유일한 생존자로 남긴다.

③ 모든 생태계는 다수의 다른 종(種)들의 서식지이며, 이러한 모든 종(種)들은 살아남기 위해 서로 경쟁한다. 그리고 주어진 생태계에 더 많은 수의 종(種)이 있을수록, 각각의 생존 가능성은 더 낮아진다.

어휘 |문제| adapt 적응하다 perceive ~을 지각하다, 인지하다 eliminate 없애다, 제거하다

문제 해설 항상 가장 강한 종(種)이 생존하는 것은 아니라는 진술에 대한 구체적인 내용으로는 가장 강한 두 종(種)이 서로를 제거하여 가장 약한 것이 살아남는다는 실험 내용인 ②가 가장 적절하다.

3

해석

우리는 부모로부터 이목구비뿐 아니라 그들의 얼굴 표정도 물려받는다.

① 같은 집에 같은 부모와 함께 사는 일란성 쌍둥이들조차 정확히 동일한 경험을 하지는 않는다. 그러므로, 쌍둥이들 각 개인에게 서로 다른 유전자들이 활성화될 가능성이 높다.

② 만약 당신이 좋은 유머 감각을 가지고 있고 많이 웃는다면, 당신과 당신의 배우자 둘 다 입 주변에 웃음 주름을 가지고 있을 가능성이 높다. 가까운 관계로 지내는 사람들끼리는 서로의 얼굴 표정을 모방하는 경향이 있기 때문에, 오래된 부부들일수록 더 닮는 경향이 있다.

③ 과학자들은 맹인들이 그들을 화나게 하거나, 슬프게 하거나, 행복하게 하는 다양한 과업들을 수행하는 것을 관찰했고, 그들의 반응을 시력이 정상인 그들의 가족 구성원들의 반응들과 비교했다. 그들은 맹인들과 그들의 가족 구성원들이 그들의 반응에서 현저하게 유사한 표정을 사용한다는 것을 발견했다.

어휘 inherit 상속받다, 물려받다 feature ((pl.)) 이목구비 expression 표현; *표정 |문제| identical twins 일란성 쌍생아 gene 유전자 sighted 앞을 볼 수 있는, 시력이 정상인 remarkably 눈에 띄게, 현저하게

문제 해설 부모로부터 얼굴 표정을 물려받는 것에 대한 구체적인 내용으로는 앞을 볼 수 없는 맹인들이 여러 가지 상황에서 다른 가족 구성원들과 똑같은 표정을 짓는다는 내용의 ③이 가장 적절하다.

Practice B	정답 Warm up| 1 ❶ 2 ❸ Question|Q ⑤

본문 p.21 →

해석 ❶ 사람들은 불안, 공포, 혹은 깊은 슬픔과 같은 괴로운 감정들을 발생시키는 지식을 억누르거나 부인하는 경향이 있다는 사실이 관찰되어왔다. ❷ 이 경향은 높은 댐의 하류에 있는 마을에 거주하는 사람들의 태도를 알아보기 위해 시행한 한 연구에서 극명하게 나타난다. ❸ 만일 댐이 터지면, 대규모 홍수로 인해 그 마을의 모든 집들은 파괴될 것이고, 그곳에 살고 있는 수많은 사람들은 어쩌면 익사할 수도 있다. ❹ 이러한 사건이 일어나는 것에 대한 공포가 가장 멀리 떨어져 있는 하류에 사는 사람들에게 가장 낮을 것이며, 댐에 가까워질수록 점점 (공포가) 증가할 것이라는 것은 당연해 보인다. ❺ 하지만 놀랍게도 댐 바로 아래에 사는 사람들은 걱정을 전혀 보이지 않았다! ❻ 그 이유는 잠재적으로 가장 위험한 지역에 사는 사람들이 정상적인 일상 생활을 영위하는 유일한 길은 그 댐이 터질 수 있다는 한정된 가능성조차 인정하지 않는 것이기 때문이다.

어휘 suppress 참다, 억누르다 give rise to ~이 생기게 하다 distressing 괴로움을 주는, 고통스러운 potentially 어쩌면, 잠재적으로 |문제| consciously 의식적으로 reinforce 강화하다 relocate 이전[이동]하다 immerse 담그다; *~에 몰두하다, 몰두하게 만들다 trauma 정신적 외상, 트라우마 finite 한정된, 유한한

구문 해설 ❸ If the dam **were to burst**, all of the homes in the towns **would be destroyed** .... → 「If+주어+were to-v, 주어+조동사의 과거형+동사원형」은 비교적 실현 가능성이 없는 미래의 일을 가정하는 가정법이다.

문제 해설

| Warm up |

1 사람들에게는 괴로운 감정들을 발생시키는 지식을 억누르거나 부인하는 경향이 있다는 것이 이 글의 주제이다.

2 댐이 터지면 대규모 홍수로 인해 마을의 모든 집들이 파괴되고 그곳에 살고 있는 수많은 사람들이 익사할 수도 있다는 것이 괴로운 감정들을 유발하는 지식에 해당한다.

| Question |

빈칸에는 가장 위험한 지역에 사는 사람들이 괴로운 감정을 발생시키는 지식을 억누르거나 부인하는 경향을 구체화한 내용이 들어가야 하므로 댐이 터질지도 모른다는 가능성 자체를 부인한다는 내용이 들어가는 것이 적절하다.

| 선택지 분석 |

① 다른 사람에게 책임을 전가하는 것 → 이와 같은 내용은 지문에서 제시되지 않았다. 무관한 내용

② 의식적으로 공포와 불안을 강화하는 것 → 사람들은 괴로운 감정을 일으키는 지식을 무시하고 거부한다고 하였으므로 이 선택지는 정답과 반대된다. 반대 개념

③ 댐으로부터 가능한 멀리 이전하는 것 → 댐에서 멀리 살수록 두려움이 낮아지는 것은 글에서 언급된 내용이나, 빈칸에는 댐 바로 아래에서 정상적인 생활을 영위하는 방법이 들어가야 한다. 부분 일치

④ 스스로를 과거의 감정적인 트라우마에 몰두하지 않게 하는 것 → 과거의 경험에 대한 내용은 글에서 언급되지 않았으므로 이 선택지는 글의 내용과 무관하다. 무관한 내용

1등급에 도전하는 빈칸 Actual Test

본문 p.22 →

1

정답 ①

해석 ❶ 외양은 고객들이 음식에 대해 가지는 첫 인상을 만들어 내며, 첫 인상은 중요하다. ❷ 맛이 아무리 매력적이어도, 매력적이지 않은 외양은 간과하기가 어렵다. ❸ 인간으로서, 우리의 시각은 다른 감각들보다 더욱 고도로 발달되었기 때문에 우리는 정말로 '눈으로 먹는다.' ❹ 시각은 인간에게 고도로 발달되어서 다른 감각들로부터 받은 메시지들이 보이는 것(시각)과 상충되면 종종 무시된다. ❺ 노란 사탕은 레몬 맛이 날 것으로 기대되는데, 만약 포도 맛이 나면, 많은 사람들은 그 맛을 정확하게 식별할 수가 없다. ❻ 빨간 식용 색소로 물들여진 딸기 아이스크림은 첨가된 식용 색소가 없는 것보다 더 강한 딸기 맛이 나는 것처럼 보이는데, 심지어 실제적인 차이가 없을 때에도 그러하다.

어휘 appearance (겉)모습, 외모 appealing 매력적인 overlook 간과하다 tint ~에 빛깔을 내다, 물들이다 food coloring 식용 색소 | 문제 | subtle 미묘한

구문 해설 ❹ The sense of sight is **so** highly developed in humans **that** messages [received from other senses] are often ignored if they conflict with *what* is seen. → 「so ~ that ...」은 '너무 ~해서 …하다'의 의미이다. [ ]는 messages를 수식하는 과거분사구이다. what은 선행사를 포함한 관계대명사이다.

문제 해설

| Step 1 | 글의 전반부에서는 인간의 시각은 고도로 발달되어 있기 때문에 다른 감각으로부터 받은 메시지와 시각 메시지가 충돌하면 전자가 무시되는 경우가 빈번하다는 글의 주제가 서술되고 있다.

| Step 2 | 빈칸이 포도 맛이 나는 노란 사탕에 관한 예시 부분에 있으므로, 빈칸에는 구체적인 내용이 들어가야 함을 알 수 있다.

| Step 3 | 빈칸 뒤에는 빨간 식용 색소로 물들여진 딸기 아이스크림이 식용 색소가 첨가되지 않은 것과 맛의 차이가 없어도 더 강한 딸기 맛이 나는 것처럼 보인다는 또 다른 예시가 제시되어 있다.

| Step 4 | 포도 맛이 나는 노란 사탕은 시각 메시지와 미각 메시지가 충돌하는 경우라고 할 수 있으며, 따라서 주제를 구체화하면 미각 메시지가 무시될 것이라는 것을 추론할 수 있다. 그러므로 빈칸에는 그 맛을 정확하게 식별할 수 없다는 말이 가장 적절하다.

| 선택지 분석 |

② 포도 맛 사탕을 좋아하지 않을 것이다 → 사람들이 시각 메시지를 우선시하여 받아들인다는 내용의 글이므로 특정한 맛에 대한 선호도와는 관련이 없다. 무관한 내용

③ 맛의 차이를 확실하게 감지할 수 있다 → 다른 감각으로부터 받은 메시지와 시각 메시지가 충돌하면 미각 메시지가 무시되므로 맛의 차이를 확실하게 감지할 수 없을 것이다. 반대 개념

④ 포도 맛에 즉각적으로 이끌릴 것이다 → 실제로는 포도 맛이 나지만 레몬 맛일 것이라는 시각 메시지 때문에 감각이 혼동을 일으키므로 포도 맛을 잘 느끼지 못할 것이다. 반대 개념

⑤ 그 둘 사이의 미묘한 차이를 즐길 것이다 → 미각 메시지인 포도 맛은 무시되므로 레몬 맛과 포도 맛 사이의 미묘한 차이를 구분하지 못할 것이다. 반대 개념

본문 p.22 →

2 정답 ①

해석 ❶갈라파고스 제도의 독특하게 진화한 종들은 Charles Darwin이 그의 진화론을 형성하는 데 도움을 주었다. ❷그는 다양한 적응 형태들이 동물들에게 독특한 환경에서 그들의 필요를 충족시킬 더 나은 기회를 부여한다고 주장했다. ❸하지만 이 논리를 뒤집으면 이 생물들에게는 더 큰 세계에서 생존하는 데 있어 불이익이 주어졌다는 것이다. ❹이러한 역설적인 상황을 고려해서, 갈라파고스 증후군이라는 용어가 일본의 휴대 전화 산업을 설명하기 위해 최초로 사용되었다. ❺가장 빠르게 제 1세대 휴대 전화 서비스를 개시한 이후, 일본은 이메일 접속, 카메라폰, 3G 네트워크, 모바일 결제 시스템, 디지털 텔레비전 등을 포함한 수많은 혁신들로 이 산업을 강화시켰다. ❻일본의 제조사들은 자신들이 이 디지털 시대를 결국 선도할 것이라고 믿었다. ❼그러나 그들이 개발한 기술들은 다른 국가들의 시스템들과 호환성이 없었고, 그래서 이 산업은 계속 내향적으로 변해갔다. ❽(일본의) 국내 시장은 이 회사들의 생존을 가능하게 할 만큼 충분히 컸지만, 그것은 세계 시장으로부터 이 나라를 더욱 격리시키는 희생을 치르고 얻은 것일 뿐이었다.

어휘 adaption 적응 flip 홱 뒤집다 launch 시작[개시]하다 incompatible 양립할 수 없는; *호환성이 없는 at the cost of ~의 비용을 지불하고, ~을 희생하고 |문제| isolate 격리하다, 고립하다 inferior (~보다) 못한, 열등한 stimulate 자극하다 promising 유망한, 촉망되는

구문 해설 ❺[After being the earliest {to launch the first-generation mobile phone service}], Japan enhanced the industry with numerous innovations .... → [ ]는 때를 나타내는 분사구문으로, 의미를 명확하게 하기 위해 접속사 After를 생략하지 않은 형태이다. { }는 the earliest를 수식하는 형용사적 용법의 to부정사구이다.

문제 해설

|Step 1| 갈라파고스 제도에서는 생물들이 독특한 환경에서 살아남기 위해 다양한 적응 형태를 보였으나 이것이 더 큰 세계에서 생존하는 데에는 불이익으로 작용했다는 것을 일본의 휴대 전화 시장에 적용시킨 '갈라파고스 증후군'이 이 글의 중심소재이다.

|Step 2| 빈칸이 글의 후반부에 위치하며, 빈칸 앞에 국내 시장은 이러한 기업의 생존을 허용할 만큼 충분히 컸다는 내용이 나오지만 이후 역접의 접속사 'yet'으로 연결되므로, 빈칸 자체에는 이와 상반되는 내용이 들어간다는 것을 알 수 있다.

|Step 3| 문장 ❹부터 갈라파고스 증후군을 일본의 휴대 전화 시장에 적용하는 부분이 시작된다. 일본의 휴대 전화 기업들은 신기술들을 개발했지만, 다른 국가들에서 쓰는 시스템과 호환성이 없는 기술들을 만들어 냄으로써 수요가 국내에만 한정되게 되었다는 세부내용을 제시하고 있다.

|Step 4| 따라서 일본의 휴대 전화 기업들의 이러한 양상은 국내 시장에서의 생존에는 도움이 되었으나 세계 시장에서는 일본을 더 고립시켰다는 내용이 빈칸에 들어가는 것이 가장 적절하다.

|선택지 분석|

② 세계 기준에 비해 열등한 제품을 만드는 → 일본은 세계 최초로 여러 가지 혁신적인 기술들을 개발했다고 서술하고 있으므로, 세계 기준에 비해 열등한 제품을 만들었다는 내용은 본문과 반대된다. 반대 개념

③ 다국적 기업들이 연구에 투자를 하도록 더 자극하는 → 이와 같은 내용은 지문에서 제시되지 않았다. 무관한 내용

④ 세계가 일본의 기술적 발전을 부러워하게 만드는 → 이와 같은 내용은 지문에서 제시되지 않았다. 무관한 내용

⑤ 유망하고 혁신적인 기술이 개발되지 않도록 보장하는 → 일본에서 이미 유망하고 혁신적인 기술들이 발전되었다고 했으므로 이는 본문과 반대되는 내용이다. 반대 개념

본문 p.23 →

3 정답 ③

해석 ❶상징적 상호작용론은 사회적 상황에서의 다양한 사안들에 대해 사람들이 행하는 주관적인 해석들에 초점을 맞추는 특정한 이론적 접근법을 말한다. ❷사람들은 서로 교류할 때 특정한 상징적인 의미들을 생산하고, 변경하고, 부여한다. ❸개개인들은 단순히 객관적인 사실이 아니라 개인적인 신념에 따라 행동한다는 사실을 전제로 이 의미들에는 가장 큰 중요성이 부여된다. ❹따라서 사회는 인간 해석의 사회적 구조물로 간주된다. ❺흡연이 건강에 해롭다는 객관적인 사실에도 불구하고 십 대들이 흡연을 하는 이유에 관한 경우가 이것의 한 사례로 여겨질 수 있을 것이다. ❻학생들은 담배 흡연의 위험성에 대해 철저히 교육받았음에도 불구하고 십 대들 사이에서는 흡연이 또래들에게 좋은 인상을 주며, 그들 자신들은 흡연의 나쁜 영향들에 의해 해를 입지 않을 것이라는 지배적인 믿음이 존재한다. ❼따라서 흡연에 대한 긍정적인 해석이 위험 요소로서의 흡연의 진실을 무효화한다.

어휘 theoretical 이론적인　subjective 주관적인　interpretation 해석, 이해, 설명　modify 수정[변경]하다 primacy 최고, 으뜸　premise (주장의) 전제　prevailing 우세한, 지배적인　|문제| improper 부당한, 부도덕한; *부적절한　nullify 무효화하다　adolescence 청소년기

구문 해설 ❶The case of why teenagers smoke, [despite **the objective fact** {that smoking is harmful to their health}], may be taken as an example of this. → [ ]는 문장에 삽입된 전치사구이다. the objective fact와 { }는 동격이다.

문제 해설

|Step 1| 사람들은 다른 사람들과의 교류를 통해 특정한 상징적인 의미를 만들며, 개인은 객관적인 진실이 아니라 개인적인 신념에 따라 행동한다는 것이 이 글의 중심내용이다.

|Step 2| 십 대들이 흡연에 대해 부여한 상징적 의미에 대한 예시 부분에 빈칸이 위치하였으므로 빈칸에는 구체적인 진술이 들어가야 한다.

|Step 3| 문장 ❺에서부터 상징적 상호작용론이 십 대 청소년들에게 적용된 사례를 들고 있다. 그들은 흡연이 해롭다는 객관적인 사실을 알고 있지만, 흡연이 멋있어 보인다는 주관적인 신념에 따라 행동한다. 이러한 상징적 상호작용이 일으키는 결과에 대한 내용이 빈칸에 들어간다.

|Step 4| 앞에서 언급된 상징적 상호작용론을 구체화하면, 십 대들의 흡연에 대한 그들의 긍정적인 해석이 객관적인 사실인 흡연의 위험성을 무효화한다는 말이 빈칸에 가장 적절하다.

|선택지 분석|

① 주관적인 해석에 의미를 두는 것은 부적절하다 → 흡연의 경우 주관적인 해석을 따르는 것이 건강에 해를 끼치는 위험을 초래할 수는 있지만, 이를 지나치게 일반화하여 주관적인 해석에 의미를 두는 것 자체가 부적절하다고 말하는 것은 논리의 비약이며 논점에서도 벗어난다. 무관한 내용

② 흡연이 건강에 나쁘다는 과학적인 증거에 가장 큰 중요성이 부여된다 → 흡연이 건강에 해롭다는 과학적인 사실에 중요성이 부여되는 것이 아니라, 흡연이 또래에게 좋은 인상을 준다는 주관적인 해석이 더 우세하게 작용한 것이다. 반대 개념

④ 자신의 행동을 바꾸는 십 대들에 의해서 상황의 현실이 받아들여진다 → 십 대들은 행동을 변화시키지 않았으며, 흡연의 위험성이라는 현실을 오히려 부정했다. 반대 개념

⑤ 청소년기에는 또래들이 십 대들의 행동에 가장 중요한 영향을 미친다 → 또래들이 십 대들에게 영향을 미치는 것은 사실이지만 가장 중요한 영향을 미친다는 것은 논리의 비약이며, 청소년뿐만 아니라 모든 사람들이 상호작용을 통해 상징적인 의미를 만들고 그에 따라 행동한다. 부분 일치

Unit 03　재진술

기출 예제 ③
Practice A　1 ③　2 ③　3 ③　Practice B　Warm up|1 ⓐ　2 a flag　3 ❹　Question|Q ⑤
Actual Test　1 ①　2 ⑤　3 ②

기출로 분석하는 빈칸 Solution

기출 예제 분석	정답 ③

본문 p.26 →

해석 ❶인류의 성공은 숫자와 관계에 의해 결정적으로 좌우된다. ❷몇백 명의 사람들만으로는 정교한 기술을 유지할 수 없다. ❸호주가 45,000년 전에 아프리카로부터 아시아의 해안을 따라 동쪽으로 세력을 넓히던 개척자들에 의해 식민지화되었던 것을 돌이켜보자. ❹이러한 이주의 선발대는 수가 적고 비교적 (짐을) 가볍게 하고 이동하였음이 틀림없다. ❺그들은 과거에 홍해를 건널 당시의 동족들이 사용할 수 있었던 기술의 견본만을 가지고 있었을 가능성이 크다. ❻이는 호주 원주민들의 기술이 뒤이은 천 년 동안 꾸준히 발전했고 정교해졌음에도 불구하고 구세계의 매우 많은 특징들이 결여되어 있었던 이유를 설명해 줄 수 있을지도 모른다. 예를 들어, 활과 투석기 같은 탄성 무기들은 알려지지 않았고, 화덕 또한 그랬다. ❼이것은 그들이 '원시적'이거나 정신적으로 퇴보해서가 아니다. 이것은 그들이 기술의 단지 일부만 가지고 도착했고, 충분히 조밀한 인구를 가지고 있지 않았으며 따라서 그 기술들을 훨씬 더 발전시킬 만큼 충분히 거대한 집단적인 두뇌를 갖지 못했기 때문이다.

어휘 crucially 결정적으로　sophisticated 세련된; *정교한　colonize 식민지로 만들다　pioneer 개척자, 선구자　vanguard 선봉, 선두　migration 이주, 이동　aboriginal 원주민의, 토착의　elaborate 상세히 말하다; *정교해지다　ensuing 다음의, 뒤이은　elastic 고무로 된; *탄력[신축성] 있는　primitive 원시적인　regress 퇴행[퇴보]하다　|문제| subset 부분 집합　inherit 상속받다, 물려받다

구문 해설　❺**The chances are (that)** they had only a sample of the technology [available to their relatives back at the Red Sea crossing]. → 「The chances are (that) ~」은 '~일 것 같다, ~할 가능성이 크다'의 의미로 「It is likely that ~」과 바꾸어 쓸 수 있다. [ ]는 the technology를 수식하는 형용사구이다.

단계적으로 키우는 빈칸 Thinking Skills

Practice A	정답　1 ③　2 ③　3 ③

본문 p.28 →

1
해석
자연계는 회복될 수 있지만, 상당한 재정 지원과 인간 의식 내(內)의 깊고 완전한 전환 둘 다의 도움이 있을 때만 그러하다.
① 환경을 보호하기 위해, 인간의 의식을 바꾸는 것은 환경 보호 노력에 재정 지원을 늘리는 것보다 더 중요하다.
② 인간들이 환경 보호에 그들의 부를 투자하는 것에 대한 기본적인 태도를 바꾸지 않는 한, 자연계를 구하는 것은 불가능할 것이다.
③ 상당한 양의 금전뿐만 아니라, 인간의 마음에서의 본질적인 변화도 자연계를 회복시키기 위해 필수적일 것이다.
④ 인류는 자연계를 유지하기 위해 커다란 투자가 필요할 것임을 인식했으며, 이러한 인식은 인간의 생각에 심오한 변화를 야기했다.

어휘 conversion 전환, 개조　consciousness 의식　|문제| conservation (자연 환경) 보호　alter 변경하다, 바꾸다　substantial 상당한　fundamental 근본[본질]적인　restore 회복시키다　bring about ~을 유발[초래]하다　profound 깊은, 심오한　shift 변화

문제 해설 자연계의 회복을 위해 재정 지원과 인간의 의식 변화 둘 다가 필요할 것이라는 주장을 가장 잘 재진술한 문장은 ③이다.

2
해석
새 대통령의 선출이 단 며칠 밖에 남지 않자, 그 지역은 불안으로 가득 차 있으며 정치적인 폭력의 분출에 의해 영향을 받고 있다.
① 그 지역은 새 대통령에게 투표하기를 원하는 폭력적인 사람들로 가득 찼다.
② 새 대통령은 성난 군중뿐 아니라 자기 정당으로부터도 반대에 직면하고 있다.
③ 그곳은 새 대통령 선출을 며칠 남기고 불안으로 가득 차 있으며 산발적인 정치적 폭력으로 소란하다.
④ 새 대통령의 선출 이후, 광범위한 불안이 있었고, 거리에서의 몇몇 폭력적인 행동들이 보도되었다.

어휘 be rife with ~로 가득 차 있다　outburst 폭발, 분출　|문제| overrun 가득 차다, 들끓다　raging 격렬한, 격노한　political party 정당　sporadic 산발적인, 이따금 발생하는　widespread 광범위한

문제 해설 새 대통령 선출을 앞두고 있는 지역의 불안과 정치적인 폭력 사태에 대한 내용을 가장 잘 재진술한 문장은 ③이다.

3
해석
경제 위기의 시작 이래로 거의 3년이 지났지만, 미국 시장들은 많은 외국 기업들에게 거의 개방되지 않고 있다.
① 3년간의 금융 혼란 이후, 많은 기업들은 여전히 미국의 시장들을 위험하고 매력적이지 않다고 보고 있다.

② 금융 위기가 시작된 이래로 거의 3년이 지났음에도 불구하고, 미국의 많은 기업들은 거의 제 기능을 하지 못하고 있다.

③ 금융 위기가 시작된 이래로 거의 3년이 지났지만, 미국의 시장들은 해외의 많은 기업들에게 여전히 거의 개방되지 않은 채로 남아있다.

④ 미국에서 금융 위기가 급속히 번졌던 약 3년 동안, 미국 시장들은 많은 외국 기업들에게 기회를 제공했다.

어휘 crisis 위기 |문제| chaos 혼돈, 혼란 rage 몹시 화를 내다; *급속히 번지다

문제 해설 경제 위기가 발생한지 거의 3년 후에도 여전히 많은 외국 기업들에게 미국 시장들이 개방되지 않고 있다는 내용을 재진술한 문장은 ③이다.

Practice B   정답 Warm up|1 ⓐ 2 a flag 3 ❹ Question|Q ⑤

본문 p.29 →

해석 ❶동물이 두려움을 느끼는 데 있어서 흥미로운 점은 두려움을 가장 많이 느끼는 동물이 또한 호기심이 가장 많다는 것이다. ❷사슴처럼 두려움이 많은 사냥감 동물은 자신이 이해하지 못하는 낯설고 색다른 것을 볼 때마다 바로 그 자리에서 벗어나야 한다. ❸그러나 발생하는 일은 그것이 아니다. ❹동물이 두려움을 더 많이 느낄수록, 그 동물은 조사를 할 가능성이 더 높다. ❺인디언들은 영양을 사냥하기 위해 이 원리를 이용했다. ❻그들은 깃발을 쥔 채로 땅에 눕고, 영양이 살펴보기 위해 다가오면 그것을 죽이곤 했다. ❼나는 인디언들이 들소를 잡기 위해 깃발을 들고 바닥에 누워 있는 것에 대해서는 들어본 적이 없다. ❽들소는 대초원의 한가운데서 펄럭이고 있는 깃발을 (영양만큼) 어쩔 수 없이 조사를 할 것이라고 생각하지 않는다. ❾엄청나게 크고 힘센 들소인데, 그것이 걱정할 것이 무엇이 있겠는가? ❿그러나 가냘프고 작은 영양은 걱정할 것이 많으며, 그것이 영양이 늘 상황을 조사하는 이유이다.

어휘 prey 먹이, 사냥감 investigate 조사하다, 살피다 antelope 영양 compel 강요하다, 억지로 행동하게 하다 prairie 대초원 delicate 연약한, 여린 |문제| drive 추진력; *동기, 동인(動因) migrate 이동하다

구문 해설 ❽I don't think a buffalo is going to **be** *as compelled* (*as* the antelope) **to investigate** a flag [flying in the middle of the prairie]. → 「be compelled to-v」는 '어쩔 수 없이 ~하다'의 의미이다. 「as+형용사[부사]의 원급+as」는 '~만큼 …한[하게]'의 의미로, 여기서는 as the antelope가 생략되었다. [ ]는 a flag를 수식하는 현재분사구이다.

문제 해설

|Warm up|

1 ⓑ와 ⓒ는 호기심을 보이는 행동인데 반해 ⓐ는 두려움을 느끼고 회피하는 행동이다.

2 인디언들이 영양을 사냥할 때 사용했던 낯설고 색다른 물건은 깃발이었다.

3 글의 주제는 '두려움을 가장 많이 느끼는 동물일수록 호기심이 더 많다'는 것이며 이를 가장 잘 표현하는 문장은 ❹이다.

|Question|

동물이 두려움을 느끼는 데 있어서의 흥미로운 점을 언급하고 있는 문장 ❶은 글의 주제문에 해당하는 ❹와 관련이 있다. 따라서 동물이 두려움을 더 많이 느낄수록 조사를 할 가능성이 높다는 내용의 ❹를 재진술하면 빈칸에는 두려움을 가장 많이 느끼는 동물이 또한 호기심이 가장 많다는 말이 들어가야 한다는 것을 추론할 수 있다.

|선택지 분석|

① 두려움은 지능과 관련이 있는 것처럼 보인다 → 두려움과 지능의 상관관계에 관한 내용은 글에서 다뤄지지 않았다. 무관한 내용

② 이전의 경험이 이후 삶에서 위험을 피하게 도와준다 → 이와 같은 내용은 지문에서 제시되지 않았다. 무관한 내용

③ 그들의 두려움은 생존과 직접적으로 연관되어 있다 → 단순히 두려움을 느끼는 것보다는 호기심을 느끼는 것이 생존과 직접적으로 연관되어 있다고 할 수 있다. 부분 일치

④ 두려움은 그들이 이동하도록 만드는 가장 강한 동인(動因)이다 → 두려움으로 인해 동물들이 이동을 한다는 내용은 언급되지 않았다. 무관한 내용

본문 p.30 →

1 정답 ①

해석 ❶현대 정부의 생존 능력의 궁극적인 시험대는 그것이 '상품을 조달'할 능력을 가지고 있는지 아닌지의 여부이다. ❷오늘날 국가 주도의 공산주의는 이것을 행하는 데 실패했다는 것이 분명해졌고, 다수의 과거 공산주의 국가들은 서방을 발전 모델로 고려해보기 시작했다. ❸하지만 만약 장기적인 정치적 안정이 그들의 시민들이 가진 특정 기대를 충족시키기 위한 정치·경제 체제의 능력에 의존한다면, 추구해야 할 필요가 있는 것은 비단 산업화와 경제 성장만이 아니다. ❹오히려, 시민들을 달래주는 데 있어 필수적인 것은 개인들의 지출이 원동력이 되는 소비자 경제를 창출하고 유지하는 능력이다. ❺달리 말하면 현대 국가들이 사회와 정치를 안정화시킬 수 있는 것은 오직 물질 세계를 탈바꿈시키는 것에 의해서이다.

어휘 viability 생존 능력　capacity 용량; *능력　communism 공산주의　communist 공산주의자　look to ~을 고려해 보다　stability 안정, 안정성 (*v.* stabilize 안정시키다)　pursue 추구하다　sustain 유지하다　driving force 추진력　appease 달래다　|문제| disregard 무시[묵살]하다　ideology 이데올로기, 이념

구문 해설 ❹Rather, **it is** the ability to create and sustain a consumer economy, [in which individuals' spending is the driving force], **that** is essential for citizens to be appeased. → 「it is ~ that ...」 강조구문으로 '…한 것은 바로 ~이다'의 의미이다. [ ]는 선행사인 a consumer economy를 부연 설명하는 삽입된 형태의 목적격 관계대명사절이다.

문제 해설

|Step 1| 현대 정부의 생존 능력은 상품을 조달하는 능력에 달려 있으며, 이는 소비자 경제를 통해서 창조되고 유지될 수 있다는 것이 이 글의 중심내용이다.

|Step 2| 문장 ❺의 'In other words'라는 어구를 통해, 빈칸이 있는 문장이 앞 내용을 재진술하는 부분임을 알 수 있다.

|Step 3| 빈칸 앞에서는 정치적 안정이 시민들의 기대를 장기적으로 충족시키기 위해서 정치·경제적인 체제에 의존한다면, 이는 소비자 경제의 창출과 유지를 통해 달성될 수 있다고 언급되었다.

|Step 4| 빈칸에는 현대 국가들이 사회와 정치를 안정시키기 위해 어떻게 해야 하는지가 들어가야 한다. 앞에서 언급된 문장 ❸과 ❹의 내용을 토대로, 소비자 경제를 창출하고 유지해야 한다는 것을 재진술한 내용인 물질 세계를 탈바꿈시킨다는 말이 빈칸에 들어가는 것이 가장 적절하다.

|선택지 분석|

② 경제적 소수 집단을 지원하는 것 → 이와 같은 내용은 지문에서 제시되지 않았다. 무관한 내용

③ 공산주의 이념을 묵살하는 것 → 공산주의 이념이 실패했다고는 했지만 이를 묵살하는 것이 현대 국가의 사회와 정치를 안정화시키는 방법으로 제시되지는 않았다. 무관한 내용

④ 정치와 경제 간의 균형을 이루는 것 → 글에서 언급된 'politico-economic'이라는 단어를 활용한 오답 선택지로 정치와 경제 사이의 균형을 이뤄야 한다는 내용은 언급되지 않았다. 무관한 내용

⑤ 사회와 정치를 경제보다 우선시하는 것 → 사회와 정치의 안정성은 소비자 경제의 창출과 유지에서 비롯된다고 했으므로 이는 반대되는 내용이다. 반대 개념

본문 p.30 →

2 정답 ⑤

해석 ❶모든 개인의 행동은 전체적인 사회뿐만 아니라 다른 개인들에게 심각하게 영향을 미칠 가능성이 있다는 것은 명백하다. ❷그리고 어떤 사람이 다른 어떤 개인 또는 사람들의 집단에 대한 의무를 위반할 때마다, 그 사실은 자기 자신에 관한 수준에서 벗어나 보편적인 도덕적 반감에 노출되게 된다. ❸예를 들면 어떤 사람이 자신의 낭비벽으로 인해 빚을 갚을 수 없게 되면, 혹은 같은 이유로 자신의 가족을 부양할 수 없으면, 그는 비난받아 마땅하고 처벌을 받을 수도 있다. ❹하지만 그가 처벌받는 것은 그의 낭비벽 때문이 아니다. 그의 가족이나 채권자들에 대한 의무 불이행 때문이다. ❺설령 그가 그들로부터 유용(流用)한 재원이 가장 신중한 투자에 쓰였다고 해도, 그 사람은 똑같이 잘못이 있을 것이다. ❻간단히 말해서 개인이나 대중에게 손해를 끼치거나 혹은 손해의 명확한 위험성이 있는 어떠한 경우에든지 그것은 더 이상 자유의 문제가 아닌 도덕 혹은 법의 문제가 된다.

어휘 at large 전체적인, 대체적인　violate 위반하다, 어기다　obligation (법적·도의적) 의무　moral 도덕과 관련된, 도덕상의 (*n.* morality 도덕)　disapproval 반감　extravagance 낭비　breach of duty 의무 불이행, 직무 태만　creditor 채권자　divert from ~에서 다른 데로 돌리다, 유용(流用)하다　prudent 신중한　|문제| self-gratification 자기만족　take precedence 우선권을 얻다

구문 해설 ❶**It** is clear [that any individual's actions have the potential {to seriously affect <u>other</u> <u>individuals</u>, *as well as* <u>society</u> at large}]. → It은 가주어이고 [ ]가 진주어이다. { }는 the potential을 수식하는 형용사적 용법의 to부정사구이다. 「B as well as A」는 'A뿐만 아니라 B도'의 의미이다.

❻**Even if** the resources that he diverted from them **had been spent** on the most prudent investment, the man **would have been** equally at fault. → 「if+주어+had+p.p., 주어+조동사의 과거형+have+p.p.」는 과거 사실의 반대를 가정하는 가정법 과거완료이다.

문제 해설

|Step 1| 한 개인이 다른 개인 혹은 공동체에 피해를 주는 행동을 할 때 이것은 개인적 차원을 넘어서 보편적인 도덕적 반감으로 이어진다는 것이 이 글의 중심내용이다.

|Step 2| 글의 도입부에서 언급되었던 중심내용이 문장 ❸부터 예시를 통해 구체적으로 제시된다. 중심내용은 빚을 갚지 못한 한 남자가 어떠한 이유로 돈을 사용했는가와 관계없이 의무 불이행 때문에 처벌을 받는 내용으로 재진술되었다.

|Step 3| 빈칸이 포함된 문장에 있는 'In short'라는 연결사를 통해 앞의 상황을 요약 및 재진술한다는 것을 알 수 있다.

|Step 4| 빈칸이 있는 문장은 개인이나 대중에게 손해를 끼치거나 손해의 위험성이 있는 경우를 가정하고 있으므로 주제를 재진술하고, 예시의 내용을 일반화하면 빈칸에는 그의 행동이 도덕이나 법적인 차원의 문제가 된다는 말이 들어가는 것이 가장 적절하다.

|선택지 분석|

① 자기만족은 다른 사람들의 욕구보다 우선한다 → 타인들에게 손해를 끼치는 행동은 자기 만족만으로 정당화될 수 없으며 도덕적 혹은 법적 심판을 받는다. 반대 개념

② 어떤 한 개인에게 도덕적 책임을 부과하는 것은 매우 어렵다 → 자신의 행동이 타인들에게 피해를 주는 경우, 개인은 그에 상응하는 도덕적·법적 책임을 지게 된다. 반대 개념

③ 개인과 대중 모두 동일하게 책임을 져야 한다 → 타인이나 공동체가 피해를 입는 경우, 손해를 끼친 개인이 책임을 져야 한다는 말은 있었으나 공동체 역시 책임을 져야 한다는 내용은 언급되지 않았다. 부분 일치

④ 진정한 자유는 자기 이익을 포기하지 않고는 성취될 수 없다 → 이와 같은 내용은 지문에서 제시되지 않았다. 무관한 내용

7 정답 ②

해석 ❶당신은 '긍정적인 측면을 바라보라'는 이야기를 늘 듣는 것에 싫증이 나는가? ❷당신은 당신의 낙관적인 친구들이 당신을 홀로 내버려두고 당신이 부정적이 되도록 놔두기를 바라는가? ❸만약 당신이 이러한 질문들 중 어느 한쪽에라도 '그렇다'라고 대답했다면, 당신은 Norem 박사가 방어적 비관주의라고 명명한 것을 사용함으로써 현대 생활의 압박에 대처하는 것을 배운 수백만 명의 사람들 가운데 한 명일지도 모르는데, 그것은 효과적인 행동에 대한 동기를 부여하고 그것을 실행하기 위해 어떤 상황의 최악의 시나리오를 상상해보는 전략이다. ❹기차가 연착되어 당신이 제시간에 면접에 도착하지 못하게 되면 어떻게 될까? ❺당신이 참석할 파티에 당신이 아는 사람이 아무도 없으면 어떻게 될까? ❻기말시험에서 당신이 아는 문제가 하나도 없으면 어떻게 될까? ❼Norem 박사는 <u>부정적인 생각에 빠지는 것</u>이 실제로 사람들로 하여금 최악의 경우에 대비함으로써 최선을 다해 나갈 수 있도록 도와준다고 믿는다. ❽사실상 그녀는 많은 사람들이 긍정적으로 생각하도록 강요받을 때 (일을) 더 형편없게 수행한다는 사실을 발견했는데, 이것은 부정적인 사고가 종종 불안을 다루는 효과적인 전략이기 때문이다.

어휘 optimistic 낙관적인 defensive 방어적인 pessimism 비관주의 carry out ~을 수행하다 make it 성공하다; *시간 맞춰 가다 |문제| intuition 직감, 직관 indulge in ~에 빠지다, 탐닉하다 depression 우울함

구문 해설 ❸..., you may be one of the millions of people [who have learned to cope with the pressures of modern life **by using** *what* Dr. Norem calls Defensive Pessimism, ...]. → [ ]는 the millions of people을 수식하는 주격 관계대명사절이다. 「by+v-ing」는 '~함으로써'의 의미이다. what은 선행사를 포함한 관계대명사이다.

문제 해설

|Step 1| 최악의 경우를 상상하는 것이 현대 생활의 압박에 대처하는 방법이 될 수 있다는 것이 이 글의 중심내용이다.

|Step 2| 빈칸 앞에서는 우리가 겪을 수 있는 여러 가지 최악의 상황들이 반복적으로 제시되었다. 또한 문장 ❽에서 긍정적인 생각을 강요받을 때 많은 사람들은 일을 더 형편없이 수행하며, 부정적인 생각이 불안을 다루는 효과적인 전략이라는 내용을 통해 주제가 반복되고 있다.

|선택지 분석|

① 직관에 의존하는 것 → 부정적인 사고가 불안을 다루는 효과적인 전략이라는 내용이므로 직관을 사용하는 것과는 관계가 없다. 무관한 내용

③ 불안과 우울을 감소시키는 것 → 부정적인 사고를 통해 최악의 상황들에 효과적으로 대비할 수 있다고 했으므로 이는 반대되는 내용이다. 반대 개념

|Step 3| 빈칸이 포함된 문장은 사람들이 최악의 경우에 대비함으로써 최선을 다해 나갈 수 있도록 도와주는 방법이 무엇인가에 대해 진술하고 있다.

|Step 4| 빈칸 문장 앞과 뒤의 내용을 바탕으로 중심내용을 재진술하면, 사람들이 최악의 경우에 대비하고 최선을 다하도록 돕는 방법은 부정적인 생각에 빠지는 것임을 추론할 수 있다.

④ 미래에 대한 정확한 예측을 하는 것 → 글에서는 미래에 대해 정확한 예측을 하는 것이 아니라 최악의 경우를 예측하는 것에 관한 내용이 다루어졌다. 무관한 내용

⑤ 사소한 오류와 실수를 반복하는 것 → 미래의 부정적인 경우를 상상해보는 것을 통해 최악의 경우에 효과적으로 대비할 수 있다고 했을 뿐 이를 실행에 옮겨 실수를 통해 배우는 것은 아니다. 무관한 내용

본문 p.32 →

| Secret Note | 정답 ④ |

해석 증거가 사용되는 사회 과학적인 실제에서조차도 때때로 그것은 적절한 과학적 검증을 위해 올바르게 사용되지 않는다. 사회 과학에 있어서 많은 경우, 증거는 특정 이론을 지지하기 위해서만, 즉 그 이론을 뒷받침하는 긍정적인 사례들을 찾기 위해서만 사용된다. 하지만, 이것들은 찾기 쉽고, 사회 과학에서 널리 알려진 딜레마에 봉착하는데, (이 딜레마에는) 두 개의 상충하는 이론들이 있으며, 그 각각은 각 이론을 뒷받침해주는 긍정적인 경험적 증거를 내세우지만, 각각의 이론은 정반대의 결론에 이르게 된다. 그 둘 사이에서 우리는 어떻게 결정을 내려야 하는가? 여기서 증거의 과학적 활용이 도움이 될 것이다. 왜냐하면 과학과 관련하여 특징적인 것은 부정적인 사례들을 찾는 것, 즉 이론이 옳다는 것을 증명하기보다 오히려 그 이론이 틀렸음을 입증하기 위한 방법들을 찾는 것이기 때문이다. 과학적 검증 가능성의 진정한 위력은 긍정적인 것이 아니라 부정적인 것이다. 검증은 우리로 하여금 우리의 이론이 옳다는 것을 증명할 뿐 아니라, 그 증거와 일치하지 않는 것들을 제거하도록 해준다.

어휘 **practice** 실제, 실행 **affirm** 단언하다; *찬동하다, 지지하다 **uphold** 지지하다 **conflicting** 모순되는, 상충하는 **empirical** 경험에 의거한, 실증적인 **distinctive** 독특한 **falsify** 위조하다; *~의 거짓임을 입증하다 **confirm** 사실임을 보여주다 |문제| **weed out** 제거하다

Unit 04 심화 추론

기출 예제 ⑤
Practice A 1 ④ 2 ② 3 ④ Practice B Warm up| 1 ④ 2 (1) 미 (2) 영 (3) 미 Question| Q ⑤
Actual Test 1 ④ 2 ⑤ 3 ④

기출로 분석하는 빈칸 Solution

| 기출 예제 분석 | 정답 ⑤ |

본문 p.34 →

해석 ❶수학은 그것이 매료시킬 수 있는 사람들을 매료시킬 것이지만, 과학에 대한 저항을 극복하기 위해서는 아무 것도 하지 못할 것이다. ❷과학은 원리에 있어서는 보편적이지만 실제로는 극소수에게만 말을 한다. ❸수학은 이른바 마찰이 없는 가장 고차원적인 유형의 의사소통 기술로 간주될지도 모르는데, 수학과는 정반대 편에서 과학의 성과들은 말을 사용하지 않고 그것의 실용적인 혜택들을 보여준다. ❹하지만 그러한 성과들은 양면적이다. ❺과학으로서의 과학은 말을 하지 않는데, 이론적으로 과학자들이 서로 의사소통할 때 모든 과학적 개념들은 수학화되며, 과학이 그것의 산물을 비(非)과학자들에게 내보일 때 과학은 상술(商術)에 의지할 필요도 없고 사실 의지할 수도 없다. ❻과학이 다른 사람들에게 말을 하게 되면 그것은 더 이상 과학이 아니며, 그 과학자는 수학의 정확성을 약화시키는 선전원이 되거나 (그런 일을 하는) 선전원을 고용해야 한다. ❼그렇게 하면 과학자는 수사적인 모호함이나 은유적 표현을 위해서 수학적 정확성을 향한 자신의 욕구를 뒤집게 되고, 그리하여 자신을 과학자로 규정하는 지적인 행위의 규약을 어기게 된다.

어휘 resistance 저항, 반대　frictionless 마찰이 없는　fruit 과일; *결과, 성과　ambivalent 서로 용납하지 않는; *양면 가치의　ideally 이상적으로; *이론적으로　resort to 기대다, 의지하다　dilute 희석시키다, 약화시키다　rhetorical 수사적인　vagueness 애매, 막연　|문제| surmount 극복하다　inevitably 불가피하게, 필연적으로　hostile 적대적인　code 암호; *규약, 관례

구문 해설　❺ ... it **need not**, and indeed **is not able to**, resort to salesmanship. → 동사 resort 앞에 조동사 need not과 is not able to가 접속사 and로 병렬 연결되어 있다.

단계적으로 키우는 빈칸 Thinking Skills

Practice A	정답　1 ④　2 ②　3 ④

본문 p.36 →

1

해석
고대 그리스 전설에 따르면, 인류가 처음 창조되었을 때, 각 사람 앞에는 한 개의 가방이 매달려 있었고, 또 다른 가방은 뒤에 매달려 있었다고 한다. 뒤에 매달려 있던 가방은 그 사람의 잘못들로 가득 차 있었고, 앞에 매달려 있던 것은 타인들의 잘못들을 담고 있었다. 이 이야기는 <u>자신의 잘못은 보지 못하고 타인들의 잘못들을 보는 것이 쉬운</u> 이유를 설명하는 데 사용되었다.

① 많은 사람들이 서로 도와야 하는
② 어떤 사람들이 모든 것에 대해 자신을 탓하는
③ 사람들이 낯선 이들에게 적대적인 경향이 있는
④ 자신의 잘못은 보지 못하고 타인들의 잘못들을 보는 것이 쉬운

어휘 ancient 고대의　legend 전설　|문제| tendency 성향, 기질, 경향

문제 해설 자신의 잘못은 뒤에 매달려 있으므로 잘 볼 수 없을 것이고, 타인의 잘못은 앞에 매달려 있으므로 더 잘 볼 수 있다는 것을 추론할 수 있다.

2

해석
종자 육성에서 필수적인 단계들 중 하나는 수분(授粉)이며, 이것은 꽃가루가 식물의 수술로부터 암술로 이동되는 과정이다. 붉은 토끼풀과 같은 많은 식물들은 스스로 수분(授粉)을 할 수 있는 능력이 없다. 대신에 그들은 한 식물에서 다른 식물로 꽃가루를 옮기기 위해 곤충들에게 의존하다. 붉은 토끼풀의 경우, 오직 호박벌만이 이것을 할 수 있다. 따라서 만약 농부들이 붉은 토끼풀의 흉작을 겪는다면, 그들은 <u>지역의 호박벌 개체 수</u>를 확인해야 한다.

① 그 지역의 토양의 질
② 지역의 호박벌 개체 수
③ 근처의 토끼풀을 먹는 곤충들의 수
④ 그들이 사용하고 있는 종자의 종류

어휘 pollination 수분(授粉) (v. pollinate 수분하다)　pollen 꽃가루　transfer 옮기다, 이동하다　stamen (꽃의) 수술　pistil 암술　bumblebee 호박벌　poor crop 흉작

문제 해설 붉은 토끼풀이 흉작이라면 수분(授粉)이 잘 되지 않은 것이고, 붉은 토끼풀은 호박벌에 의해서만 수분(授粉)이 되므로, 이는 수분(授粉)을 하는 호박벌이 부족한 것이라고 추론할 수 있다.

3

해석
지구라는 행성에 가장 가까운 별들 중 하나는 실제로 우리의 태양과 매우 유사하다. 이 별은 Alpha Centauri라고 불리며, 불과 4.3광년밖에 떨어져 있지 않다. 하지만, 지구에서 가장 가까운 별은 (우리의 태양을 제외하고) 망원경 없이는 볼 수 없는 Proxima Centauri라고 불리는 아주 작고 붉은 별이다.

이 글로부터 <u>Proxima Centauri와 지구가 4.3광년 미만의 거리에 있다는 것</u>을 추론할 수 있다.

① Alpha Centauri는 지구에서 볼 수 없다
② 지구에서 가장 가까운 별은 Alpha Centauri이다
③ 태양과 Proxima Centautri는 많은 유사점들을 공유하고 있다
④ Proxima Centauri와 지구가 4.3광년 미만의 거리에 있다

어휘 telescope 망원경   infer 추론하다

문제 해설 지구에서 가까운 별들 중 하나인 Alpha Centauri가 지구에서 4.3광년 떨어져 있다고 했으므로, 지구에서 가장 가까운 별인 Proxima Centauri는 4.3광년보다 더 가까이 있다는 것을 추론할 수 있다.

Practice B   정답 Warm up| 1 ④   2 (1) 미 (2) 영 (3) 미   Question| Q ⑤

본문 p.37 →

해석 ❶미국인들은 혼자 있고 싶을 때 자신들을 외딴 공간에 가두는 경향이 있는데 이 물리적인 경계 안에서 평화와 안식을 추구한다. ❷미국인들의 경우, 같은 공간을 공유하는 다른 누군가와 대화하기를 거부하는 '묵살'이라고 불리는 행위는 극단적인 불쾌감과 거부의 직접적인 신호이다. ❸대조적으로, 종종 자신들의 방이 없이 성장한 까닭에 영국인들은 사적인 공간으로 도피하는 데 익숙하지 않다. ❹대신 그들의 문화에서는 내면화된 장벽의 도움으로 스스로를 방어한다. ❺이 내면의 벽을 세울 때 그들은 타인들이 그것을 인지할 것으로 예상한다. ❻그러므로 어떤 영국인이 미국인과 있을 때 스스로를 고립시키는데 그 미국인은 그 영국인과 모든 것이 순조롭다는 것을 확인하고 싶으면 그는 아마도 <u>그 영국인의 개인적인 경계선을 뚫고 들어가려고</u> 할 것이다.

어휘 boundary 경계   displeasure 불쾌감, 불만   be accustomed to ~에 익숙하다   retreat 후퇴하다, 빠져나가다; *도피하다   by means of ~의 도움으로   internalize 내면화하다   internal 내부의; *마음속의, 내면의

구문 해설 ❷For Americans, [refusing to talk to someone else {sharing the same space}], [called the "silent treatment,"] is a direct signal of extreme displeasure and denial. → 첫 번째 [ ]는 문장의 주어로 쓰인 동명사구이다. { }는 someone else를 수식하는 현재분사구이다. 두 번째 [ ]는 앞의 동명사구를 부연 설명하는 과거분사구이다.

문제 해설

|Warm up|

1 글의 중심내용은 같은 공간에서 침묵하는 것에 대해 서로 다르게 반응하는 미국인과 영국인의 차이점에 관한 것이다.
2 (1) 그들은 자기 방을 가지고 양육되었다. → 미국인들과 달리 영국인들은 자기 방이 없이 성장했다고 했으므로 미국인들은 자신의 독립된 공간을 가지고 성장한다는 것을 추론할 수 있다.
(2) 그들은 혼자 있고 싶을 때, 내면된 장벽을 세운다. → 문장 ❹에서 영국인들은 사적인 공간으로 도피하는 대신 내면화된 장벽을 세운다고 언급했다.
(3) 그들이 같은 공간에 있는 누군가에게 화가 나면, 그들은 그 사람과 대화를 하지 않는다. → 불쾌감과 거부의 직접적인 신호로서 묵살을 사용하는 것은 미국인이다.

|Question|

미국인과 영국인이 같은 공간에서 말을 하지 않는다면, 영국인은 자신이 세운 내면화된 장벽을 상대방이 알아차릴 것으로 예상하지만 미국인은 이를 극단적인 불쾌감의 신호로 여기므로 침묵을 깨려고 할 것이다.

|선택지 분석|

① 자신만의 사적 공간으로 가려고 → 미국인은 혼자 있고 싶을 때 사적 공간으로 들어가지만, 타인과의 관계가 순조롭다는 것을 확인하고자 할 때에는 대화를 할 것이다. 반대 개념
② 자신의 개인적인 장벽들을 만들려고 → 개인화된 장벽을 만드는 것은 타인과 소통하고 싶지 않을 때 영국인이 보이는 반응이며, 빈칸에는 타인과 소통하고자 하는 미국인의 반응이 들어가야 한다. 반대 개념
③ 자신의 공간을 영국인과 공유하려고 → 미국인이 타인과의 관계가 순조롭다고 느끼는 상황은 공간을 공유하는 것뿐만 아니라 타인과 대화를 나눌 수 있는 상황이어야 한다. 부분 일치
④ 그 영국인을 묵살하려고 → 미국인은 극단적인 불쾌감과 거부를 표시할 때 '묵살'이라는 방법을 사용한다. 반대 개념

본문 p.38 →

1 정답 ④

해석 ❶우리는 선천적으로 원인과 결과의 관점에서 생각한다. ❷그리고 이는 세상에 대한 우리의 경험을 체계화하는 데 도움을 준다. ❸우리는 우리 스스로가 어떤 것들이 다른 것들을 발생하도록 하는 것을 본다고 생각하지만, 가공하지 않은 감각 경험의 관점에서 우리는 단지 다른 것들이 발생하기 전에 어떤 것들이 발생하는 것을 보고, 이전에 그러한 전후의 연속적인 사건들을 봤던 것을 기억할 뿐이다. ❹예를 들면, 돌이 창문을 치고 그 후에 창문은 깨진다. ❺우리는 〈인과 관계〉라고 불리는 제 3의 것을 보지 못한다. ❻그러나 우리는 그것이 발생했다고 믿는다. ❼창문을 치는 돌이 창문을 깨지게 했다. ❽그러나 이것은 돌이 날아가는 것이나 유리가 산산조각 나는 것처럼 경험되지 않는다. ❾경험은 우리에게 인과 관계라는 개념을 강요하는 것처럼 보이지 않는다. ❿우리는 단지 우리가 경험한 것을 해석하기 위하여 그것을 이용한다. ⓫원인과 결과는 우리의 경험으로부터 결코 이해할 수 없는 범주이며 따라서 그러한 연결 고리가 있다고 생각하기 위해서는 <u>우리의 이전의 정신적 기질에 의해 그 경험을 상기시켜야</u> 한다.

어휘 sequence 연속적인 사건   causation 인과 관계   shatter 산산조각 나다   attribute ~의 탓으로 하다; *(성질 등이) 있다고 생각하다 |문제| accumulated 축적된, 누적된   compensation 보상   distinguish 구별하다   entity 독립체   disposition 기질, 성격

구문 해설 ❸We **think of** <u>ourselves</u> **as** *seeing* some things ***cause*** other things **to happen**], ... → 「think of
_A ____ _B
A as B」는 'A를 B로 생각하다[여기다]'의 의미이다. 지각동사 see의 목적격보어로 동사원형 cause가 쓰였다. 「cause A to-v」는 'A가 ~하게 야기하다'의 의미이다.

문제 해설

|Step 1| 우리는 일련의 사건들의 인과 관계를 경험한다고 생각하지만 실제로는 인과 관계가 경험을 통해서는 이해될 수 없다는 것이 이 글의 중심내용이다.

|Step 2| 빈칸에는 원인과 결과가 가지는 특성이 들어간다. 빈칸 앞의 내용을 바탕으로 우리가 인과 관계라고 생각하는 것들이 실제로는 어떠한 것인지에 대한 단서를 수집해본다.

단서 1 우리는 어떤 것들이 다른 것들을 발생하도록 하는 것을 본다고 생각하지만, 실제로는 단지 이전에 보았던 전후 관계를 기억해 낸 것뿐이다.

단서 2 우리는 단지 경험한 것을 해석하기 위해 인과 관계를 이용한다.

단서 3 원인과 결과는 경험으로부터 결코 이해할 수 없는 범주이다.

|Step 3| 위의 단서들을 바탕으로, 인과 관계는 경험되는 것이 아니며 우리는 자신이 경험한 것을 해석하고 사건에 연결 고리가 있다고 생각하기 위해 정신적 기질을 바탕으로 두 경험들을 원인과 결과로 연결한다는 것을 추론할 수 있다.

|선택지 분석|

① 인류의 축적된 지식으로부터 배워야 → 이전에 그러한 전후의 연속적인 사건들을 봤던 것을 기억한다는 내용은 있었으나, 인과 관계를 추정하기 위해 인류의 축적된 지식으로부터 배운다는 것은 논리적인 비약이다. 무관한 내용

② 우리의 상상력 부족에 대한 보상으로서 이용되어야 → 인과 관계라는 것을 실제로 보지 않았음에도 두 사건 사이에 연결 고리가 있다고 생각하는 것은 사람들이 정신적인 활동을 통해 그 둘 사이에 있는 관련성을 상상했기 때문이다. 따라서 원인과 결과 사이에 연결 고리가 있다고 생각하는 것은 상상력의 결과라고 볼 수 있다. 반대 개념

③ 분리된 독립체들로서 서로 명확하게 구분되어야 → 원인과 결과는 각각 다른 독립체로 명확하게 구분되는 것이 아니라 정신적인 기질에 의해 연결되는 것이므로 이는 정답과 반대되는 내용이다. 반대 개념

⑤ 그것들 자체가 독립적인 감각 경험들로 고려되어야 → 원인과 결과는 독립적인 감각 경험으로 이해될 수 없는 범주에 속한다. 반대 개념

본문 p.38 →

2 정답 ⑤

해석 ❶경계선 성격 장애를 가진 개인들은 종종 다른 사람들에 의해서 그들의 감정들이 부정되었던 전력이 있다. 다시 말해서 그들은 그들의 감정들이 잘못되었다는 말을 듣는다. ❷그들은 그들의 감정이 가치가 있는지 없는지를 알기 위해서 그들 외부, 즉 타인을 바라보아야만 한다고 믿도록 강요당한다. ❸그들은 자신이 다른 사람들의 기대에 따라 행동해야만 하고 어떤 부정적인 감정도 가져서는 안 된다고 느끼기 때문에 이것은 만성적이고 내적인 긴장을 불러일으킨다. ❹시간이 흐를수록 이 내적인 긴장은 쌓이고 결국에는 감정의 폭발을 초래한다. ❺게다가 어렸을 때 그들의 감정을 반복적으로 부정당한

개인들은 그들이 과장된 표현들을 통해서 자신의 감정을 드러내지 않는다면 아무도 그들의 감정을 진지하게 받아들이지 않을 거라고 느끼는 경향이 있다. ❹ 결과적으로 이러한 개인들은 <u>다른 사람들이 그들의 진정성을 인정한다는 것을 확인하기 위해서 잠재의식적으로 그들의 감정을 지나치게 강조한다.</u>

[어휘] **invalidate** 틀렸음을 입증하다　**chronic** 만성적인　**eruption** 폭발　**display** 표현　**subconsciously** 잠재의식적으로　**overemphasize** 지나치게 강조하다　|문제| **resolve** *해결하다; 다짐하다　**trigger** 촉발시키다　**conceal** 감추다, 숨기다　**authenticity** 진실성, 진정성

[구문 해설] ❺ In addition, individuals [who had their emotions repeatedly invalidated as children] tend to feel [that unless they express their feelings ...]. → 첫 번째 [ ]는 선행사인 individuals를 수식하는 주격 관계대명사절이다. 두 번째 [ ]는 feel의 목적어절이다.

[문제 해설]

|Step 1| 이 글은 경계선 성격 장애를 가진 사람들의 특징에 관한 내용이다.

|Step 2| 경계선 성격 장애의 원인과 증상이 빈칸을 추론하는 근거가 된다.

단서 1 경계선 성격 장애는 타인으로부터 반복적으로 그들의 감정이 잘못되었다고 이야기를 듣고, 자신의 감정이 가치가 있는지를 파악하기 위해서 타인에게 의존하도록 강요당할 때 발병할 수 있다.

단서 2 경계선 성격 장애를 가진 사람들은 과장된 표현을 통해 그들의 감정을 나타내지 않으면, 다른 사람들이 그들의 감정을 진지하게 받아들이지 않을 것이라고 느낀다.

|Step 3| 위의 단서들을 바탕으로, 경계선 성격 장애를 가진 사람들이 자신의 감정을 지나치게 강조하는 이유는 그것을 타인에게 인정받기 위한 것임을 추론할 수 있다.

|선택지 분석|

① 그들이 다른 사람들의 감정을 수용하는 것을 보여주기 → 경계선 성격 장애를 가진 사람들이 과장된 표현을 하는 것은 타인의 감정을 수용하기 위함이 아니라 반대로 자신의 감정을 타인에게 인정받기 위함이다. [반대 개념]

② 감정 폭발에 의해 촉발된 갈등을 해결하기 → 경계선 성격 장애를 가진 사람들이 감정의 분출을 겪게 된다는 내용은 언급되었으나, 감정 폭발에 의해 촉발된 갈등을 해결하기 위해 감정을 지나치게 강조하는 것은 아니다. [부분 일치]

③ 다른 사람들이 좋아하지 않는 부정적인 감정들을 숨기는 것을 피하기 → 경계선 성격 장애를 가진 사람들은 타인들이 좋아하지 않는 자신의 부정적인 감정을 숨기려고 한다. [반대 개념]

④ 그들의 감정이 적절하다는 것을 스스로에게 확신시키기 → 경계선 성격 장애를 가진 사람들은 스스로가 아닌 타인에게 자신의 감정을 인정받고자 한다. [반대 개념]

본문 p.39 →

3 정답 ④

[해석] ❶ 종전에 케이블, 인터넷, 전화 사업자들이 특정 종류의 콘텐츠에 추가 요금을 부과하는 것을 금지했던 규제들이 미국의 항소 법원의 판결을 통해 최근 불허(不許)되었다. ❷ 연방 통신 위원회 (F.C.C.)의 그 같은 규제들이 과도하다고 주장된 후 (이에 대한) 관심이 높아졌다. ❸ 의회에 의해 표명된 바와 같이, 인터넷 서비스는 오직 적정선에서만 규제되어야 하는데, 왜냐하면 연방 통신 위원회가 그것을 '정보' 서비스로 규정했기 때문이다. ❹ 이것은 전통적인 전화 회사들을 '전기 통신' 서비스의 공급자들로 분류한 것과는 다른데, 이들은 그러한 서비스의 제공에 있어서 어떠한 차별도 방지하기 위해 엄격히 규제될 필요가 있다. ❺ 하지만 일부 사람들은 이 판결이 인터넷의 개방성을 실제적으로 약화시킬 수 있다고 우려한다. ❻ 이 판결이 유효하게 되면 광대역 인터넷 공급업체들은 <u>그들의 서비스를 위해 주요 콘텐츠 공급업체들과 독점적인 거래를 체결할 것이다.</u> ❼ 그러면 콘텐츠에 요금이 부과될 수 있고, 그것은 유튜브 같은 채널들을 사람들이 접근하기에 더 비싸게 만들 것이다. ❽ 이것은 또한 특별 혜택에 돈을 지불할 여력이 없는 신규 업체나 소규모 인터넷 콘텐츠 공급업체들에게 피해를 줄 것이다.

[어휘] **regulation** 규칙, 규정; *규제 (v. regulate 규제하다)　**forbid** 금(지)하다　**disallow** 인정하지 않다, 불허하다　**court of appeal** 항소 법원　**restriction** 제한, 규제　**telecommunication** 전기 통신　**discrimination** 차별　**provision** 공급, 제공　**ruling** 판결　**undermine** 약화시키다　**stand** 서다; *유효하다　**broadband** 광대역　**start-up** 신규 업체　**preferential** 우선권[특혜]을 주는　|문제| **petition** 탄원, 청원; *탄원[청원]하다　**withdrawal** 철회

[구문 해설] ❶ <u>Regulations</u> [which previously **forbade** cable, Internet, and phone providers **from putting**
　S
additional charges on certain kinds of content] <u>were</u> recently <u>disallowed</u> .... → [ ]는 선행사인 Regulations
　　　　　　　　　　　　　　　　　　　　　　　　　　　　　V
를 수식하는 주격 관계대명사절이다. 「forbid A from v-ing」는 'A가 ~ 하는 것을 금지하다'의 의미이다.

|Step 1| 이전에 통신 사업자들이 특정 콘텐츠 제공 시에 추가 요금을 부과하는 것을 금지했던 규제들이 법원의 판결을 통해 불허되었다는 것이 글의 중심내용이다.

|Step 2| 빈칸에는 이러한 법원의 판결이 유효할 경우, 광대역 인터넷 공급업체들이 취할 행동이 들어가야 한다. 빈칸 뒤에는 정답의 단서들이 나온다.

단서 1 콘텐츠에 요금이 부과되고 유튜브와 같은 채널들은 사람들이 접근하기에 비싸질 것이다.

단서 2 자본이 부족한 신규 업체나 소규모 인터넷 콘텐츠 공급업체들이 해를 입을 것이다.

|Step 3| 단서들을 종합해보면 광대역 인터넷 공급업체들이 콘텐츠 판매를 통한 이윤을 추구하기 위해 주요 콘텐츠 공급업체들과 독점 계약을 추진할 것임을 추론할 수 있다.

|선택지 분석|

① 신규 고객을 끌어들이는 데 어려움을 겪을 → 이와 같은 내용을 추론할 수 있는 근거는 지문에서 제시되지 않았다. 무관한 내용

② 판결의 철회를 정부에 청원할 → 광대역 인터넷 공급업체들은 법원의 판결을 통해 이익을 보는 집단이므로 정부에 이러한 판결을 철회해 달라고 청원을 하지 않을 것이다. 반대 개념

③ 콘텐츠 공급업체들이 겪을 것과 같은 어려움을 겪을 → 소규모 콘텐츠 공급업체들은 어려움을 겪을 수도 있지만 광대역 인터넷 공급업체들은 주요 콘텐츠 공급업체들과 계약을 맺고 요금을 부과하여 이윤을 추구할 수 있으므로 이는 반대되는 내용이다. 반대 개념

⑤ 고객들에게 더 낮은 수준의 콘텐츠를 제공하지만 요금은 더 부과할 → 사람들에게 추가 요금이 붙는 콘텐츠를 제공하는 것은 맞지만 더 질이 낮은 서비스를 제공하는 것은 아니다. 부분 일치

Paraphrasing **Special Section I**

| 연습 문제 | 정답 2-1 ④   2-2 ①   2-3 ③   2-4 ②   3-1 great enough to impress   3-2 Nothing is as precious as |

본문 p.41~43 →

2-1 |해석| Rembrandt는 그의 예술 작품에서 빛에 대한 정교한 묘사로 유명하다.
→ Rembrandt는 그의 예술 작품에서 빛의 <u>섬세한</u> 사용으로 명성을 얻었다.

① 독특한   ② 열등한   ③ 초과적인   ④ 섬세한

|문제 해설| '정교한'이라는 의미의 exquisite은 유의어인 sophisticated로 바꾸어 쓸 수 있다.

2-2 |해석| 나의 바쁜 일정은 내가 잠시도 쉬지 못하게 만들었다.
→ 나의 바쁜 일정은 내가 잠깐 휴식을 취하는 것을 <u>막았다</u>.

① 막았다   ② 알려주었다   ③ 허가했다   ④ 버렸다

|문제 해설| '허가하다'의 의미인 let과 부정어 not을 사용한 didn't let은 let의 반의어인 'A가 ~하지 못하게 막다'의 의미인 「keep from v-ing」로 바꾸어 쓸 수 있다.

2-3 |해석| 어떤 사람들은 특정한 화학 물질을 만들어 낼 수 없기 때문에 우유나 치즈가 들어간 음식을 소화시킬 수 없다.
→ 어떤 사람들은 특정한 화학 물질을 만들어 낼 수 없기 때문에 <u>유제품</u>을 소화시킬 수 없다.

① 단백질   ② 불량 식품   ③ 유제품   ④ 농작물

|문제 해설| '우유나 치즈'와 같은 구체적인 범주의 단어는 상위어인 '유제품'으로 바꾸어 쓸 수 있다.

2-4 |해석| 당신이 독감에 걸리면, 주된 증상은 무력감과 발열이다.
→ 당신이 독감에 걸리면, 주된 증상은 <u>피곤함을 느끼는 것</u>과 고열이다.

① 기침을 하는 것   ② 피곤함을 느끼는 것   ③ 목이 아픈 것

|문제 해설| '무력감'이라는 단어를 '피곤함을 느끼는 것'이라고 풀어서 쓸 수 있다.

3-1 |해석| 그가 자신의 일에 쏟는 에너지는 매우 커서 CEO까지도 감명시켰다.

→ 그가 자신의 일에 쏟는 에너지는 CEO까지 감명시키기에 충분히 컸다.

|문제 해설| 「so ~ that ...」은 '너무 ~해서 ...하다'의 의미로 「enough+to-v」로 바꾸어 쓸 수 있다.

3-2 |해석| 타인과 공감할 수 있는 것은 다른 무엇보다 더 중요하다.

→ 어떤 것도 타인과 공감할 수 있는 것만큼 중요한 것은 없다.

|문제 해설| 「비교급+than any other+단수명사」는 「부정주어+as[so]+형용사[부사]의 원급+as」로 바꾸어 쓸 수 있다.

본문 p.44 →

1 |해석| 그 디자이너는 그녀가 자신의 의상들에 사용하는 정교한 장식으로 유명하다.

→ 그 디자이너는 그녀의 작품에 멋진 장식을 사용하는 것으로 유명하다.

① 소품들　　② 옷감　　③ 의복　　④ 장식

|문제 해설| decoration은 유의어인 ornamentation으로 바꾸어 쓸 수 있다.

2 |해석| 전쟁이 끝났을 때, 그 군대는 그가 자신의 가족에게 돌아가는 것을 막지 않았다.

→ 전쟁이 마침내 끝났고, 그 군대는 그가 자신의 가족에게로 가는 것을 허락했다.

① 강요했다　　② 떠나는 것을 허락했다　　③ 분배했다　　④ 칭찬했다

|문제 해설| didn't stop은 stop의 반의어로 바꾸어 쓸 수 있으므로 빈칸에는 '막았다'의 반의어인 '떠나는 것을 허락했다'라는 의미의 discharged가 들어가는 것이 적절하다.

3 |해석| 그 회사의 임금과 복리 후생은 매년 계속해서 향상되고 있다.

→ 천천히 그러나 꾸준히, 그 회사의 업무 조건은 나아지고 있다.

① 재정 상태　　② 제품의 질　　③ 업무 조건　　④ 경영 윤리

|문제 해설| '임금과 복리 후생'은 상위어인 '업무 조건'으로 바꾸어 쓸 수 있다.

4 |해석| 사람들이 하나의 팀으로서 함께 일한다면, 분별력 있고 실용적인 판단이 필수적이다.

→ 하나의 집단으로 일할 때, 상식을 사용하는 것이 필수적이다.

① 동정심　　② 참을성　　③ 양심　　④ 상식

|문제 해설| '분별력 있고 실용적인 판단'이라고 풀어서 설명되어 있는 개념은 '상식'이라는 한 단어로 바꾸어 쓸 수 있다.

5 |해석| 그의 발상들이 세상에 아무런 변화를 일으키지 않을 것이라고 예측했던 사람들의 비판에도 불구하고, 에디슨은 계속해서 발명을 했고 결국은 커다란 영향을 주었다.

→ 그의 발상들이 세상에 아무런 변화를 일으키지 않을 것이라고 예측했던 사람들의 비판에 직면했음에도 불구하고 에디슨은 꾸준히 노력했고 그의 발명품들로 세상을 놀라게 했다.

① ~까지　　② ~라는 것 외에는　　③ ~하지 않는 한　　④ ~에도 불구하고

|문제 해설| 전치사 in spite of가 이끄는 명사구는 동일한 의미의 접속사인 even though가 이끄는 절로 바꾸어 쓸 수 있다.

6 |해석| 지난해, 우리 회사는 비용을 절감하고 우리가 돈을 낭비하고 있지 않다는 것을 보여주기 위해 송년회를 취소했다.

→ 지난해, 우리 회사의 송년회는 비용을 절감하고 회사가 사치를 부리지 않는다는 것을 보여주기 위해 <u>취소되었다</u>.

① 취소했다   ② 취소하고 있었다   ③ 취소되었다   ④ 취소해왔다

|문제 해설| '회사가 송년회를 취소했다'는 능동태 문장은 '송년회가 취소되었다'는 수동태 문장으로 바꾸어 쓸 수 있다.

PART2

기출 예제 ③
Practice A Warm up| 1 ③ 2 (1) F (2) T (3) T Question | Q ③
Practice B Warm up| 1 ④ 2 (1) F (2) T (3) T Question | Q ⑤
Actual Test 1 ④ 2 ③ 3 ③

기출로 분석하는 빈칸 Solution

기출 예제 분석	정답 ③

본문 p.48 →

해석 ❶내가 만일 영화 산업에서의 내 평생의 경험으로부터 단 하나의 조언을 해 줄 수 있다면, 그것은 장편 영화를 만들기 전에 단편 영화를 제작하라는 것이다. ❷영화를 만드는 방법을 배우는 과정은 순환적인데 그것은 그 기술을 이해하기 시작하기 위해서는 적어도 한 번은 전체 과정을 경험해 봐야만 한다는 것을 의미한다. ❸예를 들면, 연출의 많은 부분은 편집 과정과 한 장면을 만들기 위해 여러 샷이 함께 작용하는 방식을 이해하는 것에서 비롯된다. ❹단지 이 하나의 측면을 이해하는 것이 촬영장에서 연출을 할 때 카메라 배치와 속도를 조절하는 것에 대한 당신의 선택에 엄청난 영향을 줄 것이다. ❺당신의 우수한 아이디어를 당신의 첫 영화로 만들지 마라. 당신은 그것을 전 생애 동안 후회할 것이다. ❻작은 것부터 시작하고 단편 영화로 그 과정을 배워라. 그리고 나서 두 번째 그리고 세 번째 영화를 통해, 배우들과 함께 일하고, 카메라를 총괄하는 당신의 연출 기술을 계발해라. ❼당신은 언제 당신이 장편 영화를 찍을 준비가 되었는지 알게 될 것이다.

어휘 cyclical 순환적인   craft 공예; *기술   directing 연출 (v. direct 연출하다, 총괄하다)   stem from ~에서 생겨나다, 기인하다   shot 발포, 발사; *(영화 · 텔레비전의) 한 장면, 샷   placement 배치   star 초월한, 우수한   feature film 장편 영화

구문 해설 ❷The process of learning **how to make** a movie is cyclical, [meaning {(that) you have to go through the entire process at least once just *to begin* to understand craft}]. → 「how to-v」는 '~하는 방법'이라는 의미이다. [ ]는 부대상황을 나타내는 분사구문이다. { }는 meaning의 목적어절로 접속사 that이 생략되었다. to begin 이하는 목적을 나타내는 부사적 용법의 to부정사구이다.

단계적으로 키우는 빈칸 Thinking Skills

Practice A	정답 Warm up| 1 ③ 2 (1) F (2) T (3) T Question	Q ③

본문 p.50 →

해석 ❶모차르트의 음악을 듣는 것이 당신의 아이를 더 영리해지도록 만들어 줄 것이라는 소위 모차르트 효과는, 연구에 의해 정당성을 인정받지 못한 과대 광고를 통해서 매체에 의해 과학적 발견이 왜곡되는 한 가지 좋은 사례이다. ❷그것은 순전히, 모차르트 음악 선곡에 노출된 후에 대학생들이 조각 그림 맞추기와 같은 과제에서 약 10분 동안 공간 추론력의 상승을 보였다고 연구자들이 보고했을 때 시작되었다. ❸우선 그 연구가 유아들이 아닌 대학생들에게 행해졌으며 또 그 효과가 매우 짧았음을 주목하라. ❹뿐만 아니라, 그 연구를 반복할 수 있는 사람은 아무도 없었다. ❺공간 추론력의 상승은 검사를 받는 동안 사람들을 기민하게 하는 모든 청각 자극(예를 들어, 짧은 이야기나 다른 종류의 음악을 듣는 것)에 의해 발생할 수 있다는 것이 밝혀졌다. ❻하지만, 이것 중 어느 것도 비윤리적인 회사들의 기막히게 좋은 주장에 자극을 받은 열성적인 부모들이 자기 아이들을 위해 모차르트의 음반을 사는 것을 막지는 못하였다.

어휘 warrant 정당화하다　　exposure 노출, 폭로　　spatial reasoning 공간 추론　　jigsaw puzzle 조각 그림 맞추기　　infant 유아　　replicate 모사[복제]하다　　auditory 청각의　　eager 열렬한　　spur 원동력이 되다, 자극하다　　unethical 비윤리적인　　|문제| bond (인간 관계의) 유대, 결속　　exaggerated 과장된　　discard 버리다, 폐기하다　　distort 비틀다, 일그러뜨리다　　correlation 연관성, 상관관계　　convergence 수렴　　physiology 생리학

구문 해설　❺The increase in spatial reasoning, [it turns out], can be generated by any auditory stimulation (e.g., listening to a short story or other types of music) [that keeps people alert {while being tested}]. → 첫 번째 [ ]는 문장 내에 삽입된 절이다. 두 번째 [ ]는 any auditory stimulation을 수식하는 주격 관계대명사절이다. { }는 동시동작을 나타내는 분사구문으로, 의미를 명확히 하기 위해 접속사 while을 생략하지 않은 형태이다.

문제 해설

|Warm up|

1 모차르트 효과가 과대 광고를 통해서 매체에 의해 왜곡되었다는 것이 이 글의 중심내용이다.
2 (1) 모차르트 음반을 듣고, 유아들은 공간 추론력의 일시적인 상승을 보였다. → 유아들이 아닌 대학생들의 공간 추론력이 잠시 향상되었다.
(2) 공간 추론력의 상승은 어떤 음악을 듣는 것에 의해서도 발생될 수 있다. → 공간 추론력의 상승은 모든 청각 자극에 의해서 발생할 수 있다고 했다.
(3) 몇몇 기업들은 부모들이 아이들을 위해 모차르트 음반을 사도록 권장한다. → 비윤리적인 회사들이 부모들에게 모차르트 음악을 들으면 아이들이 영리해진다고 하는 과대 광고를 했다.

|Question|

빈칸이 있는 문장에는 필자의 주장을 나타내며, 모차르트 효과가 정확한 연구 결과에 바탕을 둔 것이 아니라 비윤리적인 회사들의 과대 광고에 의해 만들어진 것이라는 근거가 이어지고 있으므로, 이를 일반화하면 과학적 발견이 왜곡되었다는 말이 빈칸에 가장 적절하다는 것을 추론할 수 있다.

|선택지 분석|

① 부모들과 아이들 사이의 유대가 과장되는 → 부모들과 아이들 사이의 유대가 과장된다는 내용은 언급되지 않았다. 무관한 내용
② 진정한 과학적 혁신이 버려지는 → 모차르트 효과는 진정한 과학적 혁신이 버려진 사례가 아니라 과학적으로 명확히 증명되지 않은 것이 널리 받아들여진 사례이다. 반대 개념
④ 추리력과 음악 사이의 상관관계가 거부되는 → 모차르트 효과는 공간 추론력과 음악 사이에 논리적으로 과장된 상관관계를 부여한 것이므로 이 선택지는 글과 반대된다. 반대 개념
⑤ 음악과 생리학의 수렴을 가능하게 만든 → 이와 같은 내용은 지문에서 제시되지 않았다. 무관한 내용

Practice B　정답 Warm up| 1 ④　2 (1) F　(2) T　(3) T　Question| Q ⑤

본문 p.51 →

해석　❶기후 변화는 종종 환경 재앙의 원인이다. ❷그것은 강력한 장기간의 혹서, 극심한 가뭄, 집중 호우와 홍수기를 포함하는 모든 종류의 재난으로 이어질 수 있다. ❸그럼에도 불구하고 몇몇 기업들은 이러한 환경적인 불안정성으로부터 이윤을 얻고자 한다. ❹한 사례는 최근 새로운 종류의 모기장을 생산하여 판매하기 시작한 한 주요 제약 회사이다. ❺모기장에 대한 수요는 증가할 것으로 예상되는데, 왜냐하면 아프리카에서만 해도 더 따뜻해진 기온이 4천만 명에서 6천만 명에 이르는 사람들을 모기가 옮기는 말라리아와 같은 질병의 위험에 처하게 할 수 있기 때문이다. ❻모기장을 판매하는 데는 잘못이 없다. ❼그러나 우리가 이 상황에 내재한 윤리적인 문제들을 무시하는 것은 정당하지 않을 것이다. ❽우리는 높은 수준의 이산화탄소 배출로 인해 기후 변화에 가장 큰 책임이 있는 부유한 국가들이 계속 번영을 누리는 반면, 오늘날의 역사적인 수준의 (이산화탄소) 배출에 책임이 가장 적은 개발도상국들은 이 환경적인 영향으로 인해 가장 많이 고통 받는다는 사실을 인식할 필요가 있다.

어휘 catastrophe 참사, 재앙　　intense 극심한, 강렬한　　heat wave 장기간의 혹서　　instability 불안정성　　pharmaceutical 약학의, 제약의　　emission 배출　　prosper 번영하다　　|문제| subsidy 보조금, 장려금　　impose 도입[시행]하다; *부과하다　　ethical 윤리적인　　inherent 내재하는

구문 해설 **❶**We need to realize [that wealthy countries, {whose high levels of CO₂ emissions are most responsible for climate change}, continue to prosper, **while** developing countries, {which are least responsible for today's historic levels of emissions}, suffer the most from the environmental impact]. → [　]는 realize의 목적어절이다. 첫 번째 {　}는 wealthy countries를 부연 설명하는 삽입된 소유격 관계대명사절이다. while은 '~한 반면에'의 의미로 쓰인 접속사이다. 두 번째 {　}는 삽입된 주격 관계대명사절로 developing countries를 부연 설명한다.

문제 해설

|Warm up|

1 기후 변화로 인해 야기된 문제들에 내재한 윤리적인 책임을 간과해서는 안 된다는 것이 이 글의 중심내용이다.

2 (1) 몇몇 기업들이 지구 온난화로부터 이익을 취하는 것은 옳지 않다. → 지구 온난화로 인해 질병이 증가할 것을 예상한 제약 회사들이 모기장 판매로 이익을 얻는 것 자체에는 잘못이 없다고 했다.
(2) 가난한 국가들이 기후 변화의 부정적인 영향들로부터 가장 많은 고통을 겪는다. → 마지막 문장에서 개발도상국들이 환경적인 영향으로 인해 가장 많이 고통을 겪는다고 했다.
(3) 선진국들의 총 이산화탄소 배출량은 개발도상국들보다 높다. → 부유한 국가들이 이산화탄소 배출로 인한 기후 변화에 가장 큰 책임이 있다고 했다.

|Question|

이 글은 기후 변화로 인한 자연 재해를 기회로 삼아 수익을 올리고 있는 기업들에 대한 내용이며, 이산화탄소 배출에 책임이 많은 국가가 더 번영하고 그렇지 않은 국가들이 오히려 고통 받고 있는 모순적인 상황을 근거로 들었으므로 이를 일반화하여 환경 문제에 내재된 윤리 문제를 간과해서는 안 된다는 내용이 빈칸에 들어가야 한다.

|선택지 분석|

① 정부 보조금이 이러한 기업들에 주어지는 것 → 기업들에게 정부 보조금을 준다는 내용은 글에서 언급되지 않았다. 무관한 내용
② 그러한 기업들이 가난한 사람들을 위한 의료 지원을 고려하지 않는 것 → 기업들이 가난한 사람들을 위해 의료 지원을 해야 한다는 것은 이 글에서 다뤄지지 않았다. 무관한 내용
③ 사람들이 환경 재앙의 부담을 같이 지는 것 → 빈칸 앞에 부정어가 있으므로 환경 문제 속의 윤리적 문제를 인식하고 환경적인 재앙의 부담을 분담해야 한다는 필자의 주장과 반대되는 내용이 들어가야 한다. 반대 개념
④ 사람들이 개발도상국에 공해 배출세를 부과하는 것 → 각국이 배출한 이산화탄소의 양과 공해의 책임 소재에 대해 다룰 뿐 공해 배출세는 글에서 언급되지 않은 내용이다. 무관한 내용

1등급에 도전하는 빈칸 **Actual Test**

본문 p.52 →

1 정답 ④

해석 **❶**목재는 환경 친화적이라고 널리 인정받는 자재이다. **❷**그것은 시멘트나 벽돌 대신, 집을 지을 때 하나의 대체재로서 오랫동안 환영받아 왔다. **❸**그러나 목재와 같은 하나의 특정한 자재가 다른 자재에 갖는 상대적인 장점들을 평가하는 것이 항상 쉬운 것은 아니다. **❹**마호가니와 티크를 포함하여 많은 종의 나무들이 현재 멸종 위기에 처해 있고, 특히 열대 우림의 삼림 벌채는 지역 사회와 토착 식물들과 야생 생물에도 심각한 영향을 미쳤다. **❺**목재가 채취되고 그 후에 지구의 반을 가로질러 운반되는 경우, 관련된 에너지 비용이 높으며, 환경에 부정적인 영향을 야기시킨다. **❻**게다가 목재가 내화성(耐火性)과 내충성(耐蟲性)을 향상시키기 위해 화학 물질로 처리되는 경우, 그것의 건강에 유익한 성질들은 손상된다.

어휘 **acknowledge** 인정하다　**endangered** 위험에 처한, 멸종 위기에 처한　**deforestation** 삼림 벌채　**associated** 관련된　**resistance** 저항; *저항력　**property** 재산; *속성, 특성　**compromise** 타협하다; *손상하다　|문제| **dominate** 지배하다

구문 해설 **❸**However, **it** is *not always* easy [to evaluate the relative merits of one particular material **such as** wood over another]. → it은 가주어이고 [　]가 진주어이다. not always는 '항상 ~인 것은 아니다'의 의미로 부분부정을 나타낸다. such as는 '~와 같은'의 의미이다.

문제 해설

|Step 1| 글의 도입부를 통해 환경 친화적 자재로 널리 인정받고 있는 목재가 이 글의 중심소재임을 알 수 있다.

|Step 2| 필자의 주장은 문장 ❸에서 제시되고 있으며, 역접의 연결사 However를 통해 필자의 주장이 도입부의 내용과 상반된다는 것을 알 수 있다.

|Step 3| 빈칸 다음 문장부터 필자의 주장에 대한 근거들이 이어진다. 문장 ❹의 핵심내용은 많은 나무들이 멸종 위기에 처해 있으며 삼림 벌채는 지역 사회 및 생태계에 심각한 영향을 미친다는 것이다. 문장 ❺의 핵심내용은 목재 운반에 높은 에너지 비용이 들고 이것이 환경에 부정적인 영향을 미친다는 것이며 문장 ❻의 핵심내용은 화학 약품 처리 때문에 목재의 건강에 유익한 성질들이 손상되었다는 것이다.

|Step 4| 근거들의 핵심내용의 공통적인 부분을 일반화하면 필자의 주장은 나무가 친환경적인 재료라는 생각과는 달리 다른 재료보다 더 큰 장점을 가지고 있다고 평가할 수 없다는 것임을 알 수 있으므로, 상대적인 장점들을 평가하는 것이 쉽지 않다는 말이 빈칸에 가장 적절하다.

|선택지 분석|

① 재료의 내구성을 높이는 것 → 마지막 문장에서 나무의 내구성을 높이는 방법에 대해 언급되기는 하지만 재료의 내구성을 높이는 것에 대한 내용은 아니다. 무관한 내용

② 화학적 특징들을 선호하는 → 글에 사용되었던 단어인 chemical과 properties를 활용한 오답으로 이는 글과 무관하다. 무관한 내용

③ 자연 서식지를 지배하는 → 삼림 벌채가 지역 사회와 토착 식물들에게 심각한 영향을 준다고 했을 뿐, 목재와 같은 특정한 자재의 서식지 지배에 관한 내용은 언급되지 않았다. 무관한 내용

⑤ 비용 우위를 부정하는 → 나무가 운송되는 데 드는 에너지 비용이 높다는 내용이 언급되었지만, 재료의 비용 우위를 부정한다는 내용은 제시되지 않았다. 무관한 내용

본문 p.52 →

2 정답 ③

해석 ❶ 로마 시대에, 학자 Quintilianus는 연설가란 자신의 말에 부응하는 것에 실패해서는 안 된다는 자신만만한 주장을 했다. ❷ 그는 (말의) 내용과 (말하는 사람의) 인격은 불가분하다고 믿었는데, 연설가가 제시하는 주장과 연설가가 주는 인상은 청중들에게 동등하게 영향을 미치기 때문이다. ❸ 훈련받은 연설 기술들을 가지고 있다고 하더라도 정직하지 못하고 신뢰할 수 없는 사람은 영향력 있는 연설가로 여겨질 수 없다. ❹ 그의 행동들이 그 자신과 그의 말의 신빙성을 떨어뜨릴 것이다. ❺ 예를 들면 편견이 아주 심한 사람이 하는 타인들에 대한 열린 마음의 요청은 쉽게 무시될 것이다. ❻ 그 연설가의 말과 주장은 그가 종종 정직하거나 진실해지는 것 대신 인기에 호소하는 것처럼 보여질지도 모르기 때문에 그의 인격을 드러낼 수 있다. ❼ 나쁜 인격을 가진 연설가가 잠시 동안 성공할 수도 있겠지만 결국 그의 호소는 무시될 것이다.

어휘 self-assertive 자신만만한, 자기주장이 강한   inseparable 불가분한   devious 정직하지 못한   discredit 존경심[신임]을 떨어뜨리다   bigoted 편견이 아주 심한   unheeded 무시된   inform against ~을 밀고하다   appeal 호소하다; 호소, 간청   discount 할인하다; *무시하다 |문제| prejudiced 편견이 있는

구문 해설 ❷ ..., as the arguments [(which/that) the speaker presents] and the impression [(which/that) the speaker gives] equally influence listeners. → 두 개의 [ ]는 각각 the arguments와 the impression을 수식하는 목적격 관계대명사절로 목적격 관계대명사가 생략되었다.

문제 해설

|Step 1| 로마 시대의 학자 Quintilianus가 주장한 연설가의 자질이 이 글의 중심소재이다.

|Step 2| 문장 ❶에서 'a speaker must'라는 표현을 통해 필자의 주장을 드러내고 있으며, 주장에 해당하는 부분이 빈칸으로 제시되었다.

|Step 3| 빈칸 뒤에는 연설가의 주장과 인상이 청중들에게 동등하게 영향을 주기 때문에 연설의 내용과 연설가의 인격은 불가분한 것이라는 근거가 제시되었다. 또한 편견이 심한 사람이 하는 열린 마음에 대한 요청은 무시될 것이라는 예시를 통해 주장을 뒷받침하고 있다.

|Step 4| 근거의 내용을 일반화하면 연설가는 자신의 말과 행동이 일치하도록 해야 한다는 말이 빈칸에 들어가야 한다.

|선택지 분석|

① 다른 사람들의 말을 진심으로 경청해야 한다 → 이와 같은 내용은 지문에서 제시되지 않았다. 무관한 내용

② 편향되거나 편견이 있어서는 안 된다 → 연설가의 인격이 청중에게 영향을 미친다고 했으나, 그의 말이 무시되는 이유는 그의 편견 때문이 아니라 언행일치가 되지 않아서이므로 편견이나 선입견을 가지지 않아야 한다고 주장한 것은 아니다. 부분 일치

④ 자신의 말을 효과적으로 전달하는 것을 배워야 한다 → 훈련받은 연설 기술들이 있다고 하더라도 신뢰할 수 없는 사람은 영향력 있는 연설가가 될 수 없다고 했다. 반대 개념

⑤ 청중들에게 좋은 첫인상을 주어야 한다 → 연설가의 주장과 인상 모두가 청중에게 영향을 미칠 수 있다고는 하였으나, 좋은 첫인상을 주어야 한다고 주장한 것은 아니다. 무관한 내용

3 정답 ③

해석 ❶18세기 말엽 Thomas Malthus는 인구 성장의 가속화 비율과 불충분한 식량 생산 사이에 심각한 격차가 존재한다고 주장했다. ❷그는 식량 부족은 전염병, 기아, 그리고 살인 같은 심각한 사회적 병폐들로 이어질 수 있다고 믿었다. ❸유럽의 사회·경제적인 역학(力學)을 따라, 그는 시간이 지나면서 자신의 이론을 계속해서 수정했지만, 사유 재산을 정당화하려고 시도하는 것에 대한 그의 결심은 결코 흔들리지 않았다. ❹Malthus는 일반적으로 공동 재산제를 설립하는 것을 추구했던 사회주의에 기초한 진보적인 사상들에 강력히 반대했다. ❺또한 그는 지주들과 소작인들이 끊임없이 서로에 대해 투쟁했던 시기에 살았다. ❻농경 제도에서 부유한 사람들은 거대한 변화들을 두려워했다. ❼그는 사회의 결함은 지주들의 탐욕의 결과가 아니라 하층 계급들의 자식을 낳기 위한 생물학적인 욕구의 결과라는 것을 보여주려고 했다. ❽토지 개혁과 가난한 사람들에 대한 원조는 그들의 생식력만을 증가시킬 뿐이며, 그것이 가장 우선적인 문제라고 그는 주장했다.

어휘 disparity 차이 accelerate 가속화되다, 가속화하다 malady 심각한 문제, 병폐 epidemic 유행성의 starvation 기아, 굶주림 dynamic ((pl.)) 역학(力學) waver 약해지다, 흔들리다 communal 공동의 landlord 주인; *지주 tenant 소작인 agrarian 농업의 procreate 아이를 낳다 fertility 비옥함; *생식력 |문제| inheritance 유산, 상속 legitimize 정당화하다 intervention 조정, 중재, 개입

구문 해설 ❼He tried to show [that society's faults were **not** a consequence of landlords' greed **but** (a consequence of) the lower classes' biological urges to procreate. → [ ]는 show의 목적어절이다. 「not A but B」는 'A가 아니라 B'의 의미이다. but 뒤에 중복되는 어구인 a consequence of가 생략되어 있다.

문제 해설

|Step 1| 식량 생산량이 인구 증가율을 따라 잡지 못해 결국 사회적인 병폐들이 생길 것이라고 주장한 Thomas Malthus의 이론에 관한 글이다.

|Step 2| Malthus가 유럽의 사회·경제적 정세에 맞게 그의 이론을 여러 번 수정하였음에도 굽히지 않았던 주장에 관한 내용이 빈칸으로 제시되었다.

|Step 3| Malthus가 공동 재산제를 추구하는 사회주의 사상에 반대했고, 사회적 결함이 지주들의 탐욕의 결과가 아니라고 생각했으며 토지 개혁과 빈민에 대한 원조는 빈민들의 생식력만을 증가시키는 결과를 가져온다고 주장한 것을 근거로 제시하고 있다.

|Step 4| 제시된 근거들의 내용을 일반화하면 Malthus는 사유 재산을 정당화해야 한다고 주장했음을 추론할 수 있다.

|선택지 분석|

① 재산 상속에 반대하는 것 → 재산 상속에 대한 개념은 언급되지 않았다. 무관한 내용

② 자본주의 경제 체제를 비난하는 것 → Malthus는 사회주의에 반대하고 사유 재산을 옹호하는 자본주의를 지지했다. 반대 개념

④ 정부의 개입을 장려하는 것 → Malthus는 토지 개혁이나 빈민에 대한 원조와 같은 정부의 개입을 부정적으로 생각했다. 반대 개념

⑤ 인구 조절에 대한 긴급한 필요성을 주장하는 것 → 급격한 인구 증가로 인해 발생할 문제에 대해서는 언급되었으나, 인구를 조절해야 한다는 것은 이 글에서 언급되지 않았다. 무관한 내용

기출 예제 ②
Practice A Warm up | 1 ④ 2 summer, plants, release Question | Q ④
Practice B Warm up | 1 ④ 2 ③ Question | Q ①
Actual Test 1 ④ 2 ③ 3 ④

기출로 분석하는 빈칸 # Solution

기출 예제 분석	정답 ②

본문 p.56 →

해석 ❶Rust Belt는 나쁜 공기 질로 악명이 높다. ❷수십 년 동안 석탄 화력 발전소, 철강 생산, 그리고 자동차 배기가스는 황산염과 같은 분진을 미국 동부지역의 대기로 뿜어냈다. ❸특히 1970년대에 공기 질(과 관련된) 법들이 등장하기 시작하기 전에는 분진으로 된 오염 물질은 산성비, 호흡기 질환, 그리고 오존 파괴의 배후에 있었다. ❹하지만 하버드 대학의 새로운 연구는 Rust Belt의 분진으로 이루어진 두터운 안개가 기후 변화의 영향을 늦추는 데 도움이 되었을 수도 있으며, 특히 안개가 가장 두터울 때 그러했다는 사실을 시사한다. ❺20세기 내내 지구의 온도는 거의 섭씨 1도 가까이 상승하였다. ❻하지만 미국에서 동부와 중부의 주(州)들은 동일한 온도의 상승을 겪지 않았다. ❼사실 그곳의 온도는 같은 기간에 실제로 하락했다. ❽그 이유는 분진으로 된 오염 물질인 것처럼 보인다. ❾이산화탄소처럼 대기에 따뜻한 공기를 가두는 것 대신에, 황산염과 같은 미세한 입자들은 태양의 빛과 열을 반사시킨다. ❿그것들은 물기가 많은 구름의 작은 물방울과 무리를 지어 모일 수도 있는데, 그것들은 동일한 역할을 한다. ⓫그 결과는 전체 지역에 걸친 최종적인 냉각이다.

어휘 notorious 악명 높은   emission 배출; *배기가스   sulfate 황산염   acid rain 산성비   respiratory 호흡의, 호흡 기관의   depletion 감소, 고갈   droplet 작은 (물)방울 | 문제 | accumulation 축적, 누적   net 최종적인   steep 가파른; *급격한   acceleration 가속

구문 해설 ❹... the Rust Belt's thick particulate fog **may have** ***helped*** (to) *slow* down the effects of climate change, ... → 「may have+p.p.」는 '~했을지도 모른다'의 의미로 과거 사실에 대한 불확실한 추측을 나타낸다. help는 to부정사나 원형부정사를 목적어로 취할 수 있다.

단계적으로 키우는 빈칸 # Thinking Skills

Practice A	정답 Warm up	1 ④ 2 summer, plants, release Question	Q ④

본문 p.58 →

해석 ❶툰드라에서는 여름이 매우 짧다. ❷이 시기 동안 토양의 최상층만이 녹는다. 이 아래에는 영구 동토층, 즉 일 년 내내 얼어붙은 채로 남아있는 토양층이 있다. ❸유감스럽게도 툰드라 서식지들은 기후 변화의 영향에 매우 취약하다. ❹사실, 미래에 그것들은 대기 중 이산화탄소의 양을 증가시키는 데 중요한 역할을 할지도 모른다. ❺툰드라의 짧은 여름 생장기 동안 그곳에서 자라는 초목들이 대기로부터 이산화탄소를 흡수하기 때문에 툰드라 서식지들은 이러한 역할을 할 것이다. ❻여름이 너무 짧아서 식물들이 이산화탄소를 환경으로 다시 방출할 기회를 잡기도 전에 얼기 때문에 이 이산화탄소는 갇혀버리게 된다. ❼하지만 지구의 온도가 상승하고 (이전보다) 더 길어진 여름으로 인해 툰드라의 영구 동토층이 녹음에 따라, 수천 년 동안 저장되어 있던 이산화탄소가 대기 중으로 다시 방출될 것이다.

어휘 topmost 맨 위의, 제일 높은   thaw 녹다   permafrost 영구 동토층   earth 지구; *땅   vulnerable 취약한, 연약한   absorb 흡수하다   release 석방[해방]하다; *내뿜다, 방출하다 | 문제 | topsoil 표토

구문 해설 ❷...; **below this** is *permafrost* — [a layer of earth {that remains frozen year-round}]. → 부사구인 below this가 문두에 나와서 주어와 동사가 도치되었다. permafrost와 [ ]는 동격 관계이다. { }는 a layer of earth를 수식하는 주격 관계대명사절이다.

(below this 아래 V, permafrost 아래 S)

|문제 해설|

|Warm up|

1 지구 온난화의 영향으로 인해 툰드라의 기온이 올라가고 여름이 길어지면 식물들에 저장되어 있던 이산화탄소가 대기 중으로 방출되어 이산화탄소량이 증가하게 될 것이라는 내용이다.

2 Q. 툰드라의 식물들에 이산화탄소가 저장되어 있는 이유는 무엇인가?
　　A. 툰드라의 여름이 식물들이 이산화탄소를 대기로 다시 배출하기에 충분히 길지 않기 때문이다.

|Question|

툰드라의 서식지가 미래에 하게 될 역할에 대한 내용이 빈칸에 들어가야 하며, 이후 이에 대한 원인들이 제시되어 있다. 툰드라의 짧은 여름 동안 식물들이 이산화탄소를 흡수하고 이를 다시 방출하기 전에 얼어버려서 이산화탄소가 갇히게 되지만, 최근 지구 온난화로 인해 여름이 길어져서 이산화탄소가 대기 중으로 방출될 것이라는 내용이 이어지고 있다. 이를 바탕으로 빈칸이 포함된 문장에 들어갈 결과를 추론하면 툰드라 서식지가 대기 중의 이산화탄소의 양을 증가시키는 역할을 할 것임을 알 수 있다.

|선택지 분석|

① 이산화탄소를 산소로 바꾸는 → 식물들이 이산화탄소를 흡수한다고는 했으나 이를 산소로 바꾼다는 내용은 언급되지 않았다. 무관한 내용

② 오염된 우리 환경을 깨끗하게 정화하는 것을 돕는 → 이와 같은 내용은 지문에서 언급되지 않았다. 무관한 내용

③ 표토에 물과 이산화탄소를 가둬놓는 → 툰드라 서식지는 이전에 이산화탄소를 저장하는 역할을 했었지만 기온 상승으로 인해 오히려 이산화탄소 배출을 하게 될 것이라고 했으며 물을 저장한다는 말은 언급되지 않은 내용이다. 무관한 내용

⑤ 기온이 상승할 때 막대한 양의 이산화탄소를 저장하는 → 기온이 올라가 툰드라 지역의 영구 동토층이 녹게 되면 저장되어 있던 이산화탄소가 대기 중으로 방출된다. 반대 개념

Practice B　　정답 Warm up| **1** ④　**2** ③　Question | **Q** ①

본문 p.59 →

해석　❶태양의 핵이 수축하고 뜨거워지면서 태양은 서서히 더 밝아지고 있다. ❷10억 년 내에 태양은 오늘날보다 약 10% 더 밝아져서 지구를 불편할 정도까지 가열할 것이다. ❸바다에서 증발하는 물은 지구를 두터운 흰 구름 막에 영구적으로 둘러싸여 있는 습한 형태의 금성으로 바꾸는 탈주 온실 효과를 유발할지 모른다. ❹혹은 그 변화는 한동안은 미생물들을 보호해 줄 수 있는 점점 더 무덥고 구름 낀 대기를 유지한 채로 어느 정도 시간이 걸리고 더 완만할지 모른다. ❺어느 쪽이든지, 물은 성층권 속으로 빠져 나가서 자외선에 의해 산소와 수소로 분해될 것이다. ❻산소는 성층권에 남아서 어쩌면 외계인들이 지구에 여전히 생명체가 거주하고 있다고 착각을 하게 만들 수도 있는 반면, 수소는 우주로 빠져 나갈 만큼 충분히 가볍다. ❼그래서 우리의 물은 점차 새어 없어지게 될 것이다.

어휘　core 핵, 중심부　contract 줄어들다, 수축하다　evaporate 증발하다　set off 유발하다, 일으키다　damp 축축한　transformation 변화, 변형　shelter 주거지; *보호하다　break down 분해하다　hydrogen 수소　inhabited (사람이) 거주하는　|문제| leak 새다　accumulate 모으다, 축적하다

구문 해설　❸Water [evaporating from the oceans] may set off a runaway greenhouse effect [that **turns** Earth **into** a damp version of Venus, {wrapped permanently in a thick, white blanket of cloud}]. → 첫 번째 [ ]는 Water를 수식하는 현재분사구이다. 두 번째 [ ]는 a runaway greenhouse effect를 수식하는 주격 관계대명사절이다. 「turn A into B」는 'A를 B로 바꾸다'의 의미이다. { }는 a damp version of Venus를 부연 설명하는 과거분사구이다.

문제 해설

|Warm up|

1 이 글은 탈주 온실 효과가 지구에 미칠 영향에 대해 서술한 글이다.

2 태양이 지구를 가열하면 지구는 금성의 습한 형태처럼 변하게 되고 증발한 물은 자외선에 의해 산소와 수소로 분해된다. 이후 수소는 성층권으로부터 우주로 빠져 나가지만 산소는 우주로 증발하는 것이 아니라 성층권에 남아있는 다고 하였다.

|선택지 분석|

② 얼어붙게 → 물이 얼어붙게 된다는 내용은 글에서 언급되지 않았다. 무관한 내용

③ 넘쳐 흐르게 → 지구 상의 물은 증발해 대기 중에서 산소와 수소로 분해되어 없어지므로 물이 넘쳐 흐르게 된다는 것은 반대되는 개념이다. 반대 개념

④ 오염되게 → 지구 상의 물이 오염된다는 말은 글과 관련이 없다. 무관한 내용

결과를 나타내는 접속사 so를 통해 빈칸에는 탈주 온실 효과로 인해 발생할 결과가 들어가야 한다는 것을 알 수 있다. 탈주 온실 효과가 일어나면 지구의 바닷물이 증발하여 산소와 수소로 분해되고, 이후 수소가 우주로 빠져 나가게 된다고 했으므로 결국 지구의 물이 점차 사라지게 될 것임을 추론할 수 있다.

⑤ 축적되게 → 물은 축적되지 않고 산소와 수소로 분해되어 없어진다. 반대 개념

1등급에 도전하는 빈칸 Actual Test

본문 p.60 →

1 정답 ④

해석 ❶제1차 세계대전의 여파로 물자의 자유로운 이동이 주는 경제적인 이득에 대한 확신에 심각한 손상이 있었다. ❷전쟁이 발발하기 전에는 유럽에서 창출되고 있던 가치들 대부분은 제조업에서 소매업과 국제 무역으로 이동했다. ❸영국은 자유 무역에 가장 열렬히 전념하고 있었지만, 전쟁 후 영국은 소매업과 금융 시장에서 불황에 직면했고 자국의 정책들을 변경하기로 결정했다. ❹국내 산업들을 지원하기 위해서 영국 정부는 자국의 경제를 대외 경쟁으로부터 보호하는 조치들을 취했다. ❺곧 이 전략은 다른 유럽 국가들에서도 또한 채택되었다. ❻이전에는 유럽 경제의 팽창을 촉진시켰던 자유 무역의 이러한 약화는 국가들 간의 물자 이동을 제한하는 관세와 규제들을 포함했다. ❼다시 한 번 이전의 국제 교류 수준에 도달하기 위해서는 어마어마한 시간이 필요할 것이었다. ❽게다가 유럽이 현대 물질주의의 초기에 흠뻑 빠져 있던 열렬한 낙관주의를 소생시키는 것은 불가능할 것이었다.

어휘 aftermath (전쟁·사고의) 여파, 후유증   recession 경기 후퇴, 불경기, 불황   regulation 규정; *규제   revive 회복[소생]하다[시키다]   zealous 열성적인   optimism 낙관론   indulge in ～에 흠뻑 빠지다   materialism 물질주의 | 문제 | superiority 우월성, 우세   capitalism 자본주의   conflict 갈등, 충돌

구문 해설 ❻This weakening of free trade, [which had previously encouraged the expansion of the European economy], involved taxes and regulations [that restricted ...]. → 첫 번째 [ ]는 선행사인 free trade를 부연 설명하는 삽입된 형태의 주격 관계대명사절이다. 두 번째 [ ]는 선행사인 taxes and regulations를 수식하는 주격 관계대명사절이다.

❽Furthermore, **it** would be impossible **for Europe** [to revive the zealous optimism {that it indulged in ...}]. → it은 가주어이고 for Europe이 의미상 주어이며 [ ]가 진주어이다. { }는 선행사인 the zealous optimism을 수식하는 목적격 관계대명사절이다.

문제 해설

| Step 1 | 제1차 세계대전의 여파로 바뀐 유럽의 자유 무역 정책이 이 글의 중심내용이다.

| Step 2 | 문장 ❷에서부터 ❻까지 종전 후, 유럽 각국이 불황에 직면하게 되어 국내 산업들을 대외 경쟁에서 보호할 필요성을 느끼게 되었으며, 이로 인해 각 국가간의 물자 이동을 제한하는 관세와 규정들을 만들게 되었다는 내용이 나온다. 또한, 문장 ❼과 ❽에서는 그 결과로 유럽이 이전의 국제 교류 수준에 도달하기 위해서는 많은 시간이 걸릴 것이며 이전의 열렬한 낙관주의를 소생시키지 못할 것이라는 내용이 나온다.

| Step 3 | 빈칸에는, 제1차 세계대전의 여파가 무엇이었는지에 관한 종합적인 내용이 들어가야 한다. 문장 ❷에서 ❻에 제시된 원인의 내용을 일반화하고 문장 ❼과 ❽에 나타난 결과의 내용을 재진술하면, 유럽 국가들이 자유 무역의 경제적 이득에 대해 확신을 잃었음을 추론할 수 있다.

| 선택지 분석 |

① 국내 시장의 보호 → 국내 시장의 보호는 각국이 불황에 직면한 국내 산업을 지원하기 위해 시행한 정책이며, 이는 자유 무역의 효과에 대한 확신을 잃은 것의 결과라 할 수 있다. 반대 개념

② 경제에 영향을 미치는 정치의 힘 → 정치적인 권력이 경제에 미치는 영향에 대한 내용은 글에서 언급되지 않았다. 무관한 내용

③ 다른 체제들에 대한 자본주의의 우월성 → 다른 제도들에 비해 자본주의가 우월하다는 것은 글과 무관한 내용이다. 무관한 내용

⑤ 군사적 충돌을 피하기 위한 세계 지도자들의 능력 → 이 글은 제1차 세계대전 이후 유럽 각국의 변화한 경제 정책에 관한 것으로, 군사 분쟁과는 무관하다. 무관한 내용

본문 p.60 →

2 정답 ③

해석 ❶제2차 세계대전 이후 시기에 뉴욕 시의 주택 가격은 증가된 수요로 인해 극적으로 상승하기 시작했다. ❷세입자들을 보호하기 위해서 정부는 임대료 규제 규정들을 도입했다. ❸이것들은 하층과 중산층 세입자들을 돕기 위해 만들어졌다. ❹그러나 부유한 상류층 역시 이 규정들로부터 혜택을 받았다. ❺예를 들면 여배우 Mia Farrow는 임대료가 규제된 아파트에 거주함으로써 한 달에 5천 달러 이상의 집세를 줄였다. ❻하지만 그것이 임대료 규제 규정의 의도치 않은 유일한 결과는 아니었다. ❼시장 가치 이하의 집세를 지불하는 세입자들은 자신들이 거주하는 곳에 계속 머무는 경향이 있는데, 왜냐하면 세를 들 적당한 가격의 다른 아파트를 찾기가 무척 힘들기 때문이다. ❽게다가 임대료가 규제된 아파트를 소유한 집주인들은 더 적은 수익을 냈고, 그래서 그들은 자신들의 아파트를 좋은 상태로 유지하지도 않고 새로운 아파트를 짓지도 않는다. ❾결론적으로, 임대료 규제에 입각한 주택 정책은 분명 <u>(가격이) 적당한 주택의 여분을 창출</u>하지 못했다.

어휘 **affluent** 부유한 **affordable** (가격이) 알맞은 |문제| **celebrity** 유명 인사 **surplus** 과잉 **lease** 임대차 계약

구문 해설 ❺... Mia Farrow **had** her rent **reduced** by over $5,000 a month *by living* in a rent-controlled apartment. → 사역동사 have 다음의 목적어인 her rent와 목적격보어가 수동의 관계이므로 과거분사 reduced를 썼다. 「by+v-ing」는 '~함으로써'의 의미이다.

문제 해설

|Step 1| 제2차 세계대전 이후 뉴욕의 주택 가격 상승과 정부의 임대료 규제 규정 도입에 관한 글이다.

|Step 2| 정부가 도입한 임대료 규제 규정의 결과로, 원래 의도했던 중산층 이하의 세입자뿐 아니라 상류층도 혜택을 받게 되었으며, 시장 가치보다 낮은 집세를 내는 사람들은 이사를 꺼리게 되었고 집주인들은 더 이상 자신의 집을 수리하지도 새로운 아파트를 짓지도 않게 되었다는 현상들이 서술되어 있다.

|Step 3| 빈칸이 포함된 문장에는 'In conclusion'이라는 표현이 사용되었으므로, 빈칸에는 이러한 현상들이 다시 원인이 되어서 연쇄적으로 일어난 결과에 대한 내용이 들어가야 함을 알 수 있다. 원인들을 바탕으로 임대료 규제 정책은 결과적으로 가격이 적당한 아파트의 여분을 만들어 내지 못했다는 것을 추론할 수 있다.

|선택지 분석|

① 유명인사들이 더 많은 집세를 내게 만들었다 → 유명인사들이 집세를 더 냈다는 내용은 없으며 Mia Farrow 같은 유명인사들도 집세를 절약하는 혜택을 누렸다. 반대 개념

② 도시 내 이사의 빈도를 증가시켰다 → 도시 내 이사의 빈도가 증가한 것이 아니라 오히려 세입자들이 이동하지 않게 되었다고 했다. 반대 개념

④ 빈부의 격차를 줄였다 → 하층과 중산층을 도울 목적이었으나, 상류층에게도 혜택을 주었다고 했으므로 빈부 격차를 줄이지 못했다. 반대 개념

⑤ 세입자들이 그들의 임대차 계약을 연장하는 것을 가능하게 했다 → 정부의 임대료 규제 정책은 집세를 규제하는 것이지 세입자가 그들의 임대차 계약 기간을 연장할 수 있도록 한 정책은 아니다. 무관한 내용

본문 p.61 →

3 정답 ④

해석 ❶대다수 아시아 국가들은 자국의 군대에 대한 투자를 증대시키고 있다. ❷특히 동남아시아 국가들 사이에서 잠수함에 대한 수요의 급증이 있어왔다. ❸태국은 잠수함들을 구매하고 장교들을 독일과 한국에서 훈련시킬 준비를 하고 있다. ❹베트남은 여섯 척의 러시아제 잠수함들을 계약하였고, 미얀마는 독자적인 잠수함 부대를 설립할 계획을 하고 있다. ❺말레이시아, 인도네시아, 그리고 싱가포르 역시 더 많은 잠수함들을 확보해서 자국의 함대들을 확장하려고 하고 있다. ❻이 국가들의 군사력 강화는 그들이 상호 간에 전투를 해야 할 것을 두려워하기 때문이 아니다. ❼그보다는, 그것은 <u>그 지역 내 세력 분배에 있어서 고조되는 혼란에 대한 대응</u>이다. ❽이것은 남쪽을 향해 팽창하는 중국의 해군에 의해 주로 야기되어 왔다. ❾하지만 중국의 해군 팽창이 여타 국가들의 (잠수함) 구매로 인해 저지될 가능성은 거의 없는데, 왜냐하면 이러한 (잠수함) 구매에 대항하기 위해서 중국의 대(對)잠수함 능력이 증강될 가능성이 크기 때문이다. ❿그러므로 중국과 동남아시아 국가들은 이 상황으로 인해 고조된 긴장과 불신이 자국의 안보뿐만 아니라 그들의 경제를 지탱하는 안정성도 위협할 수 있다는 것을 인식해야 한다.

어휘 **armed forces** (한 국가의) 군대 **upsurge** 급증 **fleet** 함대, 선단(船團) **fortification** 방어 시설; *강화 **augment** 늘리다, 증가시키다 **counter** 반박[논박]하다; *대응하다 **distrust** 불신(감) **stability** 안정, 안정성 (v. **stabilize** 안정되다, 안정시키다) **sustain** 지탱하다, 유지하다 |문제| **preventive** 예방을 위한 **piracy** 해적 행위 **turmoil** 혼란, 소란

구문 해설 ⑩Therefore, China and Southeast Asian countries should realize [that the tension and distrust {heightened by this situation} can threaten **not only** their own security **but also** the stability {that sustains their economies}]. → [ ]는 realize의 목적어절이다. 첫 번째 { }는 the tension and distrust를 수식하는 과거분사구이다. 「not only A but also B」는 'A뿐만 아니라 B도'의 의미이다. 두 번째 { }는 the stability를 수식하는 주격 관계대명사절이다.

문제 해설

|Step 1| 동남아시아 국가들의 잠수함에 대한 경쟁적인 투자의 증가가 이 글의 중심내용이다.

|Step 2| 빈칸 앞부분에서는 동남아시아 국가들이 경쟁적으로 잠수함에 투자하고 있는 현상이 제시되었다. 빈칸에는 이러한 현상이 발생한 원인에 대한 내용이 들어가야 한다. 빈칸 뒤에서는 이런 원인이 일어나게 된 근본적인 원인으로 중국 해군이 남쪽으로 팽창하고 있다는 사실이 언급되고 있다.

|Step 3| 빈칸 뒤의 내용을 일반화하면 중국 해군의 팽창이 동남아시아 지역 내 세력 분배에 불균형을 초래하는 사건이라고 할 수 있으며, 이는 이 지역에 혼란을 고조시킬 것이라고 추론할 수 있다.

| 선택지 분석 |

① 중국에 대한 그들의 군사 의존도를 줄이기 위한 방법 → 동남아시아 국가들이 중국에게 군사적으로 의존하고 있다는 내용은 언급되지 않았다. 무관한 내용

② 국내 정치의 혼란스러운 상태를 안정시키기 위한 노력 → 동남아시아 국가들의 국내 정치 상황에 대해서는 언급되지 않았다. 무관한 내용

③ 국제 수역에서의 해적의 공격에 대한 예방 조치 → 이와 같은 내용은 지문에서 제시되지 않았다. 무관한 내용

⑤ 국민의 시선을 국내 문제들에서 해외 문제들로 돌리기 위한 시도 → 이와 같은 내용은 언급되지 않았다. 무관한 내용

Unit 03 환언과 상술

기출 예제 ③
Practice A Warm up| 1 ② 2 ❻ Question | Q ①
Practice B Warm up| 1 ④ 2 ❹ 3 (1) F (2) T Question | Q ③
Actual Test 1 ③ 2 ③ 3 ③

기출로 분석하는 빈칸 **Solution**

| 기출 예제 분석 | 정답 ③ |

본문 p.64 →

해석 ❶독특한 상품들을 소개하는 것이 시장에서의 성공을 보장하지는 않는다. ❷또 다른 필수적인 요소는 시장을 구성하는 지역 사회들에 적합한 상품들을 제공함으로써 시장에 대한 민감성을 증가시키는 것이다. ❸이것은 각 국가, 공동체, 그리고 개인이 독특한 특성과 요구를 가지고 있다는 것을 이해하는 것을 의미한다. 즉 그것은 지역적이고 개인적인 차이점들에 대한 민감성을 필요로 한다. ❹다시 말하자면, 난제들 중의 하나는 단지 '세계적인' 측면만 지나치게 강조하는 일률적인 전략을 피하는 것이다. ❺국가들을 '선진화된'이나 '신흥의'와 같이 분류하는 것조차 위험하다. ❻좀 더 상세히 분석을 해 보면 '신흥' 국가들은 서로 엄청나게 다를 뿐 아니라, 수많은 독특한 개인들과 공동체들로 구성되어 있다.

어휘 **vital** 필수적인 **responsiveness** 민감성, 반응성 **make up** ~을 만들다, 구성하다 **one-size-fits-all** 널리 적용되도록 만든, 일률적인 **emerging** 신흥의 **vastly** 대단히, 엄청나게

구문 해설 ❷... to the markets **by providing** products [suited for the local communities {that make up the market}]. → 「by+v-ing」는 '~함으로써'의 의미이다. [ ]는 products를 수식하는 과거분사구이다. { }는 the local communities를 수식하는 주격 관계대명사절이다.

| Practice A | 정답 Warm up | 1 ② 2 ❻ Question | Q ① |

본문 p.66 →

해석 ❶깨끗한 종이 한 장이 당신 앞에 놓여 있고, 당신은 그것을 채워야만 한다. ❷갑자기, 당신의 마음이 그 종이만큼 텅 빈 것처럼 보일 수 있다. ❸당신의 펜을 움직이게 하기 위해 당신은 무엇을 할 수 있는가? ❹답은 간단하다. ❺완벽이라는 덫에 걸리지 마라. ❻다시 말해, 초고는 당신이 가장 잘 쓴 글이 아니며 추가적인 생각과 약간의 수정을 더하면 더 효과적으로 될 수 있다고 자신을 납득시킬 수 있다면, 시작하기가 더 쉬워질 것이다. ❼시작할 때, 당신이 쓴 것에 대해 독자가 어떻게 생각할지에 대해 걱정하지 마라. ❽초고가 얼마나 좋은지에 대해 상관하지 않음으로써, 글을 쓰는 것을 가급적 당신에게 쉬운 것으로 만들어라. ❾나중에 당신이 추구하고자 하는 생각들을 수정하고 다듬을 시간이 있을 것이다.

어휘 set ~ in motion ~을 움직이게 하다　convince 납득시키다, 확신시키다　first draft 초고　revision 수정, 정정 (v. revise 개정[수정]하다)　polish 윤[광]을 내다; *다듬다, 손질하다　|문제| copyright 저작권, 판권 relativism 상대주의

구문 해설 ❼[When starting], don't worry about [what the reader will think about {what you have written}]. → 첫 번째 [ ]는 때를 나타내는 분사구문으로 의미를 명확히 하기 위해 접속사 When을 생략하지 않은 형태이다. 두 번째 [ ]는 about의 목적어로 쓰인 의문사절이다. { }는 about의 목적어로 쓰인 관계대명사절이다.

문제 해설

|Warm up|

1 위 글은 초고를 작성할 때 완벽주의의 덫에 빠지지 않도록 유의해야 한다는 내용이다.

2 문장 ❺에 주제가 서술되었고, 이어지는 문장 ❻의 'That is'라는 환언 어구를 통해 주제가 환언되고 있음을 알 수 있다.

|Question|

That is로 시작되는 문장 ❻에서 초고가 가장 잘 쓴 글이 아니며 수정을 통해 더 좋은 글이 될 수 있다는 것을 스스로에게 납득시키라는 내용이 언급되고 있다. 또한 상술되는 부분인 문장 ❼, ❽, ❾에서는 글을 쓰기 시작할 때 독자의 반응에 대해 걱정하지 말고, 초고의 완성도에 대해서도 상관하지 말라고 덧붙이고 있다. 환언된 내용을 재진술하고 상술된 세부 내용을 일반화하면 빈칸에는 '완벽'이라는 덫에 걸리지 않도록 하라는 내용이 들어가야 한다.

|선택지 분석|

② 저작권 → 저작권에 관한 내용은 다뤄지지 않았다. 무관한 내용

③ 상대주의 → 상대주의는 글의 내용과는 관련이 없는 개념이다. 무관한 내용

④ 파괴 → 파괴에 관한 내용은 다뤄지지 않았다. 무관한 내용

⑤ 모방 → 모방에 관한 내용은 언급되지 않았다. 무관한 내용

| Practice B | 정답 Warm up | 1 ④ 2 ❹ 3 (1) F (2) T Question | Q ③ |

본문 p.67 →

해석 ❶최근, 도덕과 선(善)의 근원에 관한 관심이 고조되고 있다. ❷그럼에도 불구하고 사람들이 윤리, 가치관, 책임과 같은 문제들을 다룰 때 그들의 사회적 혹은 개인적 선호의 한계들을 초월하는 것은 불가능해 보인다. ❸그러한 문제들에 과학적 방법을 훌륭하게 적용하는 것은 명료한 기준을 세우는 데 완전히 실패한 단지 서술적이고 지식만을 주는 결과들을 제공해왔을 뿐이다. ❹다시 말해서, 비록 우리는 인간의 본성과 사회 제도들에 관한 방대한 양의 지식을 획득해왔지만 우리가 어떻게 행동해야 하며 무엇이 좋은 사회를 만드는지에 관해서는 더 확신하지 못하게 되었다. ❺이것은 왜 현대인들이 편협하고 분별력이 없다고 의심받을지 모르는 자기 자신의 도덕 관념에 의존하는 것과 단지 우연히 용케 존재해 온 것일지 모르는 사회적 규범을 따르는 것 사이에서 끊임없이 흔들리는지를 설명해 준다.

어휘 heighten 고조시키다　morality 도덕, 도덕성　virtue 선(善), 선행　transcend 초월하다　admirably 감탄할 만하게, 훌륭히　descriptive 서술[묘사]하는　informative 지식을 주는　waver 흔들리다　indiscreet 지각[분별] 없는　contrive 용케[어떻게든] ~하다

❺This explains [why people of the modern age constantly waver **between** depending on their own moral sense, {which may be suspected as narrow or indiscreet}, **and** following social norms, {which might only have been contrived by chance}]. → [ ]는 explains의 목적어로 쓰인 의문사절이다. 「between A and B」는 'A와 B 사이에'의 의미이다. 두 개의 { }는 각각 their own moral sense와 social norms를 부연 설명하는 주격 관계대명사절이다.

A

B

문제 해설

|Warm up|

1 인류는 도덕적 문제들에 대한 방대한 양의 지식을 갖추게 되었음에도 불구하고, 도덕적 문제를 다루는 기준에 대해 확신하지 못하며 끊임없이 방황하고 있다는 내용이다.

2 문장 ❹의 'In other words'라는 환언 어구를 통해 앞 문장에 대한 환언이 시작되고 있다는 것을 알 수 있다.

3 (1) 과학적 지식은 인간이 명료한 도덕적 기준을 세우도록 도와준다. → 문장 ❸에서 과학적 지식을 적용하는 것은 도덕적 문제에 관한 명료한 기준을 세우는 데 실패했다고 했다. (2) 사람들은 사회적인 규범과 인간에 대한 지식을 축적해 왔다. → 문장 ❹를 통해 사람들이 사회와 인간에 대한 방대한 지식을 갖추었음을 알 수 있다.

|Question|

문장 ❸에서 윤리, 가치관, 그리고 책임에 관련된 문제들에 과학적 방법들을 적용하는 것은 명료한 도덕적 기준을 세우는 데 도움이 되지 못한다는 글의 주제가 제시되었다. 또한 빈칸 뒤에는 현대인들이 자신의 도덕 관념과 사회적 규범 사이에서 끊임없이 흔들리고 있다는 내용이 상술되고 있다. 주제를 재진술하고 상술된 내용을 일반화하면 현대인들은 행동 방식의 기준과 좋은 사회를 구성하는 요소에 대해 더욱 확신하지 못하게 되었다는 것을 추론할 수 있다.

|선택지 분석|

① 과학이 우리가 도덕을 이해하는 데 도움을 줄 수 있는지 → 도덕적 문제에 과학적 방법을 적용하는 것은 지식을 쌓는 차원에서는 성과가 있다고 했으므로 과학은 도덕을 이해하는 수준에서는 도움이 된다고 할 수 있다. 반대 개념

② 우리가 타인들과 어떻게 사회적 관계를 맺을 것인지 → 윤리, 가치관, 책임과 같은 도덕적 문제들을 판단하는 기준에 대해 확신하지 못한다는 내용이므로 타인과의 관계에 관한 내용은 무관하다. 무관한 내용

④ 더 부유해지기 위해 우리가 지식을 어떻게 활용할 수 있을지 → 부유해지기 위한 방법에 관한 내용은 언급되지 않았다. 무관한 내용

⑤ 우리가 발견한 과학 정보를 믿을 수 있는지 없는지 → 과학적 방법들은 윤리 및 가치와 관련된 문제들에 명백한 기준을 설정하는 데 실패했을 뿐, 우리가 발견한 과학적 정보 자체의 신뢰성이 불확실해진 것은 아니다. 무관한 내용

1등급에 도전하는 빈칸 Actual Test

본문 p.68 →

1

정답 ③

해석 ❶1980년대 이래로 많은 현대 과학자들은 자유 의지의 문제를 조사하기 위한 실험들을 수행해 왔다. ❷Benjamin Libet에 의해 수행된 한 실험에서 피험자들은 그들이 선택을 할 때마다 버튼을 누르도록 요청받았다. ❸그들은 또한 그들이 실제로 버튼을 누르려고 마음먹은 시간을 주목하라고 요청받았다. ❹이 모든 것이 진행되는 동안 피험자들의 뇌 활동, 특히 신체적 움직임을 통제하는 뇌 부분의 활동이 관찰되었다. ❺놀랍게도 이 실험은 그들이 버튼을 누르기로 결정했다고 주장하는 그 순간 이전에 피험자들의 뇌 활동이 변화하는 것을 반복적으로 보여주었다. ❻다시 말해 의식이 움직이겠다는 어떠한 결정을 내리기 전에 뇌가 몸에게 행동할 것을 명령한다. ❼이 모든 과정들이 일어나는 데는 1초도 걸리지 않지만, 많은 과학자들은 이 결과들이 자유 의지는 우리의 의식에 대한 맹목적인 믿음이 야기한 환상이라는 것을 의미한다고 해석했다.

어휘 investigate 수사하다; *조사[연구]하다 conduct (특정한 활동을) 하다 command 명령하다, 지시하다 conscious 의식하는, 자각하는 (n. consciousness 의식) |문제| unconscious 의식을 잃은; *무의식적인 illusion 오해, 착각 blind faith 맹신 correlation 연관성, 상관관계 equivalent 상당[대응]하는 것, 등가물

구문 해설 ❺... before **the moment that** they claim [(that) they decided to push the button]. → 「the moment (that) ~」은 '~하는 바로 그 순간'의 의미이다. [ ]는 claim의 목적어절로 접속사 that이 생략되었다.

❻In other words, the brain **commands** the body **to act** before the conscious mind makes any decision *to move*. → 「command A to-v」는 'A에게 ~하라고 명령하다'의 의미이다. to move는 any decision을 수식하는 형용사적 용법의 to부정사이다.

문제 해설

|Step 1| 이 글은 자유 의지의 존재 여부에 대한 과학적 실험에 관한 내용이며, 문장 ❺에서 피험자들이 버튼을 누르겠다는 결정을 하기 전에 피험자들의 뇌 활동이 먼저 변화했다는 것이 이 실험의 핵심내용이라고 할 수 있다.

|Step 2| 문장 ❻의 'In other words'라는 어구를 통해 앞 문장의 내용이 환언되고 있으며, 의식이 행동을 결정하기 전에 뇌가 신체에 명령을 내린다는 것이 이 글의 주제라고 할 수 있다.

|Step 3| 환언된 문장에 이어, 과학자들이 이 결과를 어떻게 해석하였는지가 빈칸으로 제시되어 있는데, 이는 곧 실험이 의미하는 바이므로 주제와 일맥상통하는 내용이 빈칸에 들어가야 한다는 것을 알 수 있다. 따라서, 앞의 주제문을 재진술하여 빈칸에는 자유 의지가 우리의 의식에 대한 맹목적 믿음에 의해 야기된 환상에 불과하다라는 말이 들어가는 것이 가장 적절하다.

| 선택지 분석 |

① 의식은 모든 뇌 활동에 대한 완전한 지배력을 가지고 있다는 → 실험 결과 의식이 행동을 결정하기 전에 뇌가 먼저 신체에 명령을 내렸으므로, 이는 반대되는 개념이다. [반대 개념]

② 인간의 뇌는 우리가 무의식 중일 때 더 빨리 반응하는 경향이 있다는 → 인간이 자유 의지를 가지고 있는지를 확인하는 실험이 제시되었으므로 이는 지문과 무관하다. [무관한 내용]

④ 뇌 활동과 의식 사이에 어떤 상관관계도 없다는 → 자유 의지의 존재 유무를 찾는 것이 실험의 목적이었으므로, 뇌 활동과 의식 사이에는 상관관계는 글의 내용과 관련이 없다. [무관한 내용]

⑤ 뇌의 즉각적인 반응은 소위 자유 의지에 해당한다는 → 뇌의 반응은 의식이 행동을 결정하기 전에 무의식적으로 일어났으므로 이는 정답과 반대된다. [반대 개념]

본문 p.68 →

2 정답 ③

[해석] ❶과학자들에 의하면 그들 분야의 근본적인 특징들 중 하나는 객관성이다. ❷즉 과학은 가치를 다루는 것이 아니라 사실을 다룬다. ❸마찬가지로 공공 영역에서도 과학자들은 권위자로 간주되는 경향이 있고, 과학적 증거는 그것의 분명한 객관성 때문에 대개 높이 평가된다. ❹그러나 최근에 사회학자들이 과학에는 가치가 개입되지 않는다는 개념에 의문을 제기해오면서, 사실상 과학의 권위와 과학적 방법에 도전하고 있다. ❺그들은 과학에 가치가 개입되지 않는다고 말하는 것은 사실을 호도하는 것이라고 주장하는데, 왜냐하면 과학은 인식적 가치들을 표현하며, 그것의 실행에 있어 불가피하게 문화적 가치들을 편입시키기 때문이다. ❻그러나 이 가치들이 위협으로 간주될 필요는 없다. ❼즉, 우리가 객관성을 포기하거나 혹은 상대주의를 수용할 필요가 있다고 생각하지는 말아야 한다. ❽우리가 다른 외부 가치들의 균형을 잡도록 도와줌으로써 몇몇 과학적 가치들은 신뢰할 수 있는 지식의 산출을 실질적으로 돕는다.

[어휘] **fundamental** 근본적인 **objectivity** 객관성 **sphere** 구(球); *영역 **authority** 권위; 권위자 **in effect** 사실상 **epistemic** 지식[인식]의 **inevitably** 불가피하게 **incorporate** 포함하다, 편입시키다 |문제| **embrace** 포옹하다; *받아들이다, 수용하다 **integrate** 통합시키다

[구문 해설] ❺They **insist** that it **is** misleading to say that science is value-free .... → 주장, 명령, 요구, 제안 등을 나타내는 동사 다음의 that절에서 동사는 「(should)+동사원형」의 형태를 취한다. 단, that절의 내용이 당위성을 나타내지 않는 경우에는 알맞은 시제의 동사를 쓴다.

문제 해설

|Step 1| 과학이 불가피하게 가치 판단을 포함하고 있지만 이러한 가치를 위협으로 간주할 필요는 없다는 것이 이 글의 주제이다.

|Step 2| 문장 ❼의 'That is'라는 어구를 통해 주제가 환언되고 있으며, 빈칸 앞 부분에 'we should not think'라는 표현이 있으므로 빈칸 자체에는 주제와 반대되는 내용이 들어가야 함을 알 수 있다.

|Step 3| 빈칸 뒤의 문장에서 과학적 가치들이 다른 외부의 가치들이 균형을 이루도록 도와주며 신뢰성 높은 지식 생산에 도움을 주고 있다며 주제를 상술하고 있다.

|Step 4| 빈칸 앞의 주제와 뒤의 내용을 종합해 재진술하면 과학적 가치는 위협이 아니며 긍정적인 역할을 수행하므로, 과학적 가치를 인정하는 것이 과학의 근본적인 특징들 중 하나인 객관성을 포기하거나 상대주의를 수용해야 한다는 것을 의미하는 것은 아니라는 내용이 들어가는 것이 적절하다.

| 선택지 분석 |

① 과학자들을 사회학자들보다 더 신뢰할 → 과학자들과 사회학자들을 비교한 내용은 언급되지 않았다. [무관한 내용]

② 이 가치들을 중요한 것들로 간주할 → '가치들을 위협으로 간주할' 필요가 없다는 내용이 빈칸에 들어가야 하므로 이는 정답과 반대되는 개념이다. [반대 개념]

④ 구식 연구 방법을 고수할 → 과학의 연구 방법에 대해서는 언급되지 않았다. [무관한 내용]

⑤ 과학적 가치들을 다른 사회적 가치들과 통합시킬 → 과학적 가치가 다른 외부 가치들이 균형을 이루도록 도와준다고는 했으나 가치들을 통합해야 한다는 내용은 언급되지 않았다. [무관한 내용]

본문 p.69 →

3 정답 ③

[해석] ❶영국의 연구자들은 미국과 영국에서 불행함을 표현하는 단어들이 책에 나타나는 빈도인 '문학적 고통지수'와 인플레이션과 실업률을 합친 지표인 '경제적 고통지수' 사이에 밀접한 상관관계가 있다는 것을 발견했다. ❷연구자들은 20세기에 영어로 저술된 책들의 문학적 고통지수를 그래프로 나타냈는데, 그래프의 고점과 저점이 10년 전의 미국과 영국의 실업률과 거의 일치한다는 것을 알아냈다. ❸다시 말해서 그것은 10년 전으로 이동시킨 서구의 경제사의 그래프와 유사해 보였다. ❹이러한 패턴이 생긴 한 가지 가능한 이유는 대부분의 작가들이 책 한 권을 쓰는 데 여러 해가 걸린다는 것이다. ❺또한 유년기의 경험이 작가의 저술에 영향을 미칠 수도 있다. ❻예를 들어, 1970년대 경제 침체기에 성장한 작가라면 그들의 경험에 대해서 1980년대에 글을 썼을 것인데 이 시기에 문학적 고통 지수가 극적으로 상승했다.

[어휘] **misery** 고통   **index** 색인; *(물가 · 임금 등의) 지수   **indicator** 지표   **inflation** 인플레이션   **correspond** 일치하다, 부합하다   **prior** ~전의   **downturn** (경기의) 하강, 침체 |문제| **cycle** 순환   **coincidence** 우연의 일치   **simultaneously** 동시에, 일제히

[구문 해설] ❻*Authors* [who grew up during the economic downturn of the 1970s], for example, **would have written** about their experiences in the 1980s, ... → [ ]는 Authors를 수식하는 주격 관계대명사절이다. 「조동사의 과거형+have+p.p.」는 가정법 과거완료구문이며, 이 문장에서는 주어인 Authors가 접속사 if나 unless 등으로 시작하는 조건절을 대신하고 있다.

[문제 해설]

|Step 1| 문학적 고통지수 그래프의 고점과 저점이 10년 전의 미국과 영국의 실업률 그래프와 일치한다는 것이 이 글의 중심내용이다.

|Step 2| 문장 ❸의 'In other words'라는 표현을 통해 주제가 환언되고 있음을 알 수 있으며, 이 부분에 빈칸이 나왔다.

|Step 3| 빈칸 뒤에서는 책을 집필하는 데 오랜 기간이 소요되고 유년기의 경기 침체에 대한 경험이 약 10년 후에 저술될 수 있다는 내용이 상술되었다.

|Step 4| 주제가 환언되는 부분이 빈칸으로 제시되었으므로 주제문을 재진술하는 전략을 통해 빈칸에 들어갈 내용을 추론할 수 있다. 빈칸 앞의 주제문을 재진술하고 빈칸 뒤의 상술된 내용을 일반화하면, 빈칸에는 문학적 고통지수가 경제적 고통지수의 10년 전 모습과 유사하다는 말이 들어가는 것이 가장 적절하다.

|선택지 분석|

① 경기 순환이 출판 산업에 강력하게 영향을 미쳐왔다 → 경기 순환은 출판 산업이 아니라 문학적 고통지수에 커다란 영향을 끼쳤다. 문학적 고통지수를 출판 산업으로 보는 것은 논리의 비약이다. [무관한 내용]

② 문학적 고통과 경제적 고통 사이의 상관관계는 우연의 일치였다 → 문학적 고통과 경제적 고통 사이의 상관관계는 우연이 아니라 작가들의 경제적 고통에 대한 경험이 대략 10년 후에 문학 작품에 표출되기 때문에 발생한다. [반대 개념]

④ 문학적 고통지수는 경제적 고통지수와 동시에 상승하고 하락한다 → 문학적 고통지수와 경제적 고통지수의 상승과 하락 패턴은 비슷하나, 이들 사이에는 10년의 시간 차이가 있다. [부분 일치]

⑤ 출판 산업의 쇠퇴로 인해서 두 나라는 10년 간의 경기 침체를 겪었다 → 출판 산업의 쇠퇴로 인한 미국과 영국의 경기 침체에 대한 내용은 언급되지 않았다. [무관한 내용]

Unit 04 | 비교와 대조

기출 예제 ②
Practice A Warm up | 1 ①, ③ 2 ⑤ Question | Q ②
Practice B Warm up | 1 ②, ④ 2 ④ Question | Q ①
Actual Test 1 ② 2 ② 3 ②

기출로 분석하는 빈칸 Solution

| 기출 예제 분석 | 정답 ② |

본문 p.72 →

해석 ❶눈을 카메라에 비유함으로써, 기초 생물학 교과서들은 인식이 수반하는 것에 대한 잘못된 인상을 만들어 내는 것을 돕는다. ❷단지 상(狀) 형성에 대한 물리학의 관점에서만 눈과 카메라는 어떠한 공통점을 가진다. ❸눈과 카메라 둘 다 외부 세계로부터의 광선을 상(狀)에 집중시키는 렌즈를 가지고 있고, 둘 다 그 상의 초점과 명도를 조절하는 수단을 가지고 있다. ❹눈과 카메라 둘 다 상(狀)이 맺히는 빛에 민감한 막을 가지고 있다(각각 망막과 필름). ❺하지만, 상(狀)의 형성은 보는 것으로 나아가는 단지 첫 번째 단계에 불과하다. ❻눈과 카메라 사이의 피상적인 비유는 둘 사이의 훨씬 더 근본적인 차이를 이해하기 어렵게 하는데, 그것은 카메라는 단지 상(狀)을 기록하는 반면에 시각 체계는 그것을 해석한다는 점이다.

어휘 liken (~에) 비유하다, 비기다 perception 지각, 인식 entail 수반하다 ray 광선 adjust 조정[조절]하다 cast 던지다; *(빛을) 발하다 retina (눈의) 망막 obscure 이해하기 어렵게 하다, 모호하게 하다 interpret 해석하다 |문제| superficial 피상[표면]적인 analogy 비유, 유사점 adaptation 각색; *적응

구문 해설 ❷Only in terms of the physics of image formation do the eye and camera have anything in common. → 부정어 역할을 하는 「only+부사구」가 강조를 위해 문장 앞에 오면서 주어와 동사의 도치가 일어났다. 이때, 문장의 동사가 일반동사이면 「do[does, did]+주어+본동사」의 어순으로 도치된다.

(구문 해설 주석: 부사구 / 조동사 / 주어 / 본동사)

단계적으로 키우는 빈칸 Thinking Skills

| Practice A | 정답 Warm up | 1 ①, ③ 2 ⑤ Question | Q ② |

본문 p.74 →

해석 ❶나는 각 소셜 네트워크가 그 자신만의 작은 세상이 되는 것에 반대하는데, 약간의 상호 기능성이 있기는 하지만, 그것들은 우리 중 다수가 원하는 만큼 매끄럽게 상호적으로 효력을 발휘하고 있지 못하고 있다. ❷그것에 대해 이메일과 비교하여 생각해 보자. ❸당신은 이메일 주소를 가지고 있는 다른 누구에게나 이메일을 보낼 수 있다. ❹당신이 Gmail을 사용하고 있으며 다른 사람은 Hotmail을 사용하고 있다는 것은 문제가 되지 않는다. ❺이메일은 시장 주도가 아닌 개방적인 시스템으로 개발되었기 때문에, 다른 시스템 간에 서로 통할 수 있도록 표준이 개발되었다. ❻소셜 네트워크에 있어서는 실정이 그렇지 않다. ❼만약 내가 MySpace만을 사용하고, 당신은 Facebook만을 사용하면 우리는 교류할 수 없다. ❽게다가 만약 이러한 서비스들 중 하나가 중단되거나 사라져 버리면, 우리는 이를테면 갇히게 된 것이다. 우리는 다른 서비스로 이동하여 처음부터 시작해야 한다.

어휘 have a problem with ~에 동의하지 않다[반대하다] functionality 기능성 seamlessly 이음매가 없이, 매끄럽게 go down 중단되다 stuck 움직일 수 없는; *갇힌 |문제| authority ((pl.)) 당국, 관계자 overlook 못 보고 넘어가다, 간과하다

구문 해설 ❶..., they are not playing with one another **as seamlessly as** many of us would like (them to play with one another). → 「as+형용사[부사]의 원급+as」는 「~만큼 …한[하게]」의 의미이며 반복을 피하기 위해 would like 다음의 내용은 생략되었다.

문제 해설

|Warm up|

1 이 글은 소셜 네트워크와 이메일의 속성을 비교 및 대조하는 내용의 글이다.

2 소셜 네트워크에서는 서로 다른 시스템을 사용하는 사람들 사이의 교류가 불가능하므로 '배타적'이라고 할 수 있다.

|Question|

이메일은 다른 시스템 간에도 서로 교류할 수 있는 반면 소셜 네트워크는 다른 시스템을 사용하는 사람들끼리 교류할 수 없다고 했으므로 소셜 네트워크가 그 자신만의 작은 세상을 가지고 있다고 추론할 수 있다.

|선택지 분석|

① 보안 문제들 → 소셜 네트워크의 보안에 관련된 내용은 언급되지 않았다. 무관한 내용

③ 모두에게 개방됨 → 소셜 네트워크는 다른 사이트를 이용하는 사람들 간에 교류할 수 없게 만들어져 있다고 했으므로 폐쇄적이다. 반대 개념

④ 당국에 의해 통제됨 → 소셜 네트워크를 당국이 통제한다는 내용은 언급되지 않았다. 무관한 내용

⑤ 노년층에 의해 간과됨 → 소셜 네트워크를 이용하는 사람들의 연령층은 언급되지 않았다. 무관한 내용

| Practice B | 정답 Warm up| **1** ②, ④ **2** ④ Question | **Q** ① |

본문 p.75 →

해석 ❶기업들이 자본을 조달하는 한 방법은 채권 발행을 통해서이다. ❷한 기업이 채권을 팔 때 그 기업은 그 채권이 완전히 상환될 때까지 얼마만큼의 대출금에 대한 대가로 채권 소유자에게 정기적인 이자를 지급하는 데 동의하는 것이다. ❸이 이자 지급금은 그 기업이 이윤을 내고 있는지 못 내고 있는지에 상관없이 채권 소유자에게 정해진 일시에 지급되어야 하므로, 채권은 보통 안전한 장기 투자 수단으로 여겨진다. ❹기업들은 또한 주식을 팔아서 자본을 조달할 수 있다. ❺주식은 종종 채권보다 더 높은 수익률을 내지만, 이는 보다 위험한 투자인데, 왜냐하면, 채권과 달리, 주식은 경제 상황과 기업의 수익성에 의해 영향을 받기 때문이다. ❻주주들은 해당 기업의 이윤과 손실 모두를 공유하며, 채권 소유자들에게 빚진 돈이 완전히 상환되고 나서야 비로소 지급금을 받을 수 있다. ❼다시 말해서 어떤 기업의 경제적인 성공이 불확실해 보일 때는 채권이 주식보다 더 좋은 투자 수단이다.

어휘 capital 자본금, 자금 issue 발행하다 bond 채권 bondholder 채권 소유자 stock 주식 yield 내다, 산출하다 profitability 수익성, 이윤율 stockholder 주주(株主) |문제| aggressively 공격적으로 compensate 보상하다

구문 해설 ❻... they **cannot** receive any payments **until** the money [owed to the bondholders] has been paid off. → 「not ... until ~」는 '~한 후에 비로소 ···하다'의 의미이다. [ ]는 the money를 수식하는 과거분사구이다.

문제 해설

|Warm up|

1 기업들이 자본을 조달하기 위해 발행하는 채권과 주식을 비교 및 대조하는 글이다.

2 정기적으로 이자를 지급받고, 장기적으로 안전한 투자로 여겨지며, 불경기에 크게 영향을 받지 않는 것은 채권이며, 회사의 이윤과 손실을 공유하는 것은 주식이다.

|Question|

채권과 주식의 특징을 비교 및 대조하고 있는 글로, 채권은 기업의 손익에 상관없이 이자가 지급되며 원금을 상환받을 수 있는 반면에 주식은 높은 수익률을 낼 수 있지만 기업의 이윤과 손실을 공유하므로 위험성이 크다는 내용이 서술되고 있다. 따라서 어떤 기업의 경제적인 성공이 불확실한 경우에는 채권이 주식보다 더 좋은 투자 수단이라는 것을 추론할 수 있다.

|선택지 분석|

② 그 기업은 더 많은 채권과 주식을 발행할 것이다 → 기업은 자금을 조달하는 수단으로 채권과 주식을 발행하지만, 경제적인 성공이 불확실할 때 더 많은 채권과 주식을 발행할 것이라고 추론할 수 있는 근거는 없다. 무관한 내용

③ 사람들은 더 공격적으로 주식에 투자해야만 한다 → 주식에 투자를 하면 회사의 재정적 손해까지 함께 부담해야 하므로 회사가 재정적으로 불안정할 때 주식에 투자하는 것은 위험 부담이 크다. 반대 개념

④ 정부는 대출금에 대한 이자율을 낮출 것이다 → 정부의 대출 이자율이 기업 자금 유통에 미치는 영향은 다루고 있지 않다. 무관한 내용

⑤ 그 기업은 채권에서 얻은 이윤으로 주식에서 발생한 손실을 배상한다 → 주주는 회사의 손익을 함께 부담하므로 주식으로 잃은 손해는 배상되지 않는다. 반대 개념

본문 p.76 →

1 정답 ②

해석 ❶ 식사 예절은 예의 바름이 결국에는 불이익이 아니라는 것을 우리가 이해하도록 돕는다. ❷ 무례한 사람이 음식을 더 많이 차지할 수는 있지만 그는 더 적은 호감을 얻게 될 것이다. 그리고 친교는 식사의 진정한 의미이다. ❸ 다음 번에 그는 초대받지 못할 것이다. ❹ 예의 바름은 당신을 상황의 한 부분으로 만들어서 예의 바름을 결코 습득하지 못한 사람들보다 당신이 지속적인 우위를 점하도록 한다. ❺ 그리고 이것은 우리에게 무례함의 본질에 대한 단서를 준다. 무례하다는 것은 아이들과 (그러지 않도록 가르침을 받을 때까지) 동물들이 본능적으로 이기적인 것과 같은 방식으로 단지 이기적인 것이 아니다. 그것은 <u>혼자가 되는</u> 것이다. ❻ 심지어 가장 친밀한 모임에서도 무례한 사람은 어떤 말이나 행동으로 자신이 실제로는 그 상황의 일부가 아니라는 것을 드러낼 것이다. ❼ 물론 그 사람은 요구와 필요를 가지고, 살아있는 생명체로서 그곳에 있다. ❽ 하지만 그는 대화에 끼지 못한다.

어휘 ill-mannered 예의 없는, 무례한   affection 애정, 호의   fellowship 동료 의식, 친교   enduring 오래가는, 지속되는   edge 끝, 가장자리; *우위   rudeness 버릇없음, 무례함 (*a.* rude 무례한)   organism 생물(체)

구문 해설 ❺ ...: **to be rude** is not just *to be selfish* in the way [**that** children (until taught otherwise) and animals are instinctively selfish] .... → to be rude는 주어로 쓰인 명사적 용법의 to부정사구이며 to be selfish는 주격 보어로 쓰인 명사적 용법의 to부정사구이다. [ ]는 선행사인 the way를 수식하는 관계부사절로 that은 관계부사 how를 대신하고 있다.

문제 해설

|Step 1| 문장 ❶, ❷를 통해 예의 바른 식사 예절을 가진 사람과 무례한 식사 예절을 가진 사람을 비교 및 대조하고 있다는 것을 알 수 있다.

|Step 2| 무례한 사람은 더 많은 음식을 차지할 수 있지만 호감을 얻지 못해 결국에는 다시 초대받지 못할 것이고, 예의 바른 식사 예절을 가진 사람은 상황 속의 일부가 되며, 무례한 사람보다 지속적인 우위를 점하게 된다고 했다.

|Step 3| 빈칸에는 무례함의 본질이 무엇인지가 들어가야 한다. 빈칸 뒤에서 무례한 사람은 말과 행동을 통해 자신이 그 모임의 일부가 아니라는 것을 드러내며 대화에 끼지 못한다고 했으므로, 이를 일반화하면 무례하다는 것은 혼자가 되는 것임을 추론할 수 있다.

| 선택지 분석 |

① 영리한 → 식사 예절과 그 사람의 영리함과의 상관관계에 대해서는 언급되지 않았다. 무관한 내용

③ 수다스러운 → 무례한 사람이 수다스럽다는 내용은 언급되지 않았다. 무관한 내용

④ 참을성이 없는 → 무례한 사람이 참을성이 없다는 내용은 언급되지 않았다. 무관한 내용

⑤ 호기심이 많은 → 무례함의 본질이 호기심이 많은 것이라는 내용은 언급되지 않았다. 무관한 내용

본문 p.76 →

2 정답 ②

해석 ❶ 전통적으로 영웅들은 진리와 정의를 위해 투쟁하고 사회와 그 구성원들을 보호하기 위해서 자신들을 희생해 온 인물들이었다. ❷ 과거에 그들은 대개 믿을 수 없이 용감한 행동들을 해낸 남성 인물들이었다. ❸ 그들은 놀라운 모험에 나서고, 엄청난 전투에서 싸우고, 용이나 다른 괴물들을 죽였다. ❹ 하지만 오늘날 영웅들은 다른 형태를 취한다. ❺ 한 예를 들면 현대의 영웅들은 종종 여성들이다. ❻ 더욱이 현대 영웅의 용기는 육체적인 것이라기보다는 오히려 도덕적인 것인 경향이 있다. ❼ 그러나 이런 차이들에도 불구하고 우리 삶에서 영웅들이 담당하는 역할은 변하지 않았다. ❽ 영웅들은 우리에게 우리 각자 안에 존재하는 선(善)에 대한 잠재력을 보여준다. ❾ 따라서 그들은 우리가 단지 우리들 자신을 돌보는 것 대신 타인들을 돕도록 장려한다. ❿ 그들은 또한 우리의 목표와 신념에 영향을 주어 우리를 보다 나은 사람들로 만든다. ⓫ 궁극적으로 영웅들은 <u>각 개인들이 자신의 최대한의 잠재력에 도달하도록 고무한다.</u>

어휘 sacrifice 희생하다   figure 수치; *인물   incredible 믿을 수 없는, 믿기 힘든   embark on 착수하다, 종사하다, ~에 나서다   slay 죽이다   moral 도덕과 관련된, 도덕상의   assume 추정[상정]하다; *(권력·책임을) 맡다
| 문제 | illusion 착각, 환상   inspire 고무[격려]하다   feat 위업, 공적

구문 해설 ❶ Traditionally, heroes have been characters [who have **fought** for truth and justice and **sacrificed** themselves] in order to protect a society and its people. → [ ]는 선행사인 characters를 수식하는 주격 관계대명사절이다. fought와 sacrificed는 접속사 and로 병렬 연결되어 있다.

문제 해설

Step 1 이 글에서는 과거의 영웅들과 현대의 영웅들의 특징을 비교 및 대조하고 있다.

Step 2 과거의 영웅들은 대개 남성이며 용감한 업적을 수행하는 사람으로 그려지는 데 반해, 현대의 영웅들은 종종 여성이기도 하며 신체적인 것보다는 도덕적인 것에서 비롯되는 용기를 지닌 사람으로 묘사된다. 이러한 차이점에도 불구하고 문장 ❼에서부터 영웅의 역할은 불변하며, 우리 안에 존재하는 선(善)에 대한 잠재력을 일깨워 타인을 돕도록 장려하는 공통점이 있다는 내용이 제시된다.

Step 3 빈칸에는 과거와 현재의 영웅의 궁극적인 공통점이 들어간다. 영웅들의 공통적인 속성을 바탕으로 추론하면 이들은 각 개인들이 그들의 최대한의 잠재력에 도달할 수 있게 고무한다는 것을 추론할 수 있다.

선택지 분석

① 사람들이 만들어 낸 허상에 불과할 뿐이다 → 이와 같은 내용은 지문에서 제시되지 않았다. 무관한 내용

③ 사회에서 남성과 여성의 역할을 평등하게 만드는 데 도움을 준다 → 현대에 여성 영웅들이 등장했다고 해서 남녀의 역할을 평등하게 하는 데 도움이 되었다고 추론할 수는 없다. 무관한 내용

④ 찬양받을 뚜렷한 용맹함의 위업들을 수행할 필요가 없다 → 현대의 영웅의 용기는 신체적인 것보다는 도덕적인 것에 초점이 맞추어져 있으므로 이는 부분적으로 일치하지만, 이것이 영웅들이 가지는 궁극적인 의의는 아니다. 부분 일치

⑤ 우리가 타인들을 돌보기 전에 우리 자신을 돌봐야만 한다는 것을 상기시켜준다 → 영웅들은 우리가 자신보다 타인을 먼저 돕도록 장려한다고 했으므로 이는 정답과 반대되는 개념이다. 반대 개념

3 **정답** ②

해석 ❶비디오 게임의 위험성에 관해서 말하는 연구들은 종종 그것의 도박과의 유사성을 언급한다. ❷도박은 확률의 게임이다. ❸사람들은 단기간 동안에는 가끔 돈을 따기도 하지만 장기적으로는 언제나 돈을 잃는다. ❹많은 연구들은 두뇌가 그러한 보상의 불규칙성과 예측 불가능성에 의해서 지배당할 때 사람들이 어떠한 방식으로 중독 행동을 나타내는 경향이 있는가를 밝힌다. ❺하지만, 비디오 게임은 기술의 게임이기 때문에 도박과는 본질적으로 다르다. ❻비디오 게임에서의 보상은 게임 참여자의 내부에서 얻어지고 생겨난다. ❼비디오 게임이 행해지는 방식은 체스와 같은 게임의 방식과 닮았다. ❽이러한 게임에서 이기려면 행운이 아니라 지능, 인내, 그리고 훈련과 같은 자질들을 필요로 한다. ❾필수적인 기술들을 발전시켜 (다음 단계로) 나아가려면 노력이 필요하다. ❿더욱이 보상은 보통 해당 게임 안에서 주어지고 따라서 (보상은) 단지 (게임의) 숙달을 의미할 뿐이다. ⓫실질적인 이익은 게임을 하는 목표로 간주되지 않는다.

어휘 odd 《pl.》 가능성, 확률 invariably 변함없이, 늘 dominate 지배하다 irregularity 불규칙(성) perseverance 인내 progress 나아가다, 전진하다 grant 주다, 수여하다 stand for 나타내다, 의미하다 |문제| cumulative 누적되는 capability 능력, 역량 temporary 일시적인, 임시의 contentment 만족, 자족

구문 해설 ❿Moreover, the rewards **are** usually **granted** within the game and thus **stand for** *nothing other than* mastery. → are granted와 stand for는 접속사 and로 병렬 연결되어 있다. 「nothing other than ~」은 '단지 ~일 뿐, ~에 지나지 않다'의 의미이다.

문제 해설

Step 1 글의 전반부는 비디오 게임과 도박을 대조하고 있으며 글의 후반부는 비디오 게임과 체스의 공통점을 다루고 있다.

Step 2 도박은 확률의 게임으로서 보상이 불규칙적이고 예측 불가능한 반면, 비디오 게임은 기술의 게임으로서 보상의 성질 자체가 도박과는 다르다고 말하고 있다. 또한 비디오 게임과 체스의 공통점으로 게임에서 이기기 위해서는 운이 아닌 개인의 노력들이 요구되며, 실질적인 보상 또한 도박과 다르게 자기만족에 불과하다는 것이 설명되고 있다.

Step 3 체스와 비디오 게임의 공통점을 일반화하면 비디오 게임의 보상은 게임 참여자의 내부로부터 기인한다는 내용이 빈칸에 들어가야 한다는 것을 추론할 수 있다.

선택지 분석

① 도박의 보상들보다 더 중독성이 강하다 → 도박에서 주어지는 보상의 중독성에 대해서만 언급되었을 뿐, 비디오 게임에서 주어지는 보상의 중독성에 대한 내용은 언급되지 않았다. 무관한 내용

③ 게임을 하는 사람에게 누적된 형태로 제공된다 → 이와 같은 내용은 지문에서 제시되지 않았다. 무관한 내용

④ 개인의 능력들을 개발하는 데 도움이 된다 → 보상이 개인의 능력을 개발하는 것에 도움이 되는 것이 아니라, 개인의 능력 개발이 보상을 얻는 것에 도움이 되는 것이므로 이는 원인과 결과가 반대로 된 서술이다. 부분 일치

⑤ 일시적인 만족감을 만들어내는 데 효과적이다 → 보상으로부터 얻는 만족감의 지속성에 관한 내용은 언급되지 않았다. 무관한 내용

Unit 05 비유

```
기출 예제 ③
Practice A  Warm up| 1 (1) F (2) T (3) T  2 ❹  Question| Q ⑤
Practice B  Warm up| 1 ❹  2 ①  Question| Q ④
Actual Test  1 ⑤  2 ①  3 ⑤
```

기출로 분석하는 빈칸 Solution

기출 예제 분석	정답 ③

본문 p.80 →

해석 ❶절벽 아래에 있는 해변에서 놀고 있는 한 아이를 상상해 보라. ❷그는 동굴 하나를 발견하고 잔뜩 흥분해서 안으로 들어간다. ❸갑자기 공포감이 그를 사로잡는다. ❹동굴의 깊은 어둠 속에서 그는 앞에 놓인 길을 볼 수 없다. ❺그를 두렵게 하는 것은 암흑의 먼 곳까지 뻗어 있는 미지의 것에 대한 느낌이다. ❻(우리의) 걱정들도 이와 같을 수 있다. ❼우리의 불안감은 어떤 구체적인 것에 관한 것이 아니라 미지의 불확실한 가능성이 훨씬 앞쪽의 보이지 않는 곳에 있을지도 모른다는 느낌과 더 관련이 있다. ❽우리는 이 걱정들이 커지는 것을 막을 수 있다. ❾강한 횃불이나 손전등이 그 아이에게 동굴의 범위를 보여 줄 수 있었을 것이다. ❿우리는 "일어날 수 있는 최악의 일이 무엇인가?"라고 질문함으로써 우리의 걱정들에 대한 범위를 설정할 수 있다. ⓫대개, 우리가 두려워하는 최악의 일은 우리의 막연하고 논리적이지 않은 두려움보다 훨씬 덜 끔찍하다. ⓬일단 우리가 최악의 것을 알면, 우리는 그것에 직접 맞서 해야 할 일을 더 현명하게 해낼 수 있다.

어휘 cliff 절벽   seize 붙잡다, 움켜잡다   out of sight 보이지 않는 곳에   torch 손전등, 횃불   limit ((pl.)) 경계, 범위, 구역   more often than not 자주, 대개   vague 희미한, 어렴풋한   unarticulated 논리가 서 있지 않은

구문 해설 ❼Our anxiety is **not** about something specific, **but** more of *a sense* [that unknown and uncertain possibilities may be out of sight far ahead]. → 「not A but B」는 'A가 아니라 B'의 의미이다. a sense와 [ ]는 동격이다.

단계적으로 키우는 빈칸 Thinking Skills

Practice A	정답 Warm up| 1 (1) F (2) T (3) T 2 ❹ Question| Q ⑤

본문 p.82 →

해석 ❶현대 사회의 사형에 대한 금지는 생명에 대한 존중의 비폭력적인 표현이라기보다는 윤리적인 방향 감각 상실의 치명적인 증거로 여겨질 수 있다. ❷사형을 보류함으로써, 우리는 살인자에게 그가 무고하고 보살핌을 필요로 하는 어린이, 부녀자, 그리고 노인들과 같은 사람들에게 어떠한 범죄를 저지르더라도 그 자신의 생명은 절대로 위험에 처하지 않을 것임을 알려준다. ❸그 결과는 명백히 예상 가능하다. ❹어떠한 상황에서도 전쟁에 관여하지 않겠다는 주장을 하는 국가가 어느 날 자국이 적대적인 정권에 의해 점령당한 것을 발견하게 될 수 있는 것처럼, 가장 위험한 범죄자들을 처형하는 데 실패한 사회는 무고한 시민들의 생명들을 앗아가는 것에 거리낌이 없는 이들에 대한 방어가 결여된 것을 곧 발견하게 될 것이다.

어휘 contemporary 동시대의; *현대의   prohibition 금지   capital punishment 사형   fatal 죽음을 초래하는; *치명적인   demonstration 증명, 증거   disorientation 방향 감각 상실, 혼미   withhold ~을 보류하다, 허락하지 않다   death penalty 사형   in jeopardy 위기에 처한   overtly 명백히, 공공연하게   hostile 적대적인   regime 정권   execute 처형하다 |문제| outlaw 불법화하다, 금하다   wage (전쟁·전투 등을) 벌이다

구문 해설 ❹**Just as** a country [which makes *the claim* {that it will never get involved in a war under any circumstances}] may one day **discover** itself **occupied** by a hostile regime, a society [that fails to execute its most dangerous criminals] may soon **notice** itself **lacking** defense against those [who have no reluctance to taking the lives of innocent citizens]. → 「just as」는 '꼭 ~처럼'의 의미이다. 세 개의 [ ]는 각각 a country, a society, those를 수식하는 주격 관계대명사절이다. the claim과 { }는 동격이다. 종속절의 동사 discover의 목적어와 목적격보어가 수동의 관계이므로 목적격보어로 과거분사 occupied를 썼으며, 주절의 동사 notice의 목적어와 목적격보어는 능동의 관계이므로 목적격보어로 현재분사 lacking을 썼다.

문제 해설

|Warm up|

1 (1) 사형에 대한 금지는 생명에 대한 존중으로 여겨질 수 있다. → 문장 ❶에서 필자는 사형에 대한 금지는 생명에 대한 존중이 아닌 윤리적인 방향 감각 상실의 증거일 뿐이라고 주장하고 있다.
(2) 우리가 사형을 금지하면, 그것은 살인자의 생명을 보장해주는 것과 같다. → 문장 ❷에서 이에 대한 내용이 서술되고 있다.
(3) 사형을 금지하는 사회는 그 사회의 범죄자들에 대한 방어가 결여될 수 있다. → 문장 ❹의 뒷부분에서 이에 대한 내용이 서술되고 있다.

2 문장 ❹에서 'Just as'라는 표현을 사용하여, 범죄자들을 사형시키지 않는 사회(원관념)를 한 국가(보조관념)에 비유하고 있다.

|Question|

사형제를 반대하는 사회(원관념)가 어떠한 결과에 처하게 되는지를 바탕으로 한 국가(보조관념)의 방침을 추론해 본다. 사형제를 반대하는 사회는 살인자들에 대한 방어가 결여된 사회가 될 것이라고 했으므로, 적대국에게 점령당하게 되는 국가는 전쟁에 반대하는 방침을 세운 국가라는 것을 추론할 수 있다.

|선택지 분석|

① 전쟁은 필요악이다 → 이는 필요 시에는 전쟁에 관여할 수도 있다는 의미이므로 정답과 반대되는 개념이다. 반대 개념

② 전쟁은 더 위대한 목적을 위해 정당화될 수 있다 → 더 위대한 목적을 위해서는 전쟁을 일으킬 수도 있다는 의미이므로 정답과 반대된다. 반대 개념

③ 먼저 공격받지 않는다면 전쟁을 벌이지 않겠다 → 공격을 받으면 전쟁에 관여할 용의가 있다는 말이므로 정답과 반대되는 개념이다. 반대 개념

④ 죄수들에게 사형을 선고하는 것은 금지되어야 한다 → 보조관념으로 언급되는 한 국가가 적대적인 국가에 대해 세운 방침과 관련된 내용이 들어가야 하므로 원관념과 관련된 내용인 죄수들에게 사형을 선고하는 것은 금지한다는 말은 빈칸에 적절하지 않다. 무관한 내용

Practice B 정답 Warm up | 1 ❹ 2 ① Question | Q ④

본문 p.83 →

해석 ❶ 모든 사람들은 죽음의 공포에 의해 압박감을 느낀다. 젊은이들에게는 죽음을 두려워하는 합리적인 이유가 있는데, 그들은 삶이 그들에게 주어야 할 최상의 것을 아직 받지 못했기 때문이다. ❷ 이미 삶의 기쁨과 슬픔을 경험한 노인들조차도 죽음 직전에는 억울함을 느낀다. ❸ 이 공포를 극복할 최상의 방법은 당신의 자아가 사라지고 당신의 개인적 삶이 보편적 삶과 통합될 때까지 당신의 관심사들을 가능한 한 넓고 일반적인 것으로 만드는 것이다. ❹ 한 개인의 존재는 아마도 강과 같을 것이다. ❺ 강의 발원지에서 강은 작고, 좁은 둑들에 의해서 제한되어 있다. ❻ 하지만 시간이 지나면서 강은 점점 더 넓어지고, 둑들은 멀리 물러나며, 강물은 완만하게 흘러 마침내 바다로 흘러간다. ❼ 만약 당신이 인생을 이런 방식으로 볼 수 있다면 당신은 더 이상 죽음의 공포에 대한 부담을 짊어지지 않게 될 것인데, 당신이 관심을 가지는 것들은 당신이 죽은 후에도 오랫동안 계속될 것임을 알게 될 것이기 때문이다.

어휘 oppressed 억압당하는, 탄압받는   rational 합리적인, 이성적인   bitter 억울해 하는   on the verge of 막 ~하려는, ~하기 직전의   ego 자부심; *자아   merge 합병[병합]하다   bind 묶다; *가두다   recede (서서히) 물러나다, 멀어지다   empty into ~로 흐르다   burden 부담, 짐; *부담[짐]을 지우다 |문제| dignity 위엄, 품위   impersonal 비인간적인; *특정 개인과 상관없는, 일반적인

구문 해설 ❼ ..., because you will know [that the things {(that) you care about} will continue long after you are gone]. → [ ]는 know의 목적어절이다. { }는 the things를 수식하는 목적격 관계대명사절로 목적격 관계대명사 that이 생략되었다.

문제 해설

|Warm up|

1 문장 ❹에서 '~와 같은'이라는 의미의 전치사 'like'를 사용하여 '개인의 존재'라는 원관념을 '강'이라는 보조관념에 비유하고 있다.

2 모든 사람들이 죽음의 공포를 느낀다는 내용의 도입부에 이어 이러한 죽음의 공포를 극복하기 위한 방법을 제시하고 있다.

|Question|

시간이 지남에 따라 강이 점점 넓어지다가 바다로 흐르는 것처럼, 한 사람의 자아가 사라지고 개인적인 삶이 보편적인 삶에 병합되는 것이 죽음의 공포를 극복할 최상의 방법이라고 말하고 있다. 따라서 개인의 관심사들을 가능한 한 넓고 일반적인 것으로 만드는 것이 그 방법임을 추론할 수 있다.

|선택지 분석|

① 순간의 쾌락을 즐기는 것 → 이와 같은 내용은 지문에서 제시되지 않았다. 무관한 내용

② 여전히 젊은 것처럼 매일을 사는 것 → 젊은 것처럼 사는 것이 죽음의 공포를 극복할 수 있는 방법이라는 내용은 언급되지 않았으며, 오히려 젊은이들에게는 죽음의 공포를 느낄 합리적인 이유가 있다고 했다. 무관한 내용

③ 항상 명예롭고 위엄 있게 행동하는 것 → 이와 같은 내용은 지문에서 제시되지 않았다. 무관한 내용

⑤ 당신이 이미 성취한 모든 것에 대해 생각하는 것 → 개인적인 성취에 대해 생각하는 것은 관심사를 가능한 한 넓고 일반적인 것으로 만들라는 글의 내용과 반대된다. 반대 개념

1등급에 도전하는 빈칸 Actual Test

본문 p.84 →

1

정답 ⑤

해석 ❶낯선 거리에서 길을 잃은 남자들은 지역 주민들에게 방향을 묻는 것을 종종 피한다. ❷우리는 지도와 나침반을 가지고 참고 견디려고 노력한다. ❸길을 잃었다고 인정하는 것은 어리석음을 인정하는 것처럼 느껴진다. ❹이것은 고정관념이지만, 많은 진실의 성질을 갖고 있다. ❺이것은 또한 인문 과학에서 간과되는 커다란 문제에 대한 좋은 비유이기도 하다. ❻우리는 인간 본성이라는 어두운 대륙에서 길을 찾으려고 노력하고 있다. ❼우리 과학자들은 나머지 인류를 위해 버스를 운전하는 여행 가이드들로서 돈을 받고 있다. ❽그들은 우리가 인간의 정신에서의 길을 알고 있을 것이라고 기대하지만, 우리는 모른다. ❾그래서 우리는 지역 주민들에게 방향을 묻지 않고, 그것을 아는 체하려고 노력한다. ❿우리는 지리('이론')라는 첫 번째 원리들과 우리 자신이 만든 지도('경험적인 조사')로 길을 찾으려고 한다. ⓫길가는 지역 주민들로 붐비고, 그들의 두뇌는 지역에 관한 지식으로 가득하지만, 우리는 길을 묻기에는 너무 오만하고 창피해한다. ⓬그래서 우리는 관광객들을 즐겁게 하고 계몽할 경치가 좋은 풍경을 어디에서 찾을지에 관해서 연속적인 가설들을 만들고 부인하면서 원을 그리며 주위를 맴돈다.

어휘 local 주민, 현지인 tough it out 굳세게 견디다 grain 곡물, 낟알; *성질, 기질 metaphor 은유, 비유 continent 대륙 fake 위조하다; *꾸미다, ~인 척하다 principle 원칙, 원리 empirical 경험[실험]에 의거한, 실증적인 arrogant 오만한 scenic 경치가 좋은 vista 풍경, 경치 enlighten 계몽하다 |문제| inquire (~에게) 묻다, 알아보다 successive 연속적인, 연이은, 잇따른 hypothesis 가설 (pl. hypotheses)

구문 해설 ⓬ ... about [where to find the scenic vistas {that would entertain and enlighten the tourists}].
→ [ ]는 about의 목적어로 쓰인 「의문사+to-v」 구문이다. { }는 the scenic vistas를 수식하는 주격 관계대명사절이다.

문제 해설

|Step 1| 글의 전반부에서는 길을 잃은 남자들에 관한 내용이 제시되었고, 문장 ❺에서는 이것이 인문 과학에서 간과되는 문제에 대한 좋은 비유라는 말이 언급되었으므로 인문 과학의 문제라는 원관념을 길 잃은 사람이라는 보조관념에 비유하고 있다는 것을 알 수 있다.

|Step 2| 빈칸은 원관념인 과학자들의 행동에 위치하고 있다. 보조관념으로 제시된 길을 잃은 사람들은, 지역 주민들에게 길을 묻지 않고 자기가 가진 지도나 나침반을 이용해 길을 찾으려고 애를 쓴다고 했다.

|Step 3| 빈칸 앞 문장인 ❻~❿에서는 원관념으로 제시된 인문 과학자들의 태도를 또 다른 보조관념인 여행가이드에

|선택지 분석|

① 지역의 똑똑한 사람들이 묻기를 기다리면서 → 지역 주민들이 도움을 주기를 기다린다는 내용은 언급되지 않았다. 무관한 내용

② 지역 주민들의 지식을 축적하고 연구하면서 → 과학자들은 지역 주민들에게 방향을 묻지도 않고 길을 모르면서도 아는 체하는 여행 가이드와 같다고 했다. 반대 개념

③ 경험적인 조사의 결과물들에 반대하면서 → 과학자들은 이론이나 경험적인 조사에 의존해 길을 찾으려 한다고 했다. 반대 개념

비유하고 있다. 길을 잃은 사람들이 지역 주민들에게 길을 묻지 않고 스스로 길을 찾기 위해 애쓰는 것과 마찬가지로 이들도 지리와 지도를 바탕으로 길을 찾으려고 한다고 했으므로 과학자들 역시 가설들을 만들고 부인하면서 계속해서 혼자 길을 찾으려고 할 것이라는 것을 추론할 수 있다.

④ 행인들의 지식과 경험에 의지하면서 → 길가에는 지역 주민들이 붐비지만 그들에게 길을 묻기에 과학자들은 너무 오만하며 창피해한다고 했다. 반대 개념

본문 p.84 →

2 정답 ①

해석 ❶ 게임 이론에서 '완전한 정보'란 주어진 게임 혹은 상황에서 행해진 모든 움직임들이 명백하게 파악될 수 있는 상황을 말한다. ❷ 체스는 완전한 정보를 가진 게임의 한 예인데, 모든 움직임이 두 선수 모두에게 보이기 때문이다. ❸ 반면에, 대부분의 카드 게임들은 불완전한 정보를 가지고 있는데, 왜냐하면 각각의 선수들이 자기의 카드만을 볼 수 있기 때문이다. ❹ 이 개념은 또한 사업 분야에도 적용될 수 있다. ❺ 정치나 심지어는 일상적인 사회적 상호작용과 마찬가지로, 사업은 유한한 정보를 가지고 경기해야 하는 게임과 같다. ❻ 사실상 많은 사업적 결정들은 전문적인 포커 선수라면 좋아하지 않을 배당률을 수반하는데, 왜냐하면 때로는 알 수 없는 요인들이 얼마나 포함되어 있는지 계산하기가 불가능하기 때문이다. ❼ 이것에도 불구하고 자신들의 사업 관행이 본질적으로 도박이나 마찬가지라는 것을 인정하는 회사들은 거의 없을 것이다. ❽ 그 회사들은 자신들이 위험천만한 다섯 장의 포커 카드에 돈을 걸고 있다고 믿기보다는 오히려 투명한 체스 게임을 하고 있다고 굳게 믿을 것이다.

어휘 interaction 상호작용   odd ((pl.)) 공산, 가능성; *배당률   calculate 계산하다   amount to ~에 이르다; *~와 마찬가지다 |문제| finite 한정된, 유한한   reasoning 추리, 추론   regulation 규정

구문해설 ❶ In game theory, "perfect information" refers to a situation [in which all of the moves {that have been made in a given game or situation} can be clearly seen]. → [ ]는 a situation을 선행사로 하는 목적격 관계대명사절이고 { }는 all of the moves를 선행사로 하는 주격 관계대명사절이다.

❽ They **would** much **rather** believe that they are playing a clear game of chess **than** (believe that they are) betting on a risky poker hand. → 「would rather A than B」는 'B하기보다는 차라리 A하고 싶다'의 의미이다.

문제해설

|Step 1| 문장 ❺의 'business is like a game'이라는 표현을 통해 사업이라는 원관념이 게임이라는 보조관념에 비유되고 있음을 알 수 있다.

|Step 2| 빈칸은 원관념인 사업의 속성에 위치해 있다. 보조관념으로는 선수들이 게임에서 행해지는 모든 움직임을 볼 수 있는 체스 게임과 자신의 카드만을 볼 수 있는 카드 게임의 특징이 비교되어 서술되고 있다.

|Step 3| 사업은 알 수 없는 요인들이 다수 포함된다는 속성을 지니므로 이는 보조관념에서 제시된 카드 게임에 비유될 수 있다. 그러므로 빈칸에는 유한한 정보를 가진다는 내용이 들어가는 것이 적절하다.

|선택지 분석|

② 논리적인 추론을 가지고 → 논리적인 추론에 관한 내용은 본문에서 언급되지 않았다. 무관한 내용

③ 객관적인 데이터에 기초해서 → 각각의 게임들이 객관적인 데이터에 기초한다는 말을 글에서 언급되지 않았다. 무관한 내용

④ 어떤 숨겨진 비밀 없이 → 숨겨진 비밀이 없다는 것은 완전한 정보를 가지고 있다는 의미이므로 이는 정답과 반대되는 개념이다. 반대 개념

⑤ 엄격한 규정에 따라 → 엄격한 규정이라는 말은 본문에서 언급되지 않았다. 무관한 내용

본문 p.85 →

3 정답 ⑤

해석 ❶ 지휘 통제 경영 모델에서, 계획은 숙명이라고 여겨졌다. ❷ 최고 경영진들은 운영의 모든 측면에 대해 까다로운 계획들을 세웠고, '그 계획을 충족시키기' 위해 모든 것을 엄격한 통제 아래에 두었다. ❸ 하지만 너무나 자주 계획들은 예상치 못한 사건들에 의하여 무산되었다. ❹ 계획을 세우는 것은 더 이상 최고 경영진들의 독점적인 영역이 아니다. 그것은 이제 그 계획들을 실행하는 사람들을 일반적으로 포함하는데 그들이 고객과 더 가깝기 때문이다. ❺ 전략적인 민첩성을 권장하는 계획 전문가들은 실무자들이 기회들을 이용하기 위해서는 계획된 행동과 융통성의 균형을 맞출 필요가 있다고 말한다. ❻ 이와 관련된 좋은 비유로 즉흥 코미디 연기를 들 수 있다. ❼ 혼자 서서 (연기)하는 코미디 배우는 도입, 연기의 구조, 몇몇 검증된 농담들, 맺음말의 계획을 갖고 있다. ❽ 이러한 계획된 틀 안에서 코미디 배우는 관객들의 반응에 따라 연기하기도 하고, 필요에 따라 즉흥 연기를 하기도 한다.

어휘 formulate 만들어 내다　　exacting 힘든, 까다로운　　all too 정말, 너무나　　derail (열차를) 탈선시키다;
*(계획을) 무산시키다　　unanticipated 기대[예상]하지 않은　　exclusive 독점적인　　domain 영역, 분야　　agility
민첩, 영민함　　analogy 비유, 유사점　　improvisational 즉흥적인 (*v.* improvise 즉흥적으로 하다)　　stand-up
혼자 서서 하는　　comic 웃기는, 재미있는; *희극 배우　　tried-and-true 유효성이 증명된, 신뢰할 수 있는
framework 뼈대, 골조　　|문제| flexibility 융통성

구문 해설 ❺Planning experts, [who recommend strategic agility], say managers need to **balance**
planned action **with** flexibility [to take advantage of opportunities]. → 첫 번째 [　]는 선행사인 Planning
experts를 부연 설명하는 주격 관계대명사절로 문장 안에 삽입된 형태이다. 「balance A with B」는 'A와 B의 균형을 잡다'
의 의미이다. 두 번째 [　]는 목적을 나타내는 부사적 용법의 to부정사구이다.

문제 해설

|Step 1| 글의 전반부에는 계획을 세우는 일에 동참하게
된 실무자들에 대한 내용이 나왔는데, 이것이 원관념이며 문
장 ❻에서는 'A good analogy of this'라는 어구를 사용하
여 이를 즉흥 코미디를 하는 배우라는 보조관념에 비유하고
있다.

|Step 2| 전략적인 민첩성을 강조하는 계획 전문가들이 실
무자들에게 권장하는 내용이 빈칸으로 제시되었다. 즉흥 코미
디 배우는 자신이 어떠한 연기를 할지 계획된 틀을 가지고 있
지만 관객의 반응에 따라 즉흥 연기를 한다는 내용이 제시되
었다.

|Step 3| 보조관념으로 제시된 즉흥 코미디 배우의 속성을
바탕으로 코미디 배우들이 계획된 틀과 즉흥 연기를 상황에
맞춰 사용하듯, 실무자들 역시 계획성과 융통성을 동시에 갖
춰야 한다는 것을 추론할 수 있다.

|선택지 분석|

① 최신 시장 경향을 분석할 → 이와 같은 내용은 언급되지
않았다. 무관한 내용

② 동료들과 그들의 계획을 공유할 → 이와 같은 내용은 언급
되지 않았다. 무관한 내용

③ 일터를 더 즐겁게 만들 → 실무자들이 취해야 하는 행동
이 코미디 배우의 행동에 비유되었지만, 코미디 배우가
사람들을 즐겁게 만드는 것처럼 실무자들이 일터를 즐겁
게 만들어야 한다는 내용은 아니다. 무관한 내용

④ 미리 세분화된 지침서를 개발할 → 세분화된 지침서는 계
획과 관련이 있는데, 실무자는 계획뿐 아니라 즉흥성을
갖춰야 하므로 이는 부분적으로만 일치하는 내용이다.
부분 일치

Unit 06　예시

기출 예제　①
Practice A　Warm up| 1 ①　2 ③　Question | Q ①
Practice B　Warm up| 1 ③　2 ②　Question | Q ①
Actual Test　1 ⑤　2 ①　3 ④

기출로 분석하는 빈칸 **Solution**

기출 예제 분석	정답　①

본문 p.88 →

해석 ❶ 때때로 고객들이 한 부분에서 성취하려고 노력하는 모든 결과들은 다른 결과들에 부정적인 영향을
끼친다. ❷ 이러한 일은 기업들이 '고객의 목소리'에 귀 기울이느라 바쁠 때 매우 흔하다. ❸ 예를 들어, 외판
원들은 더 작은 휴대전화를 원한다고 말할지 모르지만, 그들은 그 작은 전화기가 얼마나 사용하기 어려울
지는 생각해보지 않았을지도 모른다. ❹ 목수들은 가벼운 원형 톱이 더 어려운 작업들 중 일부를 해낼 힘이
더 이상 없을 거라는 사실에 대해 생각해보지 않고 그것을 요구할지도 모른다. ❺ 고객들은 새로운 상품의
특징들을 요구할 때 보통 단지 한 가지 문제를 해결하는 데에 집중하여 자신들이 요구한 해결책이 어떻게
다른 상품이나 서비스의 기능에 영향을 미칠지는 생각하고 있지 않다. ❻ 이러한 상황에서 고객들은 새로운
특징들을 요구하지만, 자신들의 제안에서 파생된 문제들을 깨달으면 결과로 초래된 상품을 거부한다. 즉,
추가된 특징은 그것이 일으키는 문제들 때문에 쓸모없다는 것이 밝혀지게 된다.

단계적으로 키우는 빈칸 Thinking Skills

Practice A　정답 Warm up| 1 ① 2 ③ Question | Q ①

본문 p.90 →

해석 ❶다음 100년을 예측하는 것의 어려움을 이해하기 위하여 우리는 1900년의 사람들이 2000년의 세상을 예측할 때 겪었던 어려움을 인식해야 한다. ❷1893년에 시카고에서 만국 박람회의 일환으로 74명의 유명 인사들은 향후 100년의 삶이 어떨지를 예측하도록 요청받았다. ❸한 가지 문제는 그들이 과학의 발전 속도를 과소평가했다는 것이었다. ❹예를 들어, 많은 이들이 우리가 언젠가는 대서양을 오가는 상업적 비행선들을 가지게 될 것이라고 정확하게 예측했지만, 그들은 그것이 기구(氣球)일 것이라고 생각했다. ❺상원 의원 John J. Ingalls는 "시민들이 자신의 비행 기구를 부르는 것이 지금 자기 마차를 부르는 것만큼이나 흔해질 것이다"라고 말했다. ❻그들은 또한 일관되게 자동차의 출현을 맞히지 못했다. ❼체신부 장관 John Wanamaker는 심지어 100년 후의 미래에도 미국의 우편물은 역마차와 말에 의해 배달될 것이라고 말했다.

어휘 **appreciate** 진가를 알아보다; *(제대로) 인식하다　**exposition** 전시회, 박람회　**transatlantic** 대서양 횡단의　**senator** 상원 의원　**dirigible balloon** 비행 기구, 비행선　**stagecoach** 역마차　|문제| **underestimate** 과소평가하다　**indulge in** ~에 탐닉하다

구문 해설 ❺ ..., "**It** will be *as* common **for the citizen** [to call for his dirigible balloon] *as* it now is (common for the citizen to call) for his buggy." → It은 가주어이고 for the citizen은 to부정사구의 의미상 주어이며 [ ]가 진주어이다. 「as+형용사[부사]의 원급+as」는 '~만큼 …한[하게]'의 의미이다. 반복을 피하기 위해 is 이하의 중복되는 내용이 생략되었다.

문제 해설

|Warm up|

1 이 글은 1893년 시카고 만국 박람회에서 유명 인사들이 향후 100년의 삶을 예측한 일화를 통해 미래를 예측하는 것의 어려움을 서술한 글이다.

2 비행 기구, 말, 마차는 과거의 사람들이 당시로부터 100년 후에 인류가 사용할 교통·통신 수단으로 예측했던 것들인 반면, 자동차는 그들이 예측하지 못한 것이다.

|Question|

예시의 내용은 과거의 사람들이 100년 후에 상업적 비행선이 출현할 것을 예측하기는 했으나 그것이 기구(氣球)의 형태일 것으로 생각했고, 자동차의 출현을 끝내 예상하지 못했으며, 역마차나 말 등이 계속해서 쓰일 것으로 생각했다는 내용이다. 이를 일반화하면 과거의 사람들은 미래의 삶을 예측하는 데 있어서 과학의 발전 속도를 과소평가했다는 것을 추론할 수 있다.

|선택지 분석|

② 첨단 기술 기계들에 지나치게 의존했다 → 이 글은 첨단 기술 기계들의 출현을 예측하지 못했다는 내용이다. 반대 개념

③ 그들의 시대를 앞선 꿈에 탐닉하는 경향이 있었다 → 과거의 사람들이 시대를 앞선 꿈에 탐닉했던 것이 아니라 실제로 인류가 진보한 것보다 훨씬 덜 발전된 미래를 상상했다는 내용이다. 반대 개념

④ 육상 교통수단보다 항공 교통수단을 선호했다 → 미래의 삶을 예측할 때 육상 교통수단과 항공 교통수단이 예시로 언급되기는 하였으나 이 둘에 대한 선호도를 비교하는 내용은 아니다. 무관한 내용

⑤ 과학의 상업적인 측면을 강조했다 → 이와 같은 내용은 지문에서 제시되지 않았다. 무관한 내용

본문 p.91 →

해석 ❶ 영국의 저명한 경제사학자 Arnold Toynbee에 의하면 역사는 신화 즉, 어떻게 인간과 세계가 존재하게 되었는가를 설명하기 위해서 초자연적인 측면들을 포함시킨 전통적인 이야기로부터 발생했다고 한다. ❷ 이것은 역사에서 사실과 허구 사이의 경계가 모호하다는 것을 의미한다. ❸ 트로이 전쟁 시기를 배경으로 한 Homer의 서사시 「일리아드」는 이 개념의 훌륭한 예이다. ❹ 그것을 역사로서 읽으려고 하는 이는 누구나 그것이 허구로 가득 차 있는 것을 발견하게 될 것인 반면, 그것을 허구로서 읽으려고 하는 이는 누구나 그것이 역사로 가득 차 있다는 것을 발견하게 될 것이다. ❺ 모든 역사적 글들은 어느 정도까지는 이러한 특성을 가지고 있다. 즉 그것들은 결코 허구로부터 완전히 자유로울 수 없다. ❻ 그 이유는 사실들을 선별하고, 정리하고, 제시하는 과정 자체가 허구의 범위에 속하는 기술이기 때문이다. ❼ 그것이 몇몇 사람들이 위대한 예술가가 아닌 '위대한' 역사가는 존재할 수 없다고 말하는 이유이다.

어휘 mythology 신화   incorporate ~을 포함하다   supernatural 초자연적인   epic poem 서사시
|문제| ambiguous 애매모호한   irrelevant 무관한, 상관없는   take precedence over ~에 우선하다
interpretation 해석, 이해

구문 해설 ❹ ..., **while** anyone [who tries to read it as fiction] will find [that it is full of history]. → while은 '~한 반면에'의 의미로 쓰인 접속사이다. 첫 번째 [ ]는 anyone을 수식하는 주격 관계대명사절이다. 두 번째 [ ]는 find의 목적어절이다.

문제 해설

|Warm up|

1 문장 ❻에서 사실을 선별, 정리, 제시하는 과정은 허구의 영역에 속한다고 하였다.
2 「일리아드」의 예시를 통해 나타내고 있는 이 글의 중심내용은 역사와 허구가 불가분의 관계라는 것이다.

|Question|

예시의 내용은 「일리아드」를 역사적 사실로 읽으려는 사람은 이것이 허구로 가득 차 있다는 것을 발견하게 되고, 반대로 허구로 읽으려는 사람은 이것이 역사적 사실로 가득 차 있다는 것을 알게 된다는 것이므로, 예시의 내용을 일반화하면 역사에서 사실과 허구의 경계가 모호하다는 내용이 빈칸에 들어가는 것이 적절하다.

|선택지 분석|

② 신화에서 역사적 사실들은 완전히 관계가 없는 것으로 간주된다 → 본문에서 역사는 신화로부터 나왔다고 했고 허구적인 작품에도 역사적인 요소가 많다고 했으므로 이는 본문과 반대되는 내용이다. 반대 개념

③ 작품의 성공은 그것에 대한 독자들의 반응에 의해 판단된다 → 이와 같은 내용은 언급되지 않았다. 무관한 내용

④ 역사적인 정확성이 개인적인 해석에 우선한다 → 역사의 정확성과 주관적 해석을 비교한 내용은 다뤄지지 않았다. 무관한 내용

⑤ 사람들은 사실적인 사건들보다 허구적인 모험들에 더 관심을 가진다 → 본문에서 사람들이 사실과 허구 중 어떤 것에 더 흥미를 느끼는지에 대해서는 언급되지 않았다. 무관한 내용

1등급에 도전하는 빈칸 **Actual Test**

본문 p.92 →

1 정답 ⑤

해석 ❶ 어느 누구의 집단적 혹은 장기적 이익을 위한 것이 아니라고 하더라도, 사람들은 알게 모르게 너무 많이 차지하려고 한다. ❷ Hardin이 말한 것처럼 "공유지에서의 자유는 모두에게 파멸을 가져온다." ❸ 어떤 대도시에 진입하는 간선 도로의 교통 체증을 생각해보라. ❹ 각 사람은 그것이 가장 빠른 경로라는 논리적인 이유로 그 특정한 도로를 선택한다. ❺ 처음에는, 추가로 들어오는 운전자들을 위한 충분한 공간이 그 도로에 있기 때문에, 각각의 추가적인 차량이 운행 속도를 늦추지 않는다. ❻ 그러나 어느 시점에 각각의 차는 평균 속도를 떨어뜨리고, 결국에는 운전자가 너무 많아져서 차가 기어가는 수준으로 운행이 늦춰진다. ❼ 자신의 운전 시간을 최소화하려고 시도하는 모든 사람들이 모여 결국에는 모든 이들의 통근 시간이 더 길어져 버리게 된다. ❽ 합리적인 것을 하는 것이 당신을 포함한 모든 운전자들의 집단 이익에 부정적인 결과를 야기한다. ❾ 세계적인 규모에서, 물고기가 남획되는 바다와 강, 대기 오염, 물 부족과 같은 환경적인 문제들에서도 똑같은 일이 생길 수 있다.

어휘 collective 집단의　common 공유지　ruin 파멸　to a crawl 기어가게 되는　add up to 결국 ~하게 되다　commute 통근하다; *통근(거리)　rational 이성적인, 합리적인　befall (좋지 않은 일이) ~에게 일어나다, 생기다　overfished 물고기가 남획되는　scarcity 부족, 결핍　|문제| compatible 호환이 되는; *양립할 수 있는　execute 처형하다; *실행하다

구문 해설 ❼All the people [seeking to minimize their own driving time] add up to a longer commute for everyone. → [ ]는 All the people을 수식하는 현재분사구이다.

문제 해설

|Step 1| 사람들은 자신들의 행동이 어느 누구의 집단적이거나 장기적인 이득으로 이어지지 않더라도 알게 모르게 너무 많이 가지려고 행동한다는 것이 이 글의 중심내용이다.

|Step 2| 문장 ❸에 'Consider'라는 표현과 함께 교통 체증이라는 특정한 상황이 제시되는 것을 통해 중심내용을 뒷받침하는 예시가 이어진다는 것을 알 수 있다.

|Step 3| 운전자들이 가장 빠른 경로라는 논리적인 이유로 특정한 도로를 선택하지만 결국에는 같은 선택을 한 많은 운전자들로 인해 전체 속도가 늦춰진다는 것이 예시의 내용이다. 또한 빈칸 뒤에서 이와 같은 일이 물고기 남획, 대기 오염, 물 부족과 같은 문제에서도 일어날 수 있다는 내용이 상술되고 있다.

|Step 4| 예시에 제시된 내용을 일반화하면 각각의 운전자들이 내린 합리적 결정이 결국에는 그들 자신을 포함한 모든 운전자들의 이익에 부정적인 결과를 야기한다는 것을 추론할 수 있다.

|선택지 분석|

① 모든 운전자들에 대한 논리적인 결과들로 이어진다 → 빠른 길을 선택한 운전자들의 합리적인 선택이 결국 서로의 속도를 늦춘다는 부정적이고 비합리적인 결과를 초래했다. 반대 개념

② 각 운전자들의 최대의 이익과 양립할 수 있다 → 운전자들의 논리적인 선택은 서로의 속도를 늦춰 모두에게 불이익을 주었으므로 각자의 최대의 이익과 양립할 수 없다. 반대 개념

③ 모든 통근자들의 이타적인 이익을 강화한다 → 가장 빠른 길을 선택한 각 운전자들의 이성적인 행동이 결국 모두의 통근 시간을 길어지게 만들었으므로 이는 모두의 이익을 강화한 것이 아니라 오히려 감소시킨 것이다. 반대 개념

④ 몇몇 운전자들의 예상치 못한 행동들로 인해 잘 시행되지 않는다 → 운전자들이 예상치 못한 행동을 했다는 내용은 언급되지 않았다. 무관한 내용

본문 p.92 →

2 정답 ①

해석 ❶어떤 구매 선택권을 디폴트로 즉, 당신이 적극적으로 다른 선택을 하지 않는 한 당신이 갖게 되는 것으로 제시하는 것이 그것이 선택될 가능성을 높인다는 압도적인 증거가 있다. ❷이것은 부분적으로는 어떤 구매가 발생하기 이전에 일종의 소유의식을 주입하는 것을 통해서 효과를 발휘하는데, 왜냐하면 무엇을 얻게 됨으로써 우리가 얻는 즐거움이 그에 상응하는 것을 잃게 됨으로써 얻는 고통보다 덜 강렬하기 때문이다. ❸영리한 마케팅 담당자들은 그들의 이익을 위해 이 원리를 어떻게 활용할지 알고 있다. ❹예를 들면 한 이탈리아 통신 회사는 고객들이 그들의 서비스를 해지하는 비율을 감소시키기 위해 이 디폴트 옵션의 힘을 활용했다. ❺본래는 해지를 하기 위해서 전화를 건 고객들은 그들이 서비스를 유지하는 조건으로 100통의 무료 통화를 받게 될 것이라는 말을 들었다. ❻이후 마케팅 담당자들은 고객들에게 그들의 계정에는 이미 100통의 무료 통화가 제공되어 있지만 만일 그들의 서비스를 해지하면 그것들을 잃게 될 것이라고 이야기하도록 답변의 어구를 바꾸었다. ❼고객들 중 다수는 그들이 이미 소유하고 있는 것처럼 느껴지는 무료 통화 시간을 박탈당하는 것을 꺼려했다.

어휘 overwhelming 압도적인　equivalent 동등한　condition 상태; *조건　reword 어구를 바꾸다　credit 입금하다　reluctant 꺼리는　forfeit 몰수[박탈]당하다　|문제| instill 스며들게 하다, 서서히 주입시키다　eliminate 없애다, 제거하다

구문 해설 ❶There is overwhelming **evidence** [that {presenting one purchasing option as a default – *what* you get unless you actively make a different choice –} increases its chances of being selected]. → evidence와 [ ]는 동격이다. { }는 that절 안의 주어로 쓰인 동명사구이다. what은 선행사를 포함한 관계대명사이다.

문제 해설

|Step 1| 디폴트 옵션의 정의와 그것이 작용하는 방식에 관한 내용이며, 빈칸에는 디폴트 옵션이 어떻게 작용하는지에 대한 설명이 들어가야 한다.

|Step 2| 문장 ❹의 'For example'이라는 표현을 통해 디폴트 옵션이 작용하는 방식에 대한 예시가 이어질 것임을 알 수 있다.

|선택지 분석|

② 고객들에게 특별한 혜택들을 제공하는 것 → 디폴트 옵션은 고객들이 원래 소유하고 있던 것을 이용하는 것으로 특별한 혜택을 추가적으로 제공하는 것은 아니다. 반대 개념

③ 고객들을 속이려고 시도하는 것 → 고객들은 실제로 서비스 및 재화를 소유하고 있고, 기업들은 디폴트 옵션을 통해

본문 p.93 →

|Step 3| 디폴트 옵션이 적용된 예로 이탈리아의 통신 회사의 사례가 제시되어 있다. 이 회사가 고객들에게 그들이 서비스를 해지할 경우, 미리 지급되었던 100통의 무료 통화가 사라진다고 통보하자, 많은 고객들이 자신이 이미 소유하고 있는 것처럼 느껴지는 100통의 무료 통화를 포기하지 않기 위해 서비스를 유지했다는 내용이 나와있다.

|Step 4| 예시를 일반화하면 디폴트 옵션은 사람들이 이미 소유하고 있다고 생각하는 것을 놓치고 싶어하지 않는 심리를 이용하여 작용한다는 것을 알 수 있다.

그러한 느낌을 강조하는 것일 뿐, 고객들을 속이는 것은 아니다. 무관한 내용

④ 결정을 내릴 필요성을 없애는 것 → 고객은 계약을 유지할지 해지할지 결정해야 하므로 결정을 내려야 할 필요가 있다. 반대 개념

⑤ 고객들에게 추가 옵션들을 제공하는 것 → 디폴트 옵션은 추가 옵션을 제공하는 것이 아니라 원래 가지고 있던 옵션을 유지시켜주는 것이므로 이는 반대되는 개념이다. 반대 개념

3 정답 ④

해석 ❶ 철학자는 자신의 신념들을 타인들에게 설파하는 데 책임이 있다. ❷ 그러나 철학자의 주장이 모두 받아들여지지는 않을 수도 있는데, 이것이 플라톤이 자신의 임무를 달성하는 데 도움이 될 다양한 방법들을 사용한 이유이다. ❸ 신화는 심상이나 은유처럼 가르침을 위한 효과적인 수단이 될 수도 있는데, 왜냐하면 그것이 이야기 속에서 추상적인 철학적 신조들을 표현할 수 있기 때문이다. ❹ 한 가지 예시기 플라톤이 인간의 영혼을 묘사하기 위해서 그의 대화편(對話篇)인 「파이드로스」에서 사용한 신화이다. ❺ 그것은 날개 달린 영혼이 어떻게 천국의 길을 따라 나아가며, 환생하기 전에 절대적인 진리를 바라보는지 말해준다. ❻ 플라톤의 주장에 의하면 우리가 태어나기 전에 알고 있던 진리는 망각되었고 그래서 배움을 통해서 (그것을) 다시 기억해 내도록 남겨졌다고 한다. ❼ 「파이드로스」 신화에는 플라톤의 상기설이 옳음을 보여 주는 어떤 증거도 존재하지 않는다. ❽ 오히려 신화적인 요소들을 글자 그대로 받아들이는 것은 오해의 소지가 있을 수 있다. ❾ 하지만 신화의 환상적인 서술은 <u>철학을 꺼리는 사람들을 이 이론의 핵심으로 인도해준다.</u>

어휘 conviction (강한) 신념 image 이미지, 인상, *심상 metaphor 은유, 비유 abstract 추상적인 doctrine 교리, 신조 narrative 묘사, 서술(기법), 이야기 proceed 진행되다; *나아가다, 이동하다 reincarnation 환생 recollect 기억해 내다 (n. recollection 기억) misleading 호도하는, 오해의 소지가 있는 |문제| grasp 꽉 잡다; *완전히 이해하다, 파악하다 disinclined 내키지 않는, 꺼리는 concrete 구체적인

구문 해설 ❷ Yet not all of a philosopher's claims may be accepted, **which** is [why Plato used various methods {that would *help* him (to) *accomplish* his task}]. → which는 계속적 용법의 관계대명사로, 앞 문장 전체를 선행사로 한다. [ ]는 is의 보어로 쓰인 관계부사절이다. { }는 선행사 various methods를 수식하는 주격 관계대명사절이다. help는 목적격보어로 동사원형이나 to부정사를 취한다.

문제 해설

|Step 1| 신화가 추상적인 철학적 신조들을 표현할 수 있기 때문에 효과적인 가르침의 수단이 될 수 있다는 것이 이 글의 중심내용이다.

|Step 2| 문장 ❹의 'One example'이라는 표현을 통해 중심내용에 대한 예시가 이어질 것임을 알 수 있다.

|Step 3| 플라톤이 「파이드로스」에서 신화를 차용해 인간의 영혼을 묘사했으며 이를 통해 자신의 주장을 내세웠다는 내용이 예시로 제시되었다. 뒤에는 「파이드로스」에 플라톤의 주장을 정당화할 근거는 없으며 이러한 내용을 글자 그대로 받아들이는 것에는 오해의 소지가 있을 수 있다는 신화 차용의 부정적인 면에 대한 내용이 이어진다.

|Step 4| 빈칸이 있는 문장 앞에 'However'라는 역접의 연결사가 있으므로, 바로 앞의 내용인 신화 차용의 부정적인 면과는 반대되는 내용이 들어가야 한다. 따라서 예시에 나타난 신화 차용의 긍정적인 면을 일반화하면, 신화는 철학을 꺼리는 사람들에게도 이론의 핵심을 알려줄 수 있다는 내용이 들어가야 한다는 것을 알 수 있다.

|선택지 분석|

① 그것이 진리로 간주되지 않게 신중히 다뤄져야 한다 → 빈칸에는 바로 앞에서 진술한 내용과 상반되는 내용이 들어가야 하는데, 신화가 사실로 받아들여지지 않도록 조심해야 한다는 것은 빈칸 앞 문장의 내용과 일치한다. 반대 개념

② 대중들이 실제적인 철학 사상들을 파악하지 못하게 방해한다 → 신화는 대중들이 철학을 쉽게 받아들이도록 하기 위해 차용된 것이므로 사람들이 철학 개념을 이해하는 것을 돕는다. 반대 개념

③ 대중에게 어떤 흥미롭고 즐거운 오락거리를 제공한다 → 신화가 사람들에게 오락거리를 제공한다는 내용은 언급되지 않았다. 무관한 내용

⑤ 특정 주제를 구체적인 방식으로 다룬다는 점에서 철학과 유사하다 → 신화는 추상적인 철학의 내용을 이야기를 통해 비유적으로 설명한다는 점에서 철학과 상이하다. 반대 개념

Unit 07 통념과 반박

기출 예제 ①
Practice A Warm up | 1 ❸ 2 ② Question | Q ①
Practice B Warm up | 1 ❷ 2 (1) F (2) T (3) T Question | Q ③
Actual Test 1 ③ 2 ① 3 ①

기출로 분석하는 빈칸 Solution

기출 예제 분석

정답 ①

본문 p.96 →

해석 ❶음표가 쉬는 부분보다 더 중요하다는 것은 많은 음악가들과 비(非) 음악가들 사이에 똑같이 존재하는 흔한 오해이다. ❷이것은 놀라운 것이 아닌데, 음악을 음표들 사이의 조용한 순간보다는 선율을 만들어 내는 소리와 연관시키는 것이 자연스럽기 때문이다. ❸쉬는 부분은 조용하기 때문에, 사람들은 종종 이 비어있는 공백들이 중요하지 않다고 잘못 이해한다. ❹그러나 만약 노래가 쉬는 부분 없이 오직 음표로만 이루어져 있다면 무슨 일이 일어날지 상상해보라. ❺'쉬는 부분은 더 이상 존재하지 않는다'(의도된 말장난)는 사실과는 별도로, 음악에 기준점이나 식별할 수 있는 중추가 없는 소리의 벽이 있을 것이다. ❻그 이유는 소리들 사이의 공간이 그 곡에 기준선과 대조를 제공하며, 음악에 구조와 조화로움을 주기 때문이다. ❼사실, 쉼표로 가득한 한 마디가 맹렬한 음표들로 가득한 한 마디보다 더 많은 음악을 담을 수 있다는 것은 경험 많은 음악가들 사이에서의 공통된 말이다.

어휘 misconception 오해   note 음표   rest 쉬는 부분; 쉼표   be history 이미 지난 일이다   pun 말장난   reference point 기준   discernible 인식[식별]할 수 있는   backbone 척추, 등뼈; *근간, 중추   baseline 기준치[점]   texture 질감; *조화   measure 소절, 마디   blistering 맹렬한 |문제| crucial 중대한, 결정적인

구문해설 ❷This is not surprising **as** *it* is natural [to **associate** music **with** the sounds {that create the melody}, *rather than* with the quiet spaces between the notes]. → as는 이유를 나타내는 접속사이다. it은 가주어이며 [   ]가 진주어이다. 「associate A with B」는 'A를 B와 관련지어 생각하다'의 의미이며, {   }는 선행사인 the sounds를 수식하는 주격 관계대명사절이다. 「A rather than B」는 'B라기보다는 A'라는 의미이다.

단계적으로 키우는 빈칸 Thinking Skills

Practice A

정답 Warm up | 1 ❸ 2 ② Question | Q ①

본문 p.98 →

해석 ❶연극을 관람하는 것은 전자제품의 소리와 울림으로부터 멀리 떨어져 있는 것처럼 보이는 세상으로 발을 들여 놓는 것이다. ❷물론 이것은 극장에 가는 사람들이 그들의 휴대전화를 꺼야 한다는 것을 기억한다는 것을 가정하고 있다. ❸하지만, 고양시의 한 극장에서는 무대 감독들이 관객에게 그들의 전화를 켜 놓도록 요청해오고 있다. ❹공연 중에, 모든 사람들은 그들의 휴대전화를 꺼내서, 컴퓨터를 불러들여서 그들의 (전화의) 키패드를 사용해 무대 뒤의 스크린에 있는 퍼즐 조각들의 이동을 지시하도록 기대된다. ❺어떤 때는 한 평범한 주부가 자신의 주방에서 인터넷을 통해 접속하여 스크린에 나타나 무대 위의 배우들과 실시간으로 상호작용을 한다. ❻50분짜리 연출은 최신의 디지털 기술과 실제의 배우들, 관객들 그리고 무대를 결합시킨다.

어휘 assume 가정하다   theatergoer 극장에 자주 가는 사람   beg 간청하다   call into ~로 불러들이다, 소환하다   interact 상호작용을 하다   production 생산; *연출, 상연 |문제| theatrical 연극의

구문해설 ❹..., everybody is expected **to take out** their mobiles, (to) **call** into a computer, and [using their keypads], (to) **direct** the movements of puzzle pieces .... → to take out, (to) call, (to) direct가 접속사 and로 병렬 연결되어 있다. [   ]는 동시동작을 나타내는 분사구문이다.

문제 해설

|Warm up|

1 문장 ❸의 'however'라는 역접의 연결사를 통해 앞에 제시된 통념에 대한 반박이 시작되고 있음을 알 수 있다.

2 관객들이 휴대전화를 꺼내 컴퓨터를 불러들여서 키패드를 사용해 퍼즐 조각들의 이동을 지시하고, 자신의 주방에서 인터넷을 통해 연결된 주부가 스크린에 나타난다는 내용은 모두 이 공연이 정보통신 기기를 활용하고 있다는 것을 의미한다.

|Question|

보통의 공연장에서 관객은 휴대전화를 꺼야 하지만 고양시의 한 공연장은 휴대전화의 사용을 오히려 권장하고 있다는 것이 이 글의 중심내용이다. 휴대전화와 컴퓨터, 스크린, 인터넷 등을 활용해 공연을 구성한다는 내용이 이어지고 있으므로 이를 일반화하면 이 공연은 최신 디지털 기술을 배우, 관객들, 무대와 결합시킨다는 것을 추론할 수 있다.

|선택지 분석|

② 최고의 역사적인 이론 → 역사적인 이론과 관련된 내용은 글에서 언급되지 않았다. 무관한 내용

③ 가장 오래된 연극의 역사 → 연극의 역사와 관련된 내용은 이 글과 무관하다. 무관한 내용

④ 가장 평범한 집안일 → 평범한 주부가 스크린에 나타나서 배우들과 실시간으로 상호작용을 한다는 내용은 있으나, 그 주부의 등장은 연출의 일부일 뿐 집안일을 연출에 접목시킨다는 내용은 없었다. 무관한 내용

⑤ 가장 중요한 정보 → 관객의 전자기기를 사용한 참여나 무대 연출 내용이 가장 중요한 정보를 포함한다는 내용을 추론할 수 있는 근거는 글에서 드러나지 않는다. 무관한 내용

Practice B   정답 Warm up| 1 ❷   2 (1) F   (2) T   (3) T   Question | Q ③

본문 p.99 →

해석 ❶부모들과 교육자들은 종종 비디오 게임을 하는 것이 중독, 신경과민, 공격성과 같은 부정적인 영향을 미칠 수 있다고 생각한다. ❷그러나 한 대학교수는 비디오 게임이 훌륭한 지적 훈련을 제공해주며, 유형들을 파악하고 복잡한 체계들을 이해하는 법을 우리에게 가르쳐줌으로써 우리가 문제 해결력, 추리력, 기억력을 포함한 다양한 인지 능력들을 강화하는 것을 돕는다고 믿는다. ❸이 교수는 비디오 게임이 매우 중요한 원리를 따르고 있기 때문에 효과적인 교습 도구라고 주장한다. 즉, 학습자의 능력이 한계점까지 내몰릴 때 학습은 가장 효과적이라는 것이다. ❹학습자가 어떤 것을 하는 데 성공했을 때 그들은 스스로에 대해서 좋은 감정을 가지게 되며, 다음 과업을 계속 이어가기를 원하게 된다. ❺하지만 그것이 지나치게 쉬워지면, 그들은 싫증을 느끼게 된다. ❻비디오 게임은 이것을 고려해서, 게임을 하는 사람들이 새로운 단계로 나아갈 때 그 게임은 더 어려워진다. ❼그런 식으로, 게임을 하는 사람은 늘 도전에 직면하며, 그때가 바로 우리의 두뇌가 최상으로 활동하는 때이다.

어휘 nervousness 신경과민   aggression 공격성   cognitive 인식[인지]의   reasoning 추리(력), 추론   principle 원리   take ~ into account ~을 고려하다   advance 나아가다, 진보하다 |문제| accomplishment 성취   adequate 충분한; *적절한

구문 해설 ❷However, one university professor believes [that video games **provide** good mental (v1) exercise and **help** us (to) *strengthen* a range of cognitive abilities ...]. → [ ]는 believes의 목적어절이다. (v2) 목적어절 안의 동사 provide와 help가 접속사 and로 병렬 연결되어 있다. 준사역동사 help는 목적격보어로 동사원형이나 to부정사를 취한다.

문제 해설

|Warm up|

1 문장 ❶에서는 부모들과 교육자들이 비디오 게임을 하는 것이 부정적인 영향을 미친다고 생각한다는 통념이 제시되었으나, 문장 ❷에서 'However'라는 역접의 연결사를 통해 이에 대한 반박을 시작하고 있다.

2 (1) 비디오 게임은 인지 능력들을 개발하는 데 나쁜 영향을 미친다. → 문장 ❷에서 비디오 게임은 인지 능력을 강화하는 데 도움이 된다고 했다.
(2) 비디오 게임은 중요한 학습 원리를 따른다. → 문장 ❸에서 이에 대한 내용이 서술되고 있다.

|선택지 분석|

① 학습자가 과업을 편안하게 느낌 → 학습자가 과업을 편안하게 느낀다면, 과업에 지루함을 느끼게 되고 두뇌가 활성화되지 않으므로 이는 정답과 반대되는 개념이다. 반대 개념

② 학습자가 성취감을 느낌 → 학습은 학습자가 단순히 성취감을 느낄 때가 아니라, 이러한 성취감을 느낀 다음 더 어려운 과업에 계속 도전할 때 가장 효과적으로 일어난다. 부분 일치

(3) 학습자가 과제를 완수하는 데 성공하는 것을 경험하면, 그들은 더 도전적인 과제를 원한다. → 문장 ❹에서 이에 대한 내용이 서술되고 있다.

| Question |

문장 ❶에는 비디오 게임의 부정적인 영향에 대한 통념이 제시되었고, 문장 ❷에서 이를 반박하며 비디오 게임이 지적 훈련과 다양한 인지 능력 강화에 도움이 된다는 필자의 주장이 제시되었다. 또한 빈칸 뒤에서는 비디오 게임은 상위 단계로 올라갈수록 어려워지는데, 이러한 도전에 직면했을 때, 비디오 게임을 하는 사람의 두뇌가 가장 잘 활동한다는 것이 설명되고 있다. 따라서 빈칸에는 학습자의 능력이 그들의 한계 지점까지 내몰릴 때 학습이 가장 효과적이라는 말이 들어가는 것이 가장 적절하다.

④ 학습자가 과업을 신속하게 완료할 수 있을 → 학습자의 과업 해결 속도와 학습 효과가 관련되어 있다는 내용은 언급되지 않았다. 무관한 내용

⑤ 과업이 학습자가 적절한 기술을 발달시키는 것을 도울 → 적절한 기술이 발달할 때 학습이 효과적인 것이 아니라 효과적인 학습의 결과로 적절한 기술들이 발달되는 것이다. 무관한 내용

1등급에 도전하는 빈칸 Actual Test

본문 p.100 →

1

정답 ③

해석 ❶우리가 아이일 때 우리 몸은 저절로 자란다. ❷한 해가 지나면 우리는 키가 더 커지고, 힘이 더 세지며, 새로운 일들을 하거나 새로운 도전 과제들에 직면하는 것을 더 잘 할 수 있게 된다. ❸나는 많은 사람들이 정신적, 영적, 감성적인 성장도 비슷한 패턴을 따른다는 잠재의식적인 믿음을 성인기까지 이어간다고 생각한다. ❹시간이 지나면 우리는 그냥 더 나아진다. ❺우리는 Charles Schulz의 연재만화 「Peanuts」에 나오는 Charlie Brown과 같은데, 그는 한번은 "나는 인생의 비밀을 발견한 것 같아. 익숙해질 때까지 그저 기다리면 돼."라고 말했다. ❻문제는 우리가 그저 살아가는 것으로는 나아지지 않는다는 것이다. ❼우리는 그것에 의도적이어야 한다. ❽음악가 Bruce Springsteen은 "당신이 되고자 하는 사람을 기다리는 것을 멈추고, 당신이 되고 싶은 그 사람이 되기 시작할 필요가 있는 때가 온다."고 말했다. ❾그 누구도 우연히 좋아지지 않는다. ❿개인의 성장은 그냥 저절로 일어나지는 않는다.

어휘 automatically 자동적으로   subconscious 잠재의식의   comic strip (신문, 잡지의) 연재만화   hang around 기다리다, 서성거리다   comment 논평하다, 견해를 밝히다   on one's own 혼자서, 단독으로 | 문제 | content 만족[자족]하는   intentional 의도적인

구문 해설 ❸I think [many people carry into adulthood a subconscious belief {that mental, spiritual, and emotional growth follows a similar pattern}]. → [ ]는 think의 목적어절이다. a subconscious belief와 { }는 동격이다.

(S = many people, V = carry, O = a subconscious belief)

❽..., "A time comes [when you need to stop waiting for the man {(whom/that) you want to become} and start being the man {(whom/that) you want to be}]." → [ ]는 A time을 선행사로 하는 관계부사절이다. 두 개의 { }는 각각 선행사인 the man을 수식하는 목적격 관계대명사절로 목적격 관계대명사가 생략되었다.

문제 해설

| Step 1 | 문장 ❸에서 사람들이 정신적인 성장이 신체적인 성장처럼 저절로 일어난다고 믿는다는 통념이 제시되었다.

| Step 2 | 문장 ❻의 'The problem is'라는 표현 뒤에 이러한 통념에 대한 반박이 이어진다.

| Step 3 | 문장 ❼의 'We have to'라는 표현을 통해 빈칸에는 필자의 주장이 들어간다는 것을 알 수 있다. 빈칸 뒤에는 필자의 주장을 뒷받침하기 위해 음악가 Bruce Springsteen의 발언과 그 누구도 우연히 성숙해지지 않는다는 내용이 이어진다.

| Step 4 | 빈칸 뒤의 내용을 일반화하면 우리의 정신적 성장은 의도적으로 일어난다는 것을 추론할 수 있다.

| 선택지 분석 |

① 만족해야 → Bruce Springsteen은 우리가 되고자 하는 모습으로 변하기 시작해야 하는 때가 온다고 했으므로, 현재의 모습에 만족하기 보다는 성장하기 위한 노력이 필요하다는 것을 알 수 있다. 반대 개념

② 방어적이어야 → 정신적 성장이 방어적인 자세를 통해 이루어진다는 내용은 언급되지 않았다. 무관한 내용

④ 감사해야 → 감사하는 마음을 가져야 한다는 내용은 언급되지 않았다. 무관한 내용

⑤ 자신감이 있어야 → 자신감을 통해 정신적으로 성장한다는 내용은 언급되지 않았다. 무관한 내용

본문 p.100 →

2 정답 ①

해석 ❶사람들이 '비영리 목적'이라는 용어를 들을 때, 그들은 보조금이나 기부금에 의존하여 선행을 하는 조직들을 떠올리는 경향이 있다. ❷그 결과 비영리 목적 단체는 자립적인 사업이 될 수 없다고 종종 여겨진다. ❸하지만 '비영리 목적'의 법률적 정의는 단지 자선보다 훨씬 더 많은 것을 고려한다. ❹사실상 비영리 목적 단체는 (그것이 산출하는) 이윤이 어떤 사회적 목적을 실현한다는 그 조직의 명시적 목표의 달성에 도움이 되는 한, 원하는 만큼의 이윤을 창출할 수 있다. ❺실제로 많은 비영리 목적 단체들은 최근 몇 년간 막대한 이윤을 창출했다. ❻이것은 비영리 목적이란 실제로는 단지 '비사익(非私益) 목적'을 의미하기 때문에 가능하다. ❼비영리 목적 단체의 재정은 위원회 혹은 이사회에 의해 운영되며, 사람들은 그들이 기여하는 일에 대해 재정적인 보상을 받을 수 있지만, 그 단체가 해산되는 경우 어떤 개인도 단체의 자산에 대한 지분을 받을 수 없다.

어휘 grant 승인[허락]하다; *보조금 self-sustaining 자립하는, 자급자족의 allow for ~을 고려[참작]하다 compensation 보상(금) share 몫, 지분 asset 자산 dissolve 녹다, 용해되다; *(의회·단체 등을) 해산하다 |문제| subsidy 보조금 merge 합병[병합]하다, 합치다

구문 해설 ❹..., **as long as** this profit goes towards achieving the organization's stated goals *of* fulfilling some social purpose. → 「as long as」는 '~하는 한'의 의미이다. of는 the organization's stated goals와 fulfilling some social purpose의 동격 관계를 나타낸다.

문제 해설

|Step 1| 문장 ❶의 'they tend to think'라는 표현을 통해 사람들이 일반적으로 비영리 목적 단체에 대해 가지고 있는 통념이 제시되고 있다.

|Step 2| 문장 ❸의 역접의 연결사 'However' 이후부터 통념에 대한 반박이 시작되며 '비영리 목적'이라는 정의는 단지 자선보다 훨씬 더 많은 것을 고려한다는 내용이 이어진다.

|Step 3| 문장 ❹의 비영리 목적 단체는 사회적 목표 달성에 도움이 되는 한 이익을 추구할 수 있다는 것이 필자의 주장이자 글의 주제이다. 이어지는 문장 ❺, ❻은 이를 상술하고 있는데, 실제로 비영리 단체들이 막대한 이윤을 내고 있다는 내용이 문장 ❺에 제시되었으며, 빈칸에는 그 이유가 들어간다. 빈칸 뒤에는 이러한 주장의 근거로 비영리 단체가 어떤 개인에게도 지분을 할당하지 않는다는 점을 서술하고 있다.

|Step 4| 주장의 근거와 상술 내용을 토대로 추론하면 비영리 목적이라는 말이 개인의 이익 추구 목적이 아님을 의미하기 때문에 이윤 창출이 가능하다는 말이 빈칸에 들어가는 것이 가장 적절하다.

|선택지 분석|

② 비영리 목적 단체들은 정부 보조금을 받는다 → 비영리 목적 단체가 정부로부터 보조를 받는다는 내용은 언급되지 않았으며, 또한 이것 때문에 이윤을 창출할 수 있는 것은 아니다. 무관한 내용

③ 기부금의 양이 최근 급격히 증가했다 → 최근 비영리 목적 단체에 기부하는 금액이 늘었다는 내용은 언급되지 않았다. 무관한 내용

④ 비영리 목적 단체들 스스로 영리 기업이 될 수 있다 → 비영리 단체의 수익 창출은 사회적 목표 실현을 목적으로 이루어지므로 사익을 추구하는 영리 기업이 되는 것은 아니다. 무관한 내용

⑤ 다수의 비영리 목적 단체들이 영리 기업들에 합병된다 → 영리 기업과 비영리 목적 단체가 합병된다는 내용은 언급되지 않았다. 무관한 내용

본문 p.101 →

3 정답 ①

해석 ❶우리는 선전은 사악한 행동이며 선전가들은 사악한 존재라고 쉽게 생각한다. ❷그것은 우리가 선전을 생각할 때 도덕적으로 타락한 정치인들, 통제 불능의 폭동들, 요란한 대중 연설들, 기계적인 행진들이 우리 마음속에 재빠르게 떠오르기 때문이다. ❸이런 묘사들은 분명 선전의 한 유형을 반영하고 있지만 그것들은 전체 모습의 일부일 뿐이다. ❹가장 일반적인 의미에서 선전은 우리의 이성보다는 감정에 호소하는 커뮤니케이션의 한 형태이다. ❺선전의 목적은 종종 우리의 견해나 태도를 변화시킴으로써 우리의 생각과 행동에 대한 통제력을 얻기 위한 것이다. ❻그 방법은 보통 간접적이고 감춰져 있으며, 전체 계획은 눈에 보이지 않는다. ❼영리한 선전가들은 교묘하게 조작을 실시하기 전에 우리의 신뢰를 얻기 위해서 우리가 듣고 싶어하는 것들을 이야기한다. ❽하지만 선전가의 말에는 대개 자신의 주장에 대한 충분한 근거가 부족한데, 그의 설명이 보통 불완전하거나 편향되어 있고 종종 과도하게 단순화되어 있거나 허구인 주장으로부터 나오기 때문이다.

어휘 propaganda 선전 malignant 악성의; *악의에 찬 malicious 악의적인, 적의 있는 riot 폭동 blare 요란하게 울리다 subtly 미묘하게, 교묘하게 manipulation 조작 misrepresented 허구의 |문제| perspective 관점, 시각 compulsory 강제적인, 의무적인 outright 노골적인, 명백한 explicit 분명한, 명쾌한

❶ ..., **as** his explanation is usually incomplete or biased, and (is) often made out of oversimplified or misrepresented claims. → as는 이유를 나타내는 접속사이다. 반복을 피하기 위해 and 뒤의 is가 생략되었다.

문제 해설

|Step 1| 문장 ❶은 'We easily consider'라는 표현을 사용하여 사람들이 선전에 대해 가지고 있는 부정적인 통념에 대해 서술하고 있다.

|Step 2| 문장 ❸에서는 앞에서 제시된 선전에 대한 묘사들은 선전의 전체 모습의 일부일 뿐이라며 통념에 대한 반박을 시작한다.

|Step 3| 빈칸에는 필자가 주장하는 일반적인 의미에서의 선전이 어떠한 커뮤니케이션의 한 형태인지에 대한 서술이 들어가야 한다. 빈칸 뒤에서는 필자의 주장에 대한 근거로서 선전의 방법이 간접적이고 감춰져 있다는 것과 선전가들은 대중의 신뢰를 얻기 위해 대중이 듣고 싶어하는 것들을 충분한 근거 없이 이야기한다는 내용이 이어진다.

|Step 4| 빈칸 뒤의 내용을 일반화하면 선전은 이성에 근거하여 사람들을 설득하는 것이 아니라 감정에 호소함으로써 사람들을 통제하는 것임을 추론할 수 있다.

|선택지 분석|

② 한 집단의 집단적 사상을 우연히 전파시키는 → 선전은 사람들의 생각과 행동을 조종하고자 사람들의 사상을 고의적으로 교묘하게 조작한다. 반대 개념

③ 우리의 관점을 강제적인 방법으로 바꾸려고 하는 → 선전은 사람들이 스스로가 조종당하고 있다는 것을 모르도록 간접적인 방법을 통해 교묘히 일어난다. 반대 개념

④ 노골적이고 분명한 방식으로 우리의 감성을 자극하는 → 선전은 간접적이고 눈에 보이지 않는 방식으로 이루어진다. 반대 개념

⑤ 대중에게 정확하고 신뢰할 수 있는 정보를 제공하는 → 선전가가 하는 말은 보통 불완전하고 편향되어 있으며 과도하게 단순화되어 있거나 허구인 주장에서 나온다고 했으므로 선전은 대중들에게 신뢰할 수 있는 정보를 제공하지 못한다. 반대 개념

Unit 08 실험 · 연구

기출 예제 ②
Practice A Warm up| 1 ② 2 right, decreased Question| Q ①
Practice B Warm up| 1 ❹ 2 (1) T (2) T (3) F Question| Q ②
Actual Test 1 ① 2 ② 3 ③

기출로 분석하는 빈칸 **Solution**

| 기출 예제 분석 | 정답 ② |

본문 p.104 →

해석 ❶한 실험에서 연구자들은 사람들로 하여금 컴퓨터 앞에 앉아서 학습에 대한 상반되는 이론을 설명하고 있는 두 개의 온라인 기사들을 살펴보도록 했다. ❷한 기사는 '지식은 객관적이다'라는 주장을 제시했고, 다른 기사는 '지식은 상대적이다'라는 주장을 했다. ❸각각의 기사는 비슷한 제목을 가지고 동일한 방식으로 제공되었고, 각각에는 반대편 기사로 연결된 링크가 있어서 독자가 이론들을 비교하기 위해 두 기사 사이를 빠르게 옮겨 다닐 수 있도록 해 주었다. ❹연구자들은 반대편 기사로 이동하기 전에 한 기사를 다 읽으면서 순차적으로 페이지를 읽은 사람보다 링크를 이용한 사람들이 두 이론과 그 두 이론의 차이점들에 대해 더 풍부한 이해를 하게 될 것이라고 가정했다. ❺그들은 틀렸다. ❻순차적으로 페이지를 읽었던 피실험자들이 페이지 사이에서 왔다 갔다 클릭을 했던 사람들보다 차후 이해도 평가에서 실제로 상당히 더 높은 점수를 얻었다. ❼링크를 사용한 것이 학습을 방해했다고 연구자들은 결론지었다.

어휘 lay out ~을 펼치다; *제시하다 heading 제목 hypothesize 가정하다 sequentially 순차적으로 linearly 연속적으로 subsequent 이후의, 차후의 comprehension 이해력 back and forth 왔다 갔다 |문제| get in the way of 방해되다, 방해하다

구문 해설 ❶In one experiment researchers **had** people **sit** at computers and **review** two online articles [describing opposing theories of learning]. → 사역동사 had의 목적격보어로 동사원형인 sit과 review가 사용되었다. [ ]는 two online articles를 수식하는 현재분사구이다.

◎ The researchers hypothesized [that people {who used the links} would gain a richer understanding of the two theories and their differences **than** would people {who read the pages sequentially} (gain a richer understanding of the two theories and their differences), {completing one before going on to the other}]. → [ ]는 hypothesized의 목적어절이다. 첫 번째 { }와 두 번째 { }는 각각 선행사인 people을 수식하는 주격 관계대명사절이다. 비교를 나타내는 접속사 as나 than의 경우 그 뒤에서 주어와 동사가 도치될 수 있으며, 반복을 피하기 위해 sequentially 뒤의 내용은 생략되었다. 세 번째 { }는 부대상황을 나타내는 분사구문이다.

(위 문장 아래 밑줄 주석: would — 조동사, people {who read the pages sequentially} — 주어, gain a — 본동사)

단계적으로 키우는 빈칸 Thinking Skills

Practice A

정답 Warm up | 1 ② 2 right, decreased Question | Q ①

본문 p.106 →

해석 **❶** 새로운 연구에 따르면, 한쪽 팔을 다친 후에 깁스를 하는 것은 당신의 두뇌가 적응하기 위해 빠르게 변화하도록 야기할 수도 있다. **❷** 그 연구를 위해 연구자들은 오른팔 윗부분에 적어도 14일간의 깁스를 필요로 하는 부상을 입은 오른손잡이 10명을 조사했다. **❸** 연구 기간 동안 오른팔과 오른손 전체가 거의 움직이지 못하거나 전혀 움직이지 못하도록 제한되었다. **❹** 결과적으로, 참가자들은 씻기, 칫솔 사용하기, 먹기, 혹은 쓰기와 같은 일상적인 활동들을 위해 주로 사용되지 않았던 왼손을 사용했다. **❺** 그 집단은 두 번의 MRI 뇌 스캔을 받았는데, 첫 번째는 부상 후 이틀 이내에 받았고 두 번째는 깁스를 한 지 16일 이내에 받았다. **❻** 그 스캔은 뇌의 회백질과 백질의 양을 측정했다. **❼** 연구는 뇌의 좌측에서 회백질과 백질의 양이 10%까지 감소했고, 반면 뇌의 우측에서 회백질과 백질의 양이 증가한 것을 발견했다. **❽** "뇌에서의 이러한 신속한 구조적인 변화는 오른손으로부터 왼손으로의 기능 이동과 연관되어 있다."라고 수석 연구자가 말했다.

어휘 cast 깁스, 붕대 restrict 제한[한정]하다 dominant 우세한, 지배적인 swift 신속한, 재빠른 transfer 옮기다, 이동하다; *이동 |문제| shift 바뀌다, 변화하다 dull 따분한, 재미없는; *둔한 stimulus 자극 (*pl.* stimuli) transmit 전송하다 retain 유지[보유]하다

구문 해설 **❼** The study found [that the amount of gray and white matter in the left side of the brain decreased **up to** ten percent, *while* the amount of gray and white matter in the right side of the brain increased in size]. → [ ]는 found의 목적어절이다. up to는 '~까지'의 의미이다. while은 '~한 반면에'의 의미로 쓰인 접속사이다.

(밑줄 주석: The study — S, found — V, the amount of gray and white matter in the left side of the brain — s1, decreased — v1, the amount of gray and white matter in the right side of the brain — s2, increased — v2)

문제 해설

|Warm up|

1 문장 **❺**를 통해, 실험 참여자들은 두 번의 MRI 스캔을 받았는데, 첫 번째 촬영은 부상을 당한 지 이틀 이내에, 두 번째 촬영은 깁스를 한 지 16일 이내에 받았다는 것을 알 수 있다.

2 우리가 오른쪽 팔과 손에 깁스를 하였을 때, 좌뇌의 회백질과 백질의 양이 감소하였다.

|Question|

빈칸 뒤의 'according to a new study'라는 표현을 통해, 빈칸에는 실험의 결론이 들어간다는 것을 알 수 있다. 뒤에는 'For the study'라는 어구를 통해 실험이 어떻게 이루어졌는지가 제시된다. 오른손잡이인 사람들의 오른팔과 오른손을 움직이지 못하도록 제한한 후 뇌를 MRI 촬영한 결과 좌뇌의 회백질과 백질의 양은 감소하고 우뇌의 회백질과 백질의 양이 증가했다는 실험 결과를 일반화하면 깁스를 하는 것이 두뇌가 적응을 위해 빠르게 변화하도록 야기했다는 것을 추론할 수 있다.

|선택지 분석|

② 외부의 자극들에 둔감해지도록 → 실험의 결과는 두뇌가 외부의 환경 변화에 빠르게 적응한다는 내용이므로 이는 추론할 수 있는 결론과 반대된다. [반대 개념]

③ 잘못된 정보를 전송하도록 → 이와 같은 내용은 글에서 언급되지 않았다. [무관한 내용]

④ 기억들을 비효율적으로 유지하도록 → 기억력과 관련된 내용은 다뤄지지 않았다. [무관한 내용]

⑤ 그것의 정보 처리를 느리게 하도록 → 깁스로 인해 두뇌의 정보 처리 속도가 느려졌다는 내용은 언급되지 않았다. [무관한 내용]

본문 p.107 →

해석 ❶소셜 미디어의 대두는 우리에게 디지털 세계에서 공개하는 정보를 신중하게 선별하라고 가르쳐 준다. ❷고등학생들과 구직자들은 자신들의 페이스북 페이지에 당혹스러운 사진들이 없도록 해야 하는데, 왜냐하면 대학 입학 사정관들과 잠재적인 고용주들이 그것들을 온라인에서 쉽게 찾아낼 수도 있기 때문이다. ❸하지만 우리들이 자신의 최상의 모습을 보여주려고 노력하는 곳이 단지 인터넷에서만은 아니다. ❹영국의 뉴캐슬 대학교에서 연구자들은 한 흥미로운 연구를 수행했다. ❺그들은 자전거 절도가 높은 빈도로 발생하는 캠퍼스의 세 지점을 확인하기 위해 이 대학의 범죄 데이터베이스를 이용했다. ❻그런 다음, 그들은 각 장소에 한 쌍의 남자의 눈과 "자전거 도둑들, 우리가 당신을 지켜보고 있다"라는 말을 포함한 표지판들을 설치해놓았다. ❼이 세 장소 각각에서 절도는 62%라는 놀라운 감소를 보였고, 반면 그런 표지판들이 없는 다른 지역에서는 절도가 증가했다. ❽감시당하고 있다는 느낌이 우리의 행동에 영향을 준다는 것은 분명하다.

어휘 pick and choose 까다롭게 고르다　make public 일반에게 알리다　admissions officer 입학 사정관　feature 특별히 포함하다　|문제| anonymous 익명인　reckless 무모한　daring 대담한

구문 해설 ❸But **it is** not just on the Internet **that** we try to present the best versions of ourselves. → 「It is ~ that …」은 '…하는 것은 바로 ~이다'라는 의미의 강조구문으로 여기서는 not just on the Internet을 강조한다.

문제 해설

|Warm up|

1 문장 ❹의 'researchers conducted an interesting study'라는 표현을 통해, 실험 및 연구가 인용되고 있음을 알 수 있다.

2 (1) 연구자들은 자전거 절도가 높은 빈도로 일어나는 장소를 찾기 위해 대학의 범죄 데이터베이스를 이용했다. → 문장 ❺에 이에 대한 내용이 서술되어 있다.
(2) 각 장소에는 경고 문구와 한 쌍의 남자의 눈을 포함한 표지판이 설치되었다. → 문장 ❻에 이에 대한 내용이 서술되어 있다.
(3) 캠퍼스 전역에서, 심지어 표지판이 없는 곳에서도 절도가 상당히 감소했다. → 문장 ❼에서 표지판이 있는 곳에서의 절도는 상당히 감소했지만 다른 지역에서는 오히려 절도가 증가했다고 했다.

|Question|

대학 캠퍼스 내 자전거 절도율이 높은 곳에 누군가가 지켜보고 있는 것 같은 표지판을 설치해두고 절도율의 증감을 비교하는 실험을 수행하였는데, 실험 결과 표지판이 있던 곳의 절도율이 다른 곳에 비해 현저히 줄어들었다고 했다. 빈칸에는 실험의 결론 및 시사점이 들어가야 하므로, 실험 결과를 일반화하면 감시당하고 있다는 느낌이 사람들의 행동에 영향을 주고 있다는 것을 추론할 수 있다.

|선택지 분석|

① 이러한 경고 표지판들이 전혀 효과가 없었다 → 실험 결과, 누군가가 지켜보고 있다는 글귀가 쓰인 표지판은 범죄율을 62%나 줄였으므로 효과가 있었다. 반대 개념

③ 익명이 되는 것은 사람들을 더 무모하고 과감하게 만든다 → 표지판의 유무와 상관없이 익명성은 항상 보장되는 것이므로 이는 실험과 관련 없는 내용이다. 무관한 내용

④ 자전거 절도는 영국의 캠퍼스에서 큰 문제가 되고 있다 → 영국의 대학에서 자전거 절도가 문제시되고 있다는 내용은 언급되지 않았다. 무관한 내용

⑤ 우리가 온라인상에 개인 정보를 게시하는 데 신중해야 한다 → 우리가 사생활을 온라인상에 공개할 때 더욱 주의를 기울이고 있는 현상은 언급되었지만 이것은 실험이 시사하는 바가 아니다. 부분 일치

1등급에 도전하는 빈칸 **Actual Test**

본문 p.108 →

1

정답 ①

해석 ❶120명의 학생들이 참여한 실험이 한 컴퓨터실에서 수행되었다. ❷참가자들은 컴퓨터 단말기 앞에 자리를 잡았고, 컴퓨터들은 무작위로 그들을 네 개의 집단으로 분류했다. ❸각 사람들은 그 집단의 다른 구성원들이 얼마의 돈을 받았는지에 대한 정보와 함께 서로 다른 액수의 돈을 지급받았다.

⁴또한 각각의 구성원들에게는 다른 구성원들의 보유 금액을 증가시키거나 감소시키기 위해서 자신의 돈의 일부를 쓸 수 있는 기회가 주어졌다. ⁵각 개인이 자신의 이익을 위해서 행동할 방법은 없었다. ⁶이후 각 집단들은 무작위로 재분류되었고, 실험은 반복되었다. ⁷참가자들이 이전의 집단에 있던 누군가를 알아보고 복수심 때문에 행동을 하는 것을 방지하기 위해서, 어떤 두 사람도 같은 집단에 두 번 들어가지 않았다. ⁸이 연구의 결과들은 참가자의 약 70%가 다른 사람들의 보유 금액에 영향을 끼치기 위해 행동했음을 보여주었다. ⁹그리고 이것은 부유한 사람들로부터 (돈을) 가져와 가난한 사람들에게 주는 방식으로 가장 빈번하게 이루어졌다. ¹⁰이것은 인간에게는 평등을 위한 선천적인 욕구가 존재할 수도 있다는 것을 시사한다.

어휘 **terminal** 종착역; *단말기 **sort** 분류하다, 구분하다 **revenge** 복수, 보복 |문제| **natural** 자연의; *선천적인 **compulsive** 강박적인, 강제적인 **redistribution** 재분배 **monetary** 통화[화폐]의; *금전상의 **incentive** 장려[우대]책 **reputation** 평판, 명성

구문 해설 ⁷To **prevent** participants **from** *recognizing* anyone from a previous group and *acting* **out of** revenge, ... → 「prevent A from v-ing」는 'A가 ~하지 못하게 막다'의 의미이다. recognizing과 acting은 접속사 and로 병렬 연결되어 있다. act out of는 '~때문에 행동을 취하다'의 의미이다.

문제 해설

|Step 1| 빈칸이 글의 마지막 부분에 위치하며, 빈간이 있는 문장에 'This suggests that'이라는 표현이 사용되었으므로 실험이 시사하는 바가 빈칸에 들어간다는 것을 알 수 있다.

|Step 2| 실험은 사람들에게 임의로 서로 다른 액수의 돈을 분배하고 자신이 가진 돈을 이용해 타인의 보유 금액에 영향력을 행사할 수 있게 하는 과정으로 이루어졌다.

|Step 3| 실험 결과, 사람들은 부유한 사람들의 돈을 가져가서 가난한 사람들에게 주었다.

|Step 4| 실험 내용과 결과를 일반화하면 사람들은 평등하게 부를 나누고자 하는 선천적인 욕구를 가지고 있다는 것이 실험이 시사하는 바임을 추론할 수 있다.

|선택지 분석|

② 사람들은 본능적으로 자기 집단의 최선의 이익을 위해서 행동한다 → 사람들은 자신이 속한 집단의 이익이 아니라 가장 가난한 타인들의 이익을 위해서 행동했다. 반대 개념

③ 부의 강제적 재분배는 결국 아무도 돕지 못한다 → 부를 재분배한 것이 누군가에게 도움이 되었는지 아닌지의 여부는 글을 통해서 확인할 수 없다. 무관한 내용

④ 장려금은 타인에게 호의를 베풀려는 동기를 감소시킨다 → 사람들은 아무런 보상 없이도 평등을 추구하려 했으며 장려금에 대한 내용은 언급되지 않았다. 무관한 내용

⑤ 사람들은 익명의 환경에서조차 좋은 평판을 쌓으려고 노력한다 → 실험이 익명성이 보장된 상태에서 진행된 것인지의 여부는 언급되지 않았으며 피험자들이 좋은 평판을 쌓으려는 의도로 선행을 베푼 것인지의 여부도 알 수 없다. 무관한 내용

본문 p.108 →

2 정답 ②

해석 ¹만약 당신이 '쓴맛'을 한 모금 맛본 적이 있다면, 당신은 아마 그것을 생각하는 것만으로도 얼굴을 찌푸릴 것이다. ²브루클린 대학의 연구자들의 연구에 따르면, 끔찍한 맛은 그것 이상의 역할을 한다. ³연구자들은 57명의 학생들로 하여금 뇌물을 받는 정치인들과 시험에서 부정행위를 하는 학생들 등과 같은 여러 가지 도덕적으로 좋지 않은 행동들에 대한 그들의 도덕적 혐오에 대해 등급을 매기도록 하였다. ⁴행동들에 등급을 매기는 것을 시작하기 전에, 학생들은 3가지의 음료, 즉 쓴맛이 나는 액체, 단맛 음료, 물 중에서 한 잔을 마셨다. ⁵100점의 척도에서, 도덕적으로 비난받을 만한 행동에 대해서 가장 나쁜 점수를 100으로 하였을 때, 쓴맛이 나는 액체를 마신 학생들은 그 행동들에 대해서 평균 78점을 주었다. 단맛 음료를 마신 사람들은 평균 60점을 주었고 그리고 물을 마신 집단은 평균 62점을 주었다. ⁶단맛 음료와 물을 마신 집단의 점수는 통계적으로 같았으나, 쓴맛 액체를 마신 집단의 점수는 현저하게 더 높았다. ⁷이 연구는 불쾌한 맛이 사람들의 도덕적인 반감을 증가시킨다는 것을 시사한다.

어휘 **sip** 한 모금 **frown** 얼굴을 찌푸리다 **distaste** 불쾌감, 혐오감 **dubious** 의심스러운; *좋다고 할 수 없는 **bribe** 뇌물 **reprehensible** 비난받을 만한, 부끄러운 |문제| **disapproval** 반감 **stimulate** 자극하다

구문 해설 ⁵On a 100-point scale, **with** 100 **being** the worst rating for a morally reprehensible act, the students [who drank the bitter liquid] gave the acts an average rating of 78 .... → 「with+목적어+v-ing」는 '~가 …한 채로'의 의미로 부대상황을 나타낸다. [ ]는 the students를 수식하는 주격 관계대명사이다.

(I.O = the acts, D.O = an average rating)

|Step 1| 빈칸 앞에 'This study suggests'라는 어구가 있으므로 빈칸에는 연구가 시사하는 바가 들어가야 한다.

|Step 2| 실험 내용은 학생들에게 쓴맛 음료와 단맛 음료, 그리고 물을 마시게 한 후에 도덕적으로 좋지 않은 행동들에 점수를 매기도록 했다는 것이다.

|Step 3| 실험의 결과는 쓴맛이 나는 음료를 마신 학생들이 다른 집단의 학생들보다 비도덕적인 행동들에 가장 나쁜 점수를 주었다는 것이다.

|Step 4| 실험의 내용과 결과를 일반화하면 쓴맛이 나는 음료가 사람들의 비도덕적인 행동에 대한 반감을 증가시킨다는 것을 추론할 수 있다.

|선택지 분석|

① 먹는 사람들에게 끔찍한 기억들을 상기시킨다는 것 → 이와 같은 내용은 언급되지 않았다. [무관한 내용]

③ 사람들의 음료에 대한 갈증을 자극한다는 것 → 사람들이 쓴맛 때문에 갈증을 더 느낀다는 내용은 언급되지 않았다. [무관한 내용]

④ 사람들이 창의적인 생각들을 하도록 돕는다는 것 → 맛과 사람들의 창의성과의 관계는 글에서 다루어지지 않았다. [무관한 내용]

⑤ 어떤 사람이 인내심을 가지는 법을 배우도록 한다는 것 → 쓴맛이 들어간 음료를 마시는 것과 인내심을 기르는 것의 관계는 글에서 다루어지지 않았다. [무관한 내용]

본문 p.109 →

3 정답 ③

해석 ❶'욕구 회로'는 대뇌 피질 아래에 위치하는데, 이 부분은 어떤 것을 갈망할 때 활성화된다. ❷한 연구는 이 부분을 제거한 쥐들을 대상으로 실험을 했다. ❸연구자들은 이 특정한 조치의 결과로 표본들의 '욕구'가 완전히 없어질 것이고, 이는 그 동물들이 음식이 있어도 영향을 받지 않도록 할 것이라고 생각했는데, 이 경우에 그것은 치즈 한 조각이었다. ❹놀랍게도 결과는 예상한 대로가 아니었다. ❺쥐들은 마치 그것을 매우 먹고 싶어 하는 듯 여전히 음식으로 다가갔다. ❻하지만 일단 치즈가 그들 앞에 있자 그들은 단지 서성거릴 뿐이었다. ❼치즈는 여러 번 옮겨졌고, 모든 경우에 쥐들은 그것을 따라 움직였다. ❽하지만 그들은 치즈를 조금도 먹지 않았다. ❾완전히 혼란스러워져서, 그 과학자들은 장비를 통해 표본들의 두뇌 회로들을 조사해보았다. ❿그들은 '욕구 회로'가 절단된 상태에서도 원하는 대상이 쥐 앞에 놓이면 두뇌의 같은 영역의 끝에 있는 다른 회로가 밝아진다는 것을 알아냈다. ⓫과학자들은 '좋아하는 것'과 '원하는 것'은 별도의 두뇌 회로에서 나온다고 결론을 내렸다.

어휘 circuit 순환; *회로 specimen 표본 procedure 절차; *조치, 수술 linger 남다; *오래 머물다 sever 자르다, 절단하다 |문제| obscure 이해하기 어렵게 하다, 모호하게 하다 derive 끌어내다, 얻다 cerebral 뇌의 trigger 촉발시키다

구문 해설 ❿They found out [that even **with** the "want circuit" **severed**, a different circuit {which ends at the same area of the brain} would brighten up ...]. → [ ]는 found out의 목적어절이다. 「with+목적어+p.p.」는 '~가 …한 채로'의 의미로 부대상황을 나타내며, 목적어 the "want circuit"과 분사가 수동 관계이므로 과거분사가 쓰였다. { }는 a different circuit을 수식하는 주격 관계대명사절이다.

|Step 1| 빈칸은 글의 후반부에 위치하며 'The scientists concluded that'이라는 어구와 연결되어 있으므로, 빈칸에는 실험의 결론에 해당하는 내용이 들어가야 한다는 것을 알 수 있다.

|Step 2| 연구원들은 '욕구 회로'라고 알려진 대뇌 피질의 한 부분을 절단하면 표본들이 음식물에 반응을 보이지 않을 것이라는 가정을 하고 쥐들의 '욕구 회로'를 제거한 후 그들 앞에 치즈를 두었다.

|Step 3| 실험 결과 '욕구 회로'가 제거된 쥐들이 치즈를 먹지는 않았지만 계속 치즈 주변에 머물렀다. 또한, 이 때 과학자들은 장비를 통해 욕구 회로와는 다른 뇌 부분이 활성화되는 것을 발견했다.

|Step 4| 실험의 내용과 결과를 바탕으로 추론하면 쥐들이 먹기를 바라지 않으면서도 치즈를 따라다닌 것은 치즈를 좋아해서 보인 행동이므로, '좋아하는 것'과 '원하는 것'은 별도의 회로에서 파생된다고 할 수 있다.

|선택지 분석|

① '욕구 회로'를 제거하는 것은 그 동물의 생존 가능성을 감소시킨다 → 욕구 회로를 제거하는 것이 생존에 영향을 미치지는 않았다. [무관한 내용]

② 뇌에서 '욕구 회로'를 제거하는 것은 판단력을 흐리게 만든다 → 욕구 회로가 제거된 후 쥐들의 판단력이 흐려졌다는 내용을 추론할 수 있는 근거는 글에서 제시되지 않았다. [무관한 내용]

④ '욕구 회로'의 기능들은 다른 뇌 영역으로 대체될 수 있다 → 욕구 회로가 제거된 쥐들은 치즈 주변에 머무르기는 했지만 치즈를 먹지는 않았으므로 욕구 회로의 기능이 대체된 것은 아니다. [반대 개념]

⑤ '욕구'와 '좋아함'의 감정은 두뇌 속에서 동일한 반응을 불러일으킨다 → '원하는 것'과 '좋아하는 것'은 두뇌의 다른 영역을 자극했다. [반대 개념]

Two Blanks **Special Section Ⅱ**

본문 p.111 →

해석 ❶F. Scott Fitzgerald는 최고의 지능의 평가 기준은 두 가지 상반된 생각들을 동시에 머릿속에 담고 있으면서 여전히 제대로 기능하는 능력이라고 생각했다. ❷오랜 세월은 우리의 뇌를 (A) 반대 방향으로 적응시켰다. ❸확증 편향은 정신이 모순에 직면하는 것을 고의적으로 회피하는 방식에 대한 용어이다. ❹그것은 우리가 이미 생각하거나 느끼는 것을 확인시켜주는 증거를 과대평가하고 그것을 반박하는 증거를 과소평가하거나 또는 단순히 무시함으로써 작용한다. ❺자신들의 문화의 파괴에 대한 Crow 부족의 구성원들의 증언은 이에 대한 극단적이고 비극적인 사례를 제시해준다. ❻Plenty Coups라는 이름의 한 남자는 "들소가 사라졌을 때 우리 부족 사람들은 몹시 낙담했고 활기를 되찾을 수 없었습니다. 그 이후에는 아무 일도 일어나지 않았습니다."라는 말을 전했다. ❼절망의 깊이를 역사의 종말로 묘사한 사람은 그 혼자만이 아니었다. ❽"그 이후에는 아무 일도 일어나지 않았습니다. 우리는 그냥 살았습니다."라고 또 다른 Crow 부족의 전사가 말했다. ❾그 감정이 너무나 강렬하여 두뇌는 그것을 누그러뜨릴 수도 있었던 정상적인 일상생활의 존속에 대한 증거를 (B) 거부해버렸다.

어휘 shape 형성하다; *적합하게 하다, 적응시키다, 맞추다   confirmation bias 확증 편향   systematically 조직적으로; *고의적으로   confront 정면으로 부딪치다, 마주치다   contradiction 모순   overvalue 과대평가하다   undervalue 과소평가하다   disregard 무시[묵살]하다   refute 논박[반박]하다   testimony 증거; *증언   despair 절망   warrior 전사 |문제| retain 유지[보유]하다   validate 입증하다   falsify 위조하다

구문 해설 ❹It does this **by overvaluing** evidence [that confirms *what* we already think or feel] and **undervaluing** or simply **disregarding** evidence .... → 「by+v-ing」는 '~함으로써'의 의미이며 overvaluing, undervaluing, disregarding이 병렬 연결되어 있다. [ ]는 evidence를 수식하는 주격 관계대명사절이다. what은 선행사를 포함한 관계대명사이다.

본문 p.112 →

1 정답 ③

해석 ❶사회가 더 부유해짐에 따라 (A) 의존성이 조장되는 것처럼 보인다. ❷이것은 가난한 사람들이 자급자족적이 되도록 요구받는 방식과 대조적이다. ❸우리가 유복하게 살면, 집을 수리하거나 정원을 가꾸는 것 같은 달갑지 않거나 힘든 일에 인부들을 고용하는 것이 더 합리적일 것이다. ❹경제적인 측면에서 우리가 그들에게 지불할 돈이 있다면 다른 사람들이 우리를 위해 일을 하도록 시키는 것이 더 이치에 맞는다. ❺우리는 더 좋은 의복을 구매하고, 더 좋은 음식을 먹으며, 더 좋은 여행 상품을 즐길 수 있다. ❻우리가 옷을 만들거나, 음식을 요리하거나, 혹은 휴가 계획을 세우고 있지 않으면, 우리는 우리가 잘하는 것을 위한 더 많은 시간을 갖는다. ❼따라서 우리의 부족함을 대체하는 일련의 서비스들을 타인에게 의존할 때 우리는 특정한 분야에서 더 (B) 전문적이 된다.

어휘 self-sufficient 자급자족할 수 있는   prosperously 번영하여, 유복하게   inadequacy 부족, 무능함 |문제| indulge 탐닉하다   authority 권위, 권력   sustainability 지속 가능성

구문 해설 ❸When we live prosperously, **it** may be more reasonable **for us to hire** workers for undesirable or demanding jobs, ... → it은 가주어이고 for us는 의미상 주어이며 to hire이하가 진주어이다.

문제 해설

(A) 빈칸에는 사회가 부유해질수록 조장되는 특성이 들어가야 한다. 문장 ❸에서 우리가 풍요롭게 살면, 힘든 일들은 다른 사람들에게 맡기는 것이 합리적이라고 했으므로, 빈칸에는 '의존성'이라는 말이 들어가는 것이 적절하다.

(B) 문장 ❻에서 우리가 부족한 부분을 타인에게 의존하면 우리가 잘하는 것을 위해 더 많은 시간을 가질 수 있다고 했으므로 특정 분야에서 더 '전문적이' 될 것임을 추론할 수 있다.

선택지 분석		
	(A)	(B)
①	인내 ……	탐닉된
②	평등 ……	전문적인
④	권위 ……	비생산적인
⑤	지속 가능성 ……	비생산적인

본문 p.113 →

2 정답 ⑤

해석 ❶Illinois의 Canton 마을에서는 한 지역 공장에 설치된 호각이 하루에 일곱 번 울리곤 했다. ❷주민들은 이 호각 소리에 맞춰 그들의 하루 일과를 따랐다. ❸어느 날 환경 보호국이 그 공장으로부터 나오는 소리의 데시벨을 측정했다. ❹환경 보호국은 주(州)의 법규에 따르면 이것이 소음의 허용 수준을 초과하고 있고, 따라서 그것이 소음 공해가 된다는 것을 발견했다. ❺그리하여 환경 보호국은 공장의 관리자에게 주(州)의 소란 행위 법을 위반할 가능성에 대해 경고했다. ❻그 관리자는 즉시 호각의 작동을 중단시킴으로써 (A) 협조했다. ❼그러나 그 결과는 혼란을 가져온 것으로 판명되었는데, 사람들이 그들의 일과를 관리하기가 몹시 힘들다는 것을 알아차렸기 때문이다. ❽곧 7천 명의 주민들이 청원서에 서명하는 것을 통해 호각의 (B) 침묵에 대해 항의했다. ❾결국 호각 소리는 복구되었는데, 왜냐하면 대다수의 사람들이 그것에 찬성한다면 그것은 소란 행위가 되지 않을 것이라는 것을 환경 보호국이 납득했기 때문이다.

어휘 whistle 호각, 호루라기 local 지역의; 주민 surpass 능가하다, 뛰어넘다 regulation 《(pl.)》 규칙, 법규 nuisance 성가신 일; *소란[방해] 행위 cease 중단시키다 chaotic 혼돈[혼란] 상태인 petition 청원서 convince 납득시키다, 확신시키다

구문 해설 ❼..., **as** people found *it* greatly difficult [to manage their schedules]. → as는 '~때문에'라는 이유를 나타내는 접속사이다. it은 가목적어이고 [ ]가 진목적어이다.

❾... it **would** not be a nuisance **if** a majority of the people **were** in favor of it]. → 「If+주어+동사의 과거형, 주어+조동사의 과거형+동사원형」은 가정법 과거구문으로 현재 사실과 반대되는 가정을 나타낸다.

문제 해설

(A) 빈칸 앞에 환경 보호국이 호각 소리가 주(州)의 법규를 위반할 수 있다고 경고를 했다는 내용이 제시되었고, 빈칸 뒤에 공장 관리자가 호각의 작동을 중지시켰다는 말이 나오므로, 공장 관리자는 정부의 지시에 '협조한' 것이라고 할 수 있다.

(B) 빈칸 앞에서 호각 소리가 중지되고 사람들이 혼란에 빠졌다는 내용이 서술되고, 빈칸 뒤에서는 호각 소리가 복구되었다는 내용이 나오므로, 사람들이 호각 소리의 '침묵'에 대해 항의했다는 것을 추론할 수 있다.

선택지 분석	
(A)	(B)
① 반대했다 ……	침묵
② 주저했다 ……	고장
③ 저항했다 ……	소음
④ 주장했다 ……	소음

본문 p.113 →

3 정답 ⑤

해석 ❶어떤 회사가 신제품을 출시할 때, 그 회사의 경쟁사들은 일반적으로 그 제품이 자신들의 매출을 잠식할 가능성을 (A) 줄이기 위해 그들이 할 수 있는 것은 무엇이든 하면서 방어 태세를 취한다. ❷(그들의) 대응은 마케팅에 더 노력을 기울이는 것, 유통 체계 협력자들에게 할인을 제공하는 것, 그리고 심지어는 경쟁사의 확장을 저지할 법규를 위해 로비를 하는 것까지도 포함할 것이다. ❸그렇지만, 많은 경우에 그러한 조치들은 잘못된 것이다. ❹경쟁품의 출시가 이익에 타격을 줄 것이라는 일반적 통념은 종종 맞기도 하지만, 나의 연구는 경쟁품의 출시 이후에 회사들이 때로는 이익이 증가하는 것을 경험한다는 것을 보여준다. ❺그 숨겨진 메커니즘은 아주 단순하다. ❻어떤 회사가 신제품을 출시하면, 그 회사는 흔히 자사의 기존 제품들의 가격을 올린다. ❼이것은 신제품이 (B) 더 저렴해 보이고, 따라서 (기존 제품들과) 비교하여 (신제품이) 더 매력적으로 보이게 하려고 고안될 수도 있다. ❽그 회사가 자사 제품의 가격 책정을 조정할 때, 그 회사의 경쟁사들도 가격에 대한 고객 이탈의 위험을 무릅쓰지 않고서 동일한 일을 할 수 있다.

어휘 odd 《(pl.)》 공산, 가능성 channel (텔레비전·라디오의) 채널; *유통 체계[수단] expansion 확대, 확장, 팽창 conventional wisdom 사회적[일반적] 통념 launch 개시, 출시 adjust 조정[조절]하다 pricing 가격 책정 |문제| exceptional 이례적일 정도로 우수한, 특출한 striking 눈에 띄는, 두드러지는 eliminate 없애다, 제거하다 up-to-date 최신의

구문 해설 ❹Although **the conventional wisdom** [that a rival's launch will hurt profits] is often correct, my research shows [that companies sometimes *see* profits *increase* after a rival's launch]. → the conventional wisdom과 첫 번째 [ ]는 동격이다. 두 번째 [ ]는 shows의 목적어절이다. 지각동사 see의 목적격보어로 동사원형인 increase가 사용되었다.

(A) 빈칸에는 한 회사의 신제품이 출시되어 자신들의 이익이 잠식당할 수 있는 가능성이 생겼을 때 경쟁사들이 취하는 행동이 들어간다. 빈칸 앞에 방어 태세를 취한다는 말이 있으므로 신제품을 출시한 회사의 경쟁사는 그러한 시장 잠식의 가능성을 '줄이기' 위해 노력할 것이라고 추론할 수 있다.

(B) 빈칸 앞에서 회사가 신제품을 출시하면 기존 제품의 가격을 올린다고 했으며, 빈칸 뒤에서는 이것이 신제품을 더 매력적으로 보이게 하기 위해 고안된 것이라고 했으므로, 기존 제품에 비해 신제품이 '더 저렴해' 보이도록 하기 위한 것임을 알 수 있다.

| 선택지 분석 |

	(A)		(B)
①	계산하기	……	특출나게
②	계산하기	……	더 눈에 띄게
③	제거하기	……	더 향상되게
④	줄이기	……	최신으로

본문 p.114 →

4 정답 ⑤

해석 ❶우리는 경제적 교환을 사회적 상호작용의 한 형태로 볼 때 가장 잘 이해할 수 있다. ❷그래서 물물교환의 초기 형태들이 화폐 거래로 대체될 때, 사회적 상호작용 또한 중대한 변화를 겪는다. ❸수공예품이나 혹은 수집된 조개껍데기와 같은 물물교환의 대상들에 대해서는 명백하게 친밀한 무엇인가가 있는 반면, 돈은 전적으로 (A) 비인격적이다. ❹돈은 그것과 동등한 재화에 대한 정확한 측정을 가능케 하도록 정확하게 나눠질 수 있다. ❺그러므로 돈은 인간의 일상생활에서 주의 깊은 계산을 장려함으로써 현대 사회의 특징인 합리화를 증진시킨다. ❻그리하여 돈이 개인들간의 보편적인 사회적 연결 고리가 됨에 따라, 돈은 서로 다른 다양한 감정에 뿌리를 둔 개인적 유대를 하나의 특정한 목적에 국한된 관계로 대체시킨다. ❼그 결과 이전에는 양적인 평가보다는 오히려 질적인 평가의 대상이었던 가족의 유대와 심지어 심미적인 공감 같은 사회 생활의 다른 측면들에까지 추상적인 계산이 (B) 침입한다.

어휘 barter 물물교환　monetary 통화[화폐]의　transaction 거래, 매매　intimate 친밀한　equivalent 동등한　rationalization 합리화　prevalent 일반적인, 널리 퍼져있는　tie 《pl.》 유대　aesthetic 심미적인, 미학적인　appreciation 감사; 감상; *공감　qualitative 질적인　quantitative 양적인　assessment 평가　| 문제 | irreplaceable 대체[대신]할 수 없는　hinder 저해[방해]하다　invade 침입하다

구문 해설 ❼..., which **were** previously **subject to** qualitative (assessment) *rather than* quantitative assessment. → 「be subject to」는 '~의 대상이다'의 의미이다. qualitative 뒤에는 반복을 피하기 위해 assessment가 생략되었다. 「A rather than B」는 'B라기보다는 A'의 의미이다.

문제 해설

(A) 빈칸 앞에서는 물물교환의 대상에는 친밀한 무엇인가가 있었다고 언급하고 있는데 빈칸이 있는 문장이 역접의 접속사 While로 시작하므로, 빈칸에는 친밀한 것과는 반대되는 것에 대한 내용이 들어가야 한다. 또한 빈칸 뒤의 내용은 돈이 재화의 정확한 가치 측정을 가능하게 하며 인간의 일상생활에서 주의 깊은 계산을 장려하여 합리화를 증진시켰다고 서술하였으므로, 빈칸 앞, 뒤의 문맥을 바탕으로 돈은 완전히 '비인격적'이라는 내용이 들어가는 것을 추론할 수 있다.

(B) 빈칸 뒤에서 계산은 우리가 이전에는 질적으로 접근했던 측면들을 이제는 양적으로 접근하게 되었다고 했으므로 돈이 야기한 추상적인 계산이 우리의 삶에 '침입했다'는 것을 알 수 있다.

| 선택지 분석 |

	(A)		(B)
①	비인격적인	……	북돋우다
②	대체 불가능한	……	방해하다
③	비인격적인	……	복잡하게 만들다
④	대체 불가능한	……	가능하게 하다

5 정답 ④

해석 ❶ 사회 과학자들은 다른 학자들에 비해서 그들의 연구 결과들에 대해서 덜 인정받는 경향이 있다. ❷ 이것은 아마도 사회 과학의 이론들이나 개념적 구성들이 매우 (A) 이해하기가 쉽기 때문일 것이다. ❸ 사람들은 인간사(人間事)에 관한 연구를 쉽게 이해할 수 있고, 새로운 개념들도 순수 과학에서의 발전과는 다른 방식으로 우리들의 상식 속에 직접적으로 흡수된다. ❹ 사회 과학 개념들의 이러한 저평가는 일반적으로 그것들의 (B) 과잉이용으로 여겨지는 것과 기묘하게 대조된다. ❺ 공적인 절차들과 협약들을 끊임없이 개발하도록 압박을 받기 때문에, 정책 입안자들은 그들의 결정에 전혀 아무런 근거가 없는 것보다는 사회 과학 이론들에 의존하는 것이 더 낫다고 여긴다. ❻ 따라서 이 이론들은 외교 관계에서부터 사회 복지에 이르는 영역들에서 실행에 옮겨진다. ❼ 그 이론들의 적용의 성공과 실패를 실증하기 위해서 더 많은 평가형 연구가 이제 수행되어야 한다.

어휘 **credit** 신뢰; *인정　**academic** 학문의; *교수　**assimilate** 완전히 이해하다; *(사상 등을) 흡수하다　**underappreciation** 저평가　**protocol** (합의안·조약의) 보충 협약　**evaluative research** 평가형 연구　**demonstrate** 입증[실증]하다　|문제| **profoundness** 지적인 깊이, 난해함　**accessible** 접근 가능한; *이해하기 쉬운

구문 해설 ❺ [(Being) Pressured to constantly develop public procedures and protocols], policy makers consider **it** better [to rely on the theories of social science ...]. → 첫 번째 [ ]는 이유를 나타내는 분사구문으로 문두에 Being이 생략되어 있다. it은 가목적어이고 두 번째 [ ]가 진목적어이다.

문제 해설

(A) 사회 과학이 다른 학문에 비해 덜 인정받는 이유가 빈칸에 들어가야 한다. 빈칸 뒤에서 사람들이 인간사(人間事)에 대한 연구를 쉽게 이해할 수 있고, 새로운 개념들이 상식에 직접적으로 흡수된다는 말이 언급되었으므로, 빈칸에는 '이해하기 쉬운'이라는 말이 들어가는 것이 가장 적절하다.

(B) 사회 과학에 대한 저평가와 대조되는 현상이 빈칸으로 제시되었다. 빈칸 뒤에서 정책 입안자들이 공적인 절차와 협약 개발 시 아무런 근거가 없는 것보다는 사회 과학에 의존하는 것을 선호하기 때문에 이를 사회 여러 분야에 걸쳐 사용하고 있다는 말이 언급되었으므로, 빈칸에는 '과잉이용'이라는 말이 들어가는 것이 가장 적절하다.

선택지 분석		
	(A)	(B)
①	간단한	지적인 깊이
②	배타적인	실용성
③	진보적인	지적인 깊이
⑤	복잡한	과잉이용

PART3

본문 p.116 →

1 정답 ①

❶Located deep inside the brain are two small almond-shaped structures called the amygdalae that are crucial for eliciting fear. ❷In one test, researchers studied a 44-year-old woman called S.M. with Urbach-Wiethe disease, a rare genetic condition in which the amygdalae are damaged. ❸The researchers showed her horror films and terrifying things such as large spiders and snakes. ❹Yet, she only showed minimal levels of fear. ❺Another experiment, though, showed surprising results. ❻Because a high concentration of carbon dioxide in the blood — a possible sign of suffocation — tends to trigger fear and panic attacks, the researchers asked S.M., two other patients with Urbach-Wiethe disease, and 12 healthy control patients to inhale a 35% carbon dioxide gas mixture through a mask to find out if the amygdalae are also responsible for eliciting this kind of fear. ❼Surprisingly, the brain-damaged patients became even more afraid than the healthy subjects did. ❽What these findings clearly show is that <u>the brain contains distinct mechanisms for creating fear</u>.

해석 ❶뇌 속 깊은 곳에는 공포심을 이끌어내는 데 결정적인 역할을 하는 편도체라고 불리는 두 개의 조그만 아몬드 모양의 조직이 있다. ❷한 실험에서 연구자들은 편도체가 손상된 희귀한 유전적 질환인 우르바흐-비테 병을 앓고 있는 S.M.이라는 44세 여성을 연구했다. ❸그 연구자들은 그녀에게 공포 영화와 큰 거미와 뱀 같은 무서운 것들을 보여주었다. ❹그러나 그녀는 최소 수준의 공포만 나타냈다. ❺하지만 또 다른 실험은 깜짝 놀랄만한 결과들을 보여주었다. ❻이산화탄소의 높은 혈중 농도 즉, 질식이 발생할 수 있다는 신호는 공포와 공황 발작을 촉발시키는 경향이 있기 때문에, 연구자들은 편도체가 이러한 종류의 공포심을 이끌어내는 것 또한 담당하는지 알아내기 위해서 S.M.과, 우르바흐-비테 병을 앓고 있는 다른 두 환자, 그리고 12명의 건강한 대조 표준 환자들에게 마스크를 통해서 35% 농도의 이산화탄소 가스 혼합물을 흡입하도록 요청했다. ❼놀랍게도 두뇌가 손상된 환자들이 건강한 피험자들보다 훨씬 더 두려워했다. ❽이러한 결과들이 명백하게 보여주는 것은 <u>뇌가 공포를 만들어 내는 별개의 메커니즘들을 가지고 있다</u>는 것이다.

어휘 elicit (정보·반응을 어렵게) 끌어내다　genetic 유전의　condition 상태; *(치유가 안되는 만성) 질환　concentration 집중; *농도　suffocation 질식　trigger 촉발시키다　panic attack 패닉[공황] 발작　control 지배; *(실험의) 대조 표준　inhale 숨을 들이마시다

구문 해설 ❶<u>Located deep inside the brain</u> <u>are</u> <u>two small almond-shaped structures</u> [called the
　　　　　　　　　　　C　　　　　　　　　　　 V　　　　　　　 S
amygdalae {that are crucial for eliciting fear}]. → 주어가 너무 길거나 보어를 강조하고자 하는 경우, 보어가 문두에 오며, 이때 주어와 동사의 도치가 일어난다. [ ]는 two small almond-shaped structures를 수식하는 과거분사구이다. { }는 the amygdalae를 수식하는 주격 관계대명사절이다.

문제 해설

|Step 1| 빈칸이 글의 후반부에 있으며, 'What these findings clearly show'와 같은 표현 뒤에 위치한 것으로 보아 실험의 시사점에 해당하는 내용이 빈칸에 들어갈 것임을 알 수 있다.

|Step 2| 실험 내용은 편도체가 손상된 유전 질환인 우르바흐-비테 병을 앓고 있는 한 여성이 공포 영화와 무서운 것들에 대해 최소의 공포 반응만 보이자, 높은 혈중 이산화탄소에 의해 촉발되는 공포심 역시 편도체가 담당하는지 알아보기 위해 우르바흐-비테 병 환자들과 다른 12명의 대조 표준 환자들에게 35% 농도의 이산화탄소를 흡입하도록 했다는 것이다.

|Step 3| 실험 결과, 높은 농도의 이산화탄소를 흡입했을 때 편도체가 손상된 환자들이 다른 건강한 피험자들보다 훨씬 더 많은 공포심을 느꼈다.

|선택지 분석|

② 편도체는 공포 반응과 관련이 없다 → 편도체가 손상되었다는 것이 높은 혈중 이산화탄소 농도로 인한 공포심을 느끼는 것과는 관련이 없었지만 공포 영화나 큰 거미, 뱀 등을 보여주었을 때 편도체가 손상된 사람은 공포 반응을 보이지 않았으므로, 편도체가 특정 유형의 공포 반응과는 관련이 있음을 알 수 있다. 부분 일치

③ 개개인의 편도체의 활동에는 차이점들이 있다 → 실험의 목적은 편도체가 공포 반응을 담당하는지 살펴보는 것으로, 이 실험을 통해서는 개개인의 편도체가 다르게 활동하는지에 대한 비교가 불가능하다. 무관한 내용

④ 편도체는 실제로 공포 반응의 강도를 증가시킨다 → 편도체가 공포 반응의 강도를 증가시킨다는 내용은 언급되지 않았다. 무관한 내용

|Step 4| 실험 결과를 일반화하면, 편도체가 뇌에서 공포 반응을 담당하는 유일한 기관은 아니며 뇌는 공포를 유발할 수 있는 자극의 종류에 따라 편도체 외에 다른 별개의 공포 유발 메커니즘을 가지고 있다고 추론할 수 있다.

⑤ 편도체가 없으면, 인간은 이산화탄소를 처리하는 데 어려움을 겪는다 → 이산화탄소 혼합물을 흡입했을 때 편도체가 손상된 사람들이 더 공포심을 느꼈으나, 이것이 편도체가 이산화탄소의 처리를 담당한다는 추론의 근거가 될 수는 없다. 무관한 내용

본문 p.117 →

2 정답 ③

❶ State-organized capitalism can be defined as a system in which public political power is used to regulate economic markets. ❷ This is largely done in order to manage crises in the interest of capital. ❸ Meanwhile, the state derives its political legitimacy from its claims that it promotes equality and solidarity across social divisions. ❹ However, these ideals are interpreted economically, with these social divisions being viewed mainly through the perspective of class. ❺ Under state-organized capitalism, then, social questions are mostly framed in terms of distribution, as issues concerning the fair allocation of goods, income, and jobs. ❻ Therefore, unfair economic distribution, expressed through class inequality, is seen as the quintessential social injustice. ❼ But as a result of this class-centric view, other forms and sites of injustice are marginalized, if not totally obscured.

해석 ❶ 국가적으로 조직된 자본주의는 공공의 정치적 권력이 경제 시장을 통제하기 위해서 사용되는 제도로 정의될 수 있다. ❷ 이것은 주로 자본을 위해 위기를 관리할 목적으로 행해진다. ❸ 한편 국가는 그것이 사회적 분열에서 평등과 연대를 증진시킨다고 주장함으로써 그것의 정치적인 타당성을 이끌어낸다. ❹ 하지만 이러한 이상들은 이러한 사회적 분열들이 주로 계급의 관점을 통해서 조명된다는 점에서 경제적으로 해석된 것이다. ❺ 즉, 국가적으로 조직된 자본주의 하에서 사회적 문제들은 대부분 재화, 소득 그리고 일자리의 공평한 할당에 관한 쟁점인 분배의 측면에서 표출된다. ❻ 그러므로 계급적 불평등을 통해 표출되는 불공평한 경제적 분배가 본질적인 사회적 불평등으로 간주된다. ❼ 그러나 이 계급 중심적 견해의 결과로 불평등의 다른 형태들과 위치들이 완전히 가려지는 것까지는 아니라 하더라도 사회적으로 과소평가된다.

어휘 **regulate** 규제[통제]하다　**in the interest of** ~을 위하여　**legitimacy** 합법성, 적법; *합리[타당]성　**solidarity** 연대, 결속　**frame** 틀에 넣다; *(특정한 방식으로) 표현하다　**distribution** 분배　**quintessential** 정수의, 본질적인　**marginalize** 사회적으로 무시[과소평가]하다　**obscure** 모호하게 하다; *가리다, 덮다　|문제|　**assurance** 확언, 보장　**suppression** 억압, 진압　**allocation** 할당　**chronic** 만성적인　**displacement** 이동, 변위　**divergent** 다른, 일치하지 않는

구문 해설 ❼ ..., other forms and sites of injustice are marginalized, **if** (they are) not totally obscured. → 시간, 조건, 양보 부사절에서 「(주절의 주어와 동일한) 주어+be 동사」는 생략이 가능하다. 이때 if는 양보의 의미를 나타낸다.

문제 해설

|Step 1| 국가적으로 조직된 자본주의는 정치적 권력을 사회적 불평등을 해소하는 데 사용한다고 주장하며 정치적인 타당성을 이끌어내지만, 이러한 사상은 사회적 분열들을 계급적인 관점을 통해 본다는 점에서 경제적인 관점으로만 해석되었다는 것이 이 글의 중심내용이다.

|Step 2| 주제문인 문장 ❹의 내용이 빈칸이 있는 문장에서 환언되고 있다. 국가적으로 조직된 자본주의 하에서는 사회적 문제들이 분배의 측면에서 표출된다고 했는데, 그에 관한 구체적인 쟁점들이 무엇인지가 빈칸에 해당하는 내용이다.

|Step 3| 빈칸 뒤에서는 계층간의 불공평한 경제적 분배가 본질적인 사회적 불평등으로 간주되며 다른 형태의 불평등은 사회적으로 과소평가된다는 내용이 상술되고 있다.

|Step 4| 주제문을 재진술하고 빈칸 뒤의 상술 내용을 일반화하면 빈칸에 들어갈 사회적 쟁점들은 경제적 관점과 관련된 재화, 소득, 일자리 등의 공평한 분배에 관한 것들임을 추론할 수 있다.

|선택지 분석|

① 지속적인 경제 성장의 보장 → 국가적으로 조직된 자본주의 하에서, 사회 문제들은 재화의 평등한 분배의 측면에서만 다루어졌을 뿐 경제 성장에 대한 고려는 이루어지지 않았다. 반대 개념

② 국가에 의한 시민 권리의 억압 → 국가는 경제 시장과 관련하여 정치적 권력을 개입했으나 시민의 권리를 억압했다는 내용은 언급되지 않았다. 무관한 내용

④ 문화적 변위의 만성적 문제들 → 국가 자본주의 하에서는 문화적 변위가 아닌 재화의 공정한 이동 및 분배가 사회적 쟁점으로 대두되었다고 했다. 무관한 내용

⑤ 서로 다른 사회 집단의 일치하지 않는 정치적 견해들 → 이와 같은 내용은 지문에서 제시되지 않았다. 무관한 내용

본문 p.118 →

3 정답 ②

❶Among the greatest discoveries of ancient Greek civilization was nature itself, or rather the idea of nature as the universe without human beings and their culture. ❷Although this distinction seems obvious to us today, no other civilization had imagined nature in such a way. ❸One account of how the Greeks came up with this idea points to their division between the external, objective world and the internal, subjective one. ❹Because of their tradition of debate, the Greeks had a clearer understanding of subjectivity than other civilizations. ❺Debate does not make sense unless you believe that you understand some state of affairs better than your opponent does. ❻And such a belief must then give rise to the acknowledgement of some objective reality against which each point of view can be measured. ❼So, in effect, it is from subjectivity that objectivity emerges.

해석 ❶고대 그리스 문명의 가장 위대한 발견들 중에는 자연 자체, 혹은 더 정확히 말하면 인간과 그들의 문화가 제외된 우주로서의 자연이라는 개념이 있었다. ❷오늘날 우리에게는 이 구분이 명쾌하게 보이지만, 다른 어떤 문명도 그러한 방식으로 자연을 상상했던 적이 없다. ❸어떻게 그리스인들이 이러한 개념을 생각하게 되었는지에 대한 한 설명은 그들이 외부의 객관적인 세계와 내부의 주관적인 세계 사이를 구분했다는 점을 지적한다. ❹토론의 전통으로 인해, 그리스인들은 다른 문명들보다 주관성을 더 분명하게 이해했다. ❺당신이 당신의 상대방보다 어떤 현상을 더 잘 이해하고 있다는 것을 당신이 믿지 못한다면, 그 토론은 이치에 맞지 않는다. ❻그리고 그때 그러한 믿음이 양쪽의 각 관점이 평가될 수 있는 어떤 객관적인 실재에 대한 인식을 발생시킬 것이다. ❼따라서 사실상, 객관성이 생겨나는 것은 바로 주관성으로부터인 것이다.

어휘 rather 더 정확히 말하면　come up with (해답·돈 등을) 찾아내다　objective 목적, 목표; *객관적인 (*n.* objectivity 객관성)　subjective 주관적인 (*n.* subjectivity 주관성)　state of affairs 상황, 정세, 현상　opponent 적수, 반대자, 상대　give rise to ~이 생기게 하다　in effect 사실상, 실제로는　|문제| emerge 나오다; *생겨나다

구문 해설 ❶Among the greatest discoveries of ancient Greek civilization [부사구] was [V] nature itself [S], ... → 부사구가 강조를 위해 문두에 나오면 주어와 동사의 도치가 일어난다.

문제 해설

|Step 1| 글의 전반부를 통해 고대 그리스인들이 인간과 인간의 문화가 제외된 우주로서의 자연을 생각해 낸 방법이 글의 중심내용임을 알 수 있다.

|Step 2| 그리스인들이 인간과 인간의 문화가 제외된 우주로서의 자연이라는 개념을 발견하게 된 과정에 대해 설명한 문장 ❸부터 빈칸을 추론할 수 있는 근거들이 나온다.

단서 1 그리스인들은 외부의 객관적인 세계와 내부의 주관적인 세계를 구분했다.
단서 2 자신이 상대보다 현상을 더 잘 이해한다는 믿음이 있어야 토론이 가능하다.
단서 3 이러한 믿음이 서로의 관점을 비교할 수 있는 객관적 실재에 대한 인식을 발생시킨다.

|Step 3| 단서들을 종합해보면, 고대 그리스인들은 자신이 상대보다 현상을 더 잘 이해한다는 주관적인 믿음을 바탕으로 한 토론의 전통 속에서 양쪽의 관점을 평가하는 객관적인 실재에 대한 인식을 하게 되었다는 것을 알 수 있다. 따라서 주관성으로부터 객관성이 발생했다는 것을 추론할 수 있다.

|선택지 분석|

① 자연을 정확히 정의하는 것은 불가능하다 → 그리스인들이 인간과 문화가 제외된 우주로서의 자연이라는 개념을 정의했다고 했으므로, 자연을 정확히 정의하기 어렵다는 것은 글과 반대되는 진술이다. [반대 개념]

③ 객관성은 우월한 관점과는 별개이다 → 객관성은 한 주관적 해석이 다른 해석보다 우월할 수 있다는 것에 대한 깨달음으로부터 나왔으므로 우월한 시각과 서로 독립적이지 않다. [반대 개념]

④ 객관성과 주관성을 구분하는 것은 의미가 없다 → 이와 같은 내용은 지문에서 제시되지 않았다. [무관한 내용]

⑤ 그리스인들은 객관성과 주관성 사이에서 균형을 유지할 수 있었다 → 주관성을 바탕으로 객관성을 도출할 수 있었다는 내용이 제시되었을 뿐 두 개념 사이에서 균형을 유지할 수 있었다는 내용은 언급되지 않았다. [무관한 내용]

본문 p.119 →

4 정답 ①

❶As law professor David Mellinkof once said, "The law is a profession of words." ❷So, in the English legal system of the Middle Ages, which could draw upon a copious amount of words from Latin, French, and English, how would one choose between synonymous terms? ❸In many cases, the solution was to use both words together. ❹This practice in the legal profession resulted in the creation of many unique phrases in Middle English. ❺For example, "goods," which was derived from Old English, and "chattels," which was derived from Old French, were merged into the Middle English legalese term "goods and chattels." ❻Such phrases were frequently used in order to avoid any ambiguity that might be caused by slightly distinct meanings. ❼Some of the pairings, though, seem to have arisen from a simple desire for style and rhythmic appeal. ❽But regardless of why they first appeared, these lexical doublets became a prominent feature of legal writing in Middle English, and many have survived into the present day.

해석 ❶언젠가 법학 교수인 David Mellinkof가 말한 것처럼 "법학이란 말의 직업이다." ❷그렇다면 라틴어, 프랑스어, 그리고 영어에서 방대한 양의 단어들을 차용하였던 중세 영국의 법률 제도에서 사람들은 같은 의미를 갖는 용어들 중 하나를 어떻게 선택했을까? ❸많은 경우, 해법은 두 단어를 함께 사용하는 것이었다. ❹법 조계에서의 이 관행은 중세 영어에 다수의 독특한 관용구들의 생성을 초래했다. ❺예를 들면, 고대 영어에서 파생된 'goods'와 고대 프랑스어에서 파생된 'chattels'는 중세 영어의 법률 용어인 'goods and chattels'로 통합되었다. ❻그러한 관용구들은 약간 다른 의미로 인해서 발생할 수도 있는 모든 모호성을 회피하기 위해 자주 사용되었다. ❼하지만, 몇몇 쌍은 문체와 운율적인 매력에 대한 단순한 욕망에서 생겨난 것처럼 보인다. ❽하지만 그것들이 처음 생긴 이유에 상관없이, 이 어휘 쌍들은 중세 영어의 법률과 관련된 문서 작성의 두드러진 특징이 되었고, 다수가 오늘날까지 살아남아 있다.

어휘 draw upon ~을 이용하다, ~에 의지하다　copious 엄청난, 방대한　synonymous 같은 뜻을 갖는, 동의어의　goods 상품, 제품; *(부동산 외의) 재산　derive from ~에서 유래하다, 파생하다　merge 합병[병합]하다, 합치다　legalese (난해한) 법률 용어　goods and chattels (부동산 외의) 동산 일체　ambiguity 애매성, 애매모호함　pairing 한 쌍　lexical (한 언어의) 어휘의　doublet 쌍으로 된 것　prominent 중요한; *눈에 잘 띄는, 두드러진　|문제| dominant 우세한, 지배적인　minted 최근에 생겨난

구문 해설 ❺For example, "goods," [which was derived from Old English], and "chattels," [which was derived from Old French], were merged into .... → 두 개의 [　]는 각각 선행사인 "goods"와 "chattels"를 부연 설명하기 위해 삽입된 주격 관계대명사절이다.

문제 해설

|Step 1| 글의 전반부를 통해 중세 영국의 법률 제도에서 법률 용어에서의 동의어를 다룬 방법이 글의 중심내용임을 알 수 있다.

|Step 2| 문장 ❺의 'For example'을 통해 빈칸 내용에 대한 예시가 이어진다는 것을 알 수 있다.

|Step 3| 중세 법률 용어에서는 같은 의미를 가진 'goods'와 'chattels'라는 두 단어가 합쳐져 'goods and chattels'가 되었다는 내용이 예시로 제시된다.

|Step 4| 예시를 일반화하면 같은 의미를 가진 많은 법률 용어들 중 하나를 선택하는 방법은 두 단어를 동시에 병기하여 하나의 단어처럼 사용하는 것이었음을 추론할 수 있다.

|선택지 분석|

② 더 우세한 단어를 선택하는 것 → 법률 용어 상의 동의어를 묶어서 하나의 구로 만들었으며 하나의 더 우세한 단어를 선택하지는 않았다. 반대 개념

③ 더 최근에 만들어진 단어를 사용하는 것 → 최근에 만들어진 단어를 우선적으로 사용한다는 내용은 글에서 언급되지 않았다. 무관한 내용

④ 별개의 두 단어를 합쳐서 새로운 하나의 단어로 만드는 것 → 동의어들을 새로운 한 단어로 만드는 것이 아니라 두 단어를 함께 병기하여 하나의 구로 표현했다. 반대 개념

⑤ 유사한 단어 간의 차이를 명확히 정의하는 것 → 단어들 간의 의미 차이로 인해 발생할 수 있는 모호성을 피하기 위해 두 단어를 함께 사용하는 방법을 채택한 것으로, 두 단어 사이의 차이를 명확하게 구분한 것은 아니다. 무관한 내용

본문 p.120 →

1 정답 ④

❶ According to legend, the ancient Greek poet Simonides was once invited to a banquet to recite poetry. ❷ After he finished, a servant told Simonides that two young riders had come to see him. ❸ When he went outside, no one was there, but the roof of the banquet hall collapsed behind him, crushing everyone inside. ❹ Such stories are rather common in ancient Greek literature; what's more interesting is what happened next. ❺ The bodies of the dead were so mangled that even their families couldn't identify them. ❻ But Simonides could visualize the banquet hall in his mind exactly as it had been and remember the sequence how each guest had been sitting. ❼ As he identified the dead, he realized that the key to the art of memory is <u>the use of visual images in an ordered arrangement</u>. ❽ That's because concrete images are easier to recall than abstract ideas, and sequences can be remembered more accurately than random groups.

해석 ❶ 전설에 따르면 고대 그리스의 시인 Simonides는 언젠가 시낭송을 하기 위해서 한 연회에 초대를 받았다. ❷ 그가 (시낭송을) 마치자, 한 하인이 Simonides에게 말을 탄 두 젊은이가 그를 만나러 왔다고 말했다. ❸ 그가 밖으로 나갔을 때 거기엔 아무도 없었으나, 연회장의 지붕이 그의 뒤에서 무너져 내려 그 안에 있던 모든 사람들을 압사시켰다. ❹ 그러한 이야기들은 고대 그리스 문학에서 다소 흔하다. 더 흥미로운 것은 그 다음에 벌어진 일이다. ❺ 죽은 자들의 시체들은 너무 심하게 훼손되어서 가족들조차 그들의 신원을 확인할 수가 없었다. ❻ 하지만 Simonides는 그 연회장의 당시 그대로의 모습을 마음속에 정확히 그릴 수 있었고, 각각의 내빈들이 앉아 있었던 순서도 기억할 수 있었다. ❼ 그가 죽은 자들의 신원을 확인했을 때, 그는 기억술의 핵심이 <u>시각적인 이미지들을 순서화된 배열로 활용하는 것</u>임을 깨닫게 되었다. ❽ 구체적인 이미지들이 추상적 관념들보다 회상하기에 더 쉬우며, 순서들이 무작위적인 집단들보다 더 정확하게 기억될 수 있기 때문이다.

어휘 banquet 연회　recite 암송[낭독]하다　collapse 붕괴되다, 무너지다　mangle 심하게 훼손하다 sequence 연속적인 사건들; *순서, 차례　art 미술, 예술(행위); *기술　concrete 구체적인　abstract 추상적인 |문제| reverse (정반대로) 뒤바꾸다; *정반대의　chronological 발생[시간] 순서대로 된, 연대순의　metaphor 비유, 은유　irrelevant 무관한, 상관없는

구문 해설 ❻ But Simonides could visualize the banquet hall in his mind exactly **as** it *had been* .... → as는 '~대로'라는 의미의 접속사이다. had been은 주절의 과거시제(could visualize)보다 이전의 상태(연회장이 무너지기 전의 상태)를 나타내는 과거완료시제이다.

문제 해설

|Step 1| 고대 그리스의 시인 Simonides가 발견한 기억술에 관한 내용이다.

|Step 2| 글의 마지막 부분에 있는 빈칸에는 앞에서 서술된 일화의 내용을 바탕으로 Simonides가 발견한 기억술의 핵심이 무엇인지에 관한 내용이 들어가야 한다.

|Step 3| 빈칸 앞의 일화에는 Simonides가 연회장이 무너지기 전의 모습을 마음속으로 정확히 그려내고 사람들이 앉아 있었던 자리의 순서를 기억해 내는 것을 통해 무너진 연회장에 있던 시체들의 신원을 알 수 있었다는 내용이 제시되어 있다. 또한 빈칸 뒤의 문장에서 구체적인 이미지와 정렬된 순서가 기억에 도움이 된다는 내용이 상술되었다.

|Step 4| 일화의 내용과 상술된 내용을 일반화하면 시각적 이미지를 순서화된 배열로 활용하는 것이 Simonides의 기억술의 핵심임을 추론할 수 있다.

|선택지 분석|

① 사건들을 시간의 역순으로 상상하는 것 → Simonides는 사람들이 앉아 있었던 물리적 순서를 기억해 냈으며 시간의 역순으로 사건을 생각해 보았다는 내용은 언급되지 않았다. 무관한 내용

② 신화에 나온 유명한 비유들의 활용 → Simonides가 신화에 나오는 비유를 기억의 기술로서 사용했다는 내용은 언급되지 않았다. 무관한 내용

③ 구체적인 이미지들과 추상적인 이미지들을 하나로 결합하는 것 → Simonides는 추상적 이미지보다 기억해 내기 쉬운 구체적인 이미지를 활용했으며, 이 두 이미지를 결합했다는 내용은 언급되지 않았다. 무관한 내용

⑤ 각 단어 혹은 대상에 그와 상관없는 이미지를 연결 짓는 것 → 이미지를 사용한 것은 맞지만, 상관없는 이미지가 아니라 시각적 이미지를 순서화된 배열로 연상하는 기억 방법을 사용했다. 부분 일치

본문 p.121 →

2 정답 ②

❶Imagine a cowboy shooting his pistol randomly at a barn. ❷If he then paints a bull's-eye over the area with the most holes, it seems like he is a great shooter. ❸This idea that there is a connection between the holes and the bull's-eye is known as the Texas-sharpshooter fallacy. ❹It describes a situation in which <u>artificial order is placed upon random events</u>. ❺A real life example of this is a Swedish study that tried to determine the effects of power lines on health. ❻In this study, researchers looked for increases in the rates of over 800 different ailments in individuals living near power lines over a 25-year period, eventually finding that childhood leukemia rates were four times higher than the national average. ❼It triggered Swedish government to take some actions. ❽But the problem was that, with over 800 potential ailments in the study, there was a high probability that, simply by chance, at least one would appear at a higher rate. ❾The researchers were thrusting a causal link upon simple chance.

해석 ❶한 카우보이가 헛간에서 권총을 무작위로 쏘고 있다고 상상해보라. ❷그런 다음 그가 가장 많은 구멍들이 있는 부분에 과녁의 중심을 그려 넣는다면, 그는 대단한 사수인 것처럼 보인다. ❸그 구멍들과 과녁의 중심 사이에 관련성이 존재한다는 생각은 텍사스 명사수의 오류로 알려져 있다. ❹그것은 <u>무작위적인 사건들에 인위적인 질서가 부여되는</u> 상황을 묘사한다. ❺이것의 실생활에서의 사례는 건강에 대한 송전선의 영향을 규명하려 했던 스웨덴의 한 연구이다. ❻이 연구에서 연구자들은 25년 이상 송전선 근처에 살고 있는 사람들을 대상으로 서로 다른 800가지 이상의 질병의 발생률의 증가를 조사하여, 마침내 아동 백혈병 발병률이 전국 평균보다 네 배나 높다는 것을 밝혀냈다. ❼이것은 스웨덴 정부가 모종의 조치를 취하도록 촉발하였다. ❽하지만 문제는 이 연구에서 다룬 800가지 이상의 잠재적인 질병들 가운데 적어도 하나는 단지 우연히 더 높은 발생률을 나타냈을 가능성이 높다는 것이었다. ❾연구자들은 단순한 우연에 어떤 인과 관계의 연결고리를 억지로 끼워 맞추고 있었던 것이다.

어휘 pistol 권총   barn 헛간   bull's-eye (과녁의) 중심   fallacy 오류   ailment 질병   trigger 촉발시키다   thrust 밀다; *억지로 ~시키다   causal 인과 관계의 |문제| artificial 인공의; *인위적인   fatal 죽음을 초래하는, 치명적인

구문 해설 ❽But the problem was [that, {with over 800 potential ailments in the study}, there was **a high probability** {that, simply by chance, at least one would appear at a higher rate}]. → [ ]는 문장의 주격보어로 사용된 명사절이다. 첫 번째 { }는 문장에 삽입된 전치사구이다. a high probability와 두 번째 { }는 동격이다.

문제 해설

|Step 1| 텍사스 명사수의 오류에 관련된 내용이 이 글의 중심내용이다.

|Step 2| 문장 ❺의 'A real life example of this'라는 표현을 통해 텍사스 명사수의 오류가 실생활에 적용된 사례가 이어질 것임을 알 수 있다.

|Step 3| 예시로는 스웨덴의 연구자들이 건강에 대한 송전선의 영향을 규명하기 위해 시행한 연구가 제시된다. 그들은 송전선 근처에 살고 있던 사람들을 대상으로 800가지 이상의 질병 발생률을 조사했는데, 조사한 질병의 종류가 너무 많아서 단지 우연히 그 중 한가지의 질병이 높은 발생률을 보일 가능성이 높았다는 내용이 나온다.

|Step 4| 예시를 일반화하면, 텍사스 명사수의 오류는 우연의 일치를 인위적인 질서와 관련지은 것임을 알 수 있다.

|선택지 분석|

① 사람들이 의미 있는 사건들을 인식하지 못하는 → 텍사스 명사수의 오류는 사람들이 무의미한 사건들에 의미를 부여하는 것에 관련된 오류이다. 반대 개념

③ 놀라운 기술에 실용적인 쓸모가 거의 없는 → 이와 같은 내용은 지문에서 제시되지 않았다. 무관한 내용

④ 의도치 않은 행동으로부터 치명적인 결과가 발생하는 → 텍사스 명사수의 오류는 무작위적인 결과를 중요한 것처럼 착각한다는 것으로, 의도치 않은 행동이 치명적인 결과를 불러왔다는 것에 관련된 개념이 아니다. 무관한 내용

⑤ 예상한 결과와 실제 결과가 다른 → 스웨덴의 학자들은 송전선과 질병의 발생이 관련이 있을 것이라고 예상했고 결과적으로는 송전선과 아동 백혈병의 발병률 사이에 상관관계가 있다고 결론지었으므로 예상한 결과와 실제 결과가 같게 나왔다. 반대 개념

3 정답 ①

❶ Just about every productive member of society has some form of specialized employment. **❷** So in order for everyone to satisfy his or her needs, individuals have to be able to exchange the surpluses they produce, and it is money that facilitates these exchanges. **❸** As an example of this process, imagine a lawyer buying a package of tea. **❹** In exchange for her services, her company has paid her a certain salary. **❺** When she uses a portion of this salary to purchase the tea, it seems like a simple transaction. **❻** But in fact, <u>the money obscures what is really happening</u>. **❼** The tea was grown in Sri Lanka and transported on a British ship piloted by Indian sailors to the United States, where it was then auctioned in New York to a wholesaler who sold it to a retailer who finally sold it to the lawyer. **❽** The use of money hides the relationship between the lawyer and the hundreds of individuals in specialized occupations whose services were necessary to provide the tea.

[해석] **❶** 사회의 거의 모든 생산적인 구성원들은 어떤 특화된 고용 형태를 가지고 있다. **❷** 그래서 모든 사람이 자신의 욕구를 충족시키기 위해서는 개인들은 그들이 생산하는 잉여물을 교환할 수 있어야 하고, 이러한 교환을 용이하게 하는 것이 바로 화폐이다. **❸** 이러한 과정의 일례로서 한 변호사가 한 상자의 차를 구입하는 것을 생각해보라. **❹** 그녀의 용역에 대한 대가로 그녀의 회사는 그녀에게 일정한 급여를 지불한다. **❺** 그녀가 차를 구입하기 위해 이 급여의 일부를 사용할 때, 그것은 단순한 거래처럼 보인다. **❻** 하지만 사실, 화폐는 실제로 무슨 일이 일어나고 있는지를 모호하게 만든다. **❼** 그 차는 스리랑카에서 재배되어 인도인 선원들이 조종하는 영국 선박에 실려 미국으로 운송되었고 그 후 뉴욕에서 경매로 도매상에게 팔린 후 그 도매상은 그것을 최종적으로 그 변호사에게 판 소매상에게 판매한 것이다. **❽** 화폐의 사용은 차를 제공하는 데 필수적인 용역을 제공하는 특화된 직업들을 가지고 있는 수백 명의 개인들과 그 변호사의 관계를 감춰 버린다.

[어휘] **surplus** 과잉, 잉여물 **facilitate** 용이하게 하다 **transaction** 거래, 매매 **auction** 경매로 팔다
|문제| **obscure** 모호하게 하다 **money laundering** 돈세탁 **exploitation** 착취 **availability** 유효성, 효용

[구문 해설] **❼** The tea was **grown** in Sri Lanka and **transported** on a British ship [piloted by Indian sailors] to the United States, *where* it was then auctioned in New York to a wholesaler [who sold it to a retailer {who finally sold it to the lawyer}]. → grown과 transported는 접속사 and로 병렬 연결되어 있다. 첫 번째 [ ]는 a British ship을 수식하는 과거분사구이다. where 이하는 the United States를 부연 설명하는 계속적 용법의 관계부사절이다. 두 번째 [ ]는 a wholesaler를 수식하는 주격 관계대명사절이다. { }는 a retailer를 수식하는 주격 관계대명사절이다.

[문제 해설]

|Step 1| 이 글은 화폐를 통한 재화 거래의 특징에 관한 내용이다.

|Step 2| 문장 ❸의 'As an example of this process'라는 표현을 통해 화폐를 이용한 교환 과정의 예시가 서술될 것임을 알 수 있다.

|Step 3| 예시로, 한 상자의 차를 구입하는 변호사의 거래에 관해 서술되고 있다. 빈칸 앞에는 그녀는 자신이 제공하는 용역의 대가로 회사에서 월급을 받아 간단히 차를 구입하는 것처럼 보인다는 내용이 나왔고, 빈칸 뒤에는 사실 그 차는 여러 특화된 직업을 가진 사람들의 손을 거쳐 그 변호사에게 오게 된다는 내용이 나왔다.

|Step 4| 빈칸이 있는 문장이 역접의 접속사 'But'으로 시작하므로, 빈칸에 들어갈 내용은 빈칸 앞의 내용과 상반된다는 것을 알 수 있다. 따라서 빈칸 뒤에 나온 예시의 내용을 일반화하면, 화폐는 복잡한 거래의 과정을 간단한 것처럼 보이도록 만든다는 내용이 빈칸에 들어가야 한다는 것을 알 수 있다.

|선택지 분석|

② 그것은 세계 경제에 커다란 영향을 미칠 수 있다 → 돈이 물물교환의 과정에 미치는 영향에 대해서는 서술되어 있으나 세계 경제에 미치는 영향에 대해서는 언급되어 있지 않다. [무관한 내용]

③ 돈세탁은 가장 복잡한 문제들 중 하나이다 → 글의 주제는 화폐 뒤에 가려진 물물교환 과정의 복잡성에 대한 것으로 돈세탁의 복잡성과는 관련이 없다. [무관한 내용]

④ 거대 기업들에게 책임이 있는 많은 착취가 존재한다 → 돈과 물건의 교환에 많은 사람들의 노력이 관련되어 있다고 했으나 이 과정에서 거대 기업의 착취가 있다는 내용은 나와있지 않다. [무관한 내용]

⑤ 제품의 시장 가치는 그것의 효용에 따라 변동한다 → 제품의 시장 가치가 변동하는 이유에 대해서는 서술되어 있지 않다. [무관한 내용]

4 정답 ①

❶ The emotions of man are stirred more quickly than his intelligence. **❷** So the majority of people try to remedy the evils of the world with their sympathy and sentiment. **❸** For example, most people would try to solve the problem of poverty by keeping the poor alive and sometimes amused. **❹** This, however, is not a solution to poverty; it in fact aggravates the problem. **❺** In order to properly tackle the problem of poverty, man's aim should be to reconstruct society in such a way that poverty would be an impossibility. **❻** Unfortunately, though, man's altruism has prevented this goal from being achieved. **❼** Just as the worst slave-owners were those who were kind to their slaves, and so prevented the horrible system from being overturned, so in our own time the people who <u>try to do the most good</u> in fact do the most harm.

해석 **❶** 인간의 감성은 지능보다 훨씬 더 빨리 동요된다. **❷** 그래서 대부분의 사람들은 이 세상의 폐해를 연민과 감상을 가지고 바로잡으려고 노력한다. **❸** 예를 들어, 대다수 사람들은 가난한 이들이 생존하도록 하고 때로는 즐거워하게 만듦으로써 빈곤 문제를 해결하려고 노력할 것이다. **❹** 그러나 이것은 빈곤에 대한 해결책이 아니다. 그것은 사실상 문제를 악화시킨다. **❺** 빈곤 문제를 적절하게 다루기 위해서는 빈곤이 불가능한 일이 되게 하는 방식으로 사회를 재건하는 것이 인간의 목표가 되어야 한다. **❻** 그러나 유감스럽게도 인간의 이타주의는 이 목표가 달성되는 것을 방해하고 있다. **❼** 최악의 노예 소유주는 그들의 노예들에게 친절했던 사람들이었고, 그래서 그 끔찍한 제도가 전복되는 것을 막았던 것처럼, 우리 시대에서는 <u>가장 많은 선행을 하려고 하는</u> 사람들이 사실상 가장 많은 해를 끼친다.

어휘 stir 젓다; *자극하다, 마음을 흔들다, 동요시키다   remedy 바로잡다   sympathy 동정, 연민   sentiment 정서, 감정; *감상   aggravate 악화시키다   tackle 부딪히다, 다루다   reconstruct 재건하다   altruism 이타주의   overturn 뒤집다, 전복시키다 |문제| surmountable 극복할 수 있는

구문 해설 **❼** **Just as** the worst slave-owners *were* those [who were kind to their slaves], and so *prevented* the horrible system **from being overturned**, **so** in our own time the people [who try to do the most good] in fact do the most harm. → 「Just as+주어+동사, so+주어+동사」는 '마치 ~ 한 것처럼, …하다'의 의미이다. were와 prevented는 접속사 and로 병렬 연결되어 있다. 첫 번째 [ ]는 those를 수식하는 주격 관계대명사절이다. 「prevent A from v-ing」는 'A가 ~하지 못하게 막다'의 의미이다. 두 번째 [ ]는 the people을 수식하는 주격 관계대명사절이다.

문제 해설

|Step 1| 도입부에는 많은 사람들이 연민과 감상을 가지고 가난한 사람들을 도움으로써 빈곤 문제를 해결하려고 노력한다는 내용이 제시되어 있다.

|Step 2| 문장 ❹의 'however' 뒤에서 필자의 주장이 제시되며, 이는 도입부의 내용과 반대된다는 것을 알 수 있다.

|Step 3| 가난이 불가능한 것이 되도록 사회를 재건하는 것이 인간의 목표가 되어야 한다는 것이 필자의 주장이며 가장 나쁜 노예 소유주는 노예들에게 친절하게 대해주어 그러한 끔찍한 제도가 전복되는 것을 막았던 사람이라는 것을 주장의 근거로 들고 있다.

|Step 4| 주장과 근거의 내용을 통해 우리 시대에서 가장 해를 끼치는 사람들이란 가난한 이들에게 무조건적인 도움을 베푸는 사람이라는 것을 추론할 수 있다.

|선택지 분석|

② 동정심은 있지만 행동하지 않는 → 가난한 이들에게 동정심을 느끼고 이를 행동으로 표현하는 사람들이 결과적으로 가장 해악을 끼치는 사람이다. 부분 일치

③ 궁핍한 사람들의 고통을 무시하는 → 궁핍한 사람들을 도와주는 사람들이 문제를 악화시킨다고 했으므로 이는 반대되는 개념이다. 반대 개념

④ 사회 체제를 바꾸기 위해서 투쟁하는 → 빈곤 문제를 근본적으로 해결하기 위해서는 빈곤이 일어날 수 없는 방식으로 사회를 재건하는 것이 인간의 목표가 되어야 한다고 했으므로, 사회 체제를 바꾸기 위해 투쟁하는 사람들은 사회에 해를 끼치는 것이 아니다. 반대 개념

⑤ 빈곤을 극복할 수 있는 문제로 생각하는 → 가장 해악을 끼치는 사람들이 빈곤 문제를 극복 가능한 문제로 여기는지 아닌지의 여부는 이 글을 통해서는 알 수 없다. 무관한 내용

본문 p.124 →

1 정답 ④

❶Universal literacy was supposed to help cultivate democratic society; it was supposed to empower individuals to think for themselves, thus making them fit to rule themselves. ❷In many cases, though, it has resulted in man becoming an easier subject to be ruled. ❸Universal literacy has allowed people to be constantly exposed to advertising slogans, tabloid gossip, and the platitudes of history, but these do not encourage original thought. ❹All the millions of individuals that make up a society are targets of this same information, which is all too often simply reproduced for others upon reception. ❺When such information is disseminated in order to exert influence over the public, usually for political, religious or commercial reasons, it is known as propaganda. ❻As a tool of manipulation, propaganda takes advantage of universal literacy to actually take away man's ability to think for himself.

해석 ❶읽고 쓸 줄 아는 능력의 보편화는 민주적인 사회를 구축하는 데 도움이 된다고 여겨졌다. 이것은 각 개인들에게 스스로 생각할 권한을 부여하고, 그리하여 그들이 스스로를 통치하기에 적합하도록 만들 것으로 여겨졌다. ❷하지만 많은 경우, 이는 인간이 지배당하기 쉬운 대상이 되는 결과를 초래했다. ❸읽고 쓸 줄 아는 능력의 보편화는 사람들이 광고 문구들, 타블로이드판 신문의 소문들, 진부한 역사 이야기에 지속적으로 노출되게 했지만, 이것들은 독창적인 생각을 장려하지 않는다. ❹한 사회를 구성하는 수백만 명의 개인들이 모두 이러한 똑같은 정보의 목표 대상들인데, 이 모든 정보는 수신되자마자 타인들에게 지나치게 자주 단순히 복제된다. ❺그러한 정보가 보통 정치적, 종교적 혹은 상업적 이유들로 대중에게 영향력을 행사하기 위해서 전파될 때, 그것은 선전이라고 알려진다. ❻조작의 한 수단으로서, 선전은 스스로 생각하는 인간의 능력을 사실상 제거하기 위해서 읽고 쓸 줄 아는 능력의 보편화를 이용한다.

어휘 **literacy** 글을 읽고 쓸 아는 능력   **cultivate** 경작하다; *구축하다   **democratic** 민주주의의   **empower** 권한을 주다   **platitude** 진부한 이야기   **reception** 환영, 접대; *수신   **disseminate** (정보·지식 등을) 퍼뜨리다, 전파하다   **exert** (권력·영향력을) 가하다, 행사하다   **propaganda** 선전   **manipulation** 조작, 속임수

구문 해설 ❶…; it was supposed to **empower** individuals **to think** for themselves, [thus *making* them *fit* to rule themselves]. → 「empower+목적어+to-v」는 '~에게 …할 권한을 부여하다'라는 의미이다. [ ]는 결과를 나타내는 분사구문이며 making의 목적격보어로 동사원형 fit이 쓰였다.

❷In many cases, though, it has **resulted in** [*man* becoming an easier subject **to be ruled**]. → 「result in ~」은 '~을 야기하다'의 의미로 뒤에 결과가 온다. [ ]는 전치사 in의 목적어로 쓰인 동명사구이며, man은 동명사구의 의미상 주어이다. to be ruled는 an easier subject를 수식하는 형용사적 용법의 to부정사이다.

문제 해설

|Step 1| 문장 ❶에서 읽고 쓸 줄 아는 능력의 보편화는 민주주의 사회를 구축하는 데 도움이 되고 개인들에게 스스로 생각할 수 있는 권한을 준다고 여겨진다는 통념이 제시되고 있다.

|Step 2| 문장 ❷의 역접의 연결사 'though' 이후부터 앞에서 언급된 통념과 달리 읽고 쓸 줄 아는 능력의 보편화는 오히려 인간을 지배당하기 쉬운 대상으로 만들었다는 반박이 시작된다.

|Step 3| 이러한 반박의 근거로, 사람들은 읽고 쓸 줄 아는 능력을 통해 받아들인 정보를 단순히 복제하는데, 이러한 정보가 정치적, 종교적, 상업적 목적으로 쓰이게 되면 선전이라고 불리며, 이는 인간이 스스로 생각하는 능력을 제거한다고 했다.

|Step 4| 빈칸에는 사람들에게 노출되는 많은 정보들이 어떠한 특징을 갖는지에 관한 내용이 들어가야 한다. 빈칸 뒤에 이어지는 내용을 일반화하면 이러한 정보들은 사람들이 독창적인 생각을 하도록 장려하지 않는다는 것을 추론할 수 있다.

|선택지 분석|

① 그러한 정보는 대개 거짓이다 → 앞에서 언급된 정보의 내용이 진실인지 거짓인지에 관한 것은 위 글을 통해서는 알 수 없다. 무관한 내용

② 이것들은 일반 대중의 관심을 끌지 못한다 → 이러한 것들이 오히려 일반 대중의 마음을 끌어 독창적인 생각을 하지 못하고 단순히 정보를 복제하게 하므로 이는 정답과 반대되는 개념이다. 반대 개념

③ 이것들은 교육적인 가치가 전혀 없다 → 이러한 정보들의 교육적인 가치는 언급되지 않았다. 무관한 내용

⑤ 활용 가능한 충분한 정치적 정보가 없다 → 정보들이 정치적인 목적으로 쓰이기도 한다고는 했으나, 그러한 정보에 포함된 정치적인 정보의 양에 대해서는 글에서 언급되지 않았다. 무관한 내용

2 정답 ⑤

❶ While it is perfectly possible for an individual to be both a brilliant philosopher and a great writer, such a combination is not always easy to find. **❷** That is because writing is itself a craft that can only be developed through rigorous practice. **❸** Philosophers who can lucidly articulate their ideas in their writing don't just communicate with other philosophers and university students. **❹** They also convey their ideas to men of letters, politicians and eminent persons from various circles — those who directly influence the ideas of the public. **❺** These people are drawn to philosophy that is both compelling and easily assimilated. **❻** In other words, popular philosophies prevail not by being profound, but by being expressed in a vivid style and an effective form. **❼** If a philosopher doesn't bother to make himself clearly understood, it only shows that <u>he believes his thought to be of no more than academic value.</u>

해석 **❶** 한 개인이 뛰어난 철학자와 위대한 작가 둘 다가 되는 것은 전적으로 가능한 일이지만, 그러한 조합을 발견하는 것이 항상 쉬운 것은 아니다. **❷** 그것은 글쓰기가 그 자체로 엄격한 훈련을 통해서만 발전시킬 수 있는 기술이기 때문이다. **❸** 자신의 사상을 글 속에서 명료하게 표현할 수 있는 철학자들은 단지 다른 철학자들이나 대학생들과만 소통하는 것이 아니다. **❹** 그들은 대중의 생각에 직접적으로 영향을 미치는 문필가들, 정치인들, 여러 집단에 소속된 유명인들에게도 그들의 사상을 전달한다. **❺** 이 사람들은 설득력 있고 쉽게 이해되는 철학에 이끌린다. **❻** 다시 말해서 인기 있는 철학들은 그것이 심오하기 때문이 아니라 생생한 문체와 효과적인 형식으로 표현되기 때문에 유행하는 것이다. **❼** 어떤 철학자가 자신을 (대중에게) 명쾌하게 이해시키는 데 신경을 쓰지 않는다면, 그것은 <u>그가 자신의 사상이 단지 학술적인 가치만 있다고 믿는다</u>는 것을 보여줄 뿐이다.

어휘 **brilliant** 훌륭한, 뛰어난 **combination** 조합 **craft** 공예; *기술 **rigorous** 철저한, 엄격한 **lucidly** 빛나게; *알기 쉽게 **articulate** 분명히 표현하다[설명하다] **man of letters** 문인, 문필가 **eminent** 저명한 **compelling** 주목하지 않을 수 없는; *설득력 있는 **assimilate** 완전히 이해하다[소화하다] **prevail** 만연[팽배]하다; *보급되다, 유행하다 **profound** 깊은, 심오한 |문제| **acknowledge** (사실로) 인정하다

구문 해설 **❻** In other words, popular philosophies prevail **not** *by being* profound, **but** *by being* expressed in a vivid style and an effective form. → 「not A but B」는 'A가 아니라 B'의 의미로 A와 B자리에는 각각 「by+v-ing」의 형태인 전치사구가 병렬 연결되어 있다.

문제 해설

|Step 1| 뛰어난 철학자이자 위대한 작가가 동시에 되기는 어렵지만, 자신의 사상을 알기 쉽게 표현하는 철학자는 자신의 철학을 대중에게 더 잘 알릴 수 있다는 것이 이 글의 주제이다.

|Step 2| 문장 ❻의 'In other words'라는 어구를 통해 주제가 환언되고 있으며, 인기 있는 철학들은 심오함이 아니라 생생한 문체와 효과적인 형식으로 표현되기 때문에 유행한다는 내용이 진술되었다.

|Step 3| 문장 ❼에서 앞 문장의 내용이 상술되고 있다. 철학자가 대중에게 명확하게 이해되도록 노력하지 않는다는 가정이 제시되고 결론에 해당하는 내용이 빈칸으로 제시되었다.

|Step 4| 문장 ❻의 내용을 바탕으로 추론하면, 철학이 생생한 문체와 효과적인 형태로 표현될 때 대중에게 쉽게 받아들여진다고 했으므로, 반대로 철학자가 이와 같은 노력을 하지 않는 경우 철학자의 사상은 대중에게 받아들여지지 않고 단지 학술적인 가치만을 지니게 될 것이라고 추론할 수 있다.

|선택지 분석|

① 그는 영향력 있는 문필가가 될 잠재력을 가지고 있다 → 영향력 있는 문필가는 자신의 사상을 대중에게 효과적으로 알리는 사람이라 할 수 있으므로, 자신의 사상을 대중에게 전달하고자 노력하지 않는 철학자는 이러한 잠재력을 가지고 있지 않다. 반대 개념

② 그는 철학보다는 연설에 더 큰 중점을 두고 있다 → 철학보다 연설에 더 중점을 둔다는 것은 것은 사상의 전달을 위해 노력한다는 것이므로 이는 정답과 반대되는 개념이다. 반대 개념

③ 그는 자신이 위대한 작가가 될 수 없다는 사실을 인정한다 → 자신의 사상을 대중에게 이해시키려 노력하지 않는 철학가가 위대한 작가가 될 수 없는 것은 사실이지만, 그가 스스로 위대한 작가가 될 수 없다는 사실을 인정한다는 내용은 추론할 수 없다. 부분 일치

④ 그는 철학에 필수적인 심오한 사고력이 부족하다 → 대중에게 철학을 이해시키려는 노력을 하지 않는다고 해서 심오한 사고력이 부족하다고 추론할 근거는 없다. 무관한 내용

본문 p.126 →

3 정답 ⑤

❶Many people are uncertain about whether it is beneficial for individuals these days to develop feelings of empathy. ❷This is mostly due to the assumption that empathy is not compatible with logic and rational behavior, which are regarded as more important elements for success in our rat race society. ❸People wonder, then, how well they should treat others if they want to be successful. ❹In truth, <u>there needs to be no tradeoff between intellectual rigor and kindness.</u> ❺This is illustrated by the fact that doctors who are highly qualified can also be caring and considerate. ❻As a matter of fact, it has been shown that actions of empathy, such as listening carefully, enable the doctor to identify and treat illnesses better. ❼According to studies, patients actually recover from wounds quicker and require lower amounts of pain relief medication when doctors are empathetic.

해석 ❶많은 사람들은 공감이라는 감정을 발달시키는 것이 오늘날의 개인들에게 유익한지에 관하여 확신하지 못한다. ❷이것은 공감이 논리 및 이성적인 행위와 양립할 수 없다는 추정에서 주로 기인하는데, 그것들은 극심한 생존 경쟁이 벌어지는 우리 사회에서 성공을 위한 보다 더 중요한 요소들로 간주된다. ❸그렇다면 사람들은 자신들이 성공하기를 원한다면 타인들을 어느 정도까지 잘 대해야 하는지를 궁금해한다. ❹사실은, 지적인 정확성과 친절 사이에는 어떠한 교환도 있을 필요가 없다. ❺이것은 매우 능력이 있는 의사들이 또한 배려심이 많고 사려 깊을 수 있다는 사실에 의해 실증된다. ❻사실상 (환자들의 말을) 주의 깊게 들어 주는 것 같은 공감 어린 행동들이 의사들로 하여금 질병을 더 잘 진단하고 치료할 수 있도록 한다는 것이 증명되어 왔다. ❼연구들에 따르면 의사들이 공감을 보일 때 환자들이 실제로 부상으로부터 더 빨리 회복하고 더 적은 양의 진통제를 필요로 한다.

어휘 empathy 감정이입, 공감 (a. empathetic 공감적인) **assumption** 가정, 추정 **compatible** 양립될 수 있는 **rat race** 극심한 생존 경쟁 |문제| **tradeoff** 거래, 교환 **rigor** 엄함; *정확

구문 해설 ❷This is mostly due to **the assumption** [that empathy is not compatible with logic and rational behavior, {which are regarded as more important elements for success in our rat race society}]. → the assumption과 [ ]는 동격이다. { }는 선행사인 logic and rational behavior를 부연 설명하는 계속적 용법의 주격 관계대명사절이다.

문제 해설

|Step 1| 글의 전반부에서 공감 능력이 논리나 이성적인 행동과 양립할 수 없다고 생각하는 사람들의 통념이 제시되었다.

|Step 2| 문장 ❹의 'In truth'라는 표현을 통해 앞에서 언급된 통념을 반박하는 내용이 시작됨을 알 수 있다. 또한, 빈칸 뒤에서는 예시를 통해 빈칸이 있는 문장을 뒷받침하고 있으므로, 빈칸에는 글의 중심내용인 필자의 주장이 들어간다는 것을 알 수 있다.

|Step 3| 예시 부분에서는 유능한 의사가 공감 능력도 함께 가질 수 있으며, 이러한 공감 능력이 질병을 발견하고 치료하는 데 도움이 된다는 내용을 근거로 필자의 주장을 뒷받침하고 있다.

|Step 4| 글에서 제시된 근거를 일반화하면 지적인 능력과 공감 능력이 양립할 수 있다는 내용이 빈칸에 들어가야 한다는 것을 추론할 수 있다.

|선택지 분석|

① 의학 교육은 학생들이 공감을 거부하게 이끌 수 있다 → 유능한 의사들은 공감 능력 또한 겸비할 수 있다고 했으므로 의학 교육이 공감을 거부하게 만든다는 근거는 없다. 무관한 내용

② 개인들은 고통스러운 경험들로부터 커다란 이득을 얻을 수 있다 → 이와 같은 내용은 지문에서 제시되지 않았다. 무관한 내용

③ 사람들이 제한된 양의 공감 능력을 갖는 것이 좋다 → 이와 같은 내용은 지문에서 제시되지 않았다. 무관한 내용

④ 공감이 항상 증가된 도덕적 행동을 초래하는 것은 아니다 → 공감과 도덕적인 행동 사이의 상관관계에 대해서는 언급되지 않았다. 무관한 내용

4 정답 ②

❶Being considered an element of success, the concept of "emotional intelligence" has been gaining importance in recent years. ❷According to surveys, a majority of leading businesses take into account some aspect of emotional intelligence in their practices of recruitment, promotion, and leadership development. ❸Demand on Emotional Quotient(EQ) may rise as one seeks to come forth as a valuable member of the company. ❹Skillfully managing oneself and relations with others will matter more when competitors are equally intellectual. ❺As attention to emotional intelligence heightens, caution is necessary regarding groundless claims used to magnify the importance of EQ. ❻One of these claims would be that 80% of business success depends on emotional intelligence. ❼This is possibly a misinterpretation of studies. ❽Most studies state that IQ can only explain about 20% of business success. ❾Of course, there are numerous factors that can account for the remainder. ❿However, many people seem to be misled into believing that <u>the 80% gap is solely resolved by EQ</u>.

해석 ❶성공의 한 요소로 간주되고 있는 까닭에 '감성 지능'이라는 개념은 근년에 점점 더 중요해지고 있다. ❷조사에 의하면 선도적인 기업들의 대다수는 채용, 승진, 그리고 리더십 개발의 시행에 있어서 감성 지능의 여러 측면을 고려한다고 한다. ❸어떤 사람이 그 회사의 중요한 일원이 되고자 할 때 감성 지수(EQ)에 대한 요구는 증가할지도 모른다. ❹경쟁자들이 동등하게 지적일 경우 자신 및 다른 사람들과의 관계를 능숙하게 관리하는 것은 더 중요해질 것이다. ❺감성 지능에 대한 관심이 고조됨에 따라, EQ의 중요성을 과장하기 위해서 이용되는 근거 없는 주장들에 대해서는 주의가 필요하다. ❻이러한 주장들 가운데 하나는 사업 성공의 80%가 감성 지능에 달려있다는 주장일 것이다. ❼이것은 아마도 연구에 대한 잘못된 해석의 결과일 것이다. ❽대다수의 연구들은 IQ가 사업 성공의 약 20%만을 설명할 수 있다고 말한다. ❾물론 그 나머지를 설명할 수 있는 수많은 요인들이 존재한다. ❿하지만 많은 사람들은 <u>이 80%의 공백이 오로지 EQ에 의해서만 해결된다</u>고 믿는 잘못에 빠지는 것처럼 보인다.

어휘 recruitment 신규 모집, 채용　promotion 승진, 진급　quotient 지수　come forth (제안 따위가) 나오다, 공표되다; *(사람이) 나타나다　heighten 고조되다　groundless 근거 없는　magnify 확대하다; *(중요성·심각성을) 과장[확대]하다　misinterpretation 잘못된 해석, 오해　remainder 나머지　|문제| resolve 해결하다

구문 해설 ❺**As** attention to emotional intelligence heightens, caution is necessary *regarding* groundless claims [used to magnify the importance of EQ]. → As는 '~함에 따라'의 의미로 쓰인 접속사이다. regarding은 '~에 관하여'의 의미로 쓰인 전치사이다. [ ]는 groundless claims를 수식하는 과거분사구이다.

문제 해설

|Step 1| 글의 전반부에는 EQ가 성공의 한 요소로서 사람들에게 점점 더 주목받고 있으며, 많은 기업들 역시 이를 인사 관리 측면에 활용하고 있어 그 중요성이 강조되고 있다는 내용이 제시되었다.

|Step 2| 문장 ❺에서부터 EQ의 중요성을 과장하는 근거 없는 주장에 주의하라는 필자의 주장이 이어진다.

|Step 3| 필자의 주장에 대한 근거로 EQ가 사업 성공의 80%를 차지한다는 주장이 잘못된 해석이라는 것을 들고 있다. 대부분의 연구에서 IQ가 성공의 약 20%를 설명한다고 밝혀지자, 사람들이 이를 잘못 해석해 다른 여러 가지 성공의 요인이 있음에도 불구하고 잘못된 통념을 가지게 되었다고 했다.

|Step 4| 빈칸에는 사람들이 가지고 있는 잘못된 통념이 무엇인지에 관한 내용이 들어가야 한다. 글의 전반부의 내용과 근거로 제시된 내용을 바탕으로 추론하면, 성공의 요인 중 80%의 공백이 오로지 EQ에 의해서만 해결된다고 생각하는 것이 사람들의 통념임을 알 수 있다.

|선택지 분석|

① IQ는 단지 10% 미만을 차지할 뿐이다 → IQ는 사업적인 성공의 약 20%를 차지한다고 앞 문장에서 언급되었으며 빈칸에는 EQ의 중요성이 과장되는 이유에 해당하는 내용이 들어가야 한다. 무관한 내용

③ 지능과 감성은 서로 반대되는 자질이다 → 이와 같은 내용은 지문에서 제시되지 않았다. 무관한 내용

④ 성공에는 다른 필수적인 요인 또한 존재한다 → 빈칸에는 통념에 해당하는 내용이 들어가야 하는데, 성공을 위한 다른 필수적인 요소들이 존재한다는 내용은 필자의 주장과 관련된 내용이므로, 정답의 내용과 반대되는 개념이다. 반대 개념

⑤ IQ는 여전히 가장 중요한 성공의 요소들 중 하나이다 → IQ가 성공의 한 요소이긴 하지만 많은 사람들의 잘못된 생각은 EQ를 가장 중요한 성공의 요소라고 생각하는 것이다. 반대 개념

본문 p.127

75 실전 모의고사 03

본문 p.128 →

1 정답 ①

❶The phenomenon called "brain drain" refers to the emigration of individuals with knowledge or technical skills from one country to another. ❷This exporting of human resources is common among developing nations, where more and more people with degrees in science and technology fields are looking to move to wealthier countries in order to seek higher wages and better working conditions. ❸Of course, there are obvious consequences for the countries that lose some of their brightest young minds. ❹It is important to note, though, that the benefits are mutual for both of the countries involved. ❺The host country increases economic development by filling labor gaps with additional human capital. ❻Meanwhile, in the country of origin, the emigration of skilled individuals increases people's desire for higher level of education. ❼In addition, the remittances that those individuals who have emigrated often send back can be used to increase both economic development and the standard of living.

해석 ❶'두뇌 유출'이라고 불리는 현상은 지식이나 기술력을 보유한 개인들이 한 나라에서 다른 나라로 이주하는 것을 말한다. ❷인적 자원의 이러한 유출은 개발도상국에서 흔한데, 그곳에서는 과학과 기술 분야의 학위를 가진 더욱 더 많은 사람들이 더 높은 임금과 더 나은 근로 조건들을 찾아 더 부유한 나라들로 이주하는 것을 고려하고 있다. ❸물론 그 나라들의 경우 자국의 가장 똑똑한 젊은이들의 일부를 잃는다는 명백한 결과가 있다. ❹하지만 관련된 양국에 그 혜택들이 상호적이라는 것을 주목하는 것이 중요하다. ❺(이주를) 받아들이는 국가는 노동력의 부족을 추가적인 인적 자본으로 채움으로써 경제 발전을 증대시킨다. ❻한편 (인재들의) 모국에서, 숙련된 사람들의 해외 이주는 더 높은 교육 수준에 대한 사람들의 열망을 증가시킨다. ❼게다가 이주한 그 사람들이 종종 (고국으로) 보내는 송금액은 경제 발전과 생활 수준 향상 모두를 위해서 사용될 수 있다.

어휘 **brain drain** 두뇌 유출　　**emigration** (타국으로의) 이주 (*v.* emigrate 이주하다)　　**bright** 밝은; *똑똑한 **mind** 마음; *(어떤 지성의) 소유자, 사람　　**human capital** 인적 자본　　**remittance** 송금액　　|문제| **mutual** 상호 간의, 서로의　　**immigration** (입국) 이주, 이민　　**substantial** 상당한

구문 해설　❼In addition, the remittances [that those individuals {who have emigrated} often send back] can **be used to increase** .... → [ ]는 선행사인 the remittances를 수식하는 목적격 관계대명사절이다. { }는 선행사인 those individuals를 수식하는 주격 관계대명사절이다. 「be used to-v」는 '~하기 위해 사용되다'의 의미이다.

문제 해설

|Step 1| 두뇌 유출이 인재를 유출하는 나라와 이들을 받아들이는 나라에 미치는 영향이 이 글의 중심내용이다.

|Step 2| 두뇌 유출에 관련하여 주목해야 할 사실에 관한 내용이 빈칸에 들어가야 한다.

|Step 3| 빈칸 뒤에 인재를 유입하는 국가는 노동력의 부족을 채울 수 있어 경제적 이득을 보게 된다는 내용과, 인재를 유출하는 국가는 높은 수준의 교육에 대한 사람들의 열망이 증가하며, 이주한 사람들이 보내오는 송금액이 경제 발전 및 생활 수준 향상에 도움이 된다는 세부내용이 제시되어 있다.

|Step 4| 세부내용을 일반화하면 두뇌 유출과 관련된 양국이 모두 이득을 보게 된다는 내용이 빈칸에 들어가야 한다는 것을 추론할 수 있다.

|선택지 분석|

② 이 패턴은 (이주를) 받아들이는 국가에게도 나쁜 영향을 끼칠 수 있다 → 두뇌 유출은 인재를 받아들이는 국가의 경제 발전에 도움이 된다. 반대 개념

③ 이민은 이해받고 존중되어야 할 개인적인 선택이다 → 개발도상국에서 고등 교육을 받은 사람들이 타국으로 이주하는 것은 흔한 일이라고 했으나, 이러한 개인적 선택을 이해하고 존중해야 한다는 내용은 언급되지 않았다. 무관한 내용

④ 개발도상국들에는 연구를 위해 가용한 상당한 자금들이 있다 → 개발도상국에 충분한 연구 자금이 있다는 내용은 언급되지 않았다. 무관한 내용

⑤ 재정적 문제들이 교육받은 사람들이 고국을 떠나는 주요 이유는 아니다 → 인재들이 더 높은 임금과 더 나은 근로 조건을 찾아 타국으로 이주를 한다는 내용이 제시되었으므로, 재정적인 문제가 두뇌 유출의 중요한 이유 중 하나임을 알 수 있다. 반대 개념

본문 p.129 →

2 정답 ②

❶ A revolutionary new type of business has been developing in which a company <u>purchases access to your social media accounts and financial records</u>. **❷** They then collect data about your online history and your credit and debit card transactions. **❸** Any details that could lead to personal identification are erased, and the data is analyzed for trends, which the company will then sell to advertisers. **❹** You choose whom your data is sold to, as well as the amount of data you share. **❺** But the more accounts you give the company access to, the more you will be paid. **❻** This type of business shows us how valuable our personal information is to marketers. **❼** It might sound silly to trade in this data for a small profit. **❽** But even so, you are probably already giving the same information to social media sites for free.

해석 **❶** 기업이 당신의 소셜 미디어 계정과 금융 기록에 대한 접근권을 구매하는 획기적인 새로운 업종이 발달하고 있다. **❷** 그런 후에 그들은 당신의 온라인 기록과 당신의 신용카드 및 현금카드 거래에 관한 정보를 수집한다. **❸** 개인의 신원을 확인할 수 있게 하는 모든 세부 사항들은 삭제되고, 그 정보는 경향에 맞춰 분석되는데, 그러고 나서 그 기업은 그것을 광고주들에게 판매할 것이다. **❹** 당신은 당신이 공유할 정보의 양뿐만 아니라 당신의 정보가 누구에게 팔리는지도 선택한다. **❺** 하지만 당신이 더 많은 계정들을 그 기업이 접근할 수 있게 해줄수록 당신은 더 많은 돈을 받게 될 것이다. **❻** 이런 업종은 우리의 개인 정보가 마케팅 담당자들에게 얼마나 귀중한 것인지를 보여준다. **❼** 적은 이익을 위해서 이런 정보를 거래하는 것이 어리석게 들릴지도 모른다. **❽** 하지만 그렇다고 하더라도 당신은 이미 동일한 정보를 소셜 미디어 사이트들에게 공짜로 제공하고 있는지도 모른다.

어휘 **revolutionary** 혁명[획기]적인　**debit card** 직불[현금]카드　**transaction** 거래, 매매　**account** 계좌; *(정보 서비스) 이용 계정　|문제| **footprint** 발자국　**customized** 개개인의 요구에 맞춘

구문 해설 **❶** A revolutionary new type of business has been developing [in which a company purchases access to your social media accounts and financial records]. → [ ]는 A revolutionary new type of business를 선행사로 하는 목적격 관계대명사절로, 주어 부분이 너무 길어지는 것을 방지하기 위해 관계대명사절을 문장 끝으로 이동하였다.

문제 해설

|Step 1| 개인의 온라인 기록과 금융 거래와 관련된 정보를 구매하는 새로운 업종이 발달하고 있다는 것이 이 글의 중심내용이다.

|Step 2| 빈칸에는 발달하고 있는 새로운 업종의 특징에 관한 내용이 들어가야 하며, 빈칸 뒤에서부터 이 사업에 대한 구체적인 설명이 이어지므로 빈칸에는 일반적인 내용이 들어간다.

|Step 3| 기업이 개인의 정보를 수집하여 광고주들에게 판매한다는 내용과, 개인이 해당 기업에 더 많은 계정에 접근할 권한을 주면 더 많은 돈을 받게 된다는 세부내용이 이어지고 있다.

|Step 4| 빈칸 뒤의 세부내용들을 일반화하면, 새로운 업종이 개인 정보를 수집하고 이를 판매한다는 것을 알 수 있다.

|선택지 분석|

① 사후(死後) 인터넷에서 당신의 디지털 발자취를 제거해 주는 → 이와 같은 내용은 지문에서 제시되지 않았다. 무관한 내용

③ 페이스북과 같은 소셜 미디어 사이트들이 당신의 사적인 정보를 가져가는 것을 방지하는 → 현재 우리가 소셜 미디어 사이트들에 공짜로 개인 정보들을 제공하고 있다고 했을 뿐, 이것을 방지하는 것에 대해서는 언급되지 않았다. 무관한 내용

④ 당신의 소셜 미디어 계정들을 활용하여 당신만의 사업 모델을 만드는 것을 도와주는 → 개인들이 자신의 소셜 미디어 계정 접근권을 팔아 경제적 수익을 낼 수 있지만 이를 통해 자신의 사업 모델을 만든다는 것은 언급되지 않았다. 부분 일치

⑤ 고객들의 검색 기록에 기초해 고객들에게 맞춤형 콘텐츠를 제공하는 → 지문에서 제시된 새로운 사업은 고객들의 정보를 모으고 경향을 조사해 이를 광고주들에게 팔아 수익을 내는 것이지, 이를 바탕으로 고객에게 맞춤화된 콘텐츠를 제공하는 것은 아니다. 무관한 내용

본문 p.130 →

3 정답 ②

❶What are the motives behind your political stance? ❷There are probably various reasons why any given person is liberal, moderate, or conservative. ❸Of course, having strong ethical opinions certainly influences one's opinions toward politics. ❹But what about the other causes? ❺An examination of lottery winners overtime revealed one answer to this question. ❻This study has found that, when other influences are controlled, the more money people win, the more they tend to shift their political views from left to right. ❼Additionally, it has shown that these people agree more with the idea that wealth is generally shared fairly among members of society. ❽The results of this long-term study suggest that wealth could be one thing that determines political choices.

해석 ❶당신의 정치적인 입장 뒤에 숨어 있는 동기는 무엇인가? ❷어떤 특정한 사람이 진보적이거나, 중도적이거나, 또는 보수적인 데에는 아마도 다양한 이유들이 있을 것이다. ❸물론, 강력한 윤리적인 의견들을 가지는 것은 정치에 대한 한 사람의 의견에 분명히 영향을 미친다. ❹하지만 다른 원인들은 어떠한가? ❺복권 당첨자들에 대한 조사는 시간이 지나면서 이 질문에 대한 한 가지 답을 드러내었다. ❻이 연구는 다른 영향들이 통제되었을 때, 사람들이 더 많은 돈을 딸 수록, 그들이 좌파에서 우파로 정치적인 견해를 바꾸는 경향이 더 많다는 것을 발견했다. ❼게다가, 이 사람들은 부(富)가 일반적으로 사회 구성원들 사이에 공정하게 나누어졌다는 생각에 더 많이 동의한다는 것을 보여주었다. ❽이 장기적인 연구의 결과들은 부(富)가 정치적인 선택을 결정하는 한 가지 이유가 될 수 있다는 것을 시사한다.

어휘 stance 입장　liberal 자유민주주의인; *진보적인; *진보주의자　moderate 보통의, 중간의; *(특히 정치적인 견해가) 중도의　conservative 보수적인　ethical 윤리적인, 도덕에 관계된　reveal 드러내다　|문제| left-wing 좌익[좌파]의　right-wing 우익[우파]의

구문 해설 ❻This study has found [that, when other influences are controlled, **the more** money people win, **the more** they tend to shift their political views from left to right]. → [ ]는 has found의 목적어절이다. 「the+비교급 ~, the+비교급 …」은 '~하면 할수록, 더 …하다'의 의미이다.

문제 해설

|Step 1| 빈칸 앞에 'The results of this long-term study suggest'라는 어구가 있는 것으로 보아 빈칸에는 이 연구의 결과가 시사하는 바가 들어가야 하는 것을 알 수 있다.

|Step 2| 글의 전반부에서 한 사람의 정치적 성향을 결정하는 데에 윤리적인 측면을 제외한 다른 어떤 원인들이 있을지에 대한 의문을 제기하고 있다. 그 원인을 찾기 위해 복권 당첨자들을 대상으로 정치 성향의 변화를 조사했다는 연구의 내용이 뒤에 이어진다.

|Step 3| 연구 결과, 돈을 더 많이 딴 사람일수록 정치 성향이 좌파에서 우파로 바뀌는 경향이 많았으며 사회 구성원들 사이에 부(富)가 공정하게 분배되었다고 생각했다.

|Step 4| 연구의 내용과 결과를 바탕으로 이 연구의 시사점이 부(富)가 정치적 성향을 결정하는 한 가지 요소가 될 수 있음을 추론할 수 있다.

|선택지 분석|

① 갑작스러운 부(富)를 얻는 것은 사람들을 진보주의자로 만든다 → 복권 당첨자들은 좌파에서 우파로 정치적인 견해를 바꾼다고 했으므로 더 보수적인 성향으로 바뀌는 것이다. 반대 개념

③ 사람들의 정치적인 견해는 그들의 도덕에 의해 크게 동기 부여된다 → 글의 전반부에 윤리적인 견해가 정치에 영향을 미친다는 내용이 언급되기는 하였으나, 이는 연구 내용이 시사하는 바가 아니다. 부분 일치

④ 부유한 사람들은 투표할 때 좌파나 우파가 아닌 중도를 선호한다 → 복권 당첨금이 커질수록 좌파에서 우파로 정치적인 견해가 이동한다고 하였다. 반대 개념

⑤ 복권에 당첨되는 것은 정치적인 쟁점들에 사람들이 더 관심을 가지게 만든다 → 복권 당첨으로 인해 사람들이 정치적인 쟁점에 관심을 더 가지게 되는 것이 아니라, 단지 기존의 정치적인 견해가 바뀌는 것이다. 무관한 내용

본문 p.131 →

4 정답 ⑤

❶ "Social dumping" is a practice that involves the hiring of labor at lower wages than are usually available, either by hiring illegal migrant workers or by moving production to a foreign country. ❷ In cases where manufacturing moves overseas, many people in developed nations have argued that the developing country's exports have an unfair price advantage. ❸ They claim that, to counter this, either these goods should be subject to duties, or the countries in which they are produced should enforce higher labor standards. ❹ Some economists have argued that each country should specialize in what it can produce competitively. ❺ Developing countries usually specialize in manufacturing goods, a process which requires cheap and abundant labor. ❻ In other economic sectors, on the other hand, developed countries can benefit from their high productivity which is based on their advanced technology and highly skilled human resources. ❼ Therefore, each nation should <u>focus on what it does best and trade for whatever it does not produce</u>.

해석 ❶ '소셜 덤핑'이란 불법 이주 노동자들을 고용하거나 생산을 외국으로 이전함으로써 보통 통용되는 것보다 더 낮은 임금으로 노동력을 고용하는 것을 수반하는 관행이다. ❷ 제조업이 해외로 이전하는 경우, 선진국의 많은 사람들은 개발도상국의 수출품들이 부당한 가격 우위를 점하고 있다고 주장해왔다. ❸ 그들은 이에 대응하기 위해서 이러한 상품들에 관세를 부과하거나 또는 그것들을 생산하는 국가들이 보다 높은 근로 기준을 시행해야만 한다고 주장한다. ❹ 몇몇 경제학자들은 각국이 경쟁력 있게 생산할 수 있는 것을 특화해야 한다고 주장해왔다. ❺ 개발도상국들은 대개 값싸고 풍부한 노동력을 요하는 과정인, 상품을 제조하는 것에 특화되어 있다. ❻ 반면에 다른 경제 분야들에서 선진국들은 첨단 기술과 고도로 숙련된 인적 자원에 기초한 높은 생산성으로부터 이익을 얻을 수 있다. ❼ 그러므로 각국은 <u>가장 잘하는 것에 집중하고 (그것을) 자국이 생산하지 않는 무엇으로든 교환해야</u> 한다.

어휘 **migrant** 이주자　　**manufacturing** 제조업 (*v.* manufacture 제조하다)　　**export** 수출하다; *수출품　**counter** 반박[논박]하다; *대응하다　**be subject to** ~의 대상이다　**duty** 의무; *세금, 관세　**enforce** 집행[시행]하다　**abundant** 풍부한　|문제| **capability** 능력, 역량　**fair** *타당한, 온당한; 상당한　**trade for** ~로 교환하다

구문 해설 ❷ In cases [**where** manufacturing moves overseas], ... → [　]는 cases를 수식하는 관계부사절로, where는 선행사가 물리적인 장소가 아닌 상황 · 입장 · 사정 · 사례와 같은 넓은 의미에서 장소로 볼 수 있는 것인 경우에도 사용할 수 있다.

문제 해설

|Step 1| 통상적인 임금보다 낮은 임금으로 노동력을 이용하는 '소셜 덤핑'에 관한 글이다.

|Step 2| 문장 ❷, ❸, ❹에 주장을 나타내는 표현들이 반복적으로 나오는데, 문장 ❷와 ❸은 선진국 국민들의 주장이며, 문장 ❹에서 언급되고 있는 내용인 각국이 경쟁력 있게 생산할 수 있는 것을 특화해야 한다는 경제학자들의 말이 이 글의 핵심주장이다.

|Step 3| 경제학자들의 주장에 대한 근거로 문장 ❺와 ❻에서 개발도상국은 노동력 집약 산업에, 선진국은 첨단 기술과 고도로 숙련된 인적 자원이 필요한 산업에 집중함으로써 이익을 얻을 수 있다는 내용이 제시되고 있다.

|Step 4| 빈칸이 있는 문장이 'Therefore'로 시작하므로 빈칸에는 필자의 주장을 요약 및 재진술한 내용이 들어간다. 앞에서 언급된 근거들을 일반화하면 각국은 가장 잘하는 것에 집중하고 그것을 자국이 생산하지 않는 무엇으로든 교환해야 한다는 주장이 빈칸에 들어갈 것임을 추론할 수 있다.

|선택지 분석|

① 자국의 국민들이 필요로 하는 상품들을 생산해야 → 이와 같은 내용은 지문에서 제시되지 않았다. 무관한 내용

② 성장을 이루기 위해서 자국의 기술적 역량을 개발해야 → 선진국의 경우에는 첨단 기술에 기초한 산업에 주력해야 하나, 개발도상국의 경우에는 제조업에 주력해야 한다고 했다. 부분 일치

③ 자국의 모든 경제 분야가 반드시 세계적으로 경쟁력을 갖추도록 해야 → 경제학자들은 각 국가가 가장 경쟁력 있게 만들 수 있는 것에 주력해야 한다고 했으므로, 모든 경제 분야가 세계적인 경쟁력을 갖추게 한다는 것은 빈칸에 들어갈 내용과 반대된다. 반대 개념

④ 노동자들이 스스로를 부양할 수 있을 정도로 적정한 임금을 지급해야 → 소셜 덤핑으로 이득을 보는 개발도상국에 높은 근로 기준의 적용을 실시해야 한다고 주장한 것은 선진국 국민들이었으므로, 글의 주제와 관련된 경제학자들의 주장은 이와 무관하다. 무관한 내용

본문 p.132 →

1 정답 ⑤

❶Unlike natural history, which is based purely on observations, modern ecology is mostly based on the testing of hypotheses, either in the field or via computer models. ❷These experiments often reveal general patterns that are then accepted as norms. ❸It is important to note, though, that ecology is a historical discipline and that both regularities and irregularities drive history. ❹In fact, in a world with only norms, there would be no history. ❺Moreover, what we usually refer to as history is that which occurs when norms are disrupted. ❻Unfortunately, the current neglect of contingent and anecdotal findings is making it more difficult for us to understand ecological history. ❼We need to acknowledge norms, but we also need to note seemingly irrelevant things that, in a non-linear system like ecology, might in fact become catalysts for change and, thus, the true drivers of ecological history.

해석 ❶ 전적으로 관찰에 기초하는 자연사(自然史)와는 달리, 현대 생태학은 주로 현장 조사나 컴퓨터 모델 중 어느 하나를 통한 가설들의 검증에 기초하고 있다. ❷ 이 실험들은 이후 규범으로 받아들여지는 일반적인 유형들을 종종 드러낸다. ❸ 그럼에도 불구하고 생태학은 역사와 관련된 학문이며, 규칙성과 불규칙성 양자 모두가 역사를 움직여 간다는 것에 주목하는 것이 중요하다. ❹ 사실상, 규범만 존재하는 세계에서는 역사란 존재하지 않을 것이다. ❺ 게다가 우리가 보통 역사라고 말하는 것은 규범이 붕괴되었을 때 일어나는 것이다. ❻ 유감스럽게도 조건부적이고 입증되지 않은 결과들에 대한 지금의 경시는 우리가 생태학적인 역사를 이해하는 것을 더 어렵게 만들고 있다. ❼ 우리가 규범들을 인정할 필요는 있지만, 또한 생태학처럼 비선형(非線型)적인 체계 속에서 사실상 변화의 촉매제가 될지도 모르는, 그리하여 생태학적인 역사의 진정한 추진 요인이 될지도 모르는 외견상으로는 무관하게 보이는 것들에 주목할 필요가 있다.

어휘 ecology 생태(계); *생태학 (a. ecological 생태계[학]의)   hypothesis 가설 (pl. hypotheses)   norm 표준, 규범, 전형   discipline 규율, 훈육; *학문   regularity 규칙적임   irregularity 불규칙, 변칙   drive 몰다, 운전하다; *추진시키다 (n. driver 추진 요인)   disrupt 방해하다, 지장을 주다; *붕괴시키다   irrelevant 무관한, 상관없는   non-linear 비선형(非線型)의   catalyst 촉매(제) |문제| over-emphasis 지나친 강조[중시]   subdivision 세분   neglect 무시, 경시   contingent (~에) 부수하는; *조건부의   anecdotal 입증되지 않은, 일화적인

구문 해설 ❼ ..., but we also need to note seemingly irrelevant things [that, {in a non-linear system like ecology}, might in fact become **catalysts** for change and, thus, **the true drivers** of ecological history]. → [ ]는 seemingly irrelevant things를 수식하는 주격 관계대명사절이다. { }는 관계대명사절 내에 삽입된 전치사구이다. catalysts와 the true drivers가 접속사 and로 병렬 연결되어 있다.

문제 해설

|Step 1| 자연사(自然史)와 생태학이 서로 다른 연구 방법을 취하고 있으나 사실 생태학도 역사에 관련된 학문 분야라는 것이 이 글의 중심내용이다.

|Step 2| 생태학적인 역사를 이해하기 어렵게 만드는 것이 무엇인지가 빈칸으로 제시되었고, 이에 해당하는 추론의 단서들은 다음과 같다.

단서 1 생태학은 가설을 검증하고 이를 바탕으로 일반적인 유형을 찾아내는 방법을 통해 연구된다.
단서 2 생태학은 역사와 관련된 학문 분야이며 규칙성과 불규칙성 모두가 역사를 움직인다.
단서 3 규범을 인정할 필요는 있지만, 외견상으로는 무관해 보여도 실질적으로 변화의 촉매제가 될 수 있는 것들에 주목해야 한다.

|Step 3| 단서들을 바탕으로 규칙성이나 규범만을 중시하고 조건부적이고 입증되지 않은 결과들은 무시하는 우리의 태도가 생태학적인 역사의 이해를 어렵게 만든다는 것을 추론할 수 있다.

|선택지 분석|

① 규범을 수립하는 것의 증가하는 어려움 → 기존의 생태학 연구의 결과로 규범들이 수립되는 것은 언급되었으나 이것이 점점 어려워지고 있다는 내용은 언급되지 않았다. 무관한 내용

② 오늘날 자연의 불규칙성에 대한 지나친 강조 → 생태학에서의 불규칙성을 경시하는 태도가 생태학적인 역사를 이해하기 어렵게 만든다고 했다. 반대 개념

③ 자연계에서 일어나고 있는 급격한 변화들 → 자연계의 변화가 급격하게 일어나고 있다는 내용은 언급되지 않았다. 무관한 내용

④ 생태학의 개별 학문들로의 세분화 → 생태학이 여러 분야들로 세분화되었다는 내용은 언급되지 않았다. 무관한 내용

2 정답 ①

❶Hope provides human beings with a sense of vigor. ❷The reason we work from day to day is because we believe that our willful effort is what brings us to meet our individual purposes. ❸Nonetheless, we are often betrayed by our own hopes. ❹The tragedy of the Trojans who disregarded Cassandra's prediction of Troy's downfall tells us a similar story. ❺If her prophecy had been considered, the effort to carry out appropriate measures against the impending catastrophe would have been trivial compared to the destructive loss as a result of the euphoric and ignorant optimism. ❻Nowadays, researchers in various fields related to environmental science continue to play Cassandra's role. ❼Accumulated studies in this area warn us of the devastation we are to suffer from. ❽It will not be easy to withdraw from our "current ways" and proceed to "sustainability." ❾Though it may be costly and indefinite, this certainly is a wiser choice than carrying on with the present course.

해석 ❶희망은 인간에게 활력을 준다. ❷우리가 매일 일하는 이유는 우리의 의도적인 노력이 우리의 개인적인 목적들을 충족시켜주는 것임을 믿고 있기 때문이다. ❸그럼에도 불구하고 우리는 종종 우리의 희망에 의해 배신당한다. ❹트로이의 멸망에 관한 Cassandra의 예언을 무시했던 트로이 사람들의 비극은 우리에게 비슷한 이야기를 해준다. ❺만일 그녀의 예언이 숙고되었더라면 도취적이고 무지한 낙관주의의 결과로 초래되었던 파괴적인 손실에 비해 임박한 재앙에 대비한 적절한 조치들을 취하는 노력은 아주 사소했을 것이다. ❻오늘날 환경 과학에 관련된 다양한 분야들의 연구자들은 계속 Cassandra의 역할을 수행한다. ❼이 분야의 축적된 연구들은 우리에게 우리가 겪을 대대적인 파괴를 경고한다. ❽우리의 '현재 방식들'을 철회하고 '지속 가능성'으로 나아가는 것이 쉽지는 않을 것이다. ❾비록 그것이 값비싸고 막연하다고 해도, 이것은 분명 현재의 방침을 계속 이어가는 것보다는 더 현명한 선택이다.

어휘 vigor 정력, 힘, 활력　willful 계획[의도]적인　disregard 무시하다　downfall 몰락　prophecy 예언　impending 곧 닥칠, 임박한　catastrophe 참사, 재앙　trivial 사소한, 하찮은　euphoric 행복감의, 도취(감)의　ignorant 무지한 (v. ignore 무시하다)　optimism 낙관론, 낙관주의　sustainability 지속 가능성　indefinite 무기한의; *명확하지 않은, 막연한　|문제| devastation 대대적인 파괴, 손상　paint a rosy picture about ~에 대해 낙관적으로 표현하다　calamity 재앙, 재난

구문 해설 ❺If her prophecy **had been considered**, the effort to carry out appropriate measures against the impending catastrophe **would have been** trivial .... → 「If+주어+had+p.p., 주어+조동사의 과거형+have+p.p.」는 과거 사실의 반대를 나타내는 가정법 과거완료이다.

문제 해설

|Step 1| 도입부에서는 희망이 인간에게 활력을 준다는 통념이 제시되어 있다.

|Step 2| 문장 ❸의 'Nonetheless'라는 표현 뒤에서부터 통념에 대한 반박이 시작되며, 우리가 희망에 의해 배신당할 수 있다는 필자의 주장이 나타난다. 이어서 문장 ❹에서는 이러한 필자의 주장을 뒷받침하기 위해 트로이의 멸망을 예언했던 Cassandra의 예시를 들고 있다.

|Step 3| Cassandra가 트로이의 멸망을 예언했지만 사람들은 무지한 낙관주의로 인해 이를 무시하였고 결국 이것은 파괴적인 손실을 초래했다고 서술되었다. 이어서 이러한 Cassandra의 예를 보조관념으로 활용하여 원관념인 현대 환경 과학 분야의 과학자들의 경우를 설명하고 있다.

|Step 4| 빈칸은 현대 과학 연구의 속성과 관련된 부분에 출제되어 있다. 보조관념에서 언급된 속성을 적용시키면 현대 환경 과학 분야의 연구들은 우리가 겪을 대대적인 파괴를 경고하고 있다고 추론할 수 있다.

|선택지 분석|

② 그 재앙의 원인인 요인들을 무시한다 → 환경 과학자들의 연구는 재앙의 원인인 요인들을 무시하는 것이 아니라 이를 경고한다. 반대 개념

③ 미래에 무슨 일이 일어날지에 대해 낙관적으로 표현한다 → 미래에 일어날 일에 대해 낙관적으로 보는 것이 아니라 부정적인 측면에 대해 경고한다는 내용이 들어가야 한다. 반대 개념

④ 과학 연구에 더 많은 투자를 할 필요성을 강조한다 → 이와 같은 내용은 지문에서 제시되지 않았다. 무관한 내용

⑤ 미래의 재난에 대한 불안이 만들어 낸 해악을 지적한다 → 환경 과학자들의 연구는 오히려 미래에 다가올 재난에 대한 불안감을 가질 것을 권장하고 있다고 볼 수 있다. 반대 개념

3 정답 ⑤

❶We are constantly told of dwindling natural resources and how we ought to conserve them before they disappear. ❷Is this fear really logical? ❸To begin with, it is impossible to prove that something does not exist. ❹We can never say we have run out of something without checking every centimeter of the planet. ❺Apart from this unrealistic method, basic economic theory does not support the notion of the disappearance of a resource. ❻When the supply of a resource is near exhaustion, the price of those last remnants is likely to go sky high, and manufacturers would not be able to turn a profit on any products made from them. ❼Consequently, manufacturers would find or invent substitutes to replace the initial resource, even if they are not of the same quality. ❽This means that <u>you can never consume everything because when the price gets high you stop using it.</u>

해석 ❶우리는 점점 줄어드는 천연 자원과 그것들이 사라지기 전에 어떻게 그것을 보존해야 할지에 관한 이야기를 끊임없이 듣는다. ❷이 두려움이 정말 논리적일까? ❸먼저, 어떤 것이 존재하지 않는다는 것을 입증하는 것은 불가능하다. ❹지구의 곳곳을 모두 확인하지 않고서는 우리가 어떤 것을 다 써버렸다고 결코 말할 수 없다. ❺이러한 비현실적인 수단 외에도 기초적인 경제 이론은 어떤 자원의 소진이라는 개념을 지지하지 않는다. ❻어떤 자원의 공급이 거의 고갈될 때, 마지막으로 남아 있는 그 자원의 가격은 천정부지로 오를 가능성이 크고 제조업자들은 그것으로 만든 어떠한 제품으로도 이윤을 낼 수 없을 것이다. ❼결국 제조업자들은 비록 그것과 동일한 질은 아니더라도 그 처음의 자원을 대체할 대용물을 찾거나 발명할 것이다. ❽이것은 <u>가격이 오르면 그것을 사용하는 것을 중단하기 때문에 결코 모두를 다 써버릴 수 없다</u>는 것을 의미한다.

어휘 dwindling (점차) 줄어드는　conserve 아끼다, 아껴 쓰다　exhaustion 탈진; *고갈, 소진　remnant 남은 부분, 나머지　turn a profit 이익을 내다　substitute 대리자; *대용물[품]　initial 처음의, 최초의　|문제|　alternative 대안　substitution 대리, 대용

구문 해설 ❺**Apart from** this unrealistic method, basic economic theory does not support the notion *of* [the disappearance of a resource]. → apart from은 '~외에는, ~을 제외하고'의 의미이다. of는 the notion과 [ ]의 동격을 나타내는 전치사이다.

문제 해설

|Step 1| 글의 도입부를 통해 천연 자원 고갈에 관련된 내용이 전개될 것임을 알 수 있다.

|Step 2| 문장 ❷에서, 천연 자원 고갈에 대한 두려움이 정말 논리적인지에 대한 의문을 제기하며 천연 자원 고갈에 부정적인 입장을 취하는 필자의 주장을 드러내고 있다.

|Step 3| 필자의 주장에 대한 근거로 지구의 모든 부분을 조사해 보기 전에는 자원이 완전히 고갈되었다는 것을 알 수 없다는 점, 어떠한 자원이 희소해져 가치가 급등하는 경우 그 자원이 고갈되기 전에 대체재를 사용하게 된다는 점을 들고 있다.

|Step 4| 빈칸이 있는 문장은 'This means that'이라는 표현으로 시작하므로, 앞 문장들의 내용을 환언하여 재진술하는 부분임을 알 수 있다. 주장에 대한 근거로 제시된 문장 ❺~❼의 내용을 요약하여 재진술하면, 고갈되는 자원의 가격 상승으로 인해 소비자들이 그 자원을 더 이상 쓰지 않으므로 결국 자원 고갈이 일어나지 않게 된다는 내용이 빈칸에 들어가야 한다는 것을 추론할 수 있다.

|선택지 분석|

① 가장 비축량이 많은 자원을 사용하는 데 초점을 맞춰야 한다 → 비축량이 많은 자원을 사용해야 한다는 내용은 언급되지 않았다. 무관한 내용

② 자원이 고갈된 후 세계는 더 값싼 대안들을 찾을 것이다 → 자원이 모두 고갈된 이후에 대체재를 찾아나서는 것이 아니라, 자원이 고갈되기 전에 그 자원의 대체재를 사용하게 된다고 했다. 반대 개념

③ 대용물은 대개 덜 효율적이기 때문에 상품의 질을 저하시킨다 → 대체재의 질이 원래의 자원과 같지 않더라도 사용한다고 했지만 이것이 대체재가 덜 효율적이라는 의미는 아니다. 무관한 내용

④ 가격이 낮을 때 가능한 한 많은 자원을 소비해야 한다 → 이와 같은 내용은 지문에서 제시되지 않았다. 무관한 내용

4 정답 ②

❶The culture of any modern society is no longer a tool to be used to either reform or serve that society. ❷Simply put, it is a part of "liquid" life, which constantly goes through self-denial and self-generation. ❸The formation of the idea of culture was originally meant to educate people, to get them to change for the better by helping them learn about provoking and creative new ideas. ❹But our modern liquid culture has lost its role of being a rod for enlightenment. ❺These days, culture is more likely to seduce than enlighten people. ❻It creates new desires that result in existing needs being permanently unfulfilled. ❼Modern culture is just like a department store of overflowing and constantly changing goods in that it no longer satisfies our thoughts and curiosities, but generates desires and wishes that can never be matched with reality.

해석 ❶어떠한 현대 사회의 문화도 이제 더 이상 그 사회를 개혁하거나 그 사회에 기여하기 위해 이용되는 수단이 아니다. ❷간단히 말해서, 그것은 '유동적인' 삶의 일부이며 자기 부정과 자기 생성을 끊임없이 겪는다. ❸문화라는 관념의 형성은 본래 사람들을 교육시키는 것, 즉 사람들이 자극적이고 창의적인 새로운 생각들에 관해서 배우도록 도움으로써 그들을 더 낫게 변화시키려는 의도를 가지고 있었다. ❹하지만 현대의 유동적인 문화는 계몽을 위한 회초리라는 그것의 역할을 상실했다. ❺오늘날, 문화는 사람들을 계몽시키기보다는 유혹하는 것 같다. ❻그것은 현존하는 욕구들이 영원히 충족되지 않는 것을 초래하는 새로운 욕망을 창조한다. ❼현대의 문화는 우리의 생각과 호기심을 더 이상 충족시키지 않고 현실에 결코 부합할 수 없는 욕망들과 소망들을 만들어 낸다는 점에서 상품으로 넘쳐나고 이를 계속 바꾸는 백화점과 흡사하다.

어휘 **reform** 개혁[개선]하다 **provoking** 자극하는 **enlightenment** 깨우침, 이해 (v. **enlighten** 계몽하다) **seduce** 유혹하다, 꾀다 **overflow** 넘치다, 넘쳐흐르다 |문제| **permanently** 영구히, (영구) 불변으로 **unfulfilled** 충족[실현]되지 않은 **consumer product** 소비재

구문 해설 ❼... **in that** it no longer satisfies our thoughts and curiosities, but generates desires and wishes [that can never be matched with reality]. → in that은 '~라는 점에서'의 의미이다. [ ]는 desires and wishes를 수식하는 주격 관계대명사절이다.

문제 해설

|Step 1| 문화의 본래 역할과 현대의 유동적인 문화의 역할을 대조하고 있는 글이다.

|Step 2| 글의 전반부에서는 원래 문화란 사람들을 계몽시켜 더 나은 방향으로 변화하게 만드는 역할을 수행했다고 했으나, 문장 ❹의 역접의 접속사 'But' 이후부터 앞의 내용과 대조를 이루며 현대의 유동적 문화는 계몽의 기능을 잃고 사람들을 유혹한다는 내용이 언급되고 있다.

|Step 3| 빈칸 뒤의 문장에서 현대의 문화는 현실에 결코 부합할 수 없는 욕망을 만들어 낸다는 점에서 상품들을 계속 바꾸는 백화점과 같다고 비유하고 있다.

|Step 4| 빈칸 앞과 뒤의 대조와 비유의 내용을 종합하면 현대의 문화는 현존하는 욕구들을 영원히 충족시키지 않는 속성을 가지고 있음을 추론할 수 있다.

|선택지 분석|

① 사람들이 자신이 가진 것에 만족하는 것 → 현대 문화는 사람들을 유혹해서 영원히 충족되지 않을 욕망을 가지게 하므로 이는 정답과 반대되는 내용이다. [반대 개념]

③ 모든 교육받은 시민에 대한 진정한 계몽 → 교육받은 시민을 진정으로 계몽을 하는 것은 현대의 유동적인 문화의 역할이 아니라 본래 의미로서의 문화의 역할이다. [반대 개념]

④ 소비재의 계속적인 비교 → 이와 같은 내용은 지문에서 제시되지 않았다. [무관한 내용]

⑤ 사람들이 더 나은 쪽으로 변화하도록 동기를 부여하는 → 사람들을 계몽하여 더 나은 방향으로 변화하도록 하는 것은 현대의 유동적인 문화가 상실한 역할이라고 했다. [반대 개념]

본문 p.136 →

1 정답 ⑤

❶Reasoning is said to be *non sequitur* when the given reason for taking an action is completely irrelevant to that action. ❷To understand this idea, think about the police chief who states that he will now consult a psychic to solve a difficult missing person's case because he has no leads whatsoever. ❸He has already investigated with traditional methods: looking for evidence, questioning suspects, and thinking about motives. ❹All of these, however, have turned up nothing. ❺Yet the fact that these methods have been unsuccessful is not pertinent to whether or not a psychic should be consulted. ❻Logically, in order to prove that the police department should consult a psychic, he must prove that psychic consultation in and of itself has some merit. ❼Using non-traditional methods, such as a psychic, because nothing else has worked is like identifying a murder suspect by flipping through a phone book and taking out a name.

해석 ❶추론은 행동을 취하기 위해 주어진 이유가 그 행동과 완전히 무관할 때 *non sequitur*라고 불린다. ❷이 관념을 이해하기 위해서, 전혀 아무런 단서가 없다는 이유로 난해한 실종자 사건을 해결하기 위해 초능력자에게 자문을 구할 것이라고 말하는 경찰서장을 생각해보라. ❸그는 증거를 찾고, 용의자들을 심문하고 (범행) 동기에 대해 생각해보는 전통적인 방법으로 이미 수사를 해왔다. ❹그러나 이 모든 것들은 허사로 드러났다. ❺하지만 이 방법들이 성공적이지 못했다는 사실은 초능력자에게 자문을 구해야 하는지 아닌지와 관련이 없다. ❻논리적으로, 경찰서가 초능력자에게 자문을 구해야 한다는 것을 증명하기 위해서는 초능력자의 자문 그것 자체에 어떤 장점이 있다는 것을 입증해야만 한다. ❼아무것도 효과가 없었다는 이유로 초능력자와 같은 비전통적인 방법들을 사용하는 것은 마치 전화번호부를 넘기다가 어떤 (한 사람의) 이름을 뽑는 것으로 살인 용의자를 찾아내는 것과 같다.

어휘 reasoning 추리, 추론 psychic 초자연적인, 심령의; *초능력자, 심령술사 lead 선두, 우세; *실마리, 단서 whatsoever 전혀 suspect 의심하다; *혐의자, 용의자 pertinent 적절한, 관련 있는 in and of itself 그것 자체는 flip through (책장을) 휙휙 넘기다 |문제| rationale 이유, 근거 approach 다가가다[오다]; *접근법, 처리 방법 irrelevant 무관한, 상관없는

구문 해설 ❺Yet **the fact** [that these methods have been unsuccessful] is not pertinent to [whether or not a psychic should be consulted]. → the fact와 첫 번째 [ ]는 동격이다. 두 번째 [ ]는 전치사 to의 목적어절이다.

문제 해설

|Step 1| 이 글의 중심내용은 non sequitur라는 추론의 정의에 관한 것이다.

|Step 2| 문장 ❷에서 'think about the police chief'라는 어구를 통해 특정 인물이 언급되고 있으므로, 이후에 중심내용에 대한 예시가 제시된다는 것을 알 수 있다.

|Step 3| 예시 부분에서는 아무런 단서가 없다는 이유로 초능력자의 자문을 구하겠다고 말하는 경찰서장의 경우를 언급하며 초능력자의 자문 자체에 어떤 장점이 있지 않으면 이러한 행동은 타당하지 않음을 설명하고 있다.

|Step 4| 예시의 내용을 일반화하면, non sequitur는 어떠한 행동을 취하는 것의 이유가 그 행동과 전혀 무관한 경우를 일컫는 것임을 알 수 있다.

|선택지 분석|

① 행동의 근거가 효과적이라는 것이 명백히 밝혀졌을 → non sequitur란 행동 그 자체에 어떤 장점이 있다는 것이 입증되지 않은 추론이다. 반대 개념

② 전통적인 방법이 문제에 대한 완벽한 해결책이 될 수 없을 → 이는 non sequitur의 예시로 제시된 경찰서장이 처한 상황이었을 뿐, 이 자체가 non sequitur의 정의인 것은 아니다. 무관한 내용

③ 사람들이 새로운 접근법들이 항상 전통적인 방법들보다 더 낫다고 생각할 → 예시에서 경찰서장은 전통적인 방법이 효과가 없자 새로운 접근법을 생각하였으나, 사람들이 이 새로운 접근법이 더 낫다고 생각했다는 내용은 나오지 않았다. 무관한 내용

④ 우리가 최종적으로 택하고자 결정한 것 외에 다른 선택할 수 있는 것이 없을 → 이와 같은 내용은 지문에서 제시되지 않았다. 무관한 내용

본문 p.137 →

2 정답 ①

❶ In 1687, Isaac Newton introduced his theories of gravitation in his epic work *Principia*. ❷ Five years later, Reverend Richard Bentley wrote a letter to Newton in which he pointed out a paradox inherent in these theories. ❸ If the universe was finite, Bentley wrote, then the attractive force of gravity would eventually cause all of the stars to collapse into themselves. ❹ But, on the other hand, if the universe were infinite, then the gravitational force acting on any object would also be infinite, and the stars would be ripped apart. ❺ It seemed as if Bentley's paradox had made Newton's theory of gravitation impossible. ❻ However, Newton wrote back, if an infinite number of stars draw a certain star in one direction, this force is negated by another infinite number of stars in the opposite direction. ❼ That puts all the forces in equilibrium and leads to a static universe. ❽ Thus, if gravity is always attractive, the only solution to Bentley's paradox is to have a uniform, infinite universe.

해석 ❶ 1687년에 Isaac Newton은 그의 방대한 저작 「Principia」에 중력 이론을 소개했다. ❷ 5년 후 목사인 Richard Bentley는 Newton에게 이 이론에 내재하는 역설을 지적하는 편지를 썼다. ❸ Bentley는 만약 우주가 유한하다면 중력이 끌어당기는 힘은 종국에는 모든 별들끼리 스스로 부딪혀 붕괴되도록 만들 것이라고 썼다. ❹ 하지만, 다른 한 편으로 만약 우주가 무한하다면 그때는 어떤 물체에 작용하는 중력도 무한할 것이며, 별들은 갈가리 찢어질 것이다. ❺ Bentley의 역설은 Newton의 중력 이론을 성립 불가능한 것으로 만든 것처럼 보였다. ❻ 하지만 Newton은 만약 무한한 수의 별들이 어떤 하나의 별을 한 방향으로 끌어당긴다면, 이 힘은 그와 정반대 편에 있는 또 다른 무한한 수의 별들에 의해 상쇄된다고 답장했다. ❼ 그것은 모든 힘들을 평형 상태에 놓이게 하고 안정적인 우주를 초래한다. ❽ 따라서 중력이 항상 인력이 있다면, Bentley의 역설에 대한 유일한 해법은 <u>균일하고 무한한 우주를 갖는 것</u>이다.

어휘 gravitation 만유인력, 중력 (*a.* gravitational 중력의)　epic 서사시적인; *장대한, 방대한　reverend 목사　paradox 역설　inherent 내재하는　finite 유한한　attractive 매력적인; *인력이 있는　collapse 붕괴하다, 무너지다　infinite 무한한　rip ~ apart ~을 갈가리 찢다　negate 무효화하다　equilibrium 평형, 균형　static 고정된; *정지된, 정적인　|문제| uniform 똑같은; *균등한, 고른　acknowledge (사실로) 인정하다　contradictory 모순되는

구문 해설 ❺ It seemed **as if** Bentley's paradox **had made** Newton's theory of gravitation impossible. → 「as if+가정법 과거완료」는 '마치 ~였던 것처럼'이라는 의미로 주절의 시제보다 앞선 시제의 반대되는 사실을 가정한다.

문제 해설

|Step 1| 이 글은 Newton의 중력 이론에 모순이 있다는 의견을 제기했던 Bentley의 역설과 이에 대한 Newton의 반론에 관한 내용이다.

|Step 2| 빈칸은 Bentley의 역설에 대한 해결책이 들어가는 부분이다. Bentley의 역설과 Newton의 반론을 각각 정리하면 추론에 대한 근거들이 나온다.

단서 1 Bentley의 역설1: 우주가 유한하다면, 중력은 모든 별들끼리 스스로 부딪혀 붕괴되도록 할 것이다.

단서 2 Bentley의 역설2: 우주가 무한하다면, 모든 물체에 작용하는 중력 또한 무한하므로 별들은 갈가리 찢어질 것이다.

단서 3 Newton의 반론: 무한한 별들이 하나의 별을 끌어당기는 힘은 반대 방향의 또 다른 무한한 별들이 그 별을 끌어당기는 같은 양의 힘에 의해 무효화된다.

|Step 3| Bentley의 역설1은 우주가 무한하다는 가정으로 상쇄할 수 있고, 역설2는 우주가 균일한 상태를 유지한다는 것으로 상쇄될 수 있다. 따라서 빈칸에는 균일하고 무한한 우주를 가진다는 말이 들어가는 것이 적절하다.

|선택지 분석|

② 우주에 유한한 수의 별들을 갖는 것 → Newton은 우주에 무한한 수의 별들이 존재한다고 가정함으로써 Bentley의 역설을 반박했다. 반대 개념

③ 역동적이고 계속 변화하는 우주를 갖는 것 → Newton은 모든 힘이 평형 상태에 놓인 안정적인 우주를 해법으로 제시했다. 반대 개념

④ Newton의 이론이 모순적이라는 것을 인식하는 것 → Newton의 이론에 모순이 있다고 인정하는 것 자체가 Bentley의 역설을 해결하는 방법이 되지는 않으므로 이는 부적절하다. 무관한 내용

⑤ 서로 다른 별들이 서로 다른 중력을 갖는 것 → 각각의 별들이 서로 다른 중력을 가진다는 것은 Newton의 이론과는 무관하다. 무관한 내용

3 정답 ⑤

❶Statistical work can be considered similar to cartography, which is the practice of making maps. ❷Cartographers provide descriptions of significant roadways, municipal areas, and distinguishing landscape figures. ❸Detailed scenic elements that may appeal to one's interest are deliberately omitted. ❹Lines represent streams of water, while dots stand for towns and cities. ❺The characteristic details that actually inspired the traveler to visit the destination are lost. ❻Yet in the same way that a map is an aid to find these particular destinations, accurately established statistics give scientific researchers a reliable source of reference to understand their field of study. ❼In the writing of abstract summaries, average values, general tendencies, variable factors, and mutual relations are provided by the statistician and specific details are <u>dispensed with on purpose</u>. ❽This works because the reason one uses a statistical approach is to give a comprehensive overview rather than give a specific explanation of a phenomenon.

해석 ❶통계 작업은 지도를 만드는 일인 지도 제작과 비슷하다고 생각할 수 있다. ❷지도 제작자들은 중요한 도로들, 지방 자치 구역들, 그리고 특징적인 지형물들에 대한 묘사를 제공한다. ❸사람들의 흥미를 끌 수 있는 상세한 경관의 요소들은 의도적으로 생략된다. ❹선들은 물줄기를 나타내고, 점들은 마을들과 도시들을 나타낸다. ❺여행자들이 그 목적지를 방문하도록 실제적으로 영감을 주었던 특징적인 세부사항들은 유실된다. ❻하지만 지도가 이런 특정한 목적지들을 찾는 데 도움을 주는 것과 같은 방식으로, 정확하게 수립된 통계자료는 과학적인 연구를 수행하는 연구자들에게 그들의 연구 분야를 이해하기 위한 신뢰할 수 있는 참고 자료를 제공한다. ❼(논문의) 초록(抄錄)을 쓰는 데 있어서 평균값들, 일반적인 경향들, 변인들, 그리고 상호 관계들이 통계학자에 의해 제공되고 구체적인 세부사항들은 의도적으로 생략된다. ❽어떤 사람이 통계적인 접근방법을 이용하는 이유는 어떤 현상에 대한 구체적인 설명을 제공하기 위한 것이라기보다는 오히려 종합적인 개관을 제공하기 위한 것이기 때문에 이것은 효과적이다.

어휘 **cartography** 지도 제작(법), 제도(법)　**cartographer** 지도 제작자　**municipal** 지방 자치제의, 시의 **distinguishing** 특징적인, 다른 것과 구별되는　**deliberately** 고의로, 의도적으로　**abstract** (책·연설·논문 등의) 개요, 초록(抄錄)　**comprehensive** 포괄적인, 종합적인　**overview** 개관, 개요　|문제| **obscure** 보기[듣기/이해하기] 어렵게 하다, 모호하게 하다　**dispense with** (더 이상 필요 없는 것을) 없애다, 생략하다

구문 해설 ❺**The characteristic details** [that actually inspired the traveler to visit the destination] **are** lost. → [ ]는 The characteristic details를 수식하는 주격 관계대명사절이다. 문장의 주어가 복수 명사이므로 동사의 수를 복수에 일치시킨다.

문제 해설

|Step 1| 문장 ❶에서 'Statistical work can be considered similar to cartography'라는 표현을 통해 통계 작업과 지도 제작이 비교되고 있음을 알 수 있다.

|Step 2| 문장 ❷부터 ❺에서는 지도 제작의 특징들이 묘사되고 있다. 지도에서는 물줄기는 선으로, 마을과 도시들은 점으로 묘사되고 구체적인 세부사항들은 의도적으로 생략된다고 하였다.

|Step 3| 빈칸에는 통계 작업의 속성에 관한 내용이 들어가야 한다. 지도 제작과 통계 작업의 공통점을 다루고 있으므로, 지도 제작의 속성을 바탕으로 추론하면 통계 작업에서도 구체적인 세부사항들이 고의로 생략된다는 것을 알 수 있다.

|선택지 분석|

① 신중하게 표시된다 → 세부사항들은 신중하게 표시되는 것이 아니라 의도적으로 생략된다. 반대 개념

② 임의로 모호하게 만든다 → 세부사항들은 임의가 아니라 의도적으로 모호하게 된다. 반대 개념

③ 적절하게 강조된다 → 세부사항들은 강조되는 것이 아니라 생략된다. 반대 개념

④ 의도치 않게 삭제된다 → 정보들은 의도적으로 생략된다. 반대 개념

본문 p.139 →

4 정답 ⑤

❶One reason why works of fiction such as novels and plays are generally found to be unrealistic is because <u>authors make the characters behave in too consistent a manner.</u> ❷Authors and playwrights cannot afford to make the personalities of characters contradict themselves. ❸This is to prevent the readers or the audience from being unable to understand the characters. ❹However, self-contradiction is a common characteristic most human beings have. ❺In fact, people are arbitrary assortments of inconstant traits. ❻In this sense, it is hard to say that a person's first impression is equal to the person as a whole. ❼Such equalization would either be based on short judgment or extreme arrogance. ❽This might also explain why someone is puzzled by others, even after having known them for a considerable amount of time. ❾You might think that you know a lot about your oldest friends and can easily predict their behavior, but in most cases you would be wrong.

해석 ❶소설이나 희곡과 같은 허구의 작품들이 일반적으로 비현실적이라고 여겨지는 한 가지 이유는 <u>작가들이 등장인물들로 하여금 지나치게 한결같은 방식으로 행동하도록 만들기</u> 때문이다. ❷작가들과 극작가들은 등장인물들의 성격들을 그들 스스로에게 모순되게 만들 수 없다. ❸이것은 독자들이나 관객들이 그 등장인물들을 이해하지 못하게 되는 것을 방지하기 위해서다. ❹그러나 자기 모순은 대다수의 사람들이 가지고 있는 공통적인 특징이다. ❺사실상 사람들은 변덕스러운 특성들의 임의적인 집합체들이다. ❻이런 의미에서 어떤 사람의 첫인상이 그 사람 전체와 동일하다고 말하기는 어렵다. ❼그러한 동일화는 섣부른 판단이나 극도의 오만함에 기초하고 있을 것이다. ❽이것은 또한 어떤 이가 타인들을 상당한 시간 동안 알고 지낸 후에도 왜 그들에 의해서 당혹감을 느끼는가를 설명해줄지도 모른다. ❾당신은 가장 오랜 친구들에 대해 많이 알고 있고 그들의 행동을 쉽게 예측할 수 있다고 생각할지 모르지만, 대부분의 경우에는 당신이 잘못 생각한 것일 것이다.

어휘 **playwright** 극작가 **contradict** 부정하다; *모순되다 **arbitrary** 임의적인, 제멋대로인 **assortment** 모음 **inconstant** 변덕스러운 **equalization** 동등화, 평등화 **arrogance** 오만 **puzzled** 당혹스러운, 어리둥절한 |문제| **project** 계획하다; *투영[투사]하다 **ego** 자부심; *자아

구문 해설 ❶**One reason** [why *works of fiction* such as novels and plays *are* generally found to be ⎵S⎵ ⎵S1⎵ ⎵V1⎵ unrealistic] **is** .... → 문장의 주어는 단수 명사인 One reason이므로 동사의 수를 3인칭 단수에 일치시킨다. [ ]는 One ⎵V⎵ reason을 수식하는 관계부사절이다. 관계부사절 내의 주어는 복수 명사인 works of fiction이므로 동사의 수를 복수에 일치시킨다.

문제 해설

|Step 1| 소설이나 희곡과 같은 허구 문학이 비현실적으로 느껴지는 이유에 대해 설명하는 글이다.

|Step 2| 빈칸에는 허구 문학이 비현실적으로 느껴지는 원인이 무엇인지에 관한 내용이 들어가야 한다. 빈칸 뒤에는 이 원인에 대한 상술이 이어진다. 즉, 작가들은 독자들이 등장인물을 잘 이해하도록 하기 위해 등장인물의 성격을 모순되게 만들 수 없으나, 자기 모순은 대부분의 인간들이 지니는 특징이라고 설명하고 있다.

|Step 3| 원인에 대한 상술로 제시된 내용을 일반화하면 작가가 만들어 낸 등장인물들은 현실 세계의 모순적인 인간들과는 달리 너무나 일관된 방식으로 행동하기 때문에 오히려 비현실적으로 여겨진다는 것을 추론할 수 있다.

|선택지 분석|

① 등장인물들이 보편적으로 정형화된 형태를 취하지 않는다 → 등장인물들이 정형화되어 있지 않다는 내용은 글에서 언급되지 않은 내용이다. 무관한 내용

② 작가들이 독자들의 욕구를 충족시키는 이상적인 인물들을 창조한다 → 작가들이 만들어 내는 인물들에게는 자기 모순적인 성격이 없다는 특징만 제시되었을 뿐, 그들이 독자의 욕구를 충족시키는 이상적인 인물이라는 것은 언급되지 않았다. 무관한 내용

③ 등장인물들이 여러 개의 자기 모순적인 성격들을 가지고 있다 → 작가들은 등장인물들이 모순되는 성격을 갖게 만들 수 없다고 했으므로 이는 정답과 반대되는 내용이다. 반대 개념

④ 작가들이 무의식적으로 그들의 자아를 등장인물에 투영한다 → 이와 같은 내용은 글에서 언급되지 않았다. 무관한 내용

본문 p.140 →

1 정답 ③

❶ The term "adaptor" refers to a nonverbal behavior that is done to fulfill a certain need. ❷ At times, something may be psychologically required, as when we bite our lip when feeling anxious. ❸ On other occasions, something is physically required, like scratching an itch or pushing away some hair covering the eyes. ❹ There are many kinds of adaptors that depend on various circumstances. ❺ When open to the public eye, adaptors usually appear in incomplete forms. ❻ For instance, the action of the scratching of one's head might not be as vigorous when it is done in full view of the eyes of other people, compared to when one is alone. ❼ Publicly emitted adaptors usually occur in such form, so it is not easy for an observer to figure out what was meant to be achieved by the fragmentary behavior.

해석 ❶'adaptor'라는 용어는 어떤 욕구를 충족시키기 위해서 행해지는 비언어적인 행동을 말한다. ❷이따금 우리가 불안을 느낄 때 입술을 깨무는 것처럼 어떤 것이 심리적으로 요구될지도 모른다. ❸다른 경우, 가려움을 긁는 것이나 눈을 덮고 있는 머리카락을 치우는 것처럼 어떤 것은 물리적으로 요구된다. ❹다양한 상황에 따른 많은 종류의 adaptor들이 존재한다. ❺대중의 눈에 노출될 때 adaptor들은 보통 불완전한 형태로 나타난다. ❻예를 들면 머리를 긁는 행동은 다른 사람들의 눈이 다 지켜보는 데서 행해지면 그가 혼자 있을 때와 비교해서 그만큼 격렬하지 않을 수도 있다. ❼공개적으로 발현되는 adaptor들은 보통 그러한 형태로 발생하기 때문에 그 단편적인 행동에 의해서 달성되고자 했던 것이 무엇인지 관찰자가 알아내기가 쉽지 않다.

어휘 nonverbal 말로 하지 않는, 비언어적인　psychologically 심리적으로　physically 물리적으로　itch 가려움　vigorous 활발한, 격렬한　fragmentary 단편적인, 부분적인　|문제| entirety 전체, 전부　exaggerate 과장하다　communicative 의사 전달의

구문 해설 ❻For instance, the action [of the scratching of one's head] might not be **as vigorous** (as the action of the scratching of one's head) when it is done *in full view* of the eyes of other people, [(being) compared to when one is alone]. → 첫 번째 [ ]는 the action을 수식하는 형용사구이다. 「as+형용사[부사]의 원급+as」는 '~만큼 …한[하게]'의 의미로, 여기서는 앞의 내용과의 반복을 피하기 위해 vigorous 이하의 내용이 생략되었다. in full view는 '다 보는 데서'의 의미이다. [ ]는 being이 생략된 분사구문이다.

문제 해설

|Step 1| 이 글은 어떠한 욕구를 충족시키기 위한 비언어적인 행동인 adaptor의 특성에 관한 내용이다.

|Step 2| 많은 사람들이 보는 데서 adaptor가 어떤 특징을 갖는지에 관한 내용이 빈칸으로 제시되었다. 이어지는 문장 ❻은 'For instance'로 시작하며 이에 대한 예시가 제시된다.

|Step 3| 여러 사람들이 지켜보고 있을 때 머리를 긁는 행동은 혼자 있을 때만큼 격렬하지 않을 수 있다는 내용이 예시로 제시되었고, 그 뒤에는 공개적인 상황에서 나타나는 adaptor는 관찰자가 쉽게 알아낼 수 없는 단편적인 행동으로 나타난다는 상술이 이어진다.

|Step 4| 예시와 상술 내용을 일반화하면 사람들이 지켜볼 때 나타나는 adaptor들은 불완전한 형태로 나타난다는 말이 빈칸에 들어가는 것이 가장 적절하다.

|선택지 분석|

① 전체로서 나타나는 경향이 있다 → 사람들이 지켜보는 상황에서 adaptor들은 단편적인 형태로 나타난다고 했다. [반대 개념]

② 주로 과장된 형태로 일어난다 → 사람들이 지켜볼 때 adaptor들은 과장된 형태가 아니라 격렬하지 않은 형태로 나타난다. [반대 개념]

④ 일반적으로 예상하지 못한 방식들로 일어난다 → adaptor가 공개적인 상황에서 발현될 때, 그 해당 행동의 의도를 알기 어렵다고 했을 뿐 예상치 못한 방식으로 일어난다는 내용은 제시되지 않았다. [무관한 내용]

⑤ 효과적인 의사 전달의 수단으로 사용된다 → adaptor가 의사 전달 수단으로 사용된다는 말은 언급되지 않았다. [무관한 내용]

본문 p.141 →

2 정답 ④

● In the early 1980s, cardiologists became aware of a link between irregular heartbeats in patients who had suffered a heart attack and death rates in the first few weeks following a heart attack and started prescribing anti-arrhythmic drugs to heart attack patients. **●** As heart rhythms were smoothed out quickly by these drugs, for the next 15 years, this medication was prescribed for all heart attack patients. **●** Then the results of large, long-term drug research trials started coming in and they showed a startling result about the cardiologists' treatment approach. **●** The anti-arrhythmic drugs weren't saving lives. **●** They actually increased a heart attack patient's risk of dying! **●** The research showed that 40 thousand patients a year had died from the drugs. **●** What mistakes had been made? **●** It seems that cardiologists had <u>taken a convenient approach when a time-consuming and complex one was needed</u>. **●** Long-term survival rates were what cardiologists had desired all along. **⑩** But measuring survival takes long and complicated studies. **⑪** So, being pressured to save lives, they were impatient and saw a link where there was none.

해석 **●** 1980년대 초, 심장병 전문의들은 심근경색을 앓았던 환자들의 불규칙한 심장박동과 심근경색 이후 처음 몇 주 내의 사망률 사이의 관련성을 인식하게 되었고 심근경색 환자들에게 항(抗)부정맥 약을 처방하기 시작했다. **●** 이 약으로 심장의 박동이 빠르게 완화되었으므로, 이후 15년간 이 약은 모든 심근경색 환자들에게 처방되었다. **●** 그리고 나서 대규모의 장기적인 약리 연구 시도들의 결과들이 나오기 시작했고 그것들은 심장병 전문의들의 치료법에 관한 매우 놀라운 결과를 보여주었다. **●** 항(抗)부정맥 약들은 생명을 구하고 있는 것이 아니었다. **●** 그것들은 실제로는 심근경색 환자의 사망 위험성을 증가시켰다! **●** 연구는 일 년에 4만 명의 환자들이 이 약으로 인해 사망했음을 보여주었다. **●** 어떤 착오가 있었던 것일까? **●** 심장병 전문의들은 시간이 많이 소요되고 복잡한 접근법이 필요했던 때에 편리한 접근법을 채택했던 것으로 보인다. **●** 장기 생존율은 심장병 전문의들이 내내 갈망해왔던 것이다. **⑩** 하지만 생존을 측정하는 것은 장기간의 복잡한 연구들을 요한다. **⑪** 그래서 생명을 구해야 한다는 압박을 받은 나머지 그들은 성급했고, 존재하지 않는 관련성을 보았던 것이다.

어휘 **cardiologist** 심장병 전문의　**prescribe** 처방을 내리다　**smooth out** (문제·장애 등을) 없애다　**startling** 깜짝 놀랄, 아주 놀라운　|문제| **blind faith** 맹목적 신앙[믿음]　**biased** 편향된, 선입견이 있는　**neutral** 중립적인

구문 해설 **●** ..., cardiologists **became** aware of a link *between* irregular heartbeats in patients [who had suffered a heart attack] *and* death rates [in the first few weeks following a heart attack] and **started** prescribing anti-arrhythmic drugs to heart attack patients. → 동사 became과 started가 접속사 and로 병렬 연결되어 있다. 「between A and B」는 'A와 B사이'의 의미이다. 첫 번째 [ ]는 patients를 수식하는 주격 관계대명사절이다. 두 번째 [ ]는 death rates를 수식하는 형용사구이다.

문제 해설

|Step 1| 심근경색을 앓고 있던 환자들의 사망률을 줄이기 위해 항(抗)부정맥 약을 사용했던 심장병 전문의들의 실수에 관한 내용이다.

|Step 2| 빈칸 바로 앞 문장을 통해 빈칸에는 심장병 전문의들이 저지른 실수가 무엇인지에 관한 내용이 들어가야 한다는 것을 알 수 있다. 빈칸 앞 뒤에 이를 추론할 수 있는 단서가 나온다.

단서 1 심장병 전문의들이 불규칙한 심장박동과 이후 몇 주 내의 사망률 사이의 관련성을 인식하고 항(抗)부정맥 약을 처방하기 시작했다.
단서 2 대규모의 장기적인 연구 결과, 오히려 이러한 처방이 환자들의 사망률을 더 높이고 있었다
단서 3 장기 생존율을 측정하기 위해서는 장기간의 연구가 필요하나 생명을 구해야 한다는 압박감 때문에 의사들은 성급한 결정을 내렸다.

|Step 3| 단서들을 바탕으로, 심장병 전문의들이 저지른 실수는 시간이 오래 걸리고 복잡한 연구를 필요로 하는 상황에서 편리성만을 추구한 것임을 알 수 있다.

|선택지 분석|

① 전문가들에 의해 수행된 과학적 연구를 맹신해왔던 → 실험이 전문가들에 의해 수행되었으나, 그들의 연구에 대한 무조건적인 맹신 때문에 실수가 발생한 것은 아니다. 무관한 내용

② 그들의 이론을 지지하는 조사 연구로부터 나온 증거만을 채택해왔던 → 이와 같은 내용은 지문에서 제시되지 않았다. 무관한 내용

③ 중립적인 관점이라기보다는 편향된 관점에서 이 실험을 수행해왔던 → 편향된 관점에서 실험을 수행했던 것이 아니라, 궁극적으로 측정해야 할 장기 생존율 대신 측정하기 쉬운 심장박동과 사망률 사이에 연관성을 부여했던 것이다. 무관한 내용

⑤ 표본 집단의 크기가 너무 작아서 의미 있는 결과들을 보여줄 수 없다는 점을 간과해왔던 → 표본 집단의 크기는 글에서 언급되지 않았다. 무관한 내용

본문 p.142 →

3 정답 ⑤

❶The idea of privatizing public companies is based on the belief that private companies manage a public asset more efficiently, thus helping governments save money. ❷Not all social actors, however, will benefit from privatization. ❸Because private operators seek ways to maximize their own profits, workers might confront reduced compensation, poor working conditions, and even unemployment. ❹This can lead to poorer services for customers. ❺Also, private operators may charge higher prices for their services. ❻Thus, governments must conduct a complete analysis of the costs and benefits of any privatization or outsourcing of jobs before they choose outside contractors. ❼Also, even after privatization has been completed, they should keep an eye on these private companies to see whether they implement the contract faithfully and properly. ❽In short, if governments choose ill-equipped contractors and fail to monitor progress, privatization can be a costly disaster for them.

해석 ❶공기업들을 민영화하는 생각은 사기업들이 공공 자산을 더 효율적으로 운영하며, 따라서 정부가 돈을 절약하는 데 도움이 된다는 믿음에 바탕을 두고 있다. ❷그러나 모든 사회적 행위자들이 민영화로부터 이득을 보지는 않을 것이다. ❸민간 경영자들은 그들 자신의 이윤을 극대화할 방법들을 찾기 때문에 노동자들은 감축된 보상, 열악한 근로 조건, 그리고 심지어 실업에 맞닥뜨릴 수도 있다. ❹이것은 고객들에 대한 더 형편없는 서비스를 초래할 수도 있다. ❺또한 민간 경영자들은 그들의 서비스에 대해 더 높은 가격을 부과할 수도 있다. ❻따라서 정부는 외부 계약업체들을 선정하기 전에 업무들의 민영화 혹은 외부위탁의 비용과 이득에 대한 완벽한 분석을 행해야만 한다. ❼또한 민영화가 완료된 이후에도 이들이 계약을 성실하고 적절하게 이행하는지를 살피기 위해 이 사기업들을 계속 주시해야 한다. ❽요컨대 만일 정부가 준비가 부족한 계약업체들을 선정하고 진행 상황을 감시하지 못한다면, 민영화는 그들에게 손실이 큰 참사가 될 수 있다.

어휘 **privatize** 민영화하다 (*n.* privatization 민영화)　**compensation** 보상(금)　**analysis** 분석, 연구　**outsource** 외부에 위탁하다　**contractor** 계약자, 하청업자　**keep an eye on** ~을 계속 지켜보다　**implement** 시행하다　|문제| **exclusive** 독점적인　**bidding** 입찰　**ill-equipped** 장비가 부족한; *준비가 부실한

구문 해설 ❶The idea **of** [privatizing public companies] is based on *the belief* [that private companies manage a public asset more efficiently, {thus helping governments save money}]. → of는 The idea와 첫 번째 [ ]의 동격관계를 나타낸다. the belief와 두 번째 [ ]는 동격이다. { }는 결과를 나타내는 분사구문이다.

문제 해설

|Step 1| 정부의 공기업 민영화가 항상 이익을 가져오지는 않기 때문에 정부가 이를 추진할 때 주의를 기울여야 한다는 것이 이 글의 주제이다.

|Step 2| 문장 ❻과 ❼에서 정부는 계약업체를 선정하기 전에 비용과 이익에 대한 철저한 분석을 해야 하고, 민영화가 진행된 후에도 그들이 계약을 잘 이행하는지 계속 주시해야 한다고 서술하고 있다.

|Step 3| 빈칸이 포함된 문장에서 'In short'라는 표현을 통해 앞에서 언급된 내용이 요약 및 재진술되고 있음을 알 수 있다. 또한 빈칸 뒤에 'can be a costly disaster'라는 표현이 있으므로, 빈칸에는 어떠한 상황에서 민영화가 실패하는지에 대한 내용이 들어가야 한다.

|Step 4| 따라서 앞의 내용을 재진술하여 정부가 준비가 부족한 계약업체를 선정하고 진행 상황을 감시하지 못하면 민영화가 실패할 수 있다는 말이 빈칸에 들어가는 것이 가장 적절하다.

선택지 분석

① 하나의 특정 기업에 독점적인 권리들을 제공한다 → 민영화 과정에서 특정한 한 업체에 독점권을 제공한다는 내용은 글에서 언급되지 않았다. 무관한 내용

② 한 기업을 단지 부분적으로만 민영화할 것을 계획한다 → 부분적인 민영화 계획에 대한 내용은 글에서 언급되지 않았다. 무관한 내용

③ 민영화 과정에서 지나치게 많은 이득을 본다 → 정부가 민영화를 추진하는 이유는 경제적인 이익을 얻기 위함이므로, 이러한 결과는 오히려 민영화가 성공적으로 진행된 것이다. 반대 개념

④ 계약을 위한 공개 입찰 과정을 시행하지 않는다 → 입찰 과정이 공개적으로 진행되어야 한다는 것은 언급되지 않았다. 무관한 내용

본문 p.143 →

4 정답 ④

❶In the 1980s, a political scientist named James Flynn noticed that the average IQ test score had been consistently increasing over time. ❷Named the "Flynn Effect," this phenomenon has since helped shed light on the relationship between age and intelligence. ❸Actual IQ scores are determined in relation to the population's average score, which is set to 100. ❹So, a person scoring 20% higher than the average receives an actual score of 120. ❺Flynn showed that that person's score would increase to about 130 if set against the prior generation's average. ❻It had previously been assumed that, because older people tend to score lower than younger people on IQ tests, intelligence must decrease as people age. ❼But as the Flynn Effect shows, older people were raised when the average intelligence level was lower. ❽As long as scores are calibrated to the time when the test taker grew up, an elderly person can score as well as someone younger.

해석 ❶1980년대에 James Flynn이라는 한 정치학자는 IQ 검사의 평균 점수가 시간의 경과에 따라 계속 상승했다는 것에 주목했다. ❷'Flynn 효과'라고 명명된 이 현상은 그 이후로 연령과 지능 간의 관계를 밝히는 데 도움을 주었다. ❸실제 IQ 점수는 모집단의 평균 점수와 비교해서 결정되는데, 그 평균 점수는 100으로 설정되어 있다. ❹따라서 평균보다 20% 높게 점수를 기록한 사람은 120점이라는 실제 점수를 받는다. ❺Flynn은 이전 세대의 평균에 대비해서 설정된다면 그 사람의 점수가 약 130점까지 올라갈 것임을 보여줬다. ❻나이가 더 많은 사람들은 더 젊은 사람들보다 IQ 검사에서 더 낮은 점수를 기록하는 경향이 있기 때문에 이전에는 사람들이 나이가 들수록 지능이 감소하는 것이 틀림없다고 추정되었다. ❼하지만 Flynn 효과가 보여주듯이 나이가 더 많은 사람들은 지능의 평균적인 수준이 더 낮았을 때 성장했다. ❽수험자가 성장했던 시대로 (평균) 점수가 조정되기만 하면 나이 든 사람도 더 젊은 누군가만큼 점수를 잘 받을 수 있다.

어휘 shed light on ~을 비추다; *밝히다, 해명하다 in relation to ~와 비교해서 population 인구; *모집단 calibrate 눈금을 매기다; *조정하다 |문제| raw score (통계 처리 전의) 원점수

구문 해설 ❷... this phenomenon **has** *since* **helped** (to) **shed** light on the relationship between age and intelligence. → has helped는 현재완료시제로 과거부터 지금까지 계속되고 있는 일을 나타낸다. since는 '그 이후로'의 의미로 쓰인 부사이다. help는 to부정사나 동사원형을 목적어로 취할 수 있다.

문제 해설

|Step 1| 글의 전반부를 통해 IQ 검사의 평균 점수가 시간이 흐를수록 증가한 현상인 Flynn 효과에 관한 글임을 알 수 있다.

|Step 2| 수험자가 성장했던 시대에 맞춰 점수가 조정되었을 때의 시험 결과가 빈칸에 들어가야 한다. 빈칸의 내용을 추론할 수 있는 근거들은 다음과 같다.

단서 1 IQ 점수는 100으로 설정된 모집단의 평균과 비교해 산출된다.

단서 2 120점을 받은 사람의 점수를 이전 세대의 평균에 맞춰 비교하면 130점으로 증가한다.

단서 3 나이가 많은 사람은 전체 IQ의 평균이 낮을 때 성장했다.

|Step 3| 위의 단서들을 바탕으로 추론하면, 나이 든 사람들의 IQ 점수는 노화로 인해 낮아진 것이 아니라는 것을 알 수 있다. 즉, 그들은 IQ 점수의 전체 평균이 낮았던 시대에 성장했기 때문에 전체 평균이 상승한 현재에는 이전에 받은 점수보다 IQ 점수가 낮게 나오는 것일 뿐이며, 따라서 자신의 성장 시대에 맞게 평균 점수가 조정되면 현재보다 높은 IQ 점수를 얻게 될 것이라고 추론할 수 있다.

|선택지 분석|

① 점수는 결국 떨어지게 될 것이다 → 이전 시대에 맞게 조정된 평균 점수를 기준으로 나이 든 사람들의 실제 점수를 산출하면, 그들의 점수는 상승할 것이다. 반대 개념

② 나이가 많은 수험자들은 훨씬 더 낮은 점수를 얻을 것이다 → 이전 시대에는 평균 IQ 점수가 더 낮았으므로 이전 시대에 맞게 평균 점수를 조정하면 수험자들의 상대적인 점수는 더 높아질 것이다. 반대 개념

③ 나이가 많은 수험자들은 더 지적인 것으로 나타날 것이다 → 점수 조정 과정을 거치면 나이가 많은 수험자의 점수가 젊은 사람들에 비해 낮지 않음을 보여주는 것일 뿐 나이가 많은 수험자가 실제로는 젊은이들보다 더 똑똑함을 보여주는 것은 아니다. 무관한 내용

⑤ 원점수와 실제 점수 사이에는 아무런 상관관계가 없다 → 원점수를 바탕으로 실제 점수가 산출되므로 둘 사이에는 상관관계가 존재한다. 반대 개념

본문 p.144 →

1 정답 ②

❶Some people argue that international society must financially support projects aimed at providing communities deprived of informational service and communicational technologies with the necessary equipment to thrive in the information era. ❷ However, heated claims regarding the digital divide are based upon a myth that gaining access to the Internet will gradually lead the poor to become wealthy. ❸In fact, most underprivileged people do not have computers and an Internet connection because of their poverty, illiteracy, or some other more urgent life-threatening issues. ❹This means that even if a computer were to magically appear in every home, the computer would be of little use for people who do not have food, electricity, or the ability to read. ❺Thus, the construction of local foundations for providing Internet service in impoverished areas would be a waste of money. ❻Such efforts would simply treat the symptoms not the underlying causes.

해석 ❶몇몇 사람들은 국제 사회가 정보 서비스와 통신 기술들을 박탈당한 공동체들에게 정보 시대에 번영하기 위한 필수적인 장비를 제공하는 것을 목표로 하는 프로젝트들을 재정적으로 후원해야만 한다고 주장한다. ❷하지만 정보 격차에 관한 열띤 주장들은 인터넷에 대한 접근권을 획득하는 것이 점차 가난한 사람들을 부유해지게 할 것이라는 근거 없는 믿음에 기초하고 있다. ❸사실상 가장 혜택 받지 못하는 사람들은 빈곤, 문맹, 혹은 삶을 위협하는 다른 더 급박한 문제들로 인해 컴퓨터와 인터넷 연결망을 가지지 못한다. ❹이것은 설사 컴퓨터가 모든 가정에 마술처럼 나타난다고 할지라도, 식량, 전기, 혹은 글을 읽을 능력이 없는 사람들에게는 컴퓨터가 거의 쓸모가 없을 것임을 의미한다. ❺따라서 빈곤 지역에 인터넷 서비스를 제공하기 위한 지역 재단들을 건설하는 것은 돈 낭비가 될 것이다. ❻그러한 노력들은 근본적인 원인들이 아닌 단지 증상들만을 치료할 것이다.

어휘 deprive 빼앗다 thrive 번창하다 era 시대 digital divide 정보 격차 underprivileged (사회·경제적으로) 혜택을 못 받는 illiteracy 문맹 urgent 긴급한, 시급한 foundation 토대, 기초; *재단 impoverished 빈곤한 |문제| underlying 근본적인

구문 해설 ❹This means that even **if** a computer **were to** magically **appear** in every home, the computer **would be** of little *use* for people .... → 「if+주어+were to-v, 주어+조동사의 과거형+동사원형」은 비교적 실현 가능성이 없는 미래의 일을 가정하는 가정법이다. 「of+추상명사」는 형용사의 의미를 나타낸다.

문제 해설

|Step 1| 문장 ❶에서는 정보 서비스와 통신 기술이 제공되지 않는 지역에 이를 제공해야 한다는 사람들의 통념이 제시되고 있다.

|Step 2| 문장 ❷의 'However'를 통해 앞서 제시된 통념이 근거 없는 믿음에 기초하고 있다는 반박이 시작됨을 알 수 있다.

|Step 3| 반박에 대한 근거로는 가난한 사람들에게는 생명을 위협하는 더 급박한 문제들이 있기 때문에 컴퓨터가 큰 도움이 되지 못할 것이라는 점을 들고 있다. 또한 문장 ❺에는 이러한 근거를 바탕으로 빈곤 지역에 인터넷 서비스를 제공하는 재단을 건설하는 것은 돈 낭비가 될 것이라는 주장을 하고 있다.

|Step 4| 빈칸이 있는 문장은 앞에서 제시된 주장을 보충 설명하고 있다. 근거들을 일반화하고 주장을 재진술하면, 이러한 노력들은 원인에 대한 근본적인 대처 방안이 될 수 없으며 겉으로 드러난 문제점만을 해결하는 것에 불과하다는 것을 추론할 수 있다.

|선택지 분석|

① 가난한 사람들이 정보 격차를 줄이는 데 크게 도움이 될 → 빈곤 지역에 인터넷 서비스를 공급하기 위한 지역 재단을 설립하는 것은 돈 낭비가 될 것이라고 했다. 반대 개념

③ 선진국들이 가난한 나라들을 원조하도록 동기부여를 할 → 이와 같은 내용은 언급되지 않았다. 무관한 내용

④ 가난한 사람들이 삶을 위협하는 문제로부터 회복할 수 있게 해줄 → 컴퓨터가 모든 집에 마술처럼 나타난다 해도, 삶을 위협하는 다른 문제들이 해결되지 않는 한 거의 쓸모가 없을 것이라고 했다. 반대 개념

⑤ 결과적으로 빈부격차를 확대시킬 → 빈곤 지역에 인터넷 서비스를 제공하기 위한 지역 재단을 설립하는 것이 빈부격차를 확대시킨다는 것은 언급되지 않았다. 무관한 내용

2 정답 ③

❶ The terms used in scientific language are not strange by nature; they come from once commonly used words and often become common again. **❷** Using everyday words from Latin and ancient Greek helped scientists to avoid confusion with contemporary terms. **❸** On the other hand, since ancient Greek scientists didn't have a more ancient language to draw from, they were forced to explain things in roundabout ways. **❹** For example, they referred to the submaxillary gland as "the acorn-like lumps under the jaw." **❺** Although the use of Latin and ancient Greek helped scientists discuss things more clearly and concisely, it also resulted in the development of scientific languages full of jargon, which effectively excluded the ordinary man from science. **❻** However, scientific language does frequently return to everyday use. **❼** "Cycle," for instance, which was derived from the ancient Greek "kuklos," was once an abstract scientific term for a recurring phenomenon. **❽** But it has returned to everyday language thanks to the invention of the bicycle.

해석 **❶** 과학적 언어에 사용되는 용어들은 본래 낯설지 않다. 즉 그것들은 한때 흔히 사용된 단어들로부터 나오고 종종 다시 흔한 단어가 된다. **❷** 라틴어나 고대 그리스어의 일상적인 단어들을 사용하는 것은 과학자들이 동시대의 용어들과의 혼동을 피하는 데 도움을 주었다. **❸** 반면, 고대 그리스의 과학자들은 차용할 더 오래된 언어가 없었으므로, 그들은 사물들을 우회적인 방식으로 설명해야 했다. **❹** 예를 들면, 그들은 턱밑샘을 '턱밑에 있는 도토리 같은 혹들'이라고 불렀다. **❺** 라틴어와 고대 그리스어의 사용이 과학자들로 하여금 사물들을 보다 명료하고 간결하게 논의하도록 도왔지만, 그것은 또한 특수 용어들로 가득한 과학적 언어들의 발달을 초래했는데, 이것들은 일반인들을 과학으로부터 사실상 배제시켰다. **❻** 그러나, 과학적 언어는 매우 빈번하게 일상적인 용도로 복귀한다. **❼** 예를 들어 고대 그리스어인 'kuklos'로부터 파생된 'cycle'은 예전에는 되풀이되는 현상에 대한 추상적인 과학 용어였다. **❽** 하지만 자전거의 발명 덕분에 그것은 일상 언어로 복귀했다.

어휘 **by nature** 선천적으로, 본래   **contemporary** 동시대의   **roundabout** (길을) 둘러가는; *우회적인   **acorn** 도토리   **lump** 혹   **concisely** 간결하게   **jargon** (특수한 직업·집단의 사람이 쓰는) 특수 용어, 전문어   **effectively** 효과적으로; *사실상   **derive** 끌어내다, 얻다   **recurring** 되풀이하며 발생하는 |문제| **descriptive** 서술하는   **discourse** 담론, 담화

구문 해설 **❺** ..., it also **resulted in** the development of scientific languages [full of jargon], [which effectively excluded the ordinary man from science]. → 「result in ∼」은 '∼을 야기하다'의 의미로 뒤에 결과가 온다. 첫 번째 [ ]는 scientific languages를 수식하는 형용사구이다. 두 번째 [ ]는 앞 문장 전체를 선행사로 하는 계속적 용법의 주격 관계대명사절이다.

문제 해설

|Step 1| 과학 용어는 본래 낯선 것이 아니라는 것이 이 글의 중심내용이다.

|Step 2| 문장 ❹의 'For example'과 문장 ❼의 'for instance'라는 표현을 통해 예시가 이어짐을 알 수 있다.

|Step 3| 문장 ❹에서는, 고대 그리스의 과학자들이 우회적인 방식으로 사물을 설명했던 예가 제시된다. 그 뒤에는 이와 대조적으로 현대 과학자들은 고대 언어에서 용어를 차용한다는 내용이 이어지고, 문장 ❼과 ❽에서는 역접의 연결사 'However' 뒤에 과학적 언어가 일상 언어로 복귀한 'cycle'의 사례가 설명되고 있다

|Step 4| 예시에 나온 내용들을 일반화하면, 과학 용어는 고대에 널리 사용되던 일상어에서 유래되고 현대에서는 또다시 일상어로 복귀한다는 것을 추론할 수 있다.

|선택지 분석|

① 그것들은 과학자들이 매우 서술적인 방법으로 자연 현상을 설명하는 것을 돕는다 → 과학 용어는 서술적인 방식이 아니라 명료하고 간결한 방식으로 과학적인 개념을 설명하는 데 도움이 된다고 하였다. 반대 개념

② 그것들은 사람들이 일상 생활에서 사용하는 동시대의 단어들에서 파생된다 → 동시대의 용어와 혼동을 피하기 위해 과학 용어를 고대 언어에서 차용하는 경우가 많다고 하였다. 반대 개념

④ 그것들은 과학적 담론 밖에서는 거의 사용되지 않지만 아주 단순하다 → 과학 용어는 결국 다시 일상으로 복귀하는 경향이 있으므로 과학적 담론 밖에서 사용되지 않는다는 것은 사실과 반대되는 내용이다. 반대 개념

⑤ 그것들은 단지 일반인들이 과학 직군을 가까이 하지 못하게 하기 위해서 사용된다 → 특수한 과학 용어들이 일반인들을 과학으로부터 배제시키는 결과를 초래하기는 했지만, 이를 목적으로 과학 용어가 사용된 것은 아니다. 무관한 내용

본문 p.146 →

3 정답 ④

❶Work expands in order to fill the time available for its completion. ❷This can be seen as commonly acknowledged through the proverbial statement "It is the busiest man who has time to spare." ❸Similar in meaning but quite opposite in manner, it is quite possible for an elderly woman with no other duties to spend a whole day writing and dispatching a postcard to a faraway family member. ❹An hour would be used to search for the postcard. ❺Another hour or so would be spent finding her spectacles. ❻After taking half an hour to find the right address, an hour and a quarter would be put into writing down the message. ❼Finally, it would take twenty minutes to decide whether or not to take an umbrella before walking down the street to the mailbox. ❽While the elderly woman has spent an anxiety-filled, whole day writing a single postcard, the total time that a busy man would need to do this task would be a mere three minutes.

해석 ❶일은 그것의 완성을 위해 이용 가능한 시간을 채우기 위해서 늘어난다. ❷이것은 '여유 시간이 있는 사람이 바로 가장 바쁜 사람이다'라는 유명한 말을 통해서 일반적으로 인정된 것으로 여겨질 수 있다. ❸의미에서는 비슷하지만 방식에서는 매우 정반대로, 다른 할 일이 없는 노부인이 멀리 떨어져 있는 가족에게 엽서를 써서 부치는 데 하루를 다 보내는 것은 전적으로 가능하다. ❹엽서를 찾는 데 한 시간이 사용될 것이다. ❺또 한 시간 가량은 그녀의 안경을 찾는 데 쓰일 것이다. ❻정확한 주소를 찾는 데 30분을 보낸 후, 한 시간 15분이 내용을 쓰는 데 소요될 것이다. ❼마지막으로 우편함까지 거리를 걸어 내려가기 전 우산을 가지고 갈 것인지 아닌지 결정하는 데 20분이 걸릴 것이다. ❽그 노부인은 엽서 한 장을 쓰는 데 염려로 가득 찬 하루를 보낸 반면, 한 바쁜 남성이 이 일을 하는 데 필요한 총 시간은 단 3분일 것이다.

어휘 proverbial 유명한, 잘 알려진 dispatch 파견하다; *발송하다 spectacles 안경 |문제| priority 우선사항 troublesome 골칫거리인, 다루기 힘든 completion 완료, 완성

구문 해설 ❸[(Being) Similar in meaning but quite opposite in manner], **it** is quite possible **for an elderly woman with no other duties to *spend*** a whole day *writing* and *dispatching* a postcard to a faraway family member. → [ ]는 Being이 생략된 형태의 분사구문으로 부대상황을 나타낸다. it은 가주어이고 for an elderly woman with no other duties가 to부정사구의 의미상 주어이며 to spend 이하가 진주어이다. 「spend+시간+v-ing」는 '~하는 데 시간을 보내다'의 의미이다. writing과 dispatching이 접속사 and로 병렬 연결되어 있다.

문제 해설

|Step 1| 빈칸 뒤의 '여유 시간이 있는 사람이 가장 바쁜 사람이다'라는 문구가 나타내는 바가 이 글의 중심내용이다.

|Step 2| 문장 ❸과 ❽에서 'an elderly woman'과 'a busy man'이라는 특정 인물을 나타내는 표현이 언급되었으므로 예시를 통해 주제를 설명함을 알 수 있다.

|Step 3| 예시에서는 다른 할 일이 없는 한 노부인은 엽서 한 장을 부치기 위해 하루를 다 보낼 수도 있는 반면, 한 바쁜 남성은 그러한 일을 하는 데 단 3분이 걸릴 것이라는 내용이 제시되고 있다.

|Step 4| 앞에 인용된 문구를 재진술하고 예시의 내용을 일반화하면, 일은 그 일을 완료할 때까지 부여된 시간을 채우기 위해 늘어난다는 말이 빈칸에 가장 적절함을 추론할 수 있다.

|선택지 분석|

① 우리의 성별에 따라 우리의 우선 순위가 달라진다 → 노부인과 남자의 예가 제시되었지만, 성별에 따라 우선 순위가 다르다는 내용은 아니다. 무관한 내용

② 우리는 나이가 들수록 일을 더 신중하게 하는 경향이 있다 → 노부인과 남자의 예가 제시되었지만, 연령에 따라 일을 조심스럽게 처리하는 정도가 다르다는 내용은 아니다. 무관한 내용

③ 일은 숙련되지 않은 이들이 하면 다루기 힘들어질 수 있다 → 이 글은 기술이 있고 없음에 따라 일 처리의 효율성이 달라진다는 내용이 아니다. 무관한 내용

⑤ 일정을 미리 계획하는 것을 통해 일을 가장 효율적으로 할 수 있다 → 이와 같은 내용은 지문에서 제시되지 않았다. 무관한 내용

4 정답 ①

❶ At first, researchers expected group discussions to have a moderating effect on the extremists and hotheads of the group. **❷** There was an underlying assumption that strong individual opinions would be mitigated through group discussions and people would be led towards holding more balanced opinions. **❸** However, several studies revealed that such discussions actually generate polarizing effects, as radical views or personal beliefs are strengthened in the process. **❹** Researchers discovered that there is one factor that makes group polarization more likely to occur: when members of a group already know what side of the issue they favor. **❺** Perspectives and feelings were reinforced by discussions when people holding the same views were put into the same group. **❻** After a group discussion took place, liberals conveyed more tolerance, while conservatives showed less. **❼** In this sense, group discussions intensify a pre-existing individual preference.

해석 **❶** 처음에 연구자들은 집단 토론이 그 집단의 극단주의자들과 성급한 사람들을 온건하게 만드는 효과가 있을 것이라고 예상했다. **❷** 강한 개인적인 견해들이 집단 토론을 통해서 완화되고 사람들이 더 균형 잡힌 의견을 견지하는 방향으로 인도될 것이라는 암묵적인 추정이 있었다. **❸** 그러나 여러 연구들은 그 과정에서 급진적인 견해나 개인적인 신념들이 강화되기 때문에 그러한 토론들이 실제로는 양극화 효과를 발생시킨다는 것을 밝혀냈다. **❹** 연구자들은 집단의 양극화가 더 발생하기 쉽게 만드는 하나의 요인이 있다는 것을 알아냈다. 즉 그것은 어떤 집단의 구성원들이 자신들이 그 사안에 대해 어떤 쪽을 선호하는지를 이미 알고 있을 때이다. **❺** 동일한 견해를 지닌 사람들이 같은 집단에 배치되었을 때 관점과 감정은 토론에 의해서 강화되었다. **❻** 집단 토론이 이루어진 후, 자유주의자들은 더 많은 관용을 보였고, 반면 보수주의자들은 더 적은 관용을 보였다. **❼** 이런 의미에서, 집단 토론은 기존에 가지고 있던 개인적인 선호도를 강화한다.

어휘 moderate 누그러지다, 완화되다 extremist 극단주의자 hothead 성급한 사람 assumption 추정, 가정 mitigate 완화[경감]시키다 reveal (비밀 등을) 드러내다, 밝히다 polarize 양극화되다 (*n.* polarization 양극화) radical 근본적인, 철저한; *급진적인, 과격한 reinforce 강화하다 liberal 자유민주적인; *자유주의자 tolerance 용인, 관용, 아량 conservative 보수적인; *보수주의자 ㅣ문제ㅣ intensify 심화시키다, 강화하다

구문 해설 **❷** There was **an underlying assumption** [that strong individual opinions would be mitigated through group discussions and people would be led towards {holding more balanced opinions}]. → an underlying assumption과 [ ]는 동격이다. { }는 전치사 towards의 목적어로 쓰인 동명사구이다.

문제 해설

ㅣStep 1ㅣ 첫 문장의 'At first, researchers expected' 라는 표현을 통해 연구원들이 처음에 가지고 있던 통념에 대해 서술하고 있다. 이들은 집단 토론을 통해 사람들이 더 균형 잡힌 의견을 가지게 됨으로써 극단주의자들의 성향이 온건해질 것이라고 생각했다.

ㅣStep 2ㅣ 문장 ❸의 'However'를 통해 앞에서 언급되었던 통념에 대한 반박이 이어짐을 알 수 있다.

ㅣStep 3ㅣ 반박의 근거로는, 자신들과 같은 견해를 가진 사람들이 같은 집단에 배치되면 사람들은 토론을 통해 자신의 견해를 오히려 강화시킨다는 연구 결과가 제시되었다.

ㅣStep 4ㅣ 빈칸에는 이러한 근거를 종합한 필자의 주장이 들어가야 한다. 따라서 집단 토론은 개인이 기존에 가지고 있던 선호를 강화한다는 것을 추론할 수 있다.

ㅣ선택지 분석ㅣ

② 사회 구성원들 간의 사회적 갈등을 줄인다 → 집단 토론을 통해 자신의 견해를 강화할 경우 사회 구성원들 간의 갈등은 오히려 커질 가능성이 크다. 반대 개념

③ 관점을 공유하는 민주적 과정을 수립한다 → 집단 토론을 통해 관점을 공유하기는 하지만, 집단 토론 자체가 관점을 공유하는 민주적인 과정을 형성한다는 내용은 이 글과 무관하다. 무관한 내용

④ 집단 구성원들의 불평등한 사회 경제적 지위를 드러낸다 → 이와 같은 내용은 지문에서 제시되지 않았다. 무관한 내용

⑤ 조화를 무엇보다 열망하는 인간 본성의 측면을 나타낸다 → 집단 토론을 통해 더 조화로운 견해를 가지게 된 것이 아니라 오히려 더 극단적인 성향으로 변했으므로 이는 정답과 반대되는 내용이다. 반대 개념

본문 p.148 →

1 정답 ⑤

❶A group of conservationists boldly attempted to rescue the black robin from its endangered state by relocating the dwindling population to larger habitats and passing on some eggs to foster parents for incubation. ❷While taking care of the birds, the team noticed that many females would repeatedly lay their eggs on the edge of the nest, where they never hatched out because they were left uninsulated. ❸As every egg was valuable for saving the species, these "rim eggs" were moved into the center of the nests by the team. ❹However, by doing so the researchers allowed this behavior to become more common in the population because it was a behavior that would have been corrected by "natural selection." ❺Left to nature, "rim eggs" would not have hatched and this trait would not have been passed onto the next generation. ❻Thus, the robins were left with a troublesome legacy. ❼Despite being a success, the project also shows us <u>how good motives can generate unanticipated results</u>.

해석 ❶한 무리의 환경 보호 활동가들이 줄어드는 개체군을 더 큰 서식지로 이전시키고, 부화를 위해 몇몇 알들을 양부모들에게 가져다 줌으로써 검은 울새를 멸종 위기 상태로부터 구하려고 대담하게 시도했다. ❷이 새들을 돌보는 동안 이 팀은 많은 암컷들이 계속 반복해서 둥지의 가장자리에 알을 낳는다는 것을 알아냈는데, 그곳에서 알들은 단열이 되지 않아서 결코 부화되지 못했다. ❸모든 알들이 이 종을 구하는 데 귀중했기 때문에, 이 '가장자리 알들'은 (환경 보호) 팀에 의해 둥지의 중앙으로 옮겨졌다. ❹그러나, 그렇게 함으로써 연구자들은 이 행위가 그 개체군 사이에서 더 흔해지도록 했는데 왜냐하면 그것은 '자연 도태'에 의해서 교정되었을 행위였기 때문이었다. ❺자연 상태로 남아 있었다면 '가장자리 알들'은 부화되지 않았을 것이고 이 특징은 다음 세대로 유전되지 않았을 것이다. ❻그래서 이 울새들은 골칫거리인 유산을 가진 채 남게 되었다. ❼성공적이었음에도 불구하고 이 프로젝트는 또한 좋은 동기가 어떻게 예기치 않은 결과를 발생시킬 수 있는지를 우리에게 보여준다.

어휘 conservationist 환경 보호 활동가   boldly 대담하게   endangered 멸종될 위기에 처한   relocate 이전[이동]하다   dwindling (점차) 줄어드는   foster parent 양부모   incubation 알을 품음, 부화 (v. incubate (알을) 품다)   hatch out 부화하다   rim 가장자리, 테두리   legacy 유산 |문제| unanticipated 기대[예상]하지 않은

구문 해설 ❺[(Having been) Left to nature], "rim eggs" **would not have hatched** and this trait **would not have been passed** onto the next generation. → [ ]는 Having been이 생략된 형태의 분사구문으로 조건을 나타낸다. 「주어+조동사의 과거형+have p.p.」는 과거 사실과 반대되는 내용을 가정하는 가정법 과거완료구문이다.

문제 해설

|Step 1| 멸종 위기에 처했던 검은 울새의 개체 수를 늘리기 위해 환경 보호 활동가들이 노력을 기울였다는 것이 이 글의 중심내용이다.

|Step 2| 빈칸에는 환경 보호 활동가들의 프로젝트가 무엇을 시사하는지에 대한 내용이 들어가야 한다.

|Step 3| 빈칸 앞에서 연구자들은 둥지의 가장자리에 낳은 검은 울새의 알들을 인위적으로 중앙으로 옮겨 개체 수 증식에는 성공했으나, 자연 도태에 의해 교정되어야 했을 행위를 검은 울새가 계속하게 만드는 결과를 초래했다는 세부내용이 제시되어있다.

|Step 4| 제시된 세부내용을 일반화하면 좋은 동기가 예상치 못한 결과를 발생시켰다는 말이 빈칸에 들어가는 것이 가장 적절하다.

|선택지 분석|

① 왜 알의 양이 (알의) 질보다 더 중요한지를 → 연구자들은 검은 울새의 개체 수를 늘리기 위해 도태되어야 할 알들을 구함으로써 양적인 측면에서는 성공을 거두었지만, 좋지 못한 특징들을 유전시키는 결과를 초래했으므로 질적인 측면에서는 성공을 거두지 못했다. 반대 개념

② 어떻게 하나의 종이 자연 도태를 통해서 멸종에 직면하는지를 → 검은 울새가 멸종한 것이 아니므로 이는 글의 내용과 무관하다. 무관한 내용

③ 반드시 부화되도록 하기 위해서 단열되지 않은 알들을 어떻게 가장 잘 품는지를 → 단열되지 못한 알들을 가장 잘 부화되게 하는 방법에 대해서는 설명되지 않았다. 무관한 내용

④ 어떻게 환경 보호 활동가들이 종의 다양성을 확보했는지를 → 이 글은 검은 울새라는 하나의 종에 대해서만 설명한 글이므로 환경 보호 운동가들이 종의 다양성을 확보한 방법에 대해서는 알 수 없다. 무관한 내용

2 정답 ③

❶ On the one hand, as ideas tend to originate from fixed grounds, individuals and organizations are prone to sorting things out conventionally. ❷ On the other hand, thinking differently or "thinking outside the box" is often regarded as what makes leaders capable of achieving insight, competence, and innovation. ❸ Yet there is still great progress to be made in our understanding of this idea. ❹ This comment can be explained by imagining what "thinking outside the box" would mean to a thief. ❺ The thief would probably try to be better at stealing things and manipulating situations. ❻ Even though his efforts make him a better thief, his thoughts inevitably remain within the paradigm of thievery. ❼ When we "think outside the box," we merely step outside it, so <u>the deeper boxes within us continue to govern our thoughts</u>. ❽ Therefore, it is only by "dissolving the box" that a person may make a profound change. ❾ When the box has been completely removed, a thief can realize that he may not really be a thief and use his intelligence to redefine his identity.

해석 ❶ 한편으로, 생각은 고착된 근거로부터 비롯되는 경향이 있기 때문에 개인이나 조직들은 사안들을 인습적으로 정리하기 쉽다. ❷ 다른 한편, 다르게 사고하기 혹은 '틀 밖에서 생각하기'는 지도자들로 하여금 통찰력, 능숙함, 그리고 혁신을 성취할 수 있도록 만드는 것으로 종종 간주된다. ❸ 하지만 우리가 이 생각을 이해하는 데 있어서 달성해야 할 커다란 진전이 여전히 존재한다. ❹ 이러한 지적은 '틀 밖에서 생각하기'가 도둑에게는 무엇을 의미하는지를 상상하는 것으로 설명될 수 있다. ❺ 도둑은 아마도 물건을 훔치거나 상황을 조작하는 것을 더 잘하려고 노력할 것이다. ❻ 설령 그의 노력들이 그를 더 솜씨 좋은 도둑으로 만들지라도, 그의 생각은 불가피하게 절도라는 패러다임 안에 머물게 된다. ❼ 우리가 '틀 밖에서 생각할' 때 우리는 단지 그것의 밖으로 나오는 것이고, 따라서 우리 내면의 더 깊은 틀들이 계속 우리의 생각을 지배한다. ❽ 그러므로 어떤 사람이 깊은 변화를 이루는 것은 오직 '틀 없애기'에 의해서이다. ❾ 틀이 완전히 제거되었을 때 도둑은 그가 실제로 도둑이 아닐 수도 있다는 것을 자각할 수 있고, 자신의 지능을 자기의 정체성을 재정립하는 데 쓸 수 있다.

어휘 originate 비롯되다, 유래하다   ground 땅바닥; *기초, 근거   be prone to ~하기 쉽다   sort out ~을 정리하다   conventionally 인습적으로   competence 능숙함   comment 언급; *지적   manipulate 조작하다   inevitably 불가피하게, 필연적으로   thievery 도둑질   dissolve 용해하다, 녹이다   redefine 재정립하다
| 문제 | govern 지배하다   transcend 초월하다   desirable 바람직한, 가치 있는

구문 해설 ❽ Therefore, **it is** only by "dissolving the box" **that** a person may make a profound change.
→ 「It is ~ that …」 강조구문으로 '…한 것은 바로 ~이다'의 의미이다.

문제 해설

|Step 1| '틀 밖에서 생각하기'가 지도자들로 하여금 통찰력, 능숙함, 혁신을 성취할 수 있도록 해준다는 통념이 문장 ❷에서 제시되었다.

|Step 2| 문장 ❸의 'Yet' 뒤부터 '틀 밖에서 생각하기'에 대해 제대로 이해하기 위해서는 달성해야 할 진전이 여전히 존재한다고 하며 통념에 대한 반박을 제기한다.

|Step 3| 반박의 근거로는 도둑에게 '틀 밖에서 생각하기'는 도둑질이나 상황 조작을 더 잘하게 되는 것을 의미할 뿐이라는 예시를 들고 있다. 또한 빈칸 뒤에서 도둑이 자신의 지능을 자기의 정체성을 재정립하는 데 쓰는 것과 같은 깊은 변화는 '틀 없애기'가 이루어져야 일어난다는 내용이 서술되었다.

|Step 4| 빈칸에는 우리가 단순히 '틀 밖에서 생각할' 때 어떤 결과를 겪게 되는지에 대한 설명이 들어가야 한다. 반박의 근거로 사용된 도둑의 사례를 일반화하면 우리가 틀에서 벗어난 생각을 하는 것만으로는 더 깊은 변화를 이룰 수 없으며 여전히 고정관념에 사로잡히게 된다는 내용이 빈칸에 들어가야 함을 추론할 수 있다.

| 선택지 분석 |

① 우리는 해야 할 일을 하기 전에 망설이는 경향이 있다 → 이와 같은 내용은 지문에서 제시되지 않았다. 무관한 내용

② 창의적인 사람이 극복하지 못하는 한계란 없다 → 이와 같은 내용은 지문에서 제시되지 않았다. 무관한 내용

④ 우리 사고의 한계를 초월하는 것이 항상 바람직한 것은 아니다 → 기존에 가지고 있던 사고의 한계를 벗어나 사고를 제한하는 틀을 없애야 한다는 것이 글의 중심내용이므로, 사고의 한계를 초월하는 것을 바람직한 것으로 여긴다고 볼 수 있다. 반대 개념

⑤ 틀 밖으로 나오는 것은 사람들의 사고방식을 완전히 변화시킨다 → 틀 밖을 벗어난 생각을 해도 여전히 도둑질이라는 패러다임에서 벗어나지 못하는 사람의 예시를 통해 이것이 사실이 아님을 알 수 있다. 반대 개념

3 정답 ⑤

❶When it comes to expectations in business or on the economy as a whole, positive thinkers seem to believe in the absurd myth of perpetual growth. ❷Moreover, their way of thinking is often used as an excuse to cover the pernicious side of the market economy. ❸Let us say that we were to pursue optimism, believing it to be a crucial part of financial success. ❹Once optimistic outlooks are gained through training ourselves to think positively, external causes of possible failure may seem less daunting. ❺However, we should also know that such positivity puts a harsh insistence on personal responsibility. ❻Following the logic of positivity, if we lose our job or our business fails, it will be attributed to our lack of confidence or our uncertainty in our own success. ❼Even though financial turmoil and unemployment among the middle class has been brought on by the economy, advocates of positive thinking consistently assert that our fate is entirely in our own hands.

해석 ❶사업이나 혹은 경제 전반에 대한 예측에 관한 한, 긍정적 사고를 하는 사람들은 영속적인 성장이라는 터무니없는 신화를 믿고 있는 것처럼 보인다. ❷더욱이 그들의 사고 방식은 종종 시장 경제의 치명적인 측면을 감추는 변명으로 활용된다. ❸낙관주의가 재정적인 성공의 결정적인 부분이라고 믿기 때문에 우리가 낙관주의를 추구한다고 해보자. ❹긍정적으로 사고하도록 우리 자신을 훈련시키는 것을 통해서 낙관적인 관점이 일단 얻어지면, 발생 가능한 실패의 외적 요인들은 덜 벅차게 보일지 모른다. ❺그러나 우리는 또한 그러한 긍정성이 개인의 책임에 혹독한 강조를 하고 있다는 것을 알아야 한다. ❻긍정성의 논리를 따를 경우, 우리가 직업을 잃거나 우리의 사업이 실패한다면, 그것은 자신감의 부족이나 자신의 성공에 대한 확신의 결여 때문으로 여겨지게 될 것이다. ❼중산층에서의 재정적인 혼란과 실업이 경제에 의해 야기된다고 할지라도, 긍정적 사고를 옹호하는 사람들은 우리의 운명이 전적으로 우리의 두 손에 달려있다고 계속 주장한다.

어휘 absurd 우스꽝스러운, 터무니없는　perpetual 끊임없이 계속되는　pernicious 유해한, 치명적인　crucial 중대한, 결정적인　outlook 관점, 세계관　daunting 벅찬, 주눅이 들게 하는　attribute ~탓이라고 보다　turmoil 혼란, 소란　advocate 지지하다, 옹호하다; *지지자, 옹호자　assert 주장하다　|문제| negate 무효화하다; *부인하다　stumbling block 장애물　insistence 주장; *강조

구문 해설 ❸Let us say that we **were to pursue** optimism [believing it to be a crucial part of financial success]. → 「were to-v」는 비교적 실현 가능성이 없는 미래의 가정을 나타낸다. [ ]는 이유를 나타내는 분사구문이다.

문제 해설

|Step 1| 글의 도입부를 통해, 글의 중심내용이 경제 분야에서의 긍정적인 사고 방식이 초래하는 부정적인 측면들에 대한 내용임을 알 수 있다.

|Step 2| 문장 ❹에서는 긍정적인 사고 방식이 가져오는 장점에 대해 언급하고 있고 빈칸이 포함된 문장인 ❺는 'However'로 시작하고 있으므로 긍정적인 사고가 초래하는 부정적인 측면에 대한 내용이 들어갈 것임을 알 수 있다. 또한, 빈칸 뒤에는 긍정성의 논리를 따를 경우 일어날 구체적인 상황에 대한 내용이 이어지므로, 빈칸에는 이를 포괄할 수 있는 일반적인 내용이 들어간다.

|Step 3| 빈칸 뒤에서 긍정성의 논리가 경제적인 실패의 원인을 개인의 사고방식에서 찾는다는 내용이 이어지고 있다. 또한 긍정적 사고를 옹호하는 사람들은 경제에 의해 재정적인 어려움이 발생할지라도 우리의 운명이 우리의 두 손에 달려있다고 주장한다는 내용이 서술되었다.

|Step 4| 빈칸 뒤의 세부사항들을 일반화하면 긍정성은 경제적인 성공 여부에 있어서 개인의 책임에 혹독한 강조를 한다는 것을 추론할 수 있다.

|선택지 분석|

① 사회의 어두운 측면을 부인한다 → 긍정성의 논리가 시장 경제의 치명적인 측면들을 감춘다는 내용은 언급되었지만, 빈칸에는 사회적 측면이 아닌 개인적 측면에서 긍정적 사고의 부정적인 영향에 관한 내용이 들어가야 한다. 부분 일치

② 경제적 성장을 과도하게 강조한다 → 긍정적 사고를 옹호하는 사람들이 영속적인 경제 성장을 믿는다는 내용은 글에서 언급되었으나, 글의 흐름상 빈칸에는 경제적 성공에 있어서 개인의 책임 강조를 강조한다는 긍정적 사고의 또 다른 측면에 관한 내용이 들어가야 한다. 부분 일치

③ 성공에 이르는 데 주요한 장애물이다 → 긍정적 관점이 성공하는 데 장애물이 된다는 것은 지문의 내용과 무관하다. 무관한 내용

④ 재정적 부실 경영의 경우에 도움이 된다 → 이와 같은 내용은 지문에서 제시되지 않았다. 무관한 내용

본문 p.151 →

4 정답 ③

❶ According to Freud, science and play are two different approaches through which we can gain mastery of our circumstances. ❷ However, Freud failed to notice the similarities between science and play. ❸ It can be shown that the innovative features of science are actually forms of play. ❹ The acceptance of this makes it necessary to understand the distinction between technology and science. ❺ Science resembles play because it involves the formation of hypotheses that must then be tested, like when a new geometry is devised by assuming that parallel lines converge. ❻ This geometric rule was not created for practical purposes and apparently introduces matters that are separate from reality. ❼ This kind of arbitrariness is normally found in children's games. ❽ The technology, on the other hand, may be almost as inventive, yet <u>features of play are likely to disappear</u> within its field of operation.

해석 ❶ Freud에 의하면 과학과 놀이는 우리가 환경에 대한 지배력을 얻을 수 있는 두 개의 서로 다른 접근법이다. ❷ 하지만 Freud는 과학과 놀이 사이의 유사성들을 알아차리는 데 실패했다. ❸ 과학의 혁신적인 특징들은 사실상 놀이의 형태들이라는 것이 증명될 수 있다. ❹ 이것의 수용은 기술과 과학 사이의 차이를 이해하는 것을 필수적으로 만든다. ❺ 평행선들이 한 점에서 모인다고 가정함으로써 새로운 기하학이 고안될 때와 마찬가지로, 과학은 이후에 검증되어야 하는 가설을 설립하는 것을 포함하기 때문에 놀이를 닮았다. ❻ 이 기하학적 법칙은 실용적인 목적들을 위해 만들어지지 않았으며 분명 현실과 동떨어진 사안들을 도입한다. ❼ 이런 종류의 임의성은 아이들의 게임에서 통상적으로 발견된다. ❽ 반면에 기술은 거의 그만큼 독창적일 수도 있지만, 그 활동 분야 안에서 <u>놀이의 특징들이 사라져버리기 쉽다</u>.

어휘 hypothesis 가설   geometry 기하학 (a. geometric 기하학의)   devise 창안[고안]하다   parallel 평행한 converge 한 점[선]에 모이다   arbitrariness 자의성, 임의성   inventive 창의[독창]적인 |문제| purposeful 목적의식이 있는, 의미 있는

구문 해설 ❹ The acceptance of this makes **it** necessary [to understand the distinction ...]. → it은 가목적어이고 [ ]가 진목적어이다.

문제 해설

|Step 1| 문장 ❷에서 과학과 놀이 사이에는 유사성이 있다고 했으며, 문장 ❹에서 기술과 과학 사이에는 차이점이 있다고 했으므로 과학과 놀이는 비교되고 있는 반면 기술은 이 두 대상과 대조를 이루고 있다는 것을 알 수 있다.

|Step 2| 과학은 가설을 세우고 그것을 이행한다는 점에서 놀이와 유사하다고 설명하고 있다. 또한, 과학에서 사용된 법칙 및 가설에는 임의성이 있는데 이는 놀이에서 통상적으로 발견되는 특징이라고 했다. 과학과 놀이에는 유사성이 있다는 이해를 바탕으로, 기술과 과학의 차이를 설명할 수 있다는 것이 이 글의 중심내용이다.

|Step 3| 빈칸이 포함된 문장은 기술에 관한 내용이며 'on the other hand'라는 역접의 연결사가 있으므로, 앞에서 언급된 과학의 특성과는 대조되는 내용이 와야 한다. 따라서 과학과 대조되는 기술의 영역에서는 놀이의 특징들이 사라진다는 것을 추론할 수 있다.

|선택지 분석|

① 그의 업무 영역이 매우 가치 있게 여겨진다 → 각 대상들의 업무 영역에 대한 가치 평가는 글에서 언급되지 않았다. 무관한 내용

② 과학의 역할은 변하지 않았다 → 이 글은 과학과 기술의 속성을 비교하는 내용이며, 기술 안에서의 과학의 역할에 관해서는 언급되지 않았다. 무관한 내용

④ 놀이는 가장 중요한 가치로 여겨진다 → 기술은 과학과 달리 놀이와 유사성이 없다고 했으므로 놀이가 기술에서 중요한 가치로 여겨질 수 없다. 반대 개념

⑤ 사람들은 오직 더 의미 있는 일들에만 관심을 갖는다 → 이와 같은 내용은 지문에서 제시되지 않았다. 무관한 내용

본문 p.152 →

1 정답 ②

❶It is generally considered an unwavering truth that education is the key to financial success. ❷Everyone acknowledges that the more highly educated one is, the more likely one will have career success in the future. ❸This explains why President Obama asserted that a greater investment must be made in education for better employment outcomes. ❹However, an article issued by *The Times*, a day after the President made this announcement, indicated that dependence on computer programs for legal research had been increasing. ❺In fact, computers can go through thousands of documents in a moment of time, cutting back on costs for tasks that used to be performed by a multitude of attorneys and their assistants. ❻Thus, it can be said that <u>advanced technology weakens the demand for highly educated employees</u>. ❼The idea that modern technology will eliminate only menial jobs is no longer valid.

해석 ❶교육이 재정적인 성공의 열쇠라는 것은 변함없는 진리라고 일반적으로 생각된다. ❷더 고등교육을 받은 사람일수록 미래에 직업적인 성공을 거둘 가능성이 더 크다고 모든 사람들은 인정한다. ❸이것은 Obama 대통령이 왜 더 나은 고용 성과를 위해서 교육에 더 큰 투자가 이루어져야 한다고 주장했는지를 설명한다. ❹하지만 대통령이 이 발언을 한 하루 뒤 「The Times」에 실린 기사는 법률적인 조사를 위한 컴퓨터 프로그램에 대한 의존도가 증가해왔다는 것을 보여주었다. ❺사실 컴퓨터는 수많은 변호사들과 그들의 보조 직원들에 의해서 수행되었던 작업의 비용을 절감하면서 순식간에 수천 개의 서류들을 검토할 수 있다. ❻따라서 첨단 기술은 고등교육을 받은 피고용자들에 대한 수요를 약화시킨다고 말할 수 있다. ❼현대의 기술이 단지 하찮은 직업들만을 없앨 것이라는 생각은 더 이상 타당하지 않다.

어휘 unwavering 변함없는, 확고한   assert 주장하다   indicate 나타내다, 보여주다   dependence 의존, 의지   attorney 변호사   eliminate 없애다, 제거하다   menial 하찮은   valid 유효한; *타당한 |문제| manual 손으로 하는, 육체노동의

구문 해설 ❸This explains [why President Obama asserted {that a greater investment must be made in education for better employment outcomes}]. → [ ]는 explains의 목적어로 쓰인 의문사절이다. { }는 asserted의 목적어절이다.

❼**The idea** [that modern technology will eliminate only menial jobs] is no longer valid. → The idea와
 S   V
[ ]는 동격이다. 문장의 주어는 The idea이므로 동사의 수를 3인칭 단수에 일치시킨다.

문제 해설

|Step 1| 문장 ❶의 'It is generally considered'와 문장 ❷의 'Everyone acknowledges'와 같은 표현을 통해 고등교육을 받을수록 경제적 성공을 거두기 쉽다는 통념이 제시되어 있다.

|Step 2| 문장 ❹의 'However' 뒤부터 앞에서 언급된 통념에 대한 반박이 시작된다.

|Step 3| 반박의 근거로 「The Times」에 실린 기사를 언급하며 컴퓨터가 변호사의 일을 대체하고 있는 현상을 언급하였다. 또한 빈칸 뒤의 문장에서는 현대 기술이 하찮은 직업만을 없앨 것이라는 생각이 더 이상 타당하지 않다는 필자의 주장이 나왔다.

|Step 4| 빈칸 앞에서 통념에 대한 반박의 근거로 사용된 사례를 일반화하고 빈칸 뒤의 주장을 재진술하면 첨단 기술이 고등교육을 받은 피고용자들에 대한 수요를 약화시킨다는 것을 추론할 수 있다.

| 선택지 분석 |

① 현대의 기술은 인간이 하는 일들을 대체할 수 없다 → 컴퓨터가 변호사의 일을 대체하고 있다고 했으므로 이 선택지는 지문과 반대되는 내용이다. 반대 개념

③ 교육을 잘 받은 피고용자들은 그들의 고등교육 덕분에 반드시 성공한다 → 현대 기술이 하찮은 직업만을 대체 하지는 않는다고 했으므로, 고등교육이 반드시 성공을 보장하지는 않는다. 반대 개념

④ 컴퓨터는 지식 노동자들을 돕지만, 동시에 육체 노동자들을 위협한다 → 컴퓨터가 육체 노동자뿐만 아니라 지식 노동자들의 일까지 대체하고 있다고 했으므로 이는 부분적으로만 일치한다. 부분 일치

⑤ 기술적 진보는 정보를 가지고 일하는 사람들에게 취업의 기회를 열어준다 → 기술의 진보는 단순 노동자뿐만 아니라 지식 노동자들의 업무 영역도 대체할 수 있다는 것이 위 글의 내용이므로 정보를 가지고 일하는 사람들의 취업 기회는 축소될 것이다. 반대 개념

본문 p.153 →

2 정답 ②

❶Draw a line across the middle of a blank sheet of paper. ❷Then mark "Good Choice" on one side and "Bad Choice" on the other. ❸On each side, make a list of the choices which bring you back to the most crucial and unforgettable moments of your life. ❹Looking at the completed list, try to recall if there was anything good that came from the choices labeled as bad, and anything bad that resulted from the choices labeled as good. ❺This activity may help you understand that reality is actually quite flexible. ❻Soon, you may be able to know that it is not one choice followed by a single course that destined you to where you are now, but various decisions that led you down diverse paths. ❼Past decisions are not inherently good or bad, but affect us in a variety of ways. ❽The important thing is that you are aware of every choice. ❾With awareness, every choice becomes a step of growth.

해석 ❶빈 종이 가운데를 가로질러 선을 하나 그어라. ❷그리고 나서 한 쪽에는 '좋은 선택'이라고 표시하고 다른 쪽에는 '나쁜 선택'이라고 표시하라. ❸양쪽에 당신의 인생에서 가장 중요하고 잊지 못할 순간들을 기억나게 하는 선택들의 목록을 만들어라. ❹완성된 목록을 보면서 나쁘다고 표시된 선택들로부터 나왔던 어떤 좋은 것이 있었는지, 그리고 좋다고 표시된 선택들로부터 초래된 어떤 나쁜 것이 있었는지 회상하려고 시도해보라. ❺이러한 활동은 당신이 현실이란 사실상 매우 융통성이 있다는 것을 이해하는 것을 도울지도 모른다. ❻곧 당신은 현재 당신이 있는 곳을 운명지은 것은 단 하나의 과정이 뒤따르는 하나의 선택이 아니라, 당신을 다양한 길들로 이끈 다양한 결정들이었다는 것을 알 수 있을 것이다. ❼과거의 결정들은 본질적으로 좋거나 나쁜 것이 아니라 다양한 방식으로 우리에게 영향을 미친다. ❽중요한 것은 당신이 모든 선택을 인식하는 것이다. ❾인식이 동반된다면 모든 선택은 성장의 한 단계가 된다.

어휘 bring back ~을 기억나게 하다   crucial 중대한, 결정적인   label 라벨[표]을 붙이다, 적다   destine 정해지다, 운명짓다   inherently 본질적으로 |문제| flexible 융통성 있는

구문 해설 ❻Soon, you may be able to know that **it is** *not* one choice [followed by a single course] **that** destined you to where you are now, *but* various decisions [that led you down diverse paths]. → 「It is ~ that …」 강조구문으로 '…한 것은 바로 ~이다'의 의미이다. 「not A but B」는 'A가 아니라 B'의 의미이다. 첫 번째 [ ]는 one choice를 수식하는 과거분사구이다. 두 번째 [ ]는 앞의 various decisions를 수식하는 주격 관계대명사절이다.

문제 해설

|Step 1| 문장 ❾에서 진술된 내용인 모든 선택에 대해 우리가 잘 인식하고 있으면 그 선택이 성장의 발판이 될 수 있다는 것이 글의 중심내용이다.

|Step 2| 빈칸에는 좋은 선택과 나쁜 선택의 결과를 살펴보는 활동이 우리에게 어떠한 도움을 주는지에 관한 내용이 들어가야 한다.

단서 1 빈칸 앞에서 '좋은 선택'과 '나쁜 선택'을 나눠서 적어보고 '좋은 선택' 칸에서 나온 나쁜 결과와 '나쁜 선택' 칸에서 나온 좋은 결과를 생각하게 하는 활동이 제시되었다.

단서 2 하나의 선택이 아닌 다양한 선택들이 현재의 자신을 만들었다는 것을 알 수 있다.

단서 3 과거의 결정들은 본질적으로 좋거나 나쁜 것이 아니라 우리에게 다양하게 영향을 끼친다.

|Step 3| 따라서 빈칸 앞에 제시된 활동은 선택에는 좋거나 나쁘다는 기준이 모호하며 다양한 선택이 현재의 우리를 만들었다는 것을 인식하게 하므로 이 활동은 현실이 매우 융통성이 있다는 것을 이해하는 것을 돕는다는 것을 추론할 수 있다.

|선택지 분석|

① 무엇이 인생에서 진정으로 소중한가를 알아차리는 → 이러한 활동은 인생에서 무엇이 가치 있는지가 아니라 모든 결정이 현재의 모습을 만드는 데 기여했다는 것을 알게 한다. 무관한 내용

③ 당신의 나쁜 습관들을 바꾸고 당신의 삶을 더 낫게 만드는 → 나쁜 습관을 고쳐야 한다는 말은 지문에서 언급되지 않았다. 무관한 내용

④ 당신이 어떤 결정을 할 때마다 선택의 폭을 좁히는 → 이와 같은 내용은 지문에서 제시되지 않았다. 무관한 내용

⑤ 좋은 기회가 다가올 때 현명한 선택을 하는 → 좋은 선택뿐 아니라 나쁜 선택도 현재의 자아를 만드는 데 영향을 미치고 성장의 밑거름이 된다고 했으므로 현명한 선택을 한다는 것은 무의미하다. 반대 개념

본문 p.154 →

3 정답 ③

❶ The rate of speed with which scientific knowledge expanded during the last two centuries is likely to leave students and teachers alike with a kind of false impression. ❷ By carefully examining the history of science, however, the impression that foundational breakthroughs <u>tend to occur suddenly and dramatically</u> may change. ❸ As seen in the present era, it took more than 50 years after the first nuclear explosion for us to identify signs of radioactivity. ❹ Although it has been a century since we gained a majority of the information necessary for treating various illnesses, we are still struggling with disease. ❺ Providing students with a limited understanding of scientific history, the teacher may easily overlook the periods of prolonged error, invalid assumptions, and general confusion, which in most cases precede the articulation of scientific discoveries.

해석 ❶ 지난 2세기 동안 과학적 지식이 확장된 속도는 학생들과 교사들 모두에게 똑같이 일종의 잘못된 인상을 남기는 것 같다. ❷ 그러나 과학의 역사를 주의 깊게 검토함으로써 기초적인 큰 발전들이 갑자기 그리고 극적으로 일어나는 경향이 있다는 인상이 바뀔지도 모른다. ❸ 현 시대에서 보여지듯, 우리가 방사능의 징후들을 확인하는 데는 최초의 핵 폭발 이후 50년 이상이 걸렸다. ❹ 우리가 다양한 질병을 치료하는 데 필요한 대부분의 정보를 얻은 지 한 세기가 지났음에도 불구하고, 우리는 여전히 질병들과 싸우고 있다. ❺ 학생들에게 과학적 역사에 대한 한정된 지식을 제공하며 교사는 오래 계속된 오류, 근거 없는 가정, 그리고 보편적인 혼동의 시기들을 쉽게 간과할지도 모르는데, 대부분의 경우 이것들은 과학적 발견의 표명에 선행한다.

어휘 **foundational** 기본의, 기초적인 **breakthrough** 돌파; *큰 발전, 약진 **radioactivity** 방사능 **prolonged** 오래 계속되는, 장기적인 **invalid** 효력 없는; *근거 없는 **assumption** 가정, 가설 **precede** ~에 앞서다, 선행하다 **articulation** (생각 등의) 명확한 표현 |문제| **trial and error** 시행착오

구문 해설 ❶ The rate of speed [with which scientific knowledge expanded during the last two centuries]
　　　　　　　　　S
is likely to leave students and teachers alike with a kind of false impression. → [ ]는 The rate of speed를
V
수식하는 목적격 관계대명사절이다. 문장의 주어가 The rate of speed이므로 동사의 수를 3인칭 단수에 일치시킨다.

문제 해설

|Step 1| 문장 ❶에서 지난 2세기 동안 과학적 지식이 확장되는 속도는 학생들과 교사들에게 잘못된 인상을 심어주었다는 내용이 제시되었다.

|Step 2| 문장 ❷의 'however'를 통해 앞에서 제시된 내용에 대한 반박이 시작됨을 알 수 있다.

|Step 3| 문장 ❷에서 과학의 역사를 주의 깊게 살펴보는 것을 통해 과학적 발전에 대한 인상이 바뀔 수 있다는 필자의 주장이 제시된다. 그 근거로는 방사능의 징후를 확인하기까지는 핵 폭발 후 50년 이상이 걸렸으며, 질병을 치료하는 데 필요한 대부분의 정보를 얻은 지가 한 세기나 지났지만 여전히 질병과 싸우고 있으며, 교사들은 과학적 발전에 선행하는 여러 시행착오의 기간들을 쉽게 간과할 수 있다는 내용이 이어진다.

|Step 4| 반박의 근거들을 일반화하면 사람들의 통념은 과학적인 발전들이 급작스럽게 나타났다고 생각하는 것임을 추론할 수 있다.

|선택지 분석|

① 새로운 연구 결과들에 의해 결국 대체된다 → 이와 같은 내용은 지문에서 제시되지 않았다. 무관한 내용

② 과학적 방법들로 입증될 필요가 있다 → 이와 같은 내용은 글에서 언급되지 않았다. 무관한 내용

④ 시행착오 기간들의 결과이다 → 빈칸에는 통념에 관한 내용이 들어가야 한다. 과학의 기초적인 큰 발전이 시행착오 기간의 결과라는 것은 통념에 대한 반박의 내용이므로 이는 반대되는 개념이다. 반대 개념

⑤ 장기적인 연구의 결과이다 → 과학의 기초적인 큰 발전이 장기간 연구의 결과라는 개념은 통념에 대한 반박의 내용이므로 이는 반대되는 내용이다. 반대 개념

본문 p.155 →

4 정답 ①

❶On seeing somebody make a remarkable performance, we may make the conclusion that his skills are inherent. ❷Yet in reality, the only difference between him and the others is a longer and more intensive period of practice. ❸An experiment with chess players may serve as a powerful lesson. ❹The study involved two groups, one of experts and the other of novices. ❺In cases where participants were asked to remember the formation of chess pieces when they were arranged in typical game formations, the chess experts were highly competent at remembering where each piece was placed. ❻However, in cases where the arrangement of pieces was unconventional, the experts failed to exceed the novices in the performance of recalling chess piece locations. ❼This shatters the illusion that chess masters <u>are naturally better at memorizing or keeping focused</u>.

해석 ❶누군가가 놀랄 만한 행위를 하는 것을 보자마자 우리는 그의 기술들이 타고난 것이라는 결론을 내릴지도 모른다. ❷그러나 실제로는 그와 다른 사람들 사이의 유일한 차이는 더 길고 더 집중적인 연습 기간이다. ❸체스 선수들을 대상으로 행해진 한 실험은 강력한 교훈의 역할을 할지도 모른다. ❹이 연구에는 두 집단들이 참여했는데, 하나는 전문가 집단이고 다른 하나는 초보자 집단이었다. ❺참가자들이 그 체스 말들의 대형을 기억하도록 요구받았을 경우에 체스 말들이 전형적인 게임 대형으로 정렬되면, 체스 전문가들은 각 말들이 어디에 놓였었는지 기억하는 데 매우 능숙했다. ❻그러나 말들의 정렬이 통상적이지 않았을 경우, 전문가들은 체스 말의 위치를 기억하는 행위에서 초보자들을 뛰어넘지 못했다. ❼이것은 체스의 대가들이 암기하는 것과 집중력을 유지하는 것에 선천적으로 더 뛰어나다는 오해를 깨뜨린다.

어휘 inherent 고유의, 타고난 novice 초보자 formation 형성; *대형 competent 능숙한 unconventional 인습[관습]에 얽매이지 않는 exceed 넘다, 초월하다 |문제| excel 뛰어나다, 탁월하다 devoted 헌신적인, 열심인 innate 타고난, 선천적인 surpass 능가하다, 뛰어넘다 be prone to ∼하기 쉽다

구문 해설 ❶**On** *seeing* somebody *make* a remarkable performance, we may make **the conclusion** [that his skills are inherent]. → 「on+v-ing」는 '∼하자마자'라는 의미로 「as soon as+주어+동사」로 바꾸어 쓸 수 있다. 지각동사 see의 목적격보어로 동사원형 make가 쓰였다. the conclusion과 [ ]는 동격이다.

문제 해설

|Step 1| 빈칸이 글의 마지막에 위치하였으며, 빈칸에는 이 실험을 통해 깨뜨릴 수 있는 오해가 무엇인지, 즉 실험이 시사하는 바에 관한 내용이 들어가야 한다.

|Step 2| 누군가가 놀랄만한 행위를 할 때, 그 사람의 능력은 선천적인 것이 아니라 오랜 연습의 결과라는 명제를 입증하기 위한 실험이 이어진다. 실험은 체스 대가들과 초심자들에게 체스 말의 대형을 기억하도록 요구하는 것을 통해 이루어졌다.

|Step 3| 실험의 결과는 전형적인 체스판의 대형과 다른 식으로 배치되었을 때 체스 말의 위치를 기억하는 데 있어서 고수와 초보자 사이에 차이가 없었다는 것이다.

|Step 4| 실험의 내용과 결과를 바탕으로, 실험이 시사하는 바가 체스 대가들이 일반인들에 비해 선천적으로 기억력과 집중력이 뛰어나다는 생각이 오해라는 것임을 추론할 수 있다.

|선택지 분석|

② 선천적인 능력보다는 오히려 헌신적인 훈련 때문에 뛰어나다 → 고수들이 훈련 덕분에 초보자들보다 뛰어나다는 것은 실험의 결과이나, 빈칸에는 이에 반대되는 통념이 들어가야 한다. 반대 개념

③ 체스판 위의 패턴을 파악하는 데 더 능숙하다 → 체스의 대가들은 체스판 위에 통상적인 방식으로 정렬된 말들을 기억하는 데에는 매우 뛰어났으므로 이것은 오해가 아닌 사실인 내용이다. 반대 개념

④ 대부분의 사람들을 능가하는 선천적인 능력들을 가지고 있지 않다 → 체스 고수들이 선천적인 능력을 가지고 있지 않다는 것은 실험의 시사점이며, 빈칸에는 이에 반대되는 통념이 들어가야 한다. 반대 개념

⑤ 새로운 규칙들을 만드는 대신에 기존의 규칙들을 따라가기 쉽다 → 이와 같은 내용은 지문에서 제시되지 않았다. 무관한 내용

수능 1등급 만드는 고난도 유형서

특급 빈칸추론

- 하루 40분, 20일 완성 빈칸추론 프로젝트
- 빈칸 사고력을 키우는 논리 전개 방식 제시
- 철저한 오답 선택지 분석과 빈칸추론을 위한 Secret Note
- 만점을 위한 비연계 예상 실전 모의고사 10회분
- 부록 – 어휘 암기장 제공